Mord-Ermittlungen auf dem Campus der Universität Passau: Gerade wurde Passaus Uni zum schönsten Campus Deutschlands gekürt, da wird eine junge Frau brutal ermordet. Unfassbar für die Ermittler der Passauer Mordkommission ist die Tatsache, dass sich die Studentin offenbar freiwillig auf ihren Mörder eingelassen hat, ihn in aufreizenden Dessous erwartete, nachdem sie sich per SMS mit ihm verabredet hatte. So ist ein erster Tatverdächtiger schnell ermittelt; doch der streitet vehement alles ab. Bleibt die beste Freundin der Toten, die ihr Wissen aber nur nach und nach preisgibt und damit mehr Fragen aufwirft als beantwortet. Wer hat die Fotos der halbnackten Studentin ins Netz gestellt? Und welche Rolle spielt der Jura-Professor Markwart?

Bevor Oberkommissarin Franziska Steinbacher und ihr Kollege Hannes Hollermann sich in dem Beziehungsgeflecht der Toten zurechtfinden können, wird eine zweite Frauenleiche gefunden. Treibt etwa ein Serientäter sein Unwesen in Passau? Und warum benimmt sich Hauptkommissar Schneidlinger, der Chef der Passauer Mordkommission, plötzlich so eigenartig? Bei diesem Fall geraten nicht nur Franziska und Hannes an ihre Grenzen. Als sich die Hinweise auf den Täter verdichten, beginnt ein Wettlauf mit der Zeit, denn er könnte schon die nächste Frau in seiner Gewalt haben – und die ist den Ermittlern nicht unbekannt ...

Dagmar Isabell Schmidbauer

Todesfalle
CAMPUS

Kriminalroman

www.DER-PASSAU-KRIMI.de

spannend... sexy... hinterkünftig...

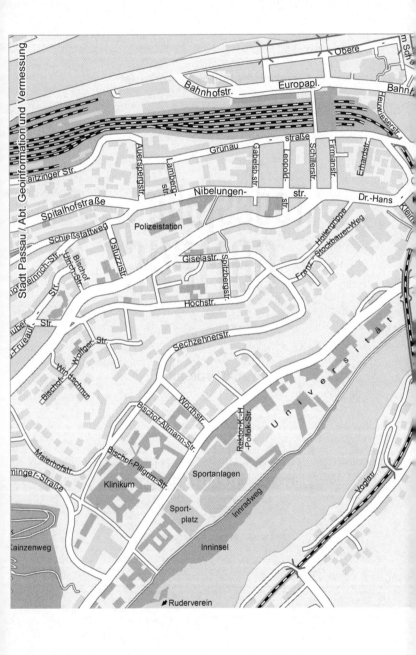

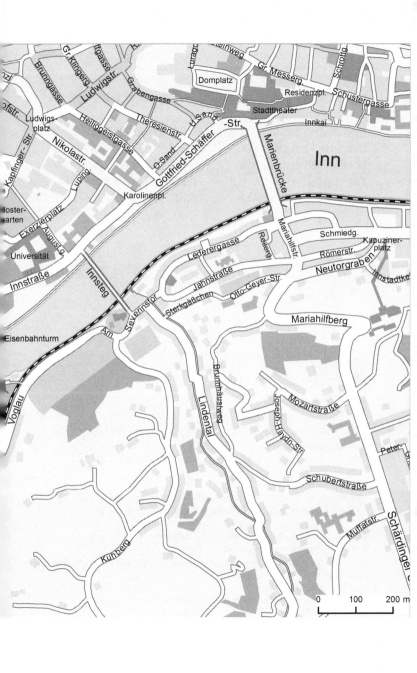

Von Dagmar Isabell Schmidbauer erschien in der Edition Renumero außerdem:

Und dann kam das Wasser	ISBN 978-3-943395-02-0
Der Tote vom Oberhaus	ISBN 978-3-943395-01-3
Marionette des Teufels	ISBN 978-3-943395-00-6
Tote Engel	ISBN 978-3-943395-10-5
Dann stirb doch selber	ISBN 978-3-943395-11-2

Originalausgabe 2016
©Dagmar Isabell Schmidbauer
©Edition Renumero Passau
www.renumero.de
Alle Rechte vorbehalten. Das Werk darf, auch auszugsweise, nur mit schriftlicher Genehmigung des Verlags wiedergegeben werden.

Lektorat: Theda Bader, Berlin, doppelter wortwert
Umschlaggestaltung: Christine Fuchs, Freyung
unter Verwendung von Fotos von sakkmesterke/fotolia und Joyce van Stan/fotolia
Satz: Christine Fuchs, Freyung
Gesetzt aus der Rotis Serif
Gesamtherstellung: Erhardi Druck, Regensburg
Gedruckt in Deutschland

ISBN 978-3-943395-03-7

Prolog

Keuchend brach er im Sand zusammen. Horchend blieb er liegen, bis er sicher war, dass ihm niemand folgte. Auf der einen Seite der Sandbank, nur ein Stück von ihm entfernt, floss der Inn an diesem Tag ungewöhnlich träge dahin. Auf der anderen Seite gab es ein kleines Waldstück und dann diesen Radweg. Wenn sie doch noch kämen, um ihn zu holen, säße er in der Falle. Dann könnte er nur noch ins Wasser gehen und versuchen, das andere Ufer schwimmend zu erreichen.

Er hob den Kopf und stützte ihn mit der rechten Hand ab. Die Stimmen, die er vernahm, waren weit weg, und sie schienen auch nicht bedrohlich zu sein. Trotz allem würde er aber vorsichtig sein. Lieber noch eine Weile abwarten, bis die Luft wirklich rein war.

Plötzlich raschelten im nahen Gebüsch Schritte. Sein Herz schlug schneller, seine Muskeln spannten sich. Er war zum Sprung bereit. Dann die Entwarnung: In der zunehmenden Dämmerung erkannte er, dass sich ihm arglos ein schwarzer zotteliger Hund näherte. Erleichtert ließ er sich zurück in den Sand fallen. Der Hund kam näher und leckte ihm zutraulich erst über die Hände, dann übers Gesicht. Energisch schob er ihn weg, woraufhin der Hund sich ebenfalls im Sand niederließ. Blödes Vieh, dachte er und begann mit der linken Hand im Sand zu kratzen. Aufmerksam folgte der Hundeblick seinem Tun. Er mochte keine Hunde, hatte keine Lust mit ihnen zu toben und zu spielen, er brauchte keinen Kameraden.

In der oberen trockenen Sandschicht fand er einen Kronkorken. Erst blickte er ihn an, als habe er noch nie einen Kronkorken gesehen, dann buddelte er mit seiner Hilfe tiefer, bis seine Finger auf einmal etwas Größeres, Massives berührten.

Er richtete sich ein wenig auf, um so den ganzen Gegenstand freizulegen. Vielleicht hatte er ja etwas Wertvolles gefunden, dachte er noch und musste gleich darauf feststellen, dass es sich nur um eine Eisenstange handelte. Um eine angerostete Eisenstange, um genau zu sein. Nichts Besonderes eigentlich. Doch als er mit der Hand über die raue Oberfläche strich, bahnten sich Erinnerungen ihren Weg ans Licht, die er lange und tief verdrängt hatte.

Seine Kehle wurde eng, es war, als müsse er ersticken. Er sprang auf und schnappte nach Luft, wollte zum Wasser, doch seine Beine versagten ihm ihre Dienste. Und dann schoss dieses Dröhnen in seinen Kopf, das wie eine Botschaft aus vergangenen Zeiten war. Panik erfasste ihn. Er schüttelte den Kopf, warf ihn in den Nacken. Der Hund sprang an ihm hoch, jaulte auf und warf sich vor ihm in den Sand. Vielleicht wusste er instinktiv, was gleich passieren würde.

Kurz schloss er die Augen. Als er sie wieder öffnete, war der Schwindel vorbei. Eine neue, nie gekannte Kraft erwuchs in ihm. Mit der rechten Hand hob er die Eisenstange empor und schlug mit einer einzigen Bewegung den Hund nieder, der erst vor Schmerz aufjaulte und dann nur noch kläglich winselte.

Da hob er die Eisenstange erneut und schlug zu, wieder und immer wieder, bis der Hund leblos liegen blieb. Erst jetzt ließ er die Stange sinken und entdeckte, dass seine Jacke voller Blut war. „Scheiß Köter!", fluchte er und stierte auf seine ruinierte Jacke. Mit dem Fuß verpasste er dem Hund einige Tritte. Währenddessen zog er das Messer aus seiner Jacke und stach dann haltlos auf den leblosen Körper ein.

Wochen später

„Guten Morgen Paulina, bist du schon wieder fit?"
Während Paulina auf dem Inn-Radweg entlang in Richtung Uni schlenderte, hatte sie ihr Studienkollege Bene mit seinem Fahrrad eingeholt und fuhr nun langsam neben ihr her. „Soll ich dich vielleicht ein Stück mitnehmen?"
Die junge Frau musterte seinen durchtrainierten Körper und lachte hell auf. Schließlich schüttelte sie noch immer belustigt den Kopf und scheuchte ihn mit den Händen davon. „Mach, dass du weg kommst, du verrückter Kerl!", rief sie ihm lachend hinterher und sah zu, wie er in Richtung Audimax davon radelte.
Am gestrigen Abend hatten die jungen Leute mal wieder mächtig gefeiert und dabei ordentlich getankt. Passau hatte, wie jüngst eine Umfrage unter Studierenden ergeben hatte, den schönsten Campus Deutschlands. Unter den Passauer Studenten war das natürlich längst bekannt. Wer einmal einen Abend auf den Inn-Wiesen verbracht hatte, wusste auch warum. Kaum lockte die sommerliche Wärme, schon fanden sich die ersten Gruppen mit Grill, Fleisch, Salaten, Bier und Musik ein, und in Nullkommanichts war die ganze Wiese bevölkert, der Campus eine einzige Feiermeile.
Heute nun hatte Paulina um zehn Uhr eine Vorlesung bei Professor von Kalckreuth im neuen Informatikzentrum. Da würde sich zeigen, ob die, die gestern so fröhlich gefeiert hatten, heute auch rechtzeitig aus ihren Betten gekommen waren.
Bene war längst weg, als Paulina noch immer auf dem Radweg stand und ihm fröhlich hinterher winkte. Sie trug an diesem herrlichen Junitag ein weißes italienisches Spitzenkleid, das mit kühler Seide abgefüttert war, dazu

Flipflops. Ihre langen dunklen Haare wehten offen in der leichten Brise, die vom Inn zu ihr heraufstieg. Der Campus lag schon in Sichtweite, nach und nach entdeckte sie immer mehr Kommilitonen, die sie von gemeinsamen Kursen kannte.

Dass der Passauer Campus nicht nur einer der schönsten, sondern auch einer mit einer ganz besonderen Geschichte war, hatte Paulina erst gestern Abend erfahren. Früher stand hier der städtische Schlachthof. Dieser war 1892 erbaut worden und galt damals als einer der modernsten. Neunzig Jahre später musste er allerdings den Neubauten der Universität weichen. Heute erinnert nur noch die alte Trafostation an diese Zeit. Da, wo einst Tiere geschlachtet, Fleischwaren hergestellt und die Felle verwertet wurden, hängen heute Studenten herum, hatte man ihr gestern als Witz erzählt. Ein irgendwie gruseliger Vergleich, dachte Paulina auch heute noch und bog jetzt ebenfalls in Richtung Audimax ab.

Vor ein paar Monaten hatte sie relativ spontan beschlossen, ein Aufbaustudium in Informatik an ihr abgeschlossenes BWL-Studium anzuhängen. Bei ihrem Chef war sie sofort auf offene Ohren gestoßen. Ganz anders sah die Sache allerdings bei ihrem guten Freund Josef Schneidlinger aus, dem leitenden Kriminalhauptkommissar der Passauer Mordkommission. Als sie ihm von ihrer Absicht erzählt hatte, war der praktisch aus allen Wolken gefallen.

„Du willst tatsächlich wieder studieren?", hatte er gefragt und sie dabei angesehen, als wolle sie sich an einen reichen Scheich verkaufen.

Bei der Erinnerung an dieses Gespräch wurde Paulinas Grinsen breiter. Dieser Gedanke kam bei ihm natürlich nicht von ungefähr. Während ihres BWL-Studiums an der LMU München hatte sie, nebenbei und wie sie fand sehr elegant, für einen Escort-Service gearbeitet. Es gefiel ihr durchaus, mit interessanten Männern auszugehen und, naja, manchmal war natürlich auch mehr daraus geworden, aber auch das zählte zu den interessanten Erfahrungen ihres Lebens. Viele dieser Männer waren tatsächlich mehr daran interessiert gewesen, ihr etwas Gutes zu tun, als für sich etwas zu fordern. Wobei es letztlich in jedem Fall auf das Gleiche hinaus lief. Sie hatte mal mehr und mal weniger guten Sex gehabt, na und? Die Männer, die sie über den Escort-Service traf, waren zwar alle nicht mehr ganz jung, dafür hatten sie aber Manieren, waren gepflegt und sauber. Von ihren anderen Partnern konnte sie das nicht immer sagen.

Josef Schneidlinger war nicht nur leitender Kriminalhauptkommissar bei der Passauer Mordkommission, sondern auch glücklich verheiratet und Vater von vier Kindern im anstrengendsten Alter, wie er immer betonte. Paulina selbst war praktisch ohne Anhang und konnte tun und lassen was sie wollte. Dank einer guten Stelle mit interessanten Inhalten war sie unabhängig und frei. Trotzdem, oder vielleicht gerade deshalb, bestand zwischen ihnen seit Jahren eine besondere Beziehung, die aber nie weiter als bis zu einem guten Glas Rotwein zu zweit vorangeschritten war.

Kennengelernt hatten sie sich ebenfalls über den Escort-Service, nur dass Schneidlinger sozusagen auf der anderen Seite gestanden hatte. Einer ihrer Begleiter war zu ihr zwar ausgesprochen zuvorkommend und sehr großzügig gewesen, nebenbei hatte er aber auf nicht so ganz feine Art Geschäfte abgewickelt, die dazu führten, dass er in den Fokus der Polizei geriet und mit ihm Paulina, die als Zeugin im Prozess gegen ihn aussagen musste. Da sie zu diesem Zeitpunkt gerade mit ihrem Studium fertig gewesen war, hatte sie das Angebot eines großen Betriebes angenommen und war nach Passau gezogen. Schneidlinger folgte ihr, als dort die Stelle bei der Mordkommission vakant wurde. Rein zufällig, wie er immer wieder betonte.

Tatsächlich wusste sie längst, dass er mehr als Sympathie für sie empfand, doch sie hatte Respekt vor seiner Familie und hielt sich an die freundschaftlichen Regeln: Rotwein und Reden ja. Sex nein!

Natürlich hätte sie ihm einfach sagen können, dass das, was sie tat, ihn nichts anging. Aber das war nicht ihr Ding, und wenn er sich darauf versteift hatte, dass Studieren bei ihr gleichbedeutend mit „sich prostituieren" war, dann hatte sie einfach keine Lust, mit ihm darüber zu diskutieren. Und um weiteren Streitereien aus dem Weg zu gehen, hatte sie im März beschlossen, das Thema einfach auszusparen und ohne sein Wissen ihr Studium aufzunehmen. Er war ein Freund, mehr nicht, und ein Freund musste ja nicht alles wissen.

Nach einem kurzen Abstecher über die Mensa-Cafete, wo sie sich bei Emma schnell einen Cappuccino to go der Extraklasse holte, erreichte Paulina das IT-Zentrum. Bene hatte sein Fahrrad längst abgeschlossen und stand nun plaudernd mit einigen Kommilitonen zusammen, die ebenfalls mit dem Rad gekommen waren. Radfahren stand ganz oben auf Paulinas Wunschliste. Der Inn-Radweg war ein Traum, das wusste sie vom Joggen, und per Fahrrad würde sie viel weiter kommen, bis in die reizende österreichische Stadt Schärding etwa. Dumm war nur, dass ihr Fahrrad seit dem Umzug aus München mit einem platten Vorderreifen im Keller stand und sie noch immer niemanden gefunden hatte, der ihr beim Austauschen der Schläuche half. Aber vielleicht konnte sie ja einen ihrer Kommilitonen ansprechen. Oder doch ihren Freund Schneidlinger?

Paulina steuerte die kleine Gruppe an, warf einen Blick auf die Uhr und mahnte: „Auf gehts, der Prof mag es doch nicht, wenn wir zu spät kommen!"

Vielleicht sollte sie nachher auch einfach mal Bene fragen, ob er ihr den Reifen wechseln würde. Fragen kostet ja nichts, das hatte sie in ihrem Leben gelernt und auch, dass Männer gerne helfen, wenn man sie nett darum bittet.

Wohlig räkelte sich Franziska im warmen Badewasser. Ihr Kopf ruhte auf einem Handtuch, die in Pink lackierten Zehen spielten mit dem Badeschaum. Seit Walter aus Palermo zurück war, achtete sie wieder mehr auf ihr Äußeres.

Ein halbes Jahr hatte er sich dort als *Gastarbeiter* an einem Theater weitergebildet – und damit war ein großer Traum von ihm in Erfüllung gegangen. Natürlich hatte sich Franziska für ihn gefreut und war auch gleich zwei Mal zu ihm ans Meer gereist, um mit ihm gemeinsam in einem kleinen Haus die schönste Zeit ihres Lebens zu verbringen, wie sie, allein wieder zuhause angekommen, seufzend feststellen musste. Während ihres gemeinsamen Urlaubs war einfach alles perfekt. Da stand kein Wölkchen an ihrem persönlichen Himmel, die Zeit flog dahin und nichts konnte ihr Glück trüben. Doch als der Tag der Abreise kam, schlichen sie sich wie aus dem Nichts heran, die trüben Gedanken, die sie mit Wucht von ihrer rosa Wolke katapultierten, hinab in einen Strudel aus Eifersucht und Zweifel. Sie bezeichnete das stets als ihr Temperament, während Walter sie lachend eine kleine Spießerin nannte. Doch egal welchen Namen sie ihnen gab: Diese Gedanken taten weh und machten Franziska verletzlich – ein Umstand, den sie so gar nicht leiden konnte.

Doch jetzt war alles so, wie Franziska es sich wünschte. Walter war zurückgekommen, lebte in der kleinen Wohnung über der Theaterwerkstatt in Maierhof und arbeitete wieder am Passauer Stadttheater. Mit dieser Situation konnte sie umgehen. Und wenn sie beide Zeit hatten, dann waren sie zusammen. Wenn Walter sich dann etwas Besonderes für sie ausdachte, wurde ihr schon beim Gedanken daran ganz heiß und ein wunderbares Kribbeln breitete sich in ihrem Schoß aus.

Ein Grinsen huschte über Franziskas Gesicht und setzte sich in ihren Mundwinkeln fest. Walter hatte sie ins Bad geschickt. Sie solle sich vom Dienst entspannen, abschalten, runterkommen. Als ob das jetzt noch ginge. Denn Walter war in ihrer Wohnung und bereitete etwas für sie vor. Das konnte eine Kleinigkeit sein wie ein köstliches Essen oder aber etwas ganz Ausgefallenes wie das Bemalen ihres nackten Körpers in der Künstlerwerkstatt. Er hatte sie schon an die ausgefallensten Orte entführt oder zu Tristans Isolde gemacht. Bei Walter war alles möglich, nur langweilig wurde es nie.

Vorsichtshalber hatte Franziska ihre langen Haare aufgesteckt, damit sie sie nachher nicht erst noch umständlich föhnen musste. Nachher war schon ganz bald, nämlich dann, wenn Walter mit seinen Vorbereitungen fertig war und sie holen kam.

Mit den Zehen bediente sie den Wasserhahn und ließ noch ein wenig heißes Wasser nachlaufen. Nie musste sie ihm sagen, was sie gerne hätte und was lieber nicht. Walter hatte ihre Bedürfnisse von Anfang an erkannt und wusste sehr genau, wie er sie nehmen und was er ihr geben musste. Und letztlich war die Ungewissheit über das was kommen würde der Grund, warum sie das Warten kaum noch ertragen konnte.

Walter, der leidenschaftliche Frauenversteher wusste immer, was sie gerade brauchte. Holte sie mit seinen verrückten Ideen aus ihrem Alltagstrott und schenkte ihr damit den wunderbarsten Sex, den man sich vorstellen konnte. Als Oberkommissarin bei der Passauer Mordkommission hatte sie nur zu gern das Heft in der Hand. Und viele Jahre lang hatte sie gedacht, so müsse es auch sein, wenn sie mit einem Mann intim war. Bis sie den Bühnenkünstler Walter Froschhammer kennenlernte. Gleich zu Beginn, als eine Beziehung noch gar nicht infrage kam, übernahm er die Regie und reizte sie mit seinen Anspielungen und Nachrichten bis aufs Blut, das nur zu leicht in Wallung geriet, sobald sie ihm begegnete. Doch das war eine gefühlte Ewigkeit her.

Inzwischen kannten sie sich sehr gut, und so hatte sich vieles zwischen ihnen verändert. Nur eine Sache wollte ihr einfach nicht aus dem Kopf: Als die Schauspieler während der Mordermittlungen im Passauer Stadttheater den Bühnenkünstler charakterisieren sollten, hatten sie berichtet, dass dieser Frauen gern in einem Akt festhielt. Und um ihre wahre Schönheit zu zeigen, führte er sie vorher zum Höhepunkt. Ob das so stimmte, wusste nur er. Denn egal wie raffiniert Franziska ihn auszuhorchen versuchte, Walter schwieg beharrlich.

Seufzend suchte sie nach einem unverfänglicheren Thema für ihre Gedanken. Schon huschte das nächste Lächeln über ihr Gesicht. Trotz der oft ausschweifenden Pizzaorgien mit ihrem Kollegen Hannes hatte sie eine Figur, um die sie manche Frau beneiden würde, na ja bis auf … Ach Quatsch! Sie war eine heiße Frau, wie Walter ihr immer versicherte, und seit seine Hände ihre Haut regelmäßig zum Lodern brachten, fühlte sie sich einfach großartig.

Ihr Blick glitt zum Türhaken, an dem auf einem Bügel ein schwarzes Nichts aus Spitze und Bändern hing. Walter hatte es aus Italien mitgebracht und ihr für den heutigen Abend als Dresscode überreicht. Mehr brauchst du nicht, hatte er gesagt, sie ganz zärtlich geküsst und ihr dann eine Wanne voll duftendem Schaumbad eingelassen.

Franziska lauschte in die Stille der Wohnung und fragte sich, ob er mit seinen Vorbereitungen wohl schon fertig war? Sofort erfasste ein lustvolles Beben ihren Körper und trieb sie aus dem Wasser. Auf dem kleinen Hocker gleich neben der Wanne lag ein dickes, flauschiges Handtuch, in das sie sich einhüllte. Ihre Haut kribbelte voller Vorfreude, voller Ungewissheit. Vorsichtig trocknete sie sich ab und cremte ihre Haut mit einer duftenden Lotion ein. Dann stieg sie in das Nichts, was angesichts der vielen Bänder gar nicht so einfach war. Sie löste ihre langen Haare, bürstete sie durch und betrachtete sich zufrieden im Spiegel.

Als sie die Tür zum Flur öffnete, stand Walter vor ihr und lächelte sie vielsagend an. Sein wunderbarer Körper steckte in nichts weiter als Boxershorts, die ganz lässig auf seinen Hüften saßen. Sie liebte dieses Lächeln und wusste, was es zu bedeuten hatte, doch bevor sie etwas sagen oder tun konnte, drehte er sie um und legte ihr wortlos ein schwarzes Tuch über die Augen, das er vorsichtig an ihrem Hinterkopf zuknotete.

„Hast du Lust darauf, etwas Neues auszuprobieren?", fragte er mit sanfter Stimme, woraufhin ein wohliger Schauer ihren ganzen Körper überzog.

Zärtlich küsste sie der Mann ihrer Träume auf die linke Schulter, den Hals hinauf und schließlich ihre Lippen, bevor er sie hochhob und kreuz und quer durch die Wohnung trug, bis sie nicht mehr wusste, in welchem Raum sie sich befand. Weil sie nichts sehen konnte, registrierte sie jedes Geräusch, jeden Lufthauch, jede seiner Bewegungen umso intensiver, was ihre Lust immer weiter steigerte. Als er sie auf ihr Bett im Schlafzimmer gleiten ließ, brannte das Verlangen in ihrem Schoß bereits lichterloh.

Wie jedes Mal, wenn sie sich derart in seine Hände begab, war es eine Wahnsinnserfahrung aller Sinne. Nichts sehen zu können bedeutete, dass sie auf jeden noch so kleinen Reiz reagierte. Jedes Geräusch schwoll in ihren Ohren an, jede Berührung brachte ihre Haut zum Lodern, bis sie am ganzen Körper zitterte und bebte, doch am schlimmsten, am allerschlimmsten waren die Pausen. Dann, wenn er gar nichts tat, wenn sie nicht wusste, ob und wie er sie ansah und was er als nächstes tun würde.

Von diesen süßen Gedanken erfüllt, ließ sie es zu, dass er ihr erst den einen und dann den anderen Arm über den Kopf führte, sie küsste und streichelte ... und erst als sie das kalte Metall an ihren Handgelenken spürte und gleich darauf das feine Klicken hörte, wusste sie Bescheid.

Dagegen musste sie natürlich protestieren, das ging nun doch zu weit. Aber weil er sie in diesem Moment so intensiv küsste und seine Hände dabei so zärtlich über ihre von schwarzer Spitze umrahmten Brüste streichelten, blieb es bei einem langen wohligen Stöhnen.

„Ganz ruhig, Frau Kommissarin, in den nächsten Stunden gehörst du ganz allein mir, und ich werde alles tun, damit du sie nie mehr vergisst", flüsterte er und biss sie vorsichtig in ihr linkes Ohrläppchen.

„Wie soll ich ruhig sein", stöhnte sie erneut, „wenn du mich derart ... oh, ja! Mach weiter, nicht aufhören!"

Doch Walter tat nichts von dem, was sie sich so sehr wünschte, egal wie sie sich wand und seinen Händen entgegenreckte. Immer wenn sie ihn mit einem „Ja, oh ja!", dazu bringen wollte, dass er weiter machen sollte, ließ er von ihr ab, um sie gleich darauf an einer anderen Stelle ihres sich immer weiter erhitzenden Körpers zu berühren.

Alles, alles hätte er in diesem Moment von ihr haben können, wenn er sie nur endlich von ihren Qualen erlösen und ihren Körper zum Explodieren bringen würde. Wenn er nur endlich ...

Und dann explodierte sie wirklich. Schnell, viel zu schnell. Wenn auch nicht vor Lust und Sinnlichkeit. Im ersten Moment hatte sie noch gedacht, er hätte vielleicht das Radio angeschaltet, damit die Nachbarn ihre Lustschreie nicht hören würden, doch das was sie hörte, war nicht das Radio, es war ihr Handy. Und die Stimme, die jetzt direkt in ihr Ohr sprach, gehörte niemand anderem als Hannes, ihrem Kollegen, der gerade fragte: „Franziska, hörst du mich?"

„Ja!", antwortete sie gepresst und versuchte mühsam, ihren Atem und die ganze Situation unter Kontrolle zu bringen.

„Stör ich?", fragte Hannes unnötigerweise, denn spätestens seit er sein Schätzchen Sabrina hatte, war es sinnlos ihm vorzumachen, dass sie vielleicht gerade beim Sport war.

„Nein." Franziska versuchte irgendwie eine vernünftigere Lage einzunehmen. Bestimmt würde sie dann seriöser klingen. Doch ihre vergeblichen Versuche lösten nur ein Klirren der Handschellen aus. Hannes würde dieses Geräusch todsicher erkennen und seine Schlüsse ziehen.

„Kein Problem, was gibt es denn?" Wenn sie das Handy nur selbst in die Hand nehmen könnte ... aber Walter reagierte ja nicht. Während sie auf Hannes' Antwort wartete, zappelte sie mit den Füßen, in der Hoffnung, Walter würde ihr wenigstens die Augenbinde abnehmen.

„Auf dem Gelände der Universität wurde eine tote Frau gefunden. Kannst du dich losmachen und vorbeikommen? Obermüller sagt gerade dem Chef Bescheid."

Für einen Moment setzte Franziskas Herz aus, dann bewegte sie den Kopf ruckartig in die Richtung, aus der

Hannes' Stimme kam, bis sie tatsächlich mit dem Ohr an ihr Handy stieß. „Ja, ich komme. Bis gleich." Mit einem einzigen Stöhnen sackten Lust, Sinnlichkeit, Verlangen und die Aussicht auf ein grandioses Ende in sich zusammen.

„Mach mich los! Bitte. Ich muss weg", erklärte sie resigniert. Sie ging davon aus, dass alles gesagt war und Walter das Gespräch beendet und ihr Handy zur Seite gelegt hatte.

„Franziska?", hörte sie da erneut Hannes fragen. „Willst du gar nicht wissen, wo du hin musst?"

Ein Abend voller Hiobsbotschaften.

So oder so ähnlich würde Kriminalhauptkommissar Josef Schneidlinger im Nachhinein über diesen schwarzen Dienstag urteilen. Tatsächlich aber ahnte er in dem Moment, da die Nachrichten eine nach der anderen in sein Leben strömten, nicht, welche die schlimmste für ihn werden sollte und welche in letzter Konsequenz sein Leben am intensivsten auf den Kopf stellen und ihn zum Umdenken zwingen würde.

Alles begann, kaum dass er seinen Porsche Boxster in der großen Scheune des elterlichen Bauernhofes neben dem Traktor seines Bruders geparkt, das Verdeck geschlossen und den Motor abgestellt hatte, mit dem Läuten seines Handys. Als er die Nummer erkannte, griff er nach seinem Sakko auf dem Beifahrersitz und stieg aus.

„Hallo Schatz, ist was mit den Kindern?", fragte er und malte sich in Gedanken das schlimmste Szenario aus. Unfalltod, Entführung, lebensbedrohliche Krankheit oder ein Hausbrand. Kaum rief ihn Gabi außer der Reihe an, begann sich schon das Horrorkarussell in seinem Kopf zu drehen.

„Musst du schon wieder so maßlos übertreiben?", herrschte sie ihn in scharfem Ton an. Der sonst so energische Schneidlinger spürte, wie er innerlich zusammensackte.

„Also?", fragte er geduldig zurück, ohne auf ihren Ton einzugehen.

„Die Kinder streiken. Sie wollen nicht mehr jedes Wochenende auf dem Bauernhof rumsitzen und hoffen, dass ihr Vater Zeit für sie hat."

„Und du?", fragte er seine Frau vorsichtig.

Die Wünsche der Kinder waren ihr noch nie so wichtig gewesen wie ihre eigenen Ziele. Und von jedem Wochenende konnte man ja sowieso nicht sprechen. Während er sich nach seinem beruflichen Umzug nach Passau wieder auf dem elterlichen Hof im Rottal eingelebt hatte, war der Rest der Familie in München geblieben und kam vielleicht alle zwei, eher alle drei, manchmal auch nur alle vier Wochen zu Besuch. Gabi besaß in München mehrere Geschäfte, in denen sie allerlei Kleinkram verkaufte, was unter dem Strich monatlich eine hübsche Summe zusammenbrachte. Kurz gesagt, sie verdiente das Geld, während er, um nicht vor Langeweile zu sterben, gewissermaßen hobbymäßig bei der Kripo seinen Dienst tat. So gesehen führten sie eine überaus moderne Ehe.

„Ich möchte auch nicht mehr auf den Bauernhof kommen", sagte sie so leise, dass er im ersten Moment nicht glauben konnte, was er gehört hatte.

„Wie?"

„Ich denke, wir sollten uns eine Weile überhaupt nicht sehen. Abstand hat ja noch keiner Ehe geschadet", erklärte sie wie auswendig gelernt und versuchte sich tatsächlich in einem aufmunternden Lachen.

„Sind die Kinder da?", hatte er noch gefragt und als sie ihm sagte, dass sie im Schwimmbad seien, hatte er sich auch schon mit einem knappen „Tschüss" verabschiedet. Er hatte nicht vor zu betteln, letztlich sollte es ja auch nur eine Trennung auf Zeit sein, nicht mehr und nicht weniger.

Als er die Scheune verlassen hatte und den Hof überquerte, war er froh darüber, in diesem Moment nicht seinem Bruder Franz in die Arme zu laufen. Der war das genaue Gegenteil von ihm. Am besten ließ sich das an ihren Lieblingsgefährten ablesen. Schneidlinger liebte den Boxster, sein Bruder seinen Traktor, wobei sie sich dabei preislich in nichts nachstanden.

Auch im Haus war alles still, nur der Fernsehapparat lief, doch den konnte er ignorieren. Die Tür zum Wohnzimmer war geschlossen. Trotzdem atmete er erleichtert auf, als er die Küche betrat, die seine Mutter nach dem Mittagessen wie immer tipptopp aufgeräumt hatte. Er musste Ruhe bewahren, es half überhaupt nichts, wenn er jetzt verrücktspielte. Mechanisch öffnete er den Kühlschrank, schnappte sich ein Bier und ließ den Verschluss laut aufploppen. Ein herrliches Geräusch, geschaffen, um die Welt hinter sich zu lassen.

Während er den herben Gerstensaft genüsslich durch seine Kehle rinnen ließ, beschloss er, Paulina anzurufen. Natürlich würde er sich nicht bei ihr ausweinen, das kam auch gar nicht infrage, aber ein Gespräch mit ihr brachte ihn zumindest auf andere Gedanken. Außerdem mochte er ihre Stimme am Telefon. Sie war sinnlich und verrucht und gleichzeitig unerreichbar. Sie war genau die Art Freundin, die einen Mann verrückt machte und ihn doch immer wieder auf den Boden der Tatsachen stellte.

„Na, wie war dein Tag?", fragte er eloquent und nahm für sie sogar am Handy Haltung an.

„So schlimm?", fragte Paulina belustigt zurück, und Schneidlinger musste lachen, weil er ihr einfach nichts vormachen konnte.

„Nein, im Büro war es ganz in Ordnung, ich wollte nur mal hören, wie es dir geht."

Dass im Büro alles in Ordnung war, entsprach nicht unbedingt der Wahrheit. Seit Passau neben Freilassing zum bevorzugten Einreisetor für die Flüchtlinge aller weltweiten Kriege geworden war, ging es rund in der Nibelungenstraße, auch wenn für Asylbewerber eigentlich die Bundespolizei zuständig war. Schon lange herrschte bei den öffentlichen Ordnungshütern ein wachsender Personalmangel, und seit zusätzlich die Probleme von außen auf diese Achillesferse drückten, standen sie kurz vor dem Kollaps. Da das niemand zugeben wollte, wurden inzwischen Anweisungen von höchster Stelle erteilt, dass man doch bitte bei nicht so dringenden Fällen einfach wegschauen sollte. Verkehrskontrollen beispielsweise also besser erst gar nicht durchführen, dann machten sie hinterher auch keine Arbeit.

Inzwischen rächte es sich eben, dass bei der Polizei in den letzten Jahren immer mehr gespart und die Achtung vor den Ordnungshütern nicht gestärkt, sondern durch zweifelhafte Gerichtsurteile sogar noch untergraben worden war.

„Was bist du doch für ein schamloser Lügner", lachte Paulina, und Schneidlinger drückte sich ein wenig näher an sein Handy, denn genau diese Art der Unterhaltung war es, die er so sehr schätzte. „Aber gut, wenn du es unbedingt wissen willst, ich war heute in der Uni, so wie häufig in den letzten Monaten und es war sehr interessant..."

„Davon hast du aber gar nichts mehr erzählt. Ich dachte, wir wollten darüber noch einmal reden." Gern hätte er einen Schluck aus seiner Bierflasche genommen, aber das hätte Paulina gehört und dann hätte sie ihn auch dafür aufgezogen. Sie hatte ihn schon beim letzten Mal einen „Kleinbürger" genannt. Natürlich nur spaßeshalber, aber immerhin. Also lehnte er sich an die Küchenzeile und wischte sich mit dem Handrücken den Schweiß ab.

„Josef, du tust ja gerade so, als würde ich in den Puff gehen. Ich studiere wieder, nicht mehr und nicht weniger …"

Er holte tief Luft, um zu einer Gegenargumentation anzusetzen und ihr zu erläutern, was er in ihrem Falle unter mehr oder weniger verstand, als seine Mutter zur Küchentür hereinkam, ihm einen strafenden Blick zuwarf und wortlos das Telefon hinhielt. Dabei war er sich nicht sicher, ob sie ihn belauscht hatte und das Gespräch, das er gerade mit seinem Handy führte, nicht guthieß, oder ob es sie nicht einfach ärgerte, dass sie von ihrer Lieblingssendung lassen und ein Gespräch annehmen musste, das nicht für sie bestimmt war. Schneidlinger vermutete letzteres, denn seine Mutter war eine herzensgute Frau, die lediglich ihre festen Prinzipien hatte. Und dazu gehörten einfach ihre Lieblingssendungen, die sie nicht verpassen wollte. Besser man kam ihr dabei nicht in die Quere.

Da es unmöglich war, sein Gespräch mit Paulina in Ruhe fortzusetzen, verlegte er sich aufs Beschwichtigen. „Nein, nein, natürlich nicht. Aber ganz so entspannt wie du sehe ich es auch nicht", erklärte er umständlich und hoffte, im Vergleich zu seiner Mutter würde Paulina sofort verstehen, was er damit sagen wollte.

„Bist du nicht allein?", fragte die prompt zurück.

Seine Mutter machte eine ungeduldige Kopfbewegung in Richtung des Telefons in ihrer Hand. Schneidlinger nickte zurück und erbat sich mit einer besänftigenden Handbewegung noch einen kleinen Aufschub. Paulina wartete auf eine Antwort. Sie hatten Anfang des Jahres schon einmal darüber gesprochen. Ganz kurz nur, und da hatte sie argumentiert, dass Weiterbildung in ihrem Job unumgänglich sei. Im Prinzip fand er das ja auch gut, nur eben nicht so, wie sie das organisierte ... oder zumindest wie er befürchtete, dass sie es organisierte.

„Es tut mir leid, aber ich bekomme gerade einen dringenden Anruf", sagte er mit enttäuschter Stimme. „Ich melde mich bei dir, machs gut!"

„Herr Obermüller", erklärte seine Mutter und reichte ihm endgültig das Telefon. Sie war die einzige, die den Kollegen mit *Herr* ansprach, für alle anderen war er einfach nur Obermüller. Ein ausgezeichneter Ermittler, wie Schneidlinger inzwischen gelernt hatte, gemütlich, aber sehr zuverlässig und ausgleichend im Arbeitsklima. Obermüller hätte nie angerufen, wenn es nicht dringend gewesen wäre.

„Tut mir leid Chef, aber ich konnte Sie am Handy nicht erreichen. Auf dem Unigelände wurde eine weibliche Leiche gefunden. Und es gibt keinen Zweifel, die Frau wurde ermordet!"

Im Strom der Blechlawine, die sich um diese Zeit quer durch Passau arbeitete, wurde Franziska über die Schanzlbrücke, durch das Nadelöhr Nikolastraße und schließlich die Innstraße entlanggespült, bis sie sich, mit deutlich ruhigerem Pulsschlag, vor der Zentralbibliothek nach einer Parkmöglichkeit umsah. Walter hatte die Dringlichkeit des Anrufes endlich erfasst, sie von den Handschellen befreit und dann doch erst einmal seine Arme um sie geschlungen und ihr einen langen Kuss gegeben. Wie so oft hatte er Verständnis für das, was sein musste, während sie ihren Beruf in diesem

Moment genauso dafür hasste, dass er immer zur falschen Zeit so wichtig wurde, wie sie ihn im nächsten Moment für seine ganze Vielfalt liebte.

Bevor sie sich jedoch auf den Weg machen konnte, musste sie sich zuerst der schwarzen Dessous entledigen und sich tatortgeeignet ankleiden.

So stieg sie jetzt mit Sneakers, Jeans, T-Shirt und einem Leinenblazer bekleidet aus ihrem Auto, das sie schließlich neben den Fahrzeugen der KTU abgestellt hatte und wappnete sich innerlich für das, was sie gleich in Augenschein nehmen sollte. „Mach dich auf einiges gefasst!", hatte Hannes noch hinzugefügt, nachdem er ihr den rückseitigen Ausgang der Zentralbibliothek genannt hatte. So ließ Franziska auch den Haupteingang des Gebäudes unbeachtet liegen und umrundete den hellgestrichenen Bau, bis sie auf Obermüller stieß, der gemeinsam mit einigen Kollegen am Flatterband wartete. Der sonst so robuste Ermittler war grau im Gesicht und wirkte mitgenommen.

„Hallo Obermüller, gibt es schon Erkenntnisse?" Noch versuchte sie ihrem Tonfall etwas Heiteres zu verpassen. Der Wunsch, egal wie schlimm es kommen konnte, nicht zu viel an sich heranzulassen, lag nahe.

„Ich würde sagen, sie hat sich mit dem falschen Kerl eingelassen."

„Ich wollte von dir wissen, was du weißt und nicht was du vermutest", wies ihn Franziska sanft zurecht.

„Georg Brummer, einer der Bibliothekare, hat die Leiche gefunden. Sie liegt in", Obermüller blickte auf einen Zettel, den er in der Hand hielt, „einem Dublettenmagazin. Das grenzt direkt an das eigentliche Büchermagazin der Uni an, ist aber ein abgeschlossener Raum mit einer Tür nach draußen in Richtung Inn."

Die Oberkommissarin nickte. „Weißt du sonst noch was, Obermüller?"

„Ja, also: Der Raum hat ursprünglich das Archiv der Universität beherbergt. Das zog dann nach Fertigstellung des Verwaltungsgebäudes dorthin um. Nachdem das Archiv frei war, wurde es kurzzeitig als Sozialraum für die Mitarbeiter des Magazindienstes genutzt, bis auch dafür entsprechende Räumlichkeiten eingerichtet wurden. Aktuell lagern dort Buch- und Zeitschriftenbestände, die in nächster Zeit ausgemistet werden sollen, weil es sich um Zweit- und Drittexemplare handelt."

„Aha, und wer hat dich derart umfangreich informiert?", hakte Franziska interessiert nach.

„Georg Brummer, er ist einer der Bibliothekare, die das alles sichten, eventuelle Schätze vor dem Untergang retten und alles andere der Vernichtung zuführen müssen." Der dicke Ermittler lächelte schief. „Ich hatte den Eindruck, als täte es ihm um diese alten staubigen Bücher mehr leid, als um die junge Frau."

„Du meinst ..."

Abwehrend hob Obermüller die Hände. „Nein, nicht dass ich ihm die Tat anhängen will, aber mir scheint, Bücher sind seine große Leidenschaft. Er ist übrigens Volkskundler ... ja und normalerweise wird der Raum nur selten genutzt ..." Hilflos zuckte er mit den Schultern.

„Okay! Wo muss ich hin?"

„Immer dem Rundweg folgen, dann findest du es."

„Ist der Chef auch schon da?"

„Ja, er hat die Uni-Präsidentin aus dem Bett geklingelt", berichtete Obermüller sachlich. „Und dein Lieblings-Notarzt schaut sich das Opfer gerade an. Vielleicht kann er dir ja schon mehr sagen."

Franziska nickte. „Der gute Dr. Buchner!" Sie musste lächeln. Obwohl sie sich nur an Tatorten trafen, war zwischen dem gütigen Mediziner, der seine ruhige Art auch bei heftigen Fällen niemals ablegte, und ihr so etwas wie eine Freundschaft entstanden. Auch wenn er sich nie zu vorschnellen Aussagen verleiten ließ, konnte sie ihm meist etwas entlocken. Aber noch wichtiger war, dass sie ihm vertraute, weil er wusste, wie wichtig seine erste Einschätzung war.

Als sie das grüne Gittertor erreicht hatte, warf sie einen letzten Blick in den abendlichen und fast wolkenlosen Himmel, holte tief Luft und ging hinein. Die Tür zum Dublettenmagazin stand weit offen und gab den Blick auf einen Raum mit grauen, schäbigen Metallregalen und einem ebensolchen PVC-Bodenbelag frei. In den Regalen lagerten die von Obermüller beschriebenen Bücher und Zeitschriften. In einer Ecke standen ein paar kaputte Stühle, platzsparend aufgestapelt. Aufgeschlitzte Kissen lagen auf einem Tisch. Die Oberkommissarin entdeckte Schachteln mit undefinierbarem Inhalt, kaputte Plakataufsteller, verbogene Buchstützen und über all dem strahlten Neonröhren, von denen die Spinnweben herunter hingen.

Franziska blickte zu Dr. Buchner in seinem roten Anorak. Der Notarzt untersuchte eine junge Frau, deren schlanker Körper mit einigen schwarzen Stofffetzen eher umwickelt als bekleidet war. „Man hat ihr die Kehle durchgeschnitten", erklärte er gerade, woraufhin die Kommissarin näher trat und sich über den Hals und das arg zugerichtete Gesicht des Opfers beugte, das von unzähligen Wunden entstellt war. Franziska hatte schon einiges gesehen, dennoch sog sie scharf die Luft ein, als sie auf die junge Frau hinunter blickte. Die blutunterlaufene Haut und die zugeschwollenen Augen zeugten ebenso wie die Wunden, Striemen und Blutergüsse, mit denen ihr gesamter Körper überzogen war, von einem schlimmen Martyrium.

Die Tote lag auf der linken Seite, der Kopf ein wenig überstreckt in einer Blutlache, die langen blutgetränkten Haare nach oben gezogen, als ob sie daran festgehalten worden wäre. Ihre Arme lagen vor ihrem Körper, die Handgelenke wiesen dunkle Vertrocknungsspuren auf, was darauf hindeutete, dass sie vor ihrem Tod über einen langen Zeitraum gefesselt gewesen sein mussten. Die Beine lagen ausgestreckt auf dem staubigen Boden. An den Fußgelenken befanden sich die gleichen vertrockneten Fesselspuren wie an den Handgelenken.

Annemarie Michel, die Leiterin der Kriminaltechnik, stand neben Buchner und reichte Franziska ein Paar Latexhandschuhe für den Fall, dass sie die Tote inspizieren wollte.

„Hat sie versucht sich zu wehren?", fragte die Oberkommissarin ihre ältere Kollegin, denn sie war sich sicher, dass Annemarie bereits alles in Augenschein genommen hatte.

Die Chefin der KTU beugte sich hinunter und ergriff die rechte Hand der Toten. „Entweder kam sie nicht mehr dazu, bevor sie gefesselt wurde", Annemarie blickte Franziska nachdenklich an, „oder sie wollte sich gar nicht wehren. Fingernägel und Zähne sind jedenfalls intakt."

„Du denkst an einvernehmlichen Sex? Prostitution oder ein ausuferndes Liebesspiel?"

Annemarie zuckte mit den Schultern. „Seit scheinbar alle Welt Gefallen an Sado-Maso-Spielchen entdeckt hat ... wer weiß?"

„Ja gut", räumte Franziska ein und dachte kurz an ihre eigene Vorstellung von Liebesspielen. „Aber solche Spiele haben doch ihre Grenzen, da gibt es feste Regeln und an die hat man sich zu halten. Und bestimmt gehört dazu nicht, sich ohne Gegenwehr die Kehle durchschneiden zu lassen."

„Natürlich nicht!" Annemarie erhob sich und gab damit den Blick auf den Boden rund um die Beine der Toten frei. „Aber siehst du die Staubschicht? Sie hat noch nicht einmal gezappelt, als er das Messer ansetzte."

„Dann war sie vielleicht schon tot, als er ihr die Kehle

durchschnitt?"

„Nein!" Energisch mischte sich Buchner in die Spekulationen ein und lenkte damit den Blick wieder auf den Kopf der Toten. „Um so viel Blut aus dem Körper zu befördern, muss das Herz schon noch tüchtig pumpen. Und dass es den Körper noch ordentlich leergepumpt hat, zeigt sich wiederum an den nur sehr spärlich vorhandenen Leichenflecken."

Franziska nickte. „Ja klar. Mein Fehler."

Buchner schenkte ihr ein Lächeln. „Ich will mich nicht festlegen, das ..."

„... können die Kollegen in München besser beurteilen!" Auch Franziska lächelte über diese Routineaussagen.

„Sie könnte zu diesem Zeitpunkt einfach aufgegeben haben. Ich meine, so wie sie zugerichtet ist, war das keine Sache von fünf Minuten."

„Wurde sie vergewaltigt?"

„Genau kann ich das nicht sagen. Fakt ist, dass sie im Genitalbereich schwer verletzt wurde. Ob nur äußerlich oder auch innerlich ..." Der Mediziner zuckte mit den Schultern.

„Aber dann muss sie doch wenigstens am Anfang geschrien haben. Und das muss doch jemand gehört haben. Draußen führt ein Weg direkt an der Tür vorbei. Da könnten Spaziergänger entlanggegangen sein ..." Franziska warf einen ratlosen Blick zu Hannes, der gerade neben ihr aufgetaucht war. Doch außer einem begrüßenden Nicken trug der nichts zum Gespräch bei.

„Können Sie etwas zum Todeszeitpunkt sagen?", fragte Franziska vorsichtig, denn sie wusste, wie ungern sich der Notarzt solchen Spekulationen hingab.

„Na ja, ich denke jetzt mal laut nach. Die Leichenstarre ist voll ausgeprägt. Das ist in der Regel und vor allem bei den gerade herrschenden Temperaturen nach etwa acht bis zehn Stunden der Fall. Die Lösung sollte nach etwa vierundzwanzig Stunden beginnen. Das ist so, weil sich das Muskeleiweiß dann selbst verdaut, was anschließend in die Fäulnis übergeht. So weit ist es aber scheinbar noch nicht." Buchner blickte kurz die Kommissare an, sprach dann über die Tote gebeugt in seinem Vortragston weiter. „Die Leichenabkühlung erfolgt in drei Phasen. In den ersten zwei bis drei Stunden bleibt die Temperatur erhalten, die zum Todeszeitpunkt herrschte, danach geht sie pro Stunde etwa ein Grad runter, bis die Umgebungstemperatur erreicht ist."

Der Mediziner blickte erst auf seine Uhr und dann auf die Thermometer, die er gerade ablas. „Jetzt haben wir 20 Uhr 50, sagen wir 21 Uhr. Die Umgebungstemperatur in diesem Raum beträgt 18 Grad. Die Mastdarmtemperatur unserer Leiche zeigt 19 Grad an. Sie ist also noch in der Auskühlungsphase. Wenn wir davon ausgehen, dass sie zum Zeitpunkt ihres Todes 37 Grad Körpertemperatur hatte, ergibt sich eine Differenz von 18 Grad beziehungsweise 18 Stunden, plus zwei bis drei Stunden. Macht 20 bis 21 Stunden oder eine geschätzte Todeszeit von 22 bis 23 Uhr am gestrigen Abend."

Franziska nickte zufrieden. Sie wusste, dass sich Dr. Buchner auf diesen Zeitpunkt nicht festnageln lassen würde. Sie wusste aber auch, dass sie jetzt einen soliden Anhaltspunkt hatten.

„Gut, dann müssten wir jetzt nur noch wissen, wie lange sie hier zuvor festgehalten wurde."

„Dazu kann vielleicht der Bibliothekar Georg Brummer etwas sagen", mischte sich Hannes nun doch ein. „Ich habe ihn befragt, aber er musste zurück in den Lesesaal."

„Was hat er ausgesagt?"

„Nur dass er sie aus Zufall gefunden hat. Er habe gestern Abend schon einige dieser", Obermüller zuckte mit den

Schultern, „*Schätze* geholt und wollte sich heute weitere holen, um sie sich in seiner Spätschicht vorzunehmen. Dabei hat er sie gefunden."

„Wann gestern Abend?"

„Er meinte so um fünf. Da habe er seinen Spätdienst angetreten und da war der Raum leer."

„Spätdienst! Ich wusste gar nicht, dass Bibliothekare so was machen", überlegte Franziska.

„Na ja, das hab ich ihn auch gefragt, aber er sagte, er wäre lieber hier und sichte Bücher, als zuhause zu sein." Obermüller grinste kurz, aber aussagekräftig und streckte Franziska einen Zettel entgegen. „Hier ist seine Handynummer."

„Und hier sind ihre Sachen", mischte sich die kleine Mona, eine weitere Kollegin der KTU, in das Gespräch ein und drückte Hannes eine Plastiktasche in die inzwischen behandschuhten Hände. Mona war zwar nur einsfünfzig groß, dafür aber sehr gewieft und bekannt für ihre tollen Fotos. Wie immer hatte sie zunächst den ganzen Tatort minutiös abfotografiert, bevor irgendjemand sich daran zu schaffen machen durfte.

„Das hab ich da hinten gefunden." Mona zeigte zu einem der Stühle, die an der Wand aufgestapelt waren. „Solche durchsichtigen Taschen sind unter anderem in der Bibliothek vorgeschrieben", bemerkte sie.

Annemarie nahm den Beutel aus Hannes' Händen und schaute hinein. „Tempos, Geldbörse und Schlüsselbund." Vorsichtig hob sie ein Bündel Kleidung heraus. „Und ein komplettes Outfit: BH, Slip, Flipflops, ein Kleid", zählte sie auf und schlussfolgerte sofort: „Demnach hat sie sich erst hier umgezogen!"

Hannes blickte sich um und dann die tote Frau an. „Also war sie verabredet und wollte den Mann beeindrucken", spekulierte er.

„Ich weiß nicht. Das passt doch nicht! So was macht man in einem Hotel, aber doch nicht in einer Abstellkammer." Alle Augen richteten sich auf Franziska, doch die blickte ganz ruhig und nachdenklich auf die Tote. „So was zieht man am besten vor dem Spiegel an ...", Annemarie nickte zustimmend, „... und nicht in einer dunklen Ecke eines schmuddeligen Raumes. Noch dazu, wo hier ja scheinbar doch hin und wieder jemand vorbei kam."

„Vielleicht hatte sie es zufällig dabei und ihr Partner überredete sie, es anzuziehen", überlegte Hannes.

„Du meinst, sie haben es in der Stadt gekauft und fanden das so erregend, dass sie spontan beschlossen haben, hier Sex zu haben?" Franziskas Gesichtsausdruck zeigte, dass sie dieser These sehr skeptisch gegenüberstand. „Habt ihr denn eine Einkaufstüte und einen Kassenzettel gefunden?"

Mona schüttelte den Kopf. „Nichts dergleichen!"

„Immerhin spricht die ganze Verkleidung für eine Beziehungstat. Für einvernehmlichen Sex, der dann zu heftig wurde", resümierte Franziska ruhig. „Wie und warum sie hier gelandet sind, wird sich zeigen müssen ..."

„Sie könnten sowohl durch die Bibliothek, als auch vom Innweg hereingekommen sein", wusste Mona und griff nach der Geldbörse und dem Schlüsselbund, die sie vorsorglich in eine Asservatentüte gesteckt hatte. „Hier ist übrigens ihr Studentenausweis. Sie heißt Vanessa Auerbach."

„Und sonst?", fragte Franziska und blickte auf die Tasche.

„Hundertfünfzig Euro und eine EC-Karte. Zwei Kassenzettel, etwas Kleingeld. Eine Campus Card", berichtete Mona und überprüfte die weiteren Fächer.

„Was ist mit dem Handy?"

„Kaputt!" Mona holte aus ihrer Sammelbox eine weitere Tüte der Marke Asservatenkammer und hielt sie für alle gut sichtbar in die Höhe. „Dieses superschicke Smartphone wurde von irgendjemandem ziemlich schlecht behandelt."

„Funktioniert es noch?", hakte Franziska nach und wollte schon nach dem Handy greifen, aber Mona schüttelte energisch den Kopf. „Da muss ein Techniker ran."

Resigniert nickte Franziska. „Was hast du sonst noch gefunden? Vielleicht die Tatwaffe, ein scharfes Messer oder so?"

„Bisher Fehlanzeige. Aber die Kollegen suchen bereits das Gelände ab."

„Was allerdings schwierig werden wird."

Franziska wirbelte herum. Hinter ihr stand der leitende Kriminalhauptkommissar Josef Schneidlinger. „Ich habe mich gerade mit der Präsidentin der Universität unterhalten. Sie sagte mir, dass gestern auf dem Campus eine ziemlich große und durchaus laute Party stattgefunden hat, mit Livemusik, Picknick und wohl entsprechend viel Alkohol."

„Immerhin erklärt das, warum niemand etwas bemerkt hat", schlussfolgerte Hannes aus der Tatsache, dass zur Tatzeit rundum lautstark Musik gespielt worden war. „Man konnte ihre Schreie gar nicht hören. Vielleicht hat der Täter genau das ausgenutzt."

Franziska nickte zögernd. „Vielleicht, vielleicht auch nicht. Aber egal ob Prostitution, Liebesspiel oder was auch immer hier aus dem Ruder lief. Wir müssen herausbekommen, mit wem sie sich getroffen oder verabredet hat. Wer Zugang zu diesem Raum hatte und wer vielleicht doch etwas beobachten konnte." Sie griff nach dem Schlüsselbund in Hannes' Händen.

„Wie kommen Sie auf Prostitution?", hakte Schneidlinger ein wenig scharf nach, weshalb Franziska sofort in die Verteidigungsposition ging: „Ein Spiel? Geld? Drogen? Irgendetwas muss sie ja dazu gebracht haben, sich hier derart entkleidet auf ihren Mörder einzulassen."

Schneidlinger blickte nachdenklich auf das zerstörte Gesicht der Toten. „Ja natürlich. Irgendetwas muss diese

Frau dazu gebracht haben, an diesem besonderen Ort ein Stelldichein mit dem Tod zu haben."

Ungeduldig pustete sie in ihre Tasse mit Kräutertee. Er würde ihr guttun, aber er war noch viel zu heiß, um ihn zu trinken. Enttäuscht stellte sie die Tasse zurück auf das kleine fahrbare Beistelltischchen, das sie sich an das Sofa herangezogen hatte und ließ sich in die Kissen sinken. Sie war so müde, so schrecklich müde und doch stemmte sie sich mit aller Kraft gegen den Schlaf, der ihren Körper gefangen nehmen wollte. Der ihn schwer wie Blei hinunter in die rabenschwarze Welt ihrer Albträume zu ziehen versuchte.

In diesen Albträumen stand sie am Gitter und schaute zu, wie das Monster zuschlug. Wie es quälte und zerstörte und schließlich tötete. Sie konnte nicht weglaufen, weil ihre Beine ihr den Dienst versagten. Sie wollte die Augen schließen, doch selbst dann hörte sie ja noch die entsetzlichen Schreie, wie von einem Tier. Nichts Menschliches lag mehr darin. Und immer spielte diese Musik, diese fürchterliche Musik, die so laut war, als müsse sie das, was geschah, überstrahlen, als könne sie es ungeschehen machen, wenn sie nur laut genug spielte. Als wäre alles nur ein großes Fest zu Ehren des Bösen, als wären alle gekommen, um seiner Zerstörungswut zu huldigen ... und sie war mittendrin, gefangen in ihren eigenen Wünschen und Gedanken, von ihrer eigenen Hoffnung auf Gerechtigkeit, gefangen in ihrer Verletztheit und ihrer großen, großen Angst.

Sie sackte noch tiefer in die Kissen. Nur kurz ihren Kopf anlehnen, nur kurz die Augen schließen, auch wenn sie auf keinen Fall einschlafen durfte. Ihre Muskeln schmerzten wie nach einem langen Fieber. Sie fühlte sich so matt, und doch wusste sie, dass es kein Fieber war. Nie wieder wollte sie die Augen schließen, nie wieder in Ruhe schlafen. Sie war zur Komplizin eines Monsters geworden, ohne die Kraft sich ihm zu entziehen. Warum nur hatte sie in diesen Strudel aus Lüge und Betrug, aus Hass und Vergeltung geraten müssen? Warum nur hatte er ihr das alles angetan?

Kaum hatten Franziska und Hannes Vanessa Auerbachs Wohnung betreten, lächelte ihnen die ehemalige Bewohnerin in einem enganliegenden Abendkleid von einem großformatigen Foto sehr selbstbewusst entgegen.

„Für Inszenierungen hatte sie also schon mal was übrig", kommentierte Franziska das Hochglanzplakat gegenüber der Eingangstür und warf Hannes einen fragenden Blick zu. „Hübsches Mädchen, selbstbewusst und eine eigene Wohnung. Warum hat sie sich bloß auf so einen Fessel-Scheiß eingelassen?"

Hannes zuckte die Schultern, wandte sich ab, öffnete die Tür zur Küche und tastete mit den Händen nach dem Lichtschalter.

Nachdem Hauptkommissar Schneidlinger mit Nachdruck dafür gesorgt hatte, dass die Studentenkanzlei, bei der alle Studierenden der Passauer Uni registriert sind, so spät am Abend nochmals besetzt worden war, war es eine Kleinigkeit gewesen, die Adresse der Toten herauszufinden. Mithilfe des bei ihr gefundenen Schlüssels hatten sie nach zweimaligem Klingeln – für den Fall, dass sie nicht allein lebte – die Wohnung im Klosterwinkel geöffnet.

„Hier ist es fast klinisch sauber", kommentierte Hannes die Kücheneinrichtung. Er zog einige Schubladen auf und inspizierte den Inhalt des Kühlschrankes. „Es gibt weder Wurst noch Bier. So wie es hier aussieht, hat sie sich von Joghurt ernährt."

Franziska nickte und ging vor ihm her ins Wohnzimmer. Es war nicht besonders groß und unspektakulär möbliert: ein Sofa, eine Anrichte, ein kleiner Esstisch mit vier Stühlen, Bücherregal, Fernseher. Vor dem Fenster hingen Raffrollos in leuchtenden Farben. Franziska zog sie hoch, was den Blick auf den nächtlichen Inn und das auf der anderen Seite liegende, hoch aufragende und sehr schön beleuchtete Kloster *Maria Hilf* freigab.

„Wahnsinn, was für ein Ausblick", bemerkte sie und wandte sich vom Fenster ab, um das Regal zu durchsuchen. Da gab es einige Lehrbücher, Ordner, eine Box mit Stiften, Bücher und CDs. Gleich daneben hingen einige Gruppenaufnahmen an einer Pinnwand, wie sie zum Ende der Schulzeit oder ähnlichen Anlässen gern gemacht wurden.

„Kein Foto von einem Mann, aber die hier sind immerhin ein Anfang", versuchte sich Franziska zu freuen.

„Vielleicht war die Beziehung noch zu neu. Ich meine, wie lange hast du kein Foto von deinem Bühnenkünstler auf dem Schreibtisch stehen gehabt?"

„Hab ich noch immer nicht. Wir teilen unser Büro einzig mit deiner Sabrina", gab sie schnippischer als gewollt zurück und wandte sich, als sie es bemerkte, rasch dem Tisch zu, der offensichtlich gleichermaßen zum Essen und Lernen genutzt wurde. Neben einer gut gefüllten Obstschale stand dort ein Laptop, der, wie Hannes jetzt feststellen musste, mit einem Passwort geschützt war. Insgesamt fanden die Kommissare alles sehr ordentlich, bis sie ins Schlafzimmer kamen.

„Ups!" Überrascht hielt Franziska inne. Vor ihren Augen

breitete sich das totale Chaos aus. Auf dem großen Bett und dem hellen Holzboden lagen mehrere Blusen, T-Shirts, Hosen, zwei Kleidchen und etliche winzige Dessous verstreut. „Ich würde sagen, hier hat sich jemand nicht entscheiden können." Vorsichtig lugte sie in die offenstehenden Türen des Kleiderschranks und zog dann eine enttäuschte Schnute. Denn außer weiteren Klamotten, verschiedenen Schuhen und zwei Handtaschen, die Franziska herausnahm und öffnete, fand sich auch hier kein Hinweis auf einen Mann. „Schade! Ich hab schon gehofft, hier ihr geheimes Lager zu entdecken, wo sie alles bunkert, was Besuchern verborgen bleiben soll", erklärte sie ihre Enttäuschung.

Hannes trat hinzu, hob einen der am Boden liegenden Büstenhalter auf, wog ihn in der Hand und meinte dann nachdenklich: „Eher Durchschnitt."

„Ja", antwortete Franziska, beachtete das billige Spitzengewebe aber nicht weiter. „Wie sieht es im Bad aus?"

„Nichts. Kein Rasierzeug, keine zweite Zahnbürste, kein Schlafanzug." Vorsichtig legte er den Büstenhalter aufs Bett zurück. „Vielleicht hat er ja ihre Sachen benutzt?"

„Machst du das?" Sie blickte Hannes abwartend an, und als er nicht antwortete, fügte sie hinzu: „Das heißt, sie lebte allein, und ob sie eine Beziehung führte, wissen wir nicht." Suchend blickte sie sich um und landete schließlich wieder im Wohnzimmer vor den Gruppenbildern, auf denen Vanessa immer in der ersten Reihe stand. „Mensch Mädchen! Wenn wir das Schwein finden sollen, musst du uns schon was über dein Liebesleben preisgeben." Sie nahm die Fotos von der Pinnwand und blickte sich suchend nach einem Umschlag zum Verstauen um.

„Hey, hast du das schon gesehen, da hinten steht was drauf!" Hannes nahm ihr eines der Fotos aus der Hand und drehte es so, dass er es lesen konnte. „Comenius-Gymnasium Deggendorf K12".

Während Hannes las, nahm sich Franziska das Regal vor. „Schade, sie stand anscheinend nur auf Fantasy-Bücher. Dabei hatte ich gehofft, sie wäre eine SM-Anhängerin gewesen und würde uns vielleicht damit einen Hinweis geben." Franziska zuckte enttäuscht mit den Schultern. „Aber zumindest wissen wir jetzt eines ganz sicher: Wenn es einen Mann in ihrem Leben gegeben hat, dann hat sie ihn ziemlich gut versteckt."

„Also eine typische Studentenwohnung, die nichts über die wahren Vorlieben ihrer Besitzerin aussagt", kommentierte Hannes, doch das wollte seine Kollegin nicht gelten lassen.

„Das stimmt doch gar nicht." Sie blickte auf ihr Handy, um zu sehen wie spät es war und entdeckte eine SMS von Walter, die sie sich aber nicht zu lesen traute. „Wir haben die Fotos und können uns den Laptop vornehmen. Und ...", sie grinste, während sie ein mit dem Uni-Logo versehenes Blatt aus einem Buch zog, „... wir haben das hier!"

Hannes nahm es ihr aus der Hand und überflog den Inhalt. „Eine Ausschreibung für ein Seminar zum Thema „Betriebliches Rechnungswesen". Wenn sie daran teilgenommen hat, wird vielleicht einer der Teilnehmer etwas mehr über sie wissen."

Franziska zuckte mit den Schultern. „Das wird sich zeigen, aber es ist zumindest ein Anfang. Und morgen kann sich ja die Spurensicherung noch einmal alles ansehen."

Obwohl sich Franziska Hannes gegenüber so zuversichtlich gab, hatte sie natürlich sehr wohl gehofft, in der Wohnung einen Hinweis auf eine offensichtliche Beziehung zwischen

Vanessa Auerbach und einem Mann zu finden. Ein Foto, eine Anschrift, vielleicht den Freund persönlich, der sich unbeteiligt gab und den sie durch ein paar geschickte Fragen und seine am Tatort hinterlassenen Spuren sehr schnell überführen konnten. Stattdessen musste sie sich mit einem Klassenfoto und einem gesicherten Laptop zufrieden geben. Andererseits konnte sie so in aller Ruhe nach Hause fahren. Sie hatte nur noch rasch Hannes bei seinem Fahrrad an der Uni absetzen müssen. Von dort radelte dieser zu sich nach Hause in den Fuchsbauerweg, wo sein Schätzchen Sabrina, ebenfalls Polizistin, aber bei der Bereitschaftspolizei, auf ihn wartete.

Während Franziska ihm hinterherblickte, fiel ihr die SMS von Walter wieder ein. Er wolle nach seinem Termin am Theater in seine Wohnung fahren und dort übernachten, damit sie sich ganz auf ihren Fall konzentrieren konnte, las sie und war enttäuscht. Eine leere Wohnung und ein leeres Bett – beides fand sie in diesem Moment nicht besonders anziehend. Darum ließ sie ihr Auto vor der Studentenkanzlei stehen und beschloss spontan, noch einen Abstecher zum Inn zu machen, um sich dort in der kühlen Nachtluft den Kopf freipusten zu lassen.

Auf dem gesamten Uni-Gelände war es an diesem Abend beinahe gespenstisch ruhig. Ob es daran lag, dass selbst Studenten nach einer so ausgelassenen Feier wie am gestrigen Abend ein wenig mehr Schlaf benötigten, oder vielleicht doch eher an der Tatsache, dass sich die Nachricht vom Tod ihrer Kommilitonin bereits herumgesprochen hatte, konnte sie nur vermuten. Aus Erfahrung wusste Franziska, dass sich junge Menschen gern für unverwundbar hielten. Vielleicht hatten sich die Studenten ja auch, wenn schon nicht ins eigene Bett, so zumindest in ihre vier Wände oder in eine der Altstadtkneipen zurückgezogen, die als Treffpunkt dienten.

Der Leichnam von Vanessa Auerbach dagegen war längst in der Frauenlobstraße in München angekommen und mit ein bisschen Glück wurde er dort auch schon obduziert. Je schneller sie das Ergebnis bekämen, desto früher konnten sie die dabei gewonnenen Erkenntnisse verwerten.

Vor dem Tatort hatte Kriminalhauptkommissar Schneidlinger eine Streife postiert, um ihn vor unbefugten Besuchern zu schützen. Die Spurensicherung sollte weitermachen, sobald es hell wurde. Ob sie unter all den Spuren und Fundstücken, die auf dem weitläufigen Gelände verstreut lagen, doch noch eine Tatwaffe finden könnten, oder etwas, was die Aufklärung der Tat beschleunigen würde, war nach einem derartigen Event, wie es zur Tatzeit abgehalten worden war, allerdings mehr als fraglich.

Müde ließ sich Franziska auf einer der vielen Parkbänke nieder und versuchte, an etwas anderes als den brutalen Mord an der Studentin Vanessa Auerbach zu denken, was ihr nicht gelingen wollte. Stattdessen stellte sie weitere Vermutungen an: Welche Art Männer musste sie gekannt haben, damit diese imstande waren, ihr so etwas anzutun?

Franziska blickte auf den nächtlichen Inn, als könne er ihr eine Antwort geben. Vor zwei Jahren hatte hier das Jahrtausend-Hochwasser alles unter sich und den mitgeführten Schlamm- und Sandmassen begraben. Danach waren unzählige ehrenamtliche Helfer ans Werk gegangen und hatten die Stadt in kürzester Zeit wieder aufgeräumt. Fremde, die einfach nur helfen wollten, weil es so unfassbar war, was Wassermassen anrichten konnten.

Hatte auch Vanessa Auerbach sich auf einen Fremden eingelassen oder hatte sie den Mann, der in der vergangenen Nacht mit so viel Brutalität ihr Leben ausgelöscht hatte, tatsächlich gekannt?

In ihrer Wohnung gab es absolut keine Hinweise auf

eine Beziehung, weder eine bestehende noch eine vergangene. War sie einfach nicht der Typ gewesen, der die Trophäen vergangener Eroberungen hortete? Oder hatte sie ihr Liebesleben den Prinzipien unserer modernen Wegwerfgesellschaft angepasst: vorbei und weg damit?

Vanessa war ein hübsches Mädchen gewesen, die Haare lang, die Fußnägel lackiert, die Scham rasiert. Eine Frau, die Männern gefallen, von ihnen begehrt und nicht misshandelt werden wollte. Die Wäsche in ihrer Wohnung war weder bieder noch besonders aufreizend. Warum zeigte sie sich dann ausgerechnet an einem Ort wie dem Dublettenmagazin der Zentralbibliothek in einem derart gewagten Outfit?

Dafür konnte es nur eine Erklärung geben. Der Täter musste sie dazu animiert haben, musste die Sachen mitgebracht und sie ihr gegeben haben. Und ihrer Einschätzung nach musste sie sie auch freiwillig angezogen haben. Und dann? Was war dann passiert? Warum war dieses Rendezvous tödlich ausgegangen? Konnte sie wirklich so leichtsinnig gewesen sein, sich mit einem Mann das erste Mal auf diese spezielle Weise zu treffen und keinerlei Sicherheitsmaßnahmen zu ergreifen?

In einer Zeit, in der scheinbar alle auf einer verherrlichenden Sado-Maso-Welle ritten und kritiklos den Kick in der Hingabe ohne Absicherung suchten, war ja vielleicht sogar das möglich. Aber gehörte zu diesem Kick dann auch ein Platz zwischen staubigen alten Büchern und der Möglichkeit, entdeckt zu werden?

Franziska blickte nach links. Der Radweg entlang des Inns führte in dieser Richtung bis zur Ortsspitze, um sie herum und dann an der Donau entlang weiter. Sie wandte den Kopf und schaute nach rechts. In die entgegengesetzte Richtung konnte man bis nach St. Moritz durchradeln. Wobei der Inn mit seinem grünen Gebirgswasser noch etwas höher gelegen im Malojapass entspringt und dann mehr als fünfhundert Kilometer zurücklegt, bis er an der Ortsspitze in die Donau mündet.

Das alles hatte mit der Tat und mit ihrem Fall wenig zu tun, außer dass es zeigte, wie einfach der Täter den Tatort verlassen haben konnte. Wobei er genauso gut zu Fuß über die großangelegten Wiesenflächen, zwischen grillenden und feiernden Studenten oder mit dem Auto über die Innstraße entschwunden sein konnte. Letztlich sogar mit einem Boot.

Kürzlich hatte sie gelesen, dass der Passauer Campus der schönste in ganz Deutschland war. Und tatsächlich führten die Rasenflächen bis zum Fluss und wurden immer wieder für spontane Partys genutzt, so wie in der vergangenen Nacht, um das Studentenleben aufzulockern. Hinter ihr wuchsen große Büsche; sie sorgten bei Tag, wenn die Sonne unbarmherzig schien, für Schatten. In der Nacht konnte sich aber auch problemlos jemand dahinter verbergen. Jemand, der ein leichtes Opfer suchte und dieses dann ausgerechnet in den Keller der Zentralbibliothek entführte? Nein, nein, nein, dachte Franziska, nie und nimmer! Und dann begann sie doch ein wenig zu frösteln.

Im Grunde fürchtete sie sich nie oder zumindest nicht auf einer nächtlichen Parkbank auf dem Universitätsgelände. Und auch jetzt, trotz allem, konnte sie sich immer noch nicht vorstellen, dass Vanessa ihren Mörder nicht gekannt haben sollte. Vanessa – sie versuchte der Toten in ihren Gedanken das Gesicht wiederzugeben, ein Gesicht, das der Täter ihr mit Tritten oder Schlägen genommen hatte. Übertötung nennt man das, wusste die Kommissarin und auch, dass dahinter oft der Wunsch des Täters steckte, dem Opfer nicht nur das Leben, sondern auch die Identität zu rauben. Hatte Vanessa diesen Mann aus ihrem Leben verbannt und hatte er sie dann genauso zerstören wollen, wie sie ihre Beziehung zu ihm?

Es blieb ihr nichts anderes übrig, als mehr über Vanessa Auerbach herauszufinden. Was ja eigentlich nicht so schwer sein durfte. In einer Zeit der allgemeinen Vernetzung und Verlinkung sollte sie doch Menschen finden, die die lebende Vanessa gekannt hatten und etwas über sie und ihre Bekanntschaften sagen konnten.

Alles sprach für eine Beziehungstat. Für eine gescheiterte oder zumindest für eine aus dem Ruder gelaufene Beziehung. Solche Fälle hatte sie schon des Öfteren erlebt. Eine totgeschlagene Ehefrau, die zur letzten Aussprache gegangen war, ohne begriffen zu haben, dass ihr Mann, wenn er sagte, er könne ohne sie nicht leben, das auch wortwörtlich meinte. Ihre letzte Aussprache war dann wirklich das letzte, was sie erlebte. Manchmal nahm sich der Mann dann ebenfalls das Leben, warf sich vor einen Zug oder knallte mit dem Auto gegen einen Baum. Sie konnte sich an zwei Fälle erinnern, wo es genauso abgelaufen war. Beim dritten hatte dem Mann der Mut gefehlt, es auch für sich selbst zu Ende zu bringen. Alle drei hatten Abschiedsbriefe geschrieben, worin sie mehr oder weniger flüssig beschrieben, was in ihnen vorgegangen war und warum sie so und nicht anders gehandelt hatten.

Diese Männer hatten ihre Frauen geschlagen, gewürgt und dann getötet. Wenn schon nicht auf Erden, dann zumindest im Himmel vereint, lautete die Botschaft. Eine Liebe, die nicht sterben durfte. Eine unendliche Liebe, die mit brutaler Gewalt gegen die Frauen erzwungen wurde. Unvorstellbar für einen rational denkenden Menschen, für die Täter aber allem Anschein nach der einzige Ausweg aus ihrem ganz persönlichen Dilemma. Eine der Frauen war damals ziemlich heftig vergewaltigt worden. Wobei sie alle drei in der gemeinsamen Wohnung oder dem gemeinsamen Haus gestorben waren und sich keine der Frauen extra aufreizend angezogen hatte.

Vielleicht würde sich ja auch im Fall Vanessa Auerbach ein solcher Abschiedsbrief finden, hoffte die Kommissarin, auch wenn nach dem aktuellen Ermittlungsstand nichts zu einer letzten Aussprache passte.

Franziska wandte sich um und blickte hinauf zu dem hell gestrichenen Bau der Zentralbibliothek, wo noch immer Licht brannte. Es war kurz vor elf. Der Bibliothekar leiste noch seinen ganz persönlichen Spätdienst, hatte Hannes gesagt. Franziska öffnete ihre Tasche und holte ihr grünes Notizbuch heraus. Darin lag der Zettel mit der Handynummer des Bibliothekars. Ich hoffe, du bist auch heute noch im Dienst und hast es nach allem, was passiert ist, nicht vorgezogen nach Hause zu fahren, dachte sie kurz. Dann tippte sie die Nummer ein und wartete darauf, dass ihr Anruf entgegengenommen wurde. Wenn sie an diesem Abend schon nichts über Vanessa in Erfahrung bringen konnte, dann konnte sie ja vielleicht die Frage klären, wie Opfer und Täter ins Dublettenmagazin gelangt waren.

Aufrecht saß er auf seinem schmalen Bett und beobachtete eine dunkelbraune Hausspinne, die über den Boden lief. Im Schutz der Dunkelheit war sie unter dem Schrank hervorgekommen und suchte jetzt nach einem geeigneten Platz, wo sie ihr Netz spinnen und darin ihre Beute fangen konnte. In seinem Zimmer gab es viele Spinnen. Er liebte sie, sie waren so konsequent, so gnadenlos. Sie sponnen ihr Netz und fraßen das, was sich darin fangen ließ. Wenn sie ihr Opfer erst einmal eingewickelt hatten, gab es kein Entrinnen mehr.

Um sie beobachten zu können, brauchte er kein Licht anzumachen, ihm reichte das wenige Licht der Straßenlaterne, das durch das Fenster hereindrang. Ruckartig lehnte er sich zurück und schlug ein paar Mal hart mit dem Hinterkopf gegen die Wand, bis sich alles um ihn herum drehte. Dann sprang er auf und schrie so laut er konnte.

Doch die Benommenheit in seinem Kopf ließ nicht nach. Wie ein Zug rauschte sie durch ihn hindurch. Ein Zug mit Hunderten von Güterwagen, die einer nach dem anderen durch seinen Kopf ratterten.

Dabei hatte er es doch getan.

Ratatat, ratatat, ratatat. Endlos fuhren die Waggons, weiter und immer weiter. Er legte seine Hände an die Ohren, doch das Rattern nahm noch zu. Ratatat, ratatat, ratatat! Er wollte, dass es aufhört, aber je mehr er sich das wünschte, desto schneller fuhr der Zug.

Die Spinnen töteten, um zu überleben und er machte jemand kalt, um seinen Schmerz weiter zu geben. Bis er es getan hatte, hatte er gar nicht gewusst, dass das die Lösung für sein Problem sein könnte und auch jetzt schien es irgendwie noch nicht stimmig zu sein. Eigentlich hätte er sich danach gut fühlen sollen, aber das Gegenteil war der Fall. Im Moment fühlte er sich wie früher, wenn er sich ganz schrecklich auf Weihnachten gefreut und dann doch wieder nur Dresche gekriegt hatte.

Für einen Moment hielt er inne. Irgendwie wollte ihm der Vergleich nicht so recht gefallen. Letztlich hatte er sich doch selbst beschenkt. Hatte sich genommen, was er haben wollte. Es war gut gewesen, oh ja. Aber eben nicht so gut, wie er gehofft hatte.

Vielleicht weil er sich das alles viel einfacher vorgestellt hatte. Nicht so chaotisch. Und mit so viel Blut und Sauerei hatte er auch nicht gerechnet. In seinen Fantasien war sein Opfer schneller gestorben. Er stellte sich gern solche Sachen vor. Es gefiel ihm, wenn seine imaginären Opfer laut aufschrien, weil sie erkannten, dass sie in seiner Gewalt waren und dass er mit ihnen machen konnte, was immer er wollte. Oder sie schrien, weil sie begriffen, dass sie keine Chance hatten, ihm zu entkommen, was auf das Gleiche hinauslief. Sie schrien und er wollte sie zum Schweigen bringen. Und je mehr sie schrien, desto lustvoller ließ er sie verstummen. Zu viel schreien durften sie nämlich auch nicht, weil er sich dann nicht auf das konzentrieren konnte, was ihn befriedigte und den Zug in seinem Kopf zumindest langsamer werden ließ.

Es hatte ihm gefallen, sie nicht gleich zu töten, sondern erst noch ein bisschen ranzunehmen. Er sah sie wieder vor sich und bekam prompt einen Steifen, weil das so ein Wahnsinnsgefühl gewesen war. Ohne zuvor etwas anderes zu tun, einfach rein und raus und wieder rein und immer tiefer rein, bis sie lauter und immer lauter schrie und sich zu wehren versuchte, bis er sie gewürgt hatte, damit sie aufhörte zu schreien, ohne Mitleid, denn letztlich war sie ja selber schuld gewesen, er hatte sich ja nur genommen, was sie ihm angeboten hatte und somit hatte sie es ja auch nicht anders verdient gehabt.

Er nahm die Hände von den Ohren und bemerkte, dass das Rattern nachgelassen hatte. Es hatte ihm unglaublich gut gefallen, wie sie schrie und sich wehren wollte, obwohl er sie da schon gefesselt hatte. Aber das war dann erst später gewesen.

Gleich als sie in sein Blickfeld geraten war, hatte er einen ordentlichen Ständer bekommen. Er hatte sie ein bisschen schreien lassen und dann ... Aber dafür hatte er ja die Eisenstange dabei. Sie sackte einfach zusammen und er konnte sie in aller Ruhe verschnüren.

Mann, war das geil! Als sie gefesselt da lag und langsam wieder wach wurde und erkannte, was er mit ihr vorhatte und dass sie nicht abhauen konnte. Erst hatten sich ihre Augen geweitet und dann hatte sie geschrien. Er hätte ihr den Mund zuhalten können, aber das wäre dann nicht mehr so schön gewesen. Stattdessen hatte er sie einfach rangenommen. Erst vorn und dann hinten. Und wenn sie zu laut wurde, hatte er sie einfach wieder gewürgt, bis sie still war.

Und dann war sein Blick auf die Eisenstange gefallen. Er grinste bei dieser Erinnerung und öffnete endlich seine Hose. Das war ein Fest. Das musste er unbedingt wiederholen. Seine Bewegungen waren jetzt gleichmäßig und je mehr er an sie dachte, desto mehr nahmen sie an Intensität zu.

Wie sie um Gnade gewinselt hatte und er sie wieder und wieder... „Oooh!", entfuhr ihm ein langer tiefer Seufzer. Das ist jetzt aber schnell gegangen, dachte er und wusste, dass er sich noch sehr oft an diesen Moment erinnern würde, den Moment, in dem sie gewusst hatte, dass sie ihm nicht mehr entkommen würde und ihre ganze Schreierei umsonst gewesen war. Dass die ihn noch zusätzlich angemacht hatte.

Als er die Stange aus ihr herausgeholt hatte, war sie voller Blut gewesen. Eine richtige Sauerei. Das wollte dann auch gar nicht mehr aufhören. Bis ihm die Idee mit dem Messer gekommen war. Eigentlich wollte er sie ja sowieso abstechen. Das hatte er auch extra geübt. Aber dann hatte er es sich ganz spontan anders überlegt, ihre Haare gepackt und zack – war es vorbei mit ihr! Aber die wäre ja sowieso nicht mehr zu gebrauchen gewesen, nachdem er die Eisenstange ... Er lachte, und sein Blick fiel hinüber zu der Tüte auf dem Boden, in der das Teil steckte und schon wurde er wieder ganz scharf. Vielleicht sollte er darüber doch noch einmal ausgiebig nachdenken, jetzt wo der größte Druck weg war. Denn je länger er sich in seiner Erinnerung damit beschäftigte, desto langsamer wurde der Zug und kam manchmal sogar ganz zum Stillstand.

Kriminalhauptkommissar Josef Schneidlinger hatte den neuen Fall und sein Vorgehen gleich bei Dienstbeginn mit Oberstaatsanwalt Dr. Dieter Schwertfeger besprechen wollen, dabei jedoch erfahren, dass dieser im Urlaub war und er sich mit dessen Urlaubsvertretung arrangieren musste. Dass die Gnädigste, wie er sie später freundlich titulierte, nicht die Richtige war, erkannte er sofort. Lydia Ehrenberger hatte weder Interesse an einer gut geführten Teamarbeit noch war sie bereit, persönlich aus dem am Domplatz gelegenen Heinrichsbau zu ihnen in die Nibelungenstraße herüberzukommen.

„Natürlich klären wir diesen Fall in Windeseile auf, gnädige Frau", murmelte er, als er an Ramona vorbei zum Besprechungsraum ging, um die dort wartenden Kollegen zu instruieren. Die Sekretärin hatte seinen Satz aufgeschnappt und fragte sofort, ob sie etwas für ihn tun könne.

„Bringen Sie der ganzen Truppe Kaffee, den werden wir brauchen", erklärte er und versuchte sich in einem freundlichen Lächeln. Schließlich konnte die Sekretärin nichts dafür, dass sich die Staatsanwaltschaft hinter Floskeln verschanzte.

Nun war Kriminalhauptkommissar Josef Schneidlinger seit seinem Dienstantritt bei der Passauer Mordkommission dafür bekannt, dass er seinen Kaffee am liebsten selbst zubereitete und anschließend, zur Reflexion der Lage, auch das Geschirr selbst spülte. Wenn er also ohne seinen eigenen, und wie Franziska gern spottete, heiligen Kaffeeautomaten unter dem Arm an Ramona vorbeiging und die Kaffeezubereitung delegierte, dann musste schon ein ganz besonderer Druck auf ihm lasten.

„Dr. Schwertfeger genießt seinen wohlverdienten Urlaub, und die Staatsanwältin, die ihn vertritt, hat heute bereits einen Anruf von der Universitätsleitung bekommen", erklärte er seiner Truppe und blickte einen nach dem anderen an. „Sie wissen, was das heißt?"

„Dass der Täter seit gestern in seiner Zelle sitzen sollte", schmunzelte Obermüller gelassen. Der Ermittler, dessen Körperbau man früher mit den Ausmaßen eines Kleiderschrankes verglichen hätte, war seit dreißig Jahren bei der Kripo. Bisher hatten ihn derartige Anforderungen noch nie aus der Ruhe gebracht. Ein tragischer Fall konnte ihn um den Schlaf bringen, oder die Sorge um die Kollegen. Aber eine Drohung der Staatsanwaltschaft sicher nicht.

„Was war mit der Wohnung?", fragte der Chef, ohne auf diesen flapsigen Kommentar einzugehen. Er mochte von Lydia Ehrenberger halten was er wollte, trotzdem würde er den Beweis antreten, dass er und sein Team einen Ruf zu verlieren hatten.

„Praktisch nichts. Wir haben zwar nicht jedes Buch umgedreht, aber was wir gesichtet haben, wies auf keinerlei Beziehung hin", erklärte Franziska.

„Gut, dann soll die KTU jedes Buch umdrehen!"

Annemarie verschluckte sich fast an einem Keks, an dem sie knabberte und hustete daher heftig, bevor sie nickte.

„Was ist mit dem Handy?"

Wieder nickte sie. „Wir sind dran, wobei derjenige, der es zerstören wollte, ganze Arbeit geleistet hat."

Schneidlinger blickte eher durch Obermüller hindurch als er anwies: „Gut, dann gehen Sie mit dem Kollegen Gruber auf den Campus und befragen Kommilitonen und Professoren. Gehen Sie in Uniform, zeigen Sie Präsenz. Finden Sie heraus, mit wem Vanessa Auerbach studierte oder sich sonst getroffen hat. Wer hat sie gekannt, wer weiß etwas über sie?"

Jetzt blickte der Chef zu Franziska und Hannes. „Wer hatte Zugang zu dem Raum, in dem sie gefunden wurde? Wie sind Täter und Opfer hinein gekommen? Et cetera pp. Ich werde sehen, ob wir Verstärkung bekommen können, aber Sie wissen ja selbst, seit Passau das neue Lampedusa für alle Flüchtlinge ist, die über die Balkanroute nach Deutschland kommen, sieht es in dieser Hinsicht schlecht aus."

Als Ramona gleich darauf die Tür aufstieß, um das beladene Tablett hereinzubalancieren, gönnte er allen eine kurze Pause, die Franziska nutzte.

„Wir haben zwar keinen Hinweis auf eine Männerbekanntschaft, aber ein Foto, das Vanessa beim Abschluss ihrer Schulzeit zeigt und ein weiteres unkommentiertes, vielleicht mit ihrer Clique." Sie schob beide Fotos über den Tisch. „Und zudem habe ich gestern Abend noch mit dem Bibliothekar über einen möglichen Zugang zum Tatort gesprochen."

Sie lächelte ein wenig zufrieden, weil auch Hannes sie erstaunt ansah und fuhr dann fort. „Durch die Bibliothek wäre nur jemand mit einem Generalschlüssel in dieses Dublettenmagazin gekommen. Der Bibliothekar war sich aber nicht sicher, ob nicht er selbst den Raum unverschlossen verlassen hat. Er ist wegen dieser Sache ziemlich zerknirscht", berichtete die Kommissarin und dachte an seine umständliche Begründung. Dieser Bibliothekar war genau der Typ Mann, der seine Abende lieber an seinem Arbeitsplatz, in der Kneipe oder beim Sport, als zuhause bei der Familie zubrachte.

Schneidlinger ging nicht weiter auf das Schlüsselthema ein, sondern wandte sich wieder an Obermüller und Gruber. „Dann nehmen Sie dieses Foto mit, vielleicht kennt ja jemand die Abgelichteten", ordnete er an, bevor er sich zu Franziska hindrehte.

„Frau Steinbacher ...", die Oberkommissarin erwiderte

seinen Blick, „... Sie fahren bitte gleich im Anschluss mit Herrn Hollermann nach Deggendorf und reden mit den Eltern der Toten, bevor die diese Nachricht aus den Medien erhalten. Ich habe bereits einige Anfragen von Journalisten bekommen."

„Alles klar, Chef", nickte sie und schaute kurz zu Hannes, ob der etwas einzuwenden hatte.

„Ach ja!" Schneidlinger hielt kurz inne, als müsse er erst nach dem richtigen Ton suchen. „Und vergessen Sie bitte die Nachbarn nicht. Vielleicht gibt es ja doch einen Freund, er muss ja nicht bei ihr gelebt haben."

Franziska wollte schon protestieren, als sich Schneidlinger erhob und in die Runde grüßte. „So, dann trinken Sie Ihren Kaffee aus und machen sich an die Arbeit. Wenn sich etwas Neues ergibt ..." Der restliche Satz ging im allgemeinen Gemurmel unter.

„Wir müssen unbedingt wissen, mit wem Ihre Tochter befreundet war", erkundigte sich Franziska bei Jens und Mandy Auerbach, nachdem sie den beiden die traurige Nachricht vom Tod der Tochter überbracht hatte. Sie versuchte, sich nicht zu sehr vom Anblick der abgewetzten Sofalehnen, des verschlissenen Teppichs und der angestoßenen Kaffeebecher auf dem Tisch gefangen nehmen zu lassen.

Gleich nach der Besprechung waren sie ins rund fünfzig Kilometer entfernte Deggendorf gefahren, wo die Eltern in einem zum Sofa passenden Wohnblock lebten. Oder vielmehr ihre Zeit totschlugen.

„Das wissen wir nicht", erklärte die Mutter mit noch immer zitternder Stimme. Unter Schluchzen nickte sie ihrem Mann zu. „Sie war ... Wir kamen ja gar nicht mehr an sie heran, und sie wollte auch nichts mehr mit uns zu tun haben."

„Sie hielt uns für Spießer, nein, eigentlich für Loser", erklärte Vanessas Vater. „Sie meinte, wir wären ja selber schuld an unserer Situation. Wir hätten unser Leben verpfuscht. Ihr könnte so etwas nicht passieren, glaubte sie." Resigniert nickte er seinen eigenen Worten nach.

Franziska wechselte einen schnellen Blick mit Hannes und mutmaßte dann vorsichtig: „Sie hatten nicht sehr viel Kontakt zu Ihrer Tochter?"

„Unsere Tochter war auf der Suche nach einem besseren Leben. Aber vor allem wollte sie es ganz anders machen als wir." Wieder lachte der Vater bitter auf. „Nun, wie es aussieht, hat sie das ja jetzt geschafft."

„Jens, wie kannst du so etwas sagen!" Vanessas Mutter konnte ihre Tränen nicht zurückhalten.

„Ist doch wahr!" Er sah sich im Wohnzimmer um, als müsse er selbst erst begreifen, wie er hierher gekommen war. „Auch wir haben doch immer von einem besseren Leben geträumt."

Nach einer kurzen Pause sah er erst Hannes und dann Franziska an. „Wir stammen von Drieben", erklärte er und verfiel tatsächlich noch ein wenig mehr in seinen sächsischen Heimatdialekt. „Zunächst kannten wir es nicht anders, wir sind ja in das System hineingewachsen."

„Es war ja auch nicht alles schlecht", kommentierte die Mutter und lächelte wie ertappt, weil dieser Satz schon so häufig dafür hatte herhalten müssen, wenn Menschen versuchten, die eigene Vergangenheit nicht zu sehr abwerten zu lassen.

„Es wurde ja erst mit den Jahren immer enger, immer aussichtsloser. Oder vielleicht haben wir erst mit der Zeit kapiert, dass wir keine Perspektiven hatten, dass es um uns herum nur noch ein Verwalten des Untergangs gab. 1989, kurz vor der tatsächlichen Wende, träumte fast jeder... wenn nicht von der Flucht, so doch vom Leben im goldenen Westen."

Jens Auerbach nahm seine Tasse und trank einen Schluck Kaffee. Keiner der anderen im Raum sagte etwas. „Wir kamen mit einem Urlaubsvisum nach Ungarn und flohen dann über Österreich nach Westdeutschland. Im Sommer 89 war das wie ein Virus. Die Ungarn hatte ihre Grenzen geöffnet, und wir DDR-Bürger sahen das Wunder."

„Das wirkliche Wunder war, dass wir ein Visum bekommen haben", mischte sich seine Frau ein. Ein kleines Lächeln huschte über ihr Gesicht.

„Ja, alle wollten weg, und es schien dem Regime trotzdem nicht aufzufallen, dass ein Urlaub in Ungarn der beste Weg dafür war. Als wir Mitte Oktober in Budapest ankamen, war die Botschaft der Bundesrepublik schon überfüllt, und so mussten wir in Zelten im Garten unterkommen. Wir hatten fast alles zurückgelassen und konnten, nachdem uns die Stasi fotografiert und damit aktenkundig gemacht hatte, ja auch nicht mehr zurück."

Er nahm noch einen Schluck von seinem mittlerweile kalten Kaffee. „Es sollten drei lange, zähe Wochen werden, bis eines Abends die Botschaft verkündet hat, dass wir rausdürfen. Und auf einmal ging alles ganz schnell. Wir wurden über die Grenze nach Österreich gebracht, in einen Bus gesetzt und erst nach Passau und dann nach Deggendorf gefahren. Dort landeten wir dann in der Turnhalle der Kaserne des Bundesgrenzschutzes zusammen mit hundertfünfzig anderen Flüchtlingen. Das war dann zwar auch nicht besser als in Budapest, aber es fühlte sich sehr gut an, denn immerhin waren wir jetzt im Westen. Da wo wir hingewollt hatten. Nach zwei weiteren Wochen fanden wir Unterkunft und Arbeit und konnten das enge Lager verlassen. Erst bekamen wir Arbeit, dann kam Vanessa auf die Welt, und schließlich bauten wir uns ein Häuschen in Fischerdorf."

„Wir hatten alles erreicht, was wir uns gewünscht hatten. Wir waren frei und es ging uns gut ..."

„Aber da konnte Ihre Tochter doch stolz auf Sie sein", bemerkte Franziska und verstand einfach nicht, was daran schlecht war.

„Ja, bis das Hochwasser kam und uns in wenigen Stunden alles nahm. Auf dem Haus waren noch Schulden, und mein Betrieb machte kurz danach auch noch dicht."

„Diesmal *mussten* wir fliehen, und als wir zurückgehen konnten, war alles kaputt. Zerstört vom Wasser und vom Öl", ergänzte die Mutter. „Seither leben wir im Sozialbau. Keine Arbeit, keine Perspektive."

„Vanessa sagte, ihr habt es geschafft, aus dieser beschissenen DDR zu fliehen und dann hängt ihr in diesem Kaff fest, baut euch ein Häuschen ins Überschwemmungsgebiet und jammert, wenn das Wasser kommt und euch alles nimmt!"

Beim Erzählen hatte die Mutter den Ton angenommen, in dem Vanessa vermutlich mit ihren Eltern gesprochen hatte. „Sie wollte studieren und dann hinaus in die Welt. Etwas sehen, etwas verändern, flexibel sein und vor allem etwas für sich tun."

Und dann schluchzte die Mutter so laut auf, dass es Franziska ein wenig mit der Angst zu tun bekam. „Wir haben alles verloren, und jetzt auch noch unser Kind." Sie sprang auf und rannte aus dem Zimmer. Dann war aus dem Nachbarraum die schlagende Tür zu hören.

„Und wir sind schuld. Wir haben sie verzogen. Wir haben eine Egoistin aus ihr gemacht", fasste Jens Auerbach nüchtern zusammen.

Dann stand auch er auf, ging mit seiner Kaffeetasse zum Schrank und schenkte sich aus einer großen Schnapsflasche reichlich ein. Franziska sah ihm zu und hoffte, dass zuvor tatsächlich Kaffee in der Tasse gewesen war.

„Ruf doch mal bitte bei Obermüller an und frag ihn, ob er schon was erfahren hat."

Franziska fädelte sich auf der A3 in Richtung Passau in den Verkehr ein. Dann schüttelte sie in Erinnerung an das eben Erlebte den Kopf. „Hast du gesehen, wie der Vater den Schnaps einschenkte? Das sah für mich wie Routine aus. Die fliehen in den goldenen Westen und dann enden sie so."

Hannes antwortete nicht, offenbar hatte er den Kollegen schon erreicht. „Ja, hallo Obermüller, Franzi möchte wissen, ob es schon was Neues gibt." Er lauschte.

„Stell doch mal laut", bat Franziska und schien vor Neugierde fast zu vergehen.

„Ja, ja gut, ich sag es ihr."

„Was ist?", wollte Franziska sofort wissen.

„Nur dass wir uns im Büro treffen."

Hannes grinste, lehnte sich im Sitz zurück und schloss die Augen. Die vergangene Nacht war ausgesprochen kurz gewesen und hatte auch bei ihm Spuren hinterlassen. Erst der Leichenfund, dann die Wohnung, und als er nach Hause gekommen war, hatte seine Freundin Sabrina auch noch mächtigen Redebedarf gehabt. Lächelnd beschwor er ihr Bild herauf.

„Denkst du an dein Schätzchen?", fragte Franziska dann auch prompt, woraufhin er zusammenzuckte. „Vor mir kannst du eben nichts verbergen", freute sie sich, lächelte nun ebenfalls zufrieden, und beide hingen ihren nichtdienstlichen Gedanken hinterher.

Eine halbe Stunde später saßen sie im Büro, hatten jeder eine Tasse heißen Tee vor sich und in der Mitte, da wo ihre Schreibtische zusammenstießen, stand eine Box voller belegter Brote, die Sabrina Hannes vorbeigebracht hatte und die er jetzt mit Franziska teilte. „Hm!", schwärmte die gerade, als Obermüller die Tür aufriss und hereinstürmte.

„Wenn ich es nicht besser wüsste, würde ich sagen, wie ein altes Ehepaar", neckte er die beiden.

„Das alte nimmst du zurück", grinste Franziska, prüfte ihren Tee und trank einen großen Schluck, bevor sie fragte: „Und, Obermüller, hast du was Schönes für uns?"

„Ich habe ihren Studienplan. Sie studierte „Business Administration and Economics"... das hat früher wahrscheinlich mal BWL geheißen. Und hier ist eine Liste aller Studenten, die mit ihr zusammen in den Kursen sind." Er schob eine lange Liste über den Tisch.

„Na viel Spaß, wenn ihr die alle durchgehen wollt!"

„Danke." Obermüller nickte. „Wie war es bei den Eltern?"

„Die waren vorher schon fix und fertig, aber ich schätze, der Tod der Tochter wird sie endgültig erledigen", fasste Franziska zusammen. „Und wissen tun sie auch nichts. Vanessa scheint sich sehr intensiv abgenabelt zu haben."

„Eigentlich traurig, oder? Da ziehst du dir ein Kind groß und dann bist du doch allein."

„Hey, Obermüller, nicht so sentimental. Bei dir wird das alles mal ganz anders, du bist ein toller Vater, ich würde dich sofort nehmen." Sie lächelte ihn frech an.

„Danke für die Blumen, aber sooo alt bin ich dann auch noch nicht."

„Warum seid ihr denn eigentlich schon zurück? Hat der Chef nicht gesagt, dass ihr alle befragen sollt?"

Obermüller lachte. „Wir machen das jetzt per Rund-Mail. Wir haben alle angeschrieben, die in der Gruppe sind und auf der Liste stehen und um Rückmeldung und Hinweise gebeten. Die, die sich nicht melden, werden persönlich überprüft."

„Und?"

„Bisher nichts wirklich Brauchbares."

„Das kann doch nicht sein. Da wird ein so hübsches Mädchen derart bestialisch ermordet und niemand weiß etwas?"

„Vielleicht sind die eben auch alle zu geschockt", versuchte es Obermüller mit einer lahmen Erklärung.

„So ein Blödsinn. In dem Alter hält man sich noch für unverwundbar", wusste Franziska und schielte auf Vanessas Kursplan. „In einer halben Stunde beginnt eine Vorlesung mit Scheinpflicht", las sie vor, und bevor einer der beiden Kollegen etwas antworten konnte, entschied sie: „Da fahren wir doch mal hin und konfrontieren die Kommilitonen mit Fotos der toten Vanessa. Vielleicht fällt denen dann doch ein, mit wem sie häufiger zusammen war."

Sie schob die Brotbox zu Hannes hinüber, trank den letzten lauwarmen Schluck ihres Tees und erhob sich. „Nimm unser Lunchpaket mit, vielleicht brauchen wir später noch etwas zur Stärkung."

Obermüller grinste über ihren Eifer. Der Schock und das anfängliche Entsetzen hatten dem professionellen Wunsch Platz gemacht, den Täter zu finden und damit der Bevölkerung wieder das Gefühl einer ungetrübten Sicherheit zu geben. Etwas anderes konnten sie sich in ihrem Job auch gar nicht leisten.

Zwar gehörte Franziska zu den beneidenswerten Frauen, die praktisch alles tragen konnten und zu fast jeder Zeit und in jeder Lage gut aussahen, doch das war nur äußerlich. In ihrem Inneren spürte sie sehr wohl die biologische Uhr ticken. Und die sagte ihr mit jedem Schlag zur vollen Stunde: Alles ist vergänglich. Was im Hinblick auf die vielen jungen Studentinnen, denen sie gleich begegnen würde, natürlich erst recht ins Gewicht fiel.

Daher machte sie, kurz bevor sie zur Uni aufbrachen, noch einen Abstecher zu den Toilettenräumen, um sich ein wenig aufzuhübschen. Was sich wenig später als unnötig herausstellte, denn als sie Hannes abholen wollte, empfing der sie mit einer überraschenden Nachricht.

„Wir haben eine Zeugin!"

„Was?" Franziska warf einen schnellen Blick auf ihre Uhr. Sie war hin- und hergerissen. Einerseits die Möglichkeit, eine sich freiwillig meldende Zeugin zu befragen, andererseits die Gelegenheit, ein wenig Uni-Luft zu schnuppern und viele potentielle Zeugen aufzutun. „Wer ist es?"

„Stephanie Mittermaier, die beste Freundin von Vanessa Auerbach."

„Wow!" Ohne zu zögern war Franziskas Entscheidung gefallen. „Wo ist sie und weiß sie, was passiert ist?"

„Ja. Frau Mittermaier sitzt im Besprechungszimmer und wirkt", Hannes sah ein wenig ratlos drein, „ziemlich gefasst!" Davon konnte sich Franziska gleich darauf persönlich überzeugen.

„Hallo, ich bin Steffi, ich habe gehört, dass Sie jemand suchen, der Vanessa gut gekannt hat." Die junge Frau, die einen ziemlich unfrisierten kupferroten Kurzhaarschnitt und ein sackartiges Batikkleid trug, blickte von Hannes zu Franziska und dann auf einen Umschlag, den sie mitgebracht hatte.

„Und *Sie* kannten Vanessa Auerbach *gut*?", fragte Franziska, die sich über den munteren Ton wunderte.

„Wir sind sozusagen die allerbesten Freundinnen!" Ohne

aufzublicken entnahm sie dem Umschlag ein Foto und schob es den Kommissaren über den Tisch zu. „Das war immer unser Lieblingsbild."

Franziska zog das Foto zu sich heran und starrte es eine Weile an. Es zeigte zwei junge Frauen, die sich lachend umarmten. Die eine kupferrot, die andere blond.

„Dann wissen Sie ja sicher auch, wer der Freund Ihrer Freundin war?", fragte Franziska und blickte die Zeugin eindringlich an.

„Vanessa konnte jeden haben, und sie konnte sich nicht entscheiden." Steffi lächelte einen Moment. „Sie sagte immer, das Leben ist zu kurz, um sich jetzt schon festzulegen."

„Aha!" Franziska versuchte ihre Verwunderung zu verbergen. „Und wie lief dieses Jeden-haben-können so ab?", fragte sie leichthin.

„Ich glaube, sie verliebte sich einfach nicht. Sie traf sich mal mit dem einen und mal mit dem anderen, aber bevor es ernst werden konnte, hatte sie schon den nächsten." Stephanie Mittermeier zuckte gleichgültig mit den Schultern, als wäre das auch ihre Philosophie in Punkto Männer.

Wieder nickte die Kommissarin und warf ihrem Kollegen einen unsicheren Blick zu. „Gehts auch ein bisschen genauer?", fragte der, woraufhin die Zeugin zum ersten Mal zu bemerken schien, dass ein Mann im Raum war. Nachdenklich schaute sie ihn an, sagte aber nichts. „Mit wem war sie am Wochenende verabredet?", hakte Hannes nach.

„Tut mir leid, das weiß ich nicht, sie war da sehr spontan." Steffi schenkte Hannes einen Unschuldsblick aus kajalumrandeten Augen.

„Ihre beste Freundin ist tot", betonte Franziska mit geduldiger Stimme, die ihre Verwunderung über das Auftreten der Studentin gut verbarg. „Sie wurde von einem Mann brutal misshandelt. Er hat sie gefesselt, geschlagen und getreten. Können Sie sich vorstellen, welcher dieser Freunde, mit denen sie spontan zusammenkam, so etwas mit ihr getan haben könnte?"

Damit ging Franziska ziemlich weit, doch tatsächlich zeigte ihre drastische Schilderung ein wenig Wirkung. Die Zeugin starrte sie entsetzt an und brach wie auf Kommando in Tränen aus. „O mein Gott, das ist ja furchtbar." Hannes warf seiner Kollegin einen scharfen Blick zu. „Das habe ich nicht gewusst. Ich dachte, sie wurde nur ..."

„Vergewaltigt", half Franziska verwundert aus.

„Ja! Ja, und das ist doch irgendwie immer auch ein wenig romantisch, oder?" Steffi schniefte heftig auf, suchte in ihrer großen Tasche nach einem Taschentuch und schien wieder sehr gefasst. „Ich meine, das ist doch ein Zeichen, dass ein Mann einen wirklich haben möchte. Vielleicht kann er es nicht zeigen, kann nicht so gut reden oder weiß nicht, wie er es anfangen soll und dann nimmt er sie und zeigt ihr, dass er sie und nur sie haben möchte."

Steffis Augen leuchteten unter einem feinen Tränenfilm. Franziska musterte sie eine Weile, doch kein Anzeichen verriet, dass die junge Dame bluffte.

Stephanie Mittermaier war, abgesehen von ihren Haaren, eine eher blasse Erscheinung, eine Frau, die auf Männer sicher nicht die Wirkung hatte, die sie ihrer Freundin zuschrieb. Und sie hatte bestimmt auch nicht deren Auswahlmöglichkeiten. Eine, die eher in die Gattung Mauerblümchen und Jungfrau ohne Erfahrung passte. Sie war Vanessa sicher keine ebenbürtige Freundin gewesen, keine, mit der man sich messen konnte, hatte ihr dafür aber vielleicht bedingungslos die Treue gehalten. Sie ist eine, bei deren Anblick man sich immer besser fühlt als man eigentlich ist, dachte Franziska. Und bekam bei dieser Einschätzung direkt ein schlechtes Gewissen.

„Ich will mir kaum vorstellen, dass Ihrer Freundin romantische Gedanken durch den Kopf gingen. Sie muss sehr gelitten haben."

Die Kommissarin versuchte, nüchtern und sachlich und auch ein wenig vage zu bleiben. Sie hatte kein Recht darauf, der Zeugin vorzuschreiben, wie sie denken musste. Ihre Aufgabe war es, in Erfahrung zu bringen, wer für Vanessa Auerbachs Tod verantwortlich war. Nicht mehr.

„Also, Vanessa schwärmte immer von starken Männern, von denen, die wussten, wo es langgeht. Alphamännchen, wie man so schön sagt." Vanessas Freundin lächelte wieder kurz auf, bevor sie hinzufügte: „Vor ein paar Tagen erzählte sie von einem Typen, mit dem sie sich treffen wollte, aber sie hat mir nicht gesagt, wie er heißt. Ich weiß nur, dass er ihr eine SMS geschrieben hat und sie ihn ganz süß und heiß fand und dass sie sich sehr auf das Treffen gefreut hat. Meinen Sie, er hat das getan?"

„Das kann ich nicht sagen. Hat sie keinen Namen genannt?"

„Nein", gab die Zeugin patzig zurück.

„Woher kannte sie ihn, wie hat sie ihn kennengelernt? Das hat sie Ihnen doch bestimmt erzählt. Ich meine, wo lernt man süße, heiße Typen kennen?" Franziska deutete Hannes mit einem kurzen Blick an, dass er sie bitte nicht zu ernst nehmen sollte.

„Kannte sie diesen Mann aus der Uni?", fragte der nun seinerseits nach, woraufhin Stephanie Mittermaier ihn lange anblickte.

„Ja, ja es ist natürlich gut möglich, dass er Student oder auch Dozent oder Professor war, sie hat da keine Unterschiede gemacht ..."

Die Universität war zu seinem zweiten Zuhause geworden. Praktisch täglich kam er hier vorbei, kannte jeden Stein und jeden Weg, doch an diesem Tag sah alles ganz anders aus. Der Aufgang zur Mensa war mit rot-weißem Band weiträumig abgesperrt, und tatsächlich umgingen alle diese Stelle, nahmen entweder den Weg durch das WiWi-Gebäude, wo die Wirtschaftler zuhause waren, oder gleich den Inn-Lernpfad, der zu jeder Fakultät einen eigenen Aufgang hatte. Niemand wollte zu nah an das herankommen, was vorletzte Nacht hier geschehen war, obwohl es natürlich das Gesprächsthema Nummer Eins darstellte. Neben den fröhlichen Studenten und den häufig ein wenig linkisch oder arrogant wirkenden, oder auf ewige Jugend machenden Professoren, waren heute auch Streifenpolizisten unterwegs. Sie hatten Fotos dabei, die sie den Vorübereilenden zeigten und dann ihre Fragen stellten.

Schon seit einer Stunde beobachtete er dieses Treiben und hatte es bisher immer rechtzeitig geschafft, die Richtung zu wechseln, als auf einmal einer der Polizisten, groß und breit wie ein Kleiderschrank, vor ihm stand und ihm ein Foto unter die Nase hielt.

„Ist Ihnen diese Frau bekannt?"

„Nein!", beteuerte er mit fester Stimme. „Die habe ich noch nie gesehen. Ich bin aber auch nur zufällig hier."

Wo er am Montagabend gewesen sei und was er gemacht habe, fragte der Dicke weiter.

„Ich hab ferngesehen und bin dann ins Bett. Ich muss morgens früh raus", gab er so ruhig wie möglich zur Antwort und wollte schon weiter, als ihm der Polizist noch eine Karte mit einer Telefonnummer in die Hand drückte.

„Gut, dann danke. Aber wenn Ihnen noch was einfällt, rufen Sie an, auch die kleinste Einzelheit kann wichtig sein."

Die Karte entsorgte er im nächsten Mülleimer, wie die meisten anderen der Befragten auch. Irgendwie war das schon seltsam, dass sie ausgerechnet von ihm wissen wollten, mit wem die tote Studentin verabredet gewesen war und ob er sie vielleicht gemeinsam mit einem Mann gesehen hatte. Hatte er nicht – und das war noch nicht einmal gelogen.

„Die hat sie doch nicht mehr alle", echauffierte sich Franziska auf dem Weg zur nachmittäglichen Besprechung. „Ein süßer, heißer Typ, der Frauen vergewaltigt, weil er sich nicht traut ihnen zu sagen, wie sehr er sie begehrt und eine Frau, die sich dadurch ausgezeichnet fühlt, wenn sie mit Gewalt genommen wird. Gehts noch?" Mit Schwung öffnete sie erst die Zimmertür und gleich darauf das Fenster, sie brauchte dringend frische Luft.

Hannes lachte bei Franziskas Imitation laut auf. „Sie hat uns das Foto dagelassen, für den Fall, dass wir es für die Akten brauchen."

„Oh natürlich!" Franziska wirbelte herum. „Die beste Freundin gehört unbedingt zu den Akten. Aber wir tun ihr den Gefallen und geben es Ramona. Vielleicht gibt es ja irgendwann einmal einen Wettbewerb zum Thema dümmste Zeugin."

„Immerhin wissen wir jetzt, dass er sie am Handy kontaktiert hat, wir brauchen also nur noch die Telefonkontaktlisten anzusehen und schon ..." Hannes machte eine allumfassende Bewegung mit den Armen.

Doch Franziska nahm sie ihm herunter, legte ihre Hände auf seine mageren Schultern und sah ihn fragend an. „Traust du ihr denn?" Unsicher schüttelte Hannes den Kopf. Franziska ließ ihn los. „Eben! Sie ist eine graue Maus, die von einem Prinzen träumt. Und bei Vanessa Auerbach hing dieses Foto ja auch nicht herum, obwohl sie an ihrer Pinnwand noch Platz gehabt hätte ..."

Annemarie von der KTU kam herein, schaute sich um, und als sie sah, dass der Chef noch nicht anwesend war, ließ sie sich wenig damenhaft auf einen Stuhl fallen. „Uff, ich glaube ich werde langsam zu alt für diesen Job", gestand sie, lehnte sich zurück und schloss für einen Moment die Augen.

Franziska setzte sich neben sie, tätschelte mitleidig ihre Hand und fragte neugierig: „Hast du was gefunden?"

Annemarie wollte gerade zu einer Antwort ansetzen, als Obermüller und Kollege Gruber, in ein lautes Gespräch vertieft, hereinkamen. Sie richtete sich auf und beugte sich zu Franziska hinüber. „Ach, wir haben Etliches, ob es uns freut, ist eine andere Sache." Sie zeigte auf ihren Bericht und dann zur Tür, durch die nun auch Hauptkommissar Schneidlinger trat, einen Blick in die Runde warf und sie hinter sich ins Schloss zog, als er feststellte, dass alle anwesend waren.

„Nun, wie sieht es aus?", fragte er sein Team und richtete seine Aufmerksamkeit auf die KTU-Chefin, die gerade ihre Notizen aufblätterte.

„Wir haben die ganze Umgebung vor der Tür und den Vorplatz abgesucht, es gibt jede Menge Fußspuren und Hunderte von Fundstücken. Ob die zur Tatzeit dorthin kamen, kann ich natürlich nicht sagen ..." Sie zuckte mit den Schultern.

„Beliebter Treffpunkt also?", wollte Schneidlinger wissen.

„Na ja, es ist der Aufgang zur Mensa und somit nicht wirklich ein idyllisches Plätzchen für ein ungestörtes Schäferstündchen", überlegte Obermüller, der sich eingehend in der Uni umgesehen hatte und nun versuchte, seine Schlüsse zu ziehen.

„So spät abends war die Mensa aber geschlossen, und es wurde auch kein Schäferstündchen, sondern eine brutale Abschlachtung!", fuhr ihn Franziska an, die sich dank seiner Wortwahl an Stephanie Mittermaier erinnert fühlte und langsam genug von dieser Verniedlichung hatte.

„Schon, aber ich glaube kaum, dass Vanessa Auerbach zu diesem Date gegangen wäre, wenn sie das geahnt hätte!", verteidigte sich Obermüller, woraufhin Franziska stumm nickte.

„Und unterhalb des Fensters ist ein Teil des Bewuchses abgerissen und eine Leiste der Rankhilfe durchgebrochen", erklärte Annemarie weiter und beendete damit den Disput der beiden. „Die Schlussfolgerung überlasse ich euch, aber ich habe mich gefragt, wer wohl da hinaufklettern würde, solange es drinnen nur staubige Bücher zu sehen gab."

„Du willst damit andeuten, dass jemand zugesehen hat, während Vanessa zu Tode gequält wurde?" Entsetzt legte Franziska eine Hand vor den Mund. Was sie da gerade gesagt hatte, klang so ungeheuerlich, dass sie es selbst nicht glauben mochte.

„Nicht zwingend! Genauso gut könnten die Spuren darauf hinweisen, dass der Täter sich den Raum vorher von außen angesehen hat, um zu beurteilen, ob er für sein Vorhaben geeignet ist", schlug Hannes vor.

„Und es könnte sein, dass dieser Jemand zu diesem Zweck eine Perücke aufgesetzt hatte." Annemarie wartete einen Moment, bevor sie hinzufügte: „Wir haben an einer Leiste neben dem Fenster einige künstliche schwarze Haare gefunden, die aussehen, als würden sie von einer Perücke stammen. Wann sie dort hinkamen, wissen wir nicht. Könnte mit der kaputten Leiste zusammenhängen, muss aber nicht."

„Konnten Sie Fingerabdrücke oder DNA sichern?", hakte Schneidlinger nach.

„Ja", bestätigte Annemarie knapp.

„Und die Tatwaffe?"

„Negativ! Nichts, was irgendwie passen würde. Dafür mehr als genügend Müll, den wir bitte hoffentlich nicht auch noch einzeln auswerten müssen." Sie stöhnte und ließ erahnen, warum sie so erledigt war.

„Die Haare könnten darauf hindeuten, dass der Täter zum Auskundschaften des Tatorts eine schwarze Kunsthaarperücke trug. Was dann wiederum hieße, dass die Tat geplant war und dass Vanessa Auerbach nicht zufällig mit ihrem Begleiter in diese Abstellkammer gelangt ist. Und das könnte durchaus für eine bereits beendete Beziehung sprechen", resümierte Franziska noch einmal den Haarfund.

„Daher die nichtssagende Wohnung."

„Es könnte aber auch jemand während der Tat am Fenster gestanden und zu Tarnungszwecken eine Perücke getragen haben", führte Hannes eine weitere These ein.

„Warum trägt jemand, der auf eine Rankhilfe steigt, um durch ein Fenster zu blicken, hinter dem der Schauplatz einer derartigen Greueltat liegt, eine Kunsthaarperücke?", wollte Franziska von ihm wissen.

„Um nicht erkannt zu werden", mischte sich Obermüller in die Spekulationen ein.

„Aber dazu hätte derjenige doch schon im Vorfeld davon wissen müssen ...", gab Franziska zu bedenken.

„Auf diesem Weg kommen Sie nicht ans Ziel", mahnte Schneidlinger und forderte: „Bleiben Sie bitte bei den Fakten!"

„Was ist mit dem Handy?", wechselte Hannes das Thema, um zügig auf das Gespräch mit der Zeugin Stephanie Mittermaier zu kommen. Zu gern wollte er die Geschichte über den süßen, heißen Typen gegenprüfen.

Fragend schauten alle zu Annemarie, die sofort die Hände hob, um jedes weitere Verlangen abzuwiegeln. „Da sitzt Mona im Moment noch dran, sie wollte aber so schnell wie möglich ..."

Als habe sie vor der Tür auf ihr Stichwort gewartet, wirbelte die kleine Kriminaltechnikerin zur Tür herein. „Das glaubt ihr jetzt nicht!" Sie stellte ihren Laptop auf den Besprechungstisch und begann, ohne auf die Anwesenden und deren Unterhaltung einzugehen, mit ihrer Erklärung: „Vanessa Auerbach war verabredet!"

„Also sagte Stephanie Mittermaier doch die Wahrheit", murmelte Franziska, woraufhin sie alle, um eine Erklärung bittend, ansahen. „Wir hatten gerade eine Zeugin hier, die selbsternannte beste Freundin von Vanessa Auerbach, und die sagte, Vanessa habe sich mit einem süßen, heißen Typen verabredet."

„Seinen Namen weiß sie allerdings nicht", wusste Hannes.

„Tom!", ergänzte Mona triumphierend.

„Tom." So einfach, dachte Franziska und warf Hannes einen kurzen Blick zu.

„Ja, also ein gewisser Tom hat Vanessa um neun Uhr zu diesem Zugang zur Zentralbibliothek bestellt und sein Bild gleich dazu geliefert. Scheinbar das erste Treffen der beiden. Ort und Zeit hat er vorgeschlagen. Sie war einverstanden. Er wollte eine Überraschung für sie bereitlegen, die sie anziehen sollte." Mona blickte auf.

„Da haben wir es. Die schwarzen Sachen waren von ihm", kommentierte Franziska, für die das zunächst alles sehr logisch klang. „Sie hat sich also tatsächlich erst im Dublettenmagazin umgezogen, wie ich vermutet habe."

„Aber allein. Denn er schreibt: *Bist du heute bereit, dich ganz und gar auf ein Abenteuer mit mir einzulassen.* Und sie antwortete: *Ja klar! Du weißt doch, ich liebe Abenteuer.*"

„Für eine Studentin ganz schön dumm, findet ihr nicht?",

fragte Hannes und Schneidlinger nickte zustimmend.

„Wenn sie ihn nicht gekannt hätte, schon", räumte auch Franziska ein. „Aber ihre Freundin behauptete ja, dass sie für ihn schwärmte und damit sicher für integer hielt."

„Leg dir die Augenbinde um und warte. Ich bin ganz in deiner Nähe und werde drei Mal an die Tür klopfen. Hast du den Mut, dich darauf einzulassen? Du wirst sehen, das wird das Heißeste, was du je erlebt hast." Mona schüttelte den Kopf, bevor sie weiterlas: „Sie antwortete ihm tatsächlich: *Ich zittere jetzt schon vor Verlangen!* Wie kann man nur so blöd sein?"

„Oder auf der Suche nach dem nächsten Kick", gab Franziska zu bedenken und fügte hinzu: „Sie hat sicher nicht damit gerechnet, dass er ihr im Anschluss an ein extravagantes Liebesspiel die Kehle durchschneidet."

„Stimmt!" Mona vertiefte sich weiter in die Aufzeichnungen des Handys. „Ich liebe diese neuen Smartphones und die Faulheit der Besitzer, alte Nachrichten nicht zu löschen", erklärte sie und lächelte zufrieden. „Hier! Er hatte sie angeschrieben." Wie um es allen zu zeigen, hob sie ihren Laptop kurz in die Höhe und las dann weiter: *„Hallo Vanessa, ich saß heute in der Vorlesung eine Reihe schräg vor dir und musste dich immer wieder verstohlen ansehen. Du gehst mir nicht mehr aus dem Kopf, wollen wir uns vielleicht treffen?"*

„So geht das also?", bemerkte Obermüller trocken.

„Sie schrieb: *Wie wäre es heute Nachmittag im Café Innsteg?* Und er antwortete", Mona schüttelte den Kopf, „wie billig: *So öffentlich geht es nicht, meine Ex ist ziemlich eifersüchtig. Können wir uns nicht irgendwo abseits treffen?* Darauf sie: *Wo immer du willst.*"

„Demnach muss sie sehr genau gewusst haben, wer sie da daten will", bemerkte Franziska.

„Mein Vorstoß kommt dir vielleicht seltsam vor, aber du

bist die heißeste Frau, die ich je gesehen habe. Und sie schrieb: *Daran ist gar nichts seltsam. Ich finde dich nämlich auch ziemlich süß!* Danach war er nicht mehr zu halten, würde ich sagen: *Dann sollten wir nicht mehr zögern. Würdest du dich mir hingeben? Alle Entscheidungen mir überlassen?* Und sie antwortete: *Klingt sehr verlockend!*"

„Wow!" Obermüller hustete kurz verlegen auf.

„Ja." Mona schien jetzt wie besessen. „*Bestimmt hast du schon viele heiße Höhepunkte erlebt,* fragt er und sie antwortet mit einem Smiley. Und jetzt wieder er: *Dann will ich dich auf die nächste Stufe der Lust heben* ... Den Rest hatten wir schon." Mona klappte den Laptop zu und blickte in die Runde. „Jetzt seid ihr dran. Ich drucke euch den Wortwechsel aus."

„Haben sie auch telefoniert?", fragte Hannes interessiert nach.

„Nein, nur gesimst."

„Gut", Franziska blickte kurz zu Schneidlinger, doch der nickte ihr auffordernd zu.

„Für mich klingt das total logisch. Vanessa Auerbach wurde von diesem Tom gedatet. Sie kannte ihn und fand ihn toll. Ihre Freundin Steffi behauptet, sie stand auf Alphamännchen. So wie er schreibt, weiß er was er will, passt also in ihr Beuteschema. Geschmeichelt sagt sie ihm zu und begibt sich in seine Hände. Der Typ befördert sie allerdings nicht auf die nächste Stufe der Lust, sondern gleich ins Jenseits. Jetzt brauchen wir nur noch seine Adresse, und dann knöpfen wir uns diesen heißen, süßen Tom mal vor!" Auffordernd blickte sie Mona an, doch die zuckte unschlüssig mit den Schultern.

„Die Nummer gehört zu einem Prepaid-Handy."

Obermüller, der schon länger nichts mehr gesagt hatte, streckte der kleinen Kriminaltechnikerin die offene Hand entgegen. „Gib mir die Nummer, ich kümmere mich darum!"

Woraufhin Schneidlinger nickte und das gesamte Team mit einer eindeutigen Handbewegung aufforderte, sich wieder an die Arbeit zu machen.

Während Franziska hektisch auf ihrem Computer herumhackte und Toms Foto, das sie von Mona geschickt bekommen hatte, mit anderen Fotos im Netz verglich, wurde sie auf einmal nachdenklich. „Ich kann mir einfach nicht vorstellen, dass sich eine Frau auf so etwas einlässt. Also, ja ich kann es mir natürlich vorstellen, aber nicht, wenn ich den Typen kaum oder gar nicht kenne und nicht weiß, ob ich ihm vertrauen kann!"

„Ab wann kann man denn jemandem wirklich vertrauen?", fragte Hannes zurück und wirkte genauso nachdenklich wie Franziska.

„Auch wieder wahr. Hat ja schon mancher Ehemann seine Frau erschlagen, während sie friedlich neben ihm im Bett lag", überlegte sie.

„Na siehst du. Wobei, wenn du so denkst, dann kannst du dich im Umkehrschluss nachts nur noch allein in deinem Schlafzimmer einsperren."

„Na ja", protestierte Franziska, bis sie ins Grübeln kam. „Aber stimmt ... Trotzdem, so eine Anmache, das ist doch ..."

„Nehmen wir mal deinen Bühnenkünstler. Vertraust du ihm zu hundert Prozent?"

„Wie kommst du denn jetzt auf den?", empörte sich Franziska.

„Na wegen der Handschellen!" Jetzt grinste Hannes, während Franziska ein wenig errötete.

„Was denn für Handschellen?" Sie trug eine völlig gleichmütige Miene zur Schau.

Hannes schaute auf Franziskas Hände, die ruhig auf der Tastatur lagen. „Ich spreche von deinen heißen Spielen mit den Dienst-Handschellen."

Franziska schwieg, zog eine Augenbraue hoch und schaute Hannes streng an.

„War ja gestern nicht zu übersehen und am Handy nicht zu überhören." Hannes grinste noch ein wenig anzüglicher. „Mach mich los! Bitte, bitte! Klimper, klimper!" Auf einmal verging Hannes das Lachen. „Du hast gar nicht gewusst, dass du noch mit mir sprichst?" Er schaute Franziska durchdringend an und spekulierte: „Hattest du etwa auch die Augen verbunden?"

Franziska sagte noch immer nichts, doch Hannes begriff auch so. „Du stehst darauf!" Verlegen kratzte sich Hannes am Nacken und grinste dann unschlüssig.

„Ein Wort zu Obermüller!" Franziska hob drohend die Stimme, doch Hannes nickte eifrig, wie ein gehorsamer Junge und versprach: „Keine Angst, bleibt unser kleines schmutziges Geheimnis."

„Was bleibt euer kleines schmutziges Geheimnis?" Obermüller war, ein bedrucktes Papier in den Händen, zur nur angelehnten Tür hereingekommen und setzte sich auf die Kante von Franziskas Schreibtisch, der daraufhin leise knarzte. „Ich dachte, er wäre mit seiner Sabrina glücklich?" Fragend sah er von Franziska zu Hannes, während sein Gesicht vor Neugier glühte.

„Bin ich auch", fasste sich Hannes als Erster. „Aber wir haben gerade darüber philosophiert, dass dieser Tom gut aussah, studiert hat und trotzdem zu blöd war, die Nachrichten oder gleich das ganze Handy zu beseitigen."

Franziska nickte eifrig und schenkte Hannes einen ehrfürchtigen Blick. Seine Beziehung zu Sabrina tat nicht nur seiner Figur gut – seit er mit ihr zusammen war und regelmäßig bekocht wurde, war er nicht mehr ganz so mager –, auch sein Gehirn schien durch die regelmäßige Nahrungsaufnahme schneller zu kombinieren.

„Tja, echt seltsam. Aber wer weiß denn schon, was in den Köpfen der Leute vor sich geht, wenn Sex ins Spiel kommt", stimmte Obermüller den beiden zu.

„Obermüller, willst du uns etwas beichten?", neckte Franziska den älteren Ermittler wie so oft und schielte auf die Liste in seinen Händen.

„Krampf, aus dem Alter bin ich raus. Dafür hab ich aber in unserem Job auch schon etwas mehr gesehen, und daher sagt mir mein Instinkt, traue keinem, wenn es um Sex geht. Und mal ehrlich, diese Anmache, die war doch hochnotpeinlich!"

„Da hast du aber so was von recht", stimmte Franziska ihm einschmeichelnd zu und zog das Papier aus seinen Händen. „Sind das die Verbindungsdaten?", fragte sie und konzentrierte sich auf die Liste.

„Die gelb markierte Nummer gehört Tom Seibert. Eine Nummer für eine Prepaid-Karte." Er schaute sie abwartend an.

Franziska lachte meckernd. „Prepaid, und auf wessen Namen?"

„Auf seinen!", wusste Obermüller und wiederholte: „Tom Seibert. Wohnanlage Donau-Schwaben-Straße in Passau."

„Tom Seibert." Franziska versuchte diese neue Erkenntnis zu verarbeiten. „Auf seinen echten Namen also?"

Obermüller nickte.

„Saublöd, oder? Ich meine, das mit der Prepaid-Karte wäre ja noch schlau gewesen, weil er damit seine Spuren hätte verwischen können, aber wenn er dann auch noch seinen eigenen Namen angibt... Nicht so schlau."

„Wieso, du musst doch auch bei einer Prepaid-Karte

deine Identität nachweisen", begehrte der ältere Ermittler auf.

„Nicht wenn du sie an der Supermarktkasse im Süßigkeitenbereich erstehst", wusste Franziska. „Da musst du dich zwar auch anmelden, aber eben übers Internet, und niemand will deinen Ausweis sehen."

„Interessant!"

„Willst du dir ein zweites Handy zulegen?", neckte Franziska ihren Kollegen.

„Spinnst du, dann hab ich ja noch mehr Stress. Interessant finde ich, weil ich mich beim Abgleich gefragt habe, warum in seinem Geburtsdatum ein Zahlendreher drin ist."

„Echt? Also wenn ich etwas weiß, dann ist es mein Geburtsdatum", überlegte die Kommissarin und fügte dann an: „Hervorragende Arbeit, Obermüller! Sitzt er vielleicht schon im Vernehmungszimmer?"

Obermüller lachte verwundert auf. „Weißt du, was im ganzen Haus los ist, Franzi? Heute steht kein Streifenwagen mehr im Hof."

„Warum, was ist denn passiert?" Sie stand auf, blickte aus dem Fenster hinunter in den Hof und sah Obermüllers Aussage bestätigt.

„Heute wurden an der A3 bereits über dreihundert Flüchtlinge aufgegriffen, und ständig bekommen wir den nächsten Anruf, das ist passiert!"

Franziska nickte Hannes zu. „Gut, dann fahren wir jetzt zu Seibert und du hältst dich bereit, falls ich dich brauche, ja?"

Obermüller nickte und wandte sich zum Gehen. An der Tür hielt er inne, drehte sich um und richtete sich zu seiner ganzen Größe auf. „Wenn der das wirklich war, dann würde ich gern einmal allein mit ihm reden."

Franziska versprach es ihm hoch und heilig.

„Ach, und das mit dem schmutzigen Geheimnis behalte ich im Auge." Er zeigte mit dem gespreizten Mittel- und

Zeigefinger seiner rechten Hand erst zu seinen Augen und dann in Richtung Franziska und Hannes. „Also: immer schön sauber bleiben!"

„Das ist ja wohl klar, dass das nur ein Scherz sein kann", kommentierte Tom Seibert mit herablassender Stimme die Vorwürfe, die die Kriminalkommissarin gerade gegen ihn vorgebracht hatte und gab ihr das Handy zurück. „War es das, oder haben Sie noch andere Possen auf Lager?" Ein wenig gelangweilt stand der junge Mann in der Tür zu seiner Studentenbude und blickte erst sie und dann Hannes an. Dabei machte er keine Anstalten, sie hereinzubitten.

In der Regel versuchte sich Franziska in jeden Menschen hineinzuversetzen und selbst wenn es ihr schwerfiel noch einen Grund für sein Handeln zu suchen. Irgendetwas, womit sie leben konnte. Etwas, das einen Menschen vom Tier unterschied. Im Falle Tom Seibert wünschte sie sich wie selten, sie hätte doch statt Hannes den Kollegen Obermüller mitgenommen und dieser würde sich, als Konsequenz für solche Aussagen, diesen jungen Schnösel einmal richtig zur Brust nehmen.

„Sie werden verdächtigt, sich mit Vanessa Auerbach in der Bibliothek der Universität verabredet und sie dabei getötet zu haben. Gehört das Töten eines Menschen zu Ihrem persönlichen Scherzrepertoire?", fragte sie trotzdem so gefasst wie möglich und schob das Smartphone zurück in ihre braune Wildlederumhängetasche.

Nachdem Vanessas Smartphone vermutlich vom Täter völlig zerstört worden war, hatte Mona die SIM-Karte ausgelesen und auf Franziskas Handy überspielt, um Tom Seibert den SMS-Verlauf zeigen zu können.

„Das hier ist überhaupt nicht meine Nummer", erklärte er mit fester Stimme, als könne das ausreichen, um die Anschuldigungen wirkungslos zu machen.

Tom Seibert war groß und hatte eine durchtrainierte Figur. Er sah gut aus, seine dunklen Haare waren locker nach hinten gegelt, das Kinn sauber rasiert. So wie er sich bewegte, machte er viel Sport. Und sicher konnte er eine Frau mit Leichtigkeit überwältigen, fesseln und zusammenschlagen. Wie einer, der ein Messer ansetzte, um einer Wehrlosen die Kehle durchzuschneiden, sah er allerdings nicht aus. Wobei ja ohnehin nur den wenigsten Tätern ihre Taten wirklich ins Gesicht geschrieben stehen.

„Ich habe schon davon gehört, aber ich kann Ihnen nur versichern, dass ich damit nichts zu tun habe." Seine Augen blickten ruhig, fast kalt. „Und ich gebe Ihnen gern meine richtige Handynummer, wenn Sie möchten." Bei diesem Vorschlag grinste er Franziska anzüglich an.

„Wo waren Sie vorgestern Abend zwischen 21 und 23 Uhr?", übernahm daher Hannes die Befragung, und richtete sich zu seiner vollen Größe auf.

„Ich? Das geht Sie gar nichts an."

„Vielleicht sollten Sie diese Frage nicht zu sehr auf die leichte Schulter nehmen", schlug Hannes dem Studenten vor, woraufhin der sich zu einer lahmen Antwort aufraffte. „Das war dann der Montag, richtig? Da war ich beim Rudern. Auf dem Inn. Und wenn Sie es genau wissen möchten, ich trainiere für die Deutschen Hochschulmeisterschaften."

Franziska nickte, fühlte sich aber durch diese Aussage nur in ihrer Einschätzung seiner Figur bestätigt.

„Kann das jemand bezeugen?", hakte Hannes noch einmal nach.

„Natürlich! Es waren ja etliche Leute dort. War's das jetzt? Ich hab noch einiges zu tun."

„Ja, aber halten Sie sich bitte zu unserer Verfügung und verlassen Sie nicht die Stadt, wir..."

Weiter kam Franziska nicht. Denn genau in diesem Moment wurde die Tür des Nachbar-Appartements aufgerissen und ein junger Bursche mit kurzen schwarzen Haaren, mandelförmigen Augen und in grünen Boxershorts stürmte heraus und auf Tom Seibert zu.

„Oh, du hast Gäste. Tschuldigung. Aber: Hey, hast du schon die Fotos von Vanessa gesehen?"

Ohne auf eine Einladung zu warten, drängelte er sich quirlig an Tom Seibert vorbei bis zum Schreibtisch in dessen Wohnung und machte sich dort am geöffneten Laptop zu schaffen. Tom war seinem Nachbarn gefolgt, und auch die beiden Kommissare standen jetzt dicht hinter ihm.

„Echt geil, musst du dir ansehen!", rief er über seine Schulter und klickte weiter, bis er fündig geworden war. „Wer die wohl dazu gebracht hat?"

„Mann Tian, was soll das?", empörte sich Tom und schob seinen Besucher vom Schreibtisch weg. „Vanessa ist tot!", erklärte er tonlos und schloss den Laptop. „Vanessa ist tot, und die beiden hier glauben, ich hätte etwas damit zu tun."

Der junge Mann schüttelte seine schwarzen Haare, blieb einen Moment unschlüssig im Raum stehen und musterte schließlich Franziska und Hannes. „Sind Sie von der Polizei?"

„Franziska Steinbacher, Mordkommission Passau, mein Kollege Hannes Hollermann", stellte sich die Kommissarin vor und blickte den jungen Burschen interessiert an. „Und Sie sind?"

„Tian Chang. Also ich, ich wohne nebenan", erklärte er ein wenig umständlich und versuchte gar nicht zu verhehlen, dass ihm die Situation eher unangenehm war.

„Würden Sie uns die Seite bitte zeigen?"

Tian blickte zu Tom, bis der zustimmend nickte, als

wolle er sagen, nun mach schon, dann haben wir es hinter uns. Also hob er den Deckel wieder an, und zwei Klicks später beherrschte Vanessa den Bildschirm.

„So empfängt Vanessa die Männer anderer Frauen!", las Franziska laut vor und blickte gebannt auf die abgelichtete Frau. Man hätte das, was sie trug, einen schwarzen Overall nennen können, nur dass dieser hier mehr freie Flächen als bedeckende Stoffteile aufwies. Sie lehnte an der Tür zum Dublettenmagazin, das man im Hintergrund erahnen konnte. Es waren mehrere Fotos, die ganz kurz hintereinander geschossen worden sein mussten. Auf den ersten trug sie eine schwarze Maske, die ihre Augen bedeckte und ihr etwas Hilfloses und gleichzeitig sehr Verruchtes gab. Denn das restliche Gesicht lächelte lasziv verführerisch, und ihre ganze Körperhaltung war mehr als aufreizend, ja eigentlich einladend, als wolle sie sagen: Was auch immer du schon mal machen wolltest, mach es jetzt mit mir.

Dann kam der Break. Auf den nächsten Bildern hatte sie die Maske heruntergenommen, die Körperhaltung war jetzt abweisend, sie merkte, wie schutzlos sie da stand. Zunächst schaute sie den Betrachter etwas ungläubig an, dann wurde ihr Blick wild und ihre Körperhaltung aggressiv. Für Franziska stand außer Frage: Sie hatte mit etwas völlig anderem gerechnet, als mit dem, was sie soeben zu sehen bekommen hatte. Nur mit was oder eben mit wem hatte sie gerechnet? Wirklich mit Tom Seibert?

„Nach dem SMS-Austausch mit Vanessa hab ich mir diesen Tom irgendwie anders vorgestellt", platzte es aus Franziska heraus, kaum dass sie im Auto saßen. Dann zückte sie ihr grünes Notizbuch und schrieb einige Stichworte hinein. „Er war so cool. Für sein Alter ungewöhnlich cool, findest du nicht?" Die Kommissarin sah auf und blickte ihren Kollegen unschlüssig an. „Wahnsinn, wenn man in seine Augen sieht." Bei diesem Gedanken überkam sie erneut ein plötzliches Frösteln.

Gleich nachdem sie die Donau-Schwaben-Anlage verlassen hatten, hatte sie den Kollegen Gruber angerufen und ihn gebeten, die Facebook-Seite „World of Adventure" für sie zu überprüfen und herauszufinden, wer die freizügigen Fotos von Vanessa Auerbach dort eingestellt hatte. Zu Beginn ihres Gesprächs hätte sie Tom Seibert am liebsten gleich mit in die Inspektion genommen, inzwischen war sie allerdings verunsichert über seine vehemente Unschuldsbehauptung, sein angebliches Alibi und die Fotos auf seinem Laptop. Auch der Zahlendreher bei der Anmeldung der Prepaid-Karte ließ sich jetzt nicht mehr einfach so wegwischen. Sie brauchten erst noch weitere Beweise. Wenn Gruber allerdings melden sollte, dass Tom auch hinter der Internetseite oder den Posts steckte, dann würde es doch wieder eng für ihn werden.

„Cool im Vergleich zu diesem Tian?" Hannes nickte zustimmend. „Wobei ich fand, dass er ja schon ein bisschen geschockt war, vielleicht wollte er das nur hinter der Maske der Arroganz verbergen. Ich meine, wenn er es wirklich nicht war und ihm da jemand einen üblen Streich gespielt hat ...", Hannes besann sich. „Wenn jemand in deinem Namen Vanessa irgendwohin gelockt und getötet hat, dann wärst du doch auch geschockt und gleichzeitig entsetzt."

„Vielleicht." Franziska zuckte unschlüssig mit den Schultern. „Na ja, schon. Aber schau dir sein Zimmer an, seine Frisur und dann seinen Nachbarn. Da liegen doch Welten dazwischen. Der ist nicht nur cool, der ist, hm, wie soll ich sagen ... der ist herablassend. Ja genau. Als wäre er etwas Besseres."

Hannes lachte, weil Franziska ihr Urteil so unumstößlich gefällt hatte. „Du traust ihm also nicht zu, dass er eine Frau in die höheren Sphären der Lust heben kann?", fragte Hannes provokant nach.

Franziska blickte ihn schmunzelnd an. „Das würde ich nicht sagen. Wenn er die Wünsche einer Frau genauso korrekt umsetzt, wie er seine Haare in Form bringt ..." Sie kicherte, wurde aber schnell wieder ernst. „Typen wie der sind schlecht einschätzbar. Sie können ganz harmlos sein und genauso akkurat einen Mord begehen, mit allen Konsequenzen, eiskalt geplant, bis ins letzte Detail."

„Und du traust ihm sogar die Sache mit den Fotos zu?"

Hannes blieb unsicher, doch Franziska schwieg, klappte ihr Notizbuch zu, schob es in ihre braune Umhängetasche und warf sie dann auf den Rücksitz, bevor sie den Motor startete. „Da warten wir jetzt einfach mal auf das, was Gruber uns ja hoffentlich bald mitteilt", entschied sie und hoffte, der Kollege käme wirklich bald dazu, die Seite zu überprüfen und müsse nicht am Ende auch noch Streife fahren, um Flüchtlinge einzusammeln.

Draußen war es schon fast dunkel. Sie hatte außer den Pausenbroten von Sabrina noch nichts Vernünftiges gegessen. Sie war müde und sie sehnte sich nach einer liebevollen Umarmung. Auch Hannes warf jetzt einen Blick auf seine Uhr. „Wartet dein Schätzchen auf dich?" Der Kollege verzog das Gesicht. „Entschuldige, deine Sabrina?"

Er nickte, dabei huschte ein glückliches Lächeln über sein Gesicht. „Und bei dir? Jetzt wo dein Bühnenkünstler wieder zurück ist." Er nahm ihre rechte Hand sanft vom Steuer und schaute sich das Handgelenk an. „Nichts mehr zu sehen!"

Franziska entzog sich ihm unwirsch und verpasste ihm einen Stoß mit dem Ellenbogen, bevor sie ihn warnend anfunkelte. „Wir müssen morgen früh als erstes zu den Ruderern, um uns Tom Seiberts Alibi bestätigen zu lassen", erklärte sie dann aber in ruhigem Ton und bog in die Neuburger Straße ein.

„Ja Chef", schmunzelte Hannes. „Und wenn sie es bestätigen, was machen wir dann mit dem SMS-Wechsel und den Fotos?" Er ging auf ihr Ablenkungsmanöver ein. „Das lässt sich ja schlecht ignorieren."

Franziska zuckte mit den Schultern. Sie hatten den Fuchsbauerweg erreicht. „Das überlegen wir uns morgen, wenn wir wissen, ob Tom für das Einstellen der Fotos verantwortlich ist. Schlaf gut, mein Schatz!"

Hannes grinste und streichelte ihr kurz über die rechte Wange. „Ich werde es wirklich für mich behalten", versprach er eifrig und holte seinen Rucksack von der Rückbank.

„Wenn er auf solche Inszenierungen steht, und so wie der aussieht, hat er bestimmt schon so manche Frau dazu gebracht seine Wünsche zu erfüllen, dann gehört es sicher auch zu seinem Repertoire, anderen etwas vorzuspielen", resümierte Franziska ein letztes Mal die Begegnung mit Tom Seibert und dessen Kaltschnäuzigkeit und zeigte gleichzeitig, dass alles, was mit Walter zu tun hatte, nicht hierhergehörte.

Franziska betrat ihre Wohnung und wagte nicht zu hoffen, dass Walter an diesem Abend noch bei ihr vorbeikommen würde. Und selbst als es im Flur so wunderbar nach gebratenem Fleisch roch, glaubte sie zunächst an eine Sinnestäuschung. Bis er tatsächlich vor ihr stand: Eine Schürze um die Lenden gebunden, barfuß, ohne T-Shirt, praktisch nackt, schwang er den Kochlöffel und grinste sie frech an.

„Eigentlich hast du ja Wasser und trockenes Brot verdient, nachdem du dich den ganzen Tag über mit keiner Silbe bei mir gemeldet hast." Sein Grinsen wurde breiter. „Aber wenn du Besserung gelobst, will ich mal nicht so sein."

„Ich gelobe Besserung", schwor Franziska, küsste ihn schmatzend, hob einen der Topfdeckel an und verbrannte sich prompt die Finger.

„Hey, Vorsicht, keiner hat von Selbstverstümmelung gesprochen!" Walter nahm ihr den Deckel aus der Hand, pustete und küsste zärtlich die geröteten Stellen, bis Franziska ein seliges Frösteln über den Rücken lief.

„Oh, ich bin am Verhungern", erklärte sie theatralisch und angelte nach der Gabel, die neben dem Topf lag.

„Dann wasch dir die Hände, es kann gleich losgehen."

Doch auf einmal überlegte es sich Franziska anders. „Meinst du, dass das, was da so köstlich riecht, noch eine Dusche abwarten kann?", erkundigte sie sich vorsichtig.

Walter schaute, als müsse er den erfragten Vorgang prüfen, nickte und schob sie zur Tür hinaus. „Dann aber schnell", gab er ihr mit auf den Weg.

Unter der Dusche trällerte Franziska zufrieden eine Melodie ohne Text vor sich hin. Sie verspürte ein wohligaufgeregtes Kribbeln im Bauch.

Abgetrocknet, eingecremt und nach zwei Tellern vom feurigsten Gulasch, das sie je gegessen hatte, lehnte sie sich schließlich zurück, verschränkte die Arme hinter dem Kopf und gähnte lächelnd.

„Na, müde?"

„Ein wenig, aber die Lebensgeister kommen bereits zurück", schwärmte sie, bis ihr etwas einfiel. „Nur beim Anblick meiner Küche fühle ich wieder diese Schwäche ..." Sie stöhnte, als sei sie gerade vom Keller bis in den zehnten Stock gerannt.

„Wenn das deine einzige Sorge ist, dann hast du keine.

Den Abwasch übernehme selbstverständlich ich." Walter strahlte sie an.

„Das ist aber lieb von dir", freute sich Franziska, vermutete allerdings, dass so viel Selbstlosigkeit nicht ohne Selbstzweck war ... „Ich wollte ohnehin noch schnell was im Internet nachschauen", prüfte sie vorsichtig, wie weit sie gehen konnte. Doch Walter durchschaute sie sofort.

„Beruflich oder privat?"

„Halb privat!"

„Abgelehnt. Halb privat heißt bei dir hundert Prozent beruflich." Walter stand auf, ging um den Tisch herum und stellte sich hinter ihren Stuhl, um ihr sanft die Schultern zu massieren. „So geht das nicht, Frau Kommissarin. Ich bin ein Mann!"

„Jaaa!"

„Ich habe Bedürfnisse!"

„Jaaa!"

„Ich kann nicht immer hinter deinen Tätern zurückstecken."

„Aber das musst du doch gar nicht. Nur in Notfällen. Und hier in Passau werden auch nicht täglich Leute ermordet", rechtfertigte sie sich eifrig.

„Trotzdem, so geht das nicht", maulte Walter und ließ von ihrem Nacken ab.

Franziska wirbelte herum. „Jetzt hör aber auf. Da wurde ein Mädchen brutal getötet, vorher wahrscheinlich schwer missbraucht oder zumindest misshandelt und das einzige, an das du denkst, ist Sex?"

Walter musterte sie eine Weile, bevor er sie in eine liebevolle Umarmung zog. „Aber du wirst mich doch nicht etwa mit so einem Monster vergleichen?"

„Nein", hauchte Franziska an seine Schulter, „natürlich nicht."

„Willst du darüber reden?"

Franziska bedachte das Für und Wider, nickte und eine halbe Stunde später lagen beide nebeneinander im Bett. Sie in einem alten kuscheligen Blümchenpyjama und bis zur Nasenspitze zugedeckt, Walter neben ihr und noch immer nur in Shorts. Nachdem er sich lang und breit über ihr wenig erotisches Kleidungsstück ausgelassen hatte, schob er seinen Arm unter ihren Nacken und zog sie an sich. „Nur kuscheln", beteuerte er.

So erzählte sie ihm, in welchem Zustand sie die Leiche gefunden hatten und auch von der Handy-Verabredung mit dem Studenten. Sie schilderte das Outfit, das er für sie bereitgelegt hatte und dass er sie dann in dieser Verkleidung fotografierte, um die Bilder später ins Netz zu stellen, bevor er sie misshandelte und schließlich tötete.

„Und das war alles dieser Student?", hakte Walter ungläubig nach.

„Er wird verdächtigt, bewiesen ist bisher nichts."

„Wenn er es war, wäre er nicht nur brutal, sondern auch raffiniert. Oder ziemlich dumm."

„Also dumm scheint er mir nicht zu sein", gab Franziska zu bedenken.

„Jetzt mal ehrlich, ich kann mir so ein Vorgehen nicht vorstellen", überlegte Walter. „Der musste doch wissen, dass er entlarvt wird, sobald sich jemand ihr Handy anschaut."

„Der Täter muss ziemlich heftig darauf herumgetrampelt sein. Vielleicht dachte er, es wäre zu kaputt, als dass es noch einmal Informationen ausspucken könnte."

„Was studiert der, Dummheit? In jedem mittelmäßigen *Tatort* schafft das die Spurensicherung in Nullkommanichts. Und außerdem bleibt ja immer noch der digitale Fußabdruck im Internet, da kriegst du doch heutzutage alles raus. Oder?"

„Das ist ja auch unsere Hoffnung", gab Franziska zu und ließ ihre Finger zärtlich über seinen Bauch streicheln. „Wobei mir einfach nicht in den Kopf gehen will, warum er diese Fotos nach ihrem Tod noch ins Netz gestellt hat."

„Vielleicht aus Rache."

„Wofür? Sie war ganz sicher tot."

„Vielleicht weil sie ihn so schön angemacht hatte und dann doch nicht zum Zug kommen lassen wollte", schlug Walter vor und schaute zu, wie Franziska ihre Hand immer weiter in Richtung seiner Shorts wandern ließ. „Wenn du nur kuscheln willst, dann solltest du jetzt ganz schnell aufhören", gab er zu bedenken.

„Vielleicht will ich einfach sehen, was passiert, wenn ich trotzdem weitermache", erklärte sie grinsend und schob ihre Hand gänzlich unter den Gummibund, wo sie sehr schnell auf große Zustimmung stieß.

„Das kannst du haben!"

Mit Schwung zog er ihr die Decke weg und schob seinen Kopf unter ihr Oberteil, während seine Hände ihre Handgelenke umfassten. Völlig Herr der Lage küsste er sich langsam ihren Bauch hinauf, bis Franziska aufschrie und versuchte, sich aus dieser ohnmächtigen Situation zu befreien. Doch Walter vergrub seinen Kopf nur noch tiefer in ihrem Schlafanzug und dachte gar nicht daran, von ihr abzulassen. Als er ihre aufgerichteten Brustwarzen erreichte, knabberte und saugte er so lustvoll an ihnen, bis die Druckknöpfe ihres Pyjamas dem Druck nicht mehr standhielten und einer nach dem anderen aufsprang. Lachend ließ er von ihr ab und stützte sich auf seine Hände, um sie besser betrachten zu können.

„Oh! Das sieht ja direkt nach einer Kapitulation aus", kommentierte er und blickte grinsend auf ihren einladenden Busen.

„Wehe!", mahnte Franziska, konnte diese Drohung aber nicht mehr weiter ausführen, weil sie in diesem Moment unglaublich zärtlich geküsst wurde. Egal wie sehr sich Franziska zu wehren versuchte, er ließ erst von ihr ab, als sie sich ihm ganz und gar und ausgesprochen freiwillig ergeben hatte.

Nachdem er sich eine Weile am Inn herumgetrieben hatte, war er nach Hause gegangen, um sich auf sein Bett zu werfen und die Augen zu schließen. Reglos lag er da, bis er wie unter Strom gesetzt aufsprang, zur Tür lief und sie zweimal abschloss. Als nächstes ging er zum Fenster und ließ die Rollos herunter. Er wollte nichts sehen, nichts hören. Es sollte endlich still sein, er brauchte dringend Schlaf. Wieder legte er sich auf sein Bett und wartete. Doch statt der ersehnten Ruhe kam ihm die Eisenstange in den Sinn, und schon war es vorbei.

Ratatat, ratatat, ratatat!

Der Zug fuhr an. Nahm Geschwindigkeit auf. Mist, verdammter. Aber es stimmte ja. Wie konnte er hier einfach liegen und so tun, als wäre nichts geschehen?

Wieder sprang er vom Bett und wankte zur Tür. Seine Hände suchten den Lichtschalter. Als sie ihn nicht gleich fanden, fluchte er und trat mit dem Fuß gegen die Zimmertür.

Ratatat, ratatat, ratatat!, machte es in seinem Kopf. Doch dann erblickte er die Plastiktüte mit der Eisenstange, und der Zug wurde langsamer. Heute hatte ihn die Polizei befragt. Es war ganz harmlos gewesen und sie hatten ihm ja auch geglaubt, dass er nichts mit der Sache zu tun hatte, aber trotzdem war es sicher besser, die Spuren zu beseitigen.

Darum nahm er die Tüte mit ins Bad und hielt die Stange unter den Wasserhahn, um das Blut abzuspülen, das noch immer an ihr haftete. Und weil das nicht so einfach ging, rieb er mit der anderen Hand kräftig drüber, wobei er sich an einer Unebenheit die Haut aufschürfte.

„Verdammte Sauerei!", fluchte er und spürte, wie der Zug an Fahrt aufnahm. „Was musste dieses Miststück auch so bluten!"

Hastig stopfte er die Eisenstange zurück in die Plastiktüte und stapfte zu seinem Bett, wo er sie unter sein Kopfkissen schob. Nachdem er sich erneut hingelegt hatte, überlegte er, ob er sie nicht vielleicht doch vergraben sollte. An einem sicheren Ort, falls er sie wieder brauchte, aber nicht in seiner unmittelbaren Umgebung. Andererseits wusste ja niemand von ihr, also konnte er sie genauso gut auch behalten. Er schloss erneut die Augen und bemerkte, wie anstrengend das alles gewesen war. Er brauchte jetzt Schlaf, viel Schlaf. Er musste zu Kräften kommen und den Zug anhalten. Doch der brauste durch seinen Kopf, als gäbe es keine Bremsen und keine Signale. Der Schmerz, der schon immer in ihm gewütet hatte, saß am Steuer. „Mach sie alle", hatte er gesagt, „mach, dass sie nie wieder lachen kann!"

„Stell dir vor, sie kommt gleich persönlich", informierte Franziska ihren Kollegen Hannes, der gerade zur Tür hereinkam und seinen Rucksack vorsichtig neben dem Stuhl abstellte, während sie den Telefonhörer zurück aufs Gerät legte.

„Wer?", fragte der sichtbar unausgeschlafene Kollege und schaute sie skeptisch an. „Seit wann bist du überhaupt schon hier?"

„Vanessas beste Freundin Steffi!" Franziska grinste. Trotz der angespannten Ermittlungssituation hatte sie wunderbar geschlafen und war früh aufgewacht. Um Walter nicht zu wecken, hatte sie sich leise hinausgeschlichen, rasch geduscht und war dann ohne Frühstück zum Bootshaus nach Ingling gefahren. Dabei hatte sie zunächst einmal festgestellt, dass es zwei davon gab: das gediegene des Rudervereins 1874 und das Bootshaus der Uni Passau, das deutlich bescheidener angelegt war.

„Seit einer halben Stunde, um genau zu sein." Franziska beobachtete, wie Hannes langsam hochfuhr. Wie unser Polizei-Computer, dachte sie, langsam und behäbig, aber immer zuverlässig. „Wenn es nach mir gegangen wäre, hätte ich auch schon das Alibi überprüft, aber leider ..." Sie schnalzte mit der Zunge. „Leider war aus Toms Team keiner da. Sie meinten, ich solle am Nachmittag noch mal kommen, da hätte sein Team Training."

Trotz der frühen Zeit hatte sie dort tatsächlich auch schon einige Ruderer getroffen, nur leider nicht die, die sie gern zum Alibi von Tom Seibert befragt hätte. Aber sie war trotzdem nicht enttäuscht, denn auf dem Weg zur Inspektion hatte sich Gruber bei ihr am Handy gemeldet und erklärt, dass er während einer langen Spätschicht herausgefunden hatte, wer für die Facebookseite verantwortlich war. Euphorisch hatte sie „Wer?" gefragt, nur um enttäuscht zu erfahren, dass derjenige unmöglich der Täter sein konnte. „Aber immerhin etwas", hatte Gruber gesagt, und Franziska hatte diese Information sofort an einen überaus gut gelaunten Kriminalhauptkommissar Schneidlinger weitergegeben. Der hatte tatsächlich zugesagt, persönlich dafür zu sorgen, dass ein Spezialist hinzugezogen werden konnte.

„Hast du kein Zuhause?", grinste Hannes und zuckte zusammen, als Ramona zur Tür hereinkam und meldete: „Eure Zeugin ist da!"

Noch bevor die Kommissarin aufstehen konnte, um sie

hereinzuholen, blickte auch schon Steffis kupferroter Haarschopf durch die Tür. „Darf ich?", fragte sie zaghaft und reichte Franziska die Hand. Auch an diesem warmen Tag trug die junge Frau ein luftiges Batikkleid, heute in Hellblau. Über ihrer Schulter hing eine passende Stofftasche.

„Na klar, kommen Sie nur herein!" Franziska rückte einen Stuhl an ihren Schreibtisch und bat die Zeugin, Platz zu nehmen. „Erst einmal danke, dass Sie so schnell Zeit für uns haben, wobei wir auch gern bei Ihnen vorbeigekommen wären."

„Kein Problem, das passt schon, ich muss nachher ohnehin noch was für die Uni erledigen", erklärte sie abwiegelnd und verfolgte interessiert, wie die Kommissarin den Bildschirm zu ihr hindrehte und dann das Foto von Tom aufrief. „Sie kennen diesen Mann?"

Die Zeugin nickte. „Der ist bei uns im Statistik-Kurs." Sie schaute eine Weile auf das Foto und dann zu Franziska. „Haben Sie ihn im Verdacht?" Franziska lächelte nichtssagend. „Hat er Vanessa vergewaltigt?" Auf einmal wurde sie ganz euphorisch. „Hammer, wie romantisch ist das denn? Wo sie ihn so angeschwärmt hat." Ungläubig schüttelte sie den Kopf. „Dann hat er sie also doch geliebt, und weil das nicht sein durfte, hat er sie im Liebesrausch getötet?" Jetzt zog sie die Stirn in Falten.

Franziska blickte zu Hannes, der nichts sagte, aber mindestens genauso verdattert zu sein schien, wie sie selbst. Doch nachdem die Kommissarin ihre erste Verblüffung verarbeitet hatte, ließ sie sich auf Steffis Mutmaßungen ein. „Wieso durfte es nicht sein?"

„Weil er doch eine Freundin hat", erklärte Stephanie Mittermeier, als breche sie ein großes Geheimnis „Und die wacht sehr eifersüchtig über ihn. Hab ich zumindest gehört."

„Und wie heißt die Freundin?" Franziska griff nach einem Blatt Papier, um mitzuschreiben.

„Bernadette Billinger, sie ist die Tochter des Baulöwen Billinger von Billinger und Co., der in Passau und Umgebung schon einige stattliche Komplexe gebaut hat."

„Aber er hätte sich doch einfach von ihr trennen können", resümierte Franziska, die nicht ganz nachvollziehen konnte, warum eine junge Frau, egal mit welchem Firmenvermögen im Rücken, das verhindern könnte.

„Nein, nein, nein", erklärte Steffi geheimnisvoll und lehnte sich etwas zu Franziska hinüber. „Das würde Tom nie machen." Die junge Frau kaute auf ihrer Unterlippe herum und schien zu überlegen, wie sie das, was sie sagen wollte, am besten rüberbringen könnte. „Dazu hat der Papa von seiner Freundin zu viel Einfluss und Geld. Neuer Geldadel oder so. Und Tom wiederum hat kein Geld, verarmter Adel mit wenig Kapital und großen Allüren. Aber der ist dafür sehr ehrgeizig und will es zu was bringen. Darum nimmt er nicht jede."

„Und wie passt da Vanessa rein?", wollte die Kommissarin interessiert wissen. „Bei der war doch weder das eine noch das andere zu holen."

„Es passt nicht, aber scheinbar konnte er ihr trotzdem nicht widerstehen. Das kann ja auch kaum jemand. Vanessa kriegte jeden rum. Auch ohne Geld." Die Zeugin lachte hell auf, brach ab und musterte die Kommissarin neugierig.

Diese versuchte indes, die neuen Informationen mit dem, was sie bereits über Vanessa Auerbach und ihre Familie wusste, zu verknüpfen. Hübsch war sie, vielleicht hatte sie auch eine Art, auf die bestimmte Männer abfuhren. Wenn Tom Vanessa begehrt hatte, dann nicht wegen ihres Geldes, sondern weil sie umwerfend aussah. Und vielleicht weil sie Dinge tat oder tun wollte, die seine Freundin nicht mochte. Sich zum Beispiel mit ihm an Orten treffen, an denen man Gefahr lief, entdeckt zu werden. Sie hatte zugestimmt sich ihm hinzugeben, ihm erlaubt mit ihr etwas zu machen, von dem sie nicht wusste, was es sein könnte und wie gefährlich es für sie werden würde. Aber hatte sie einkalkuliert, dass er sie dabei brutal misshandeln und am Ende sogar töten würde? Franziska sah Hannes an. Sie hätte jetzt gern gewusst, was er dachte, doch der zuckte nur mit den Schultern. Wäre also interessant, ob Stephanie Mittermaier jenseits ihrer romantischen Theorien wusste, was Vanessa vielleicht wirklich an Tom geschätzt hatte. „Und Sie haben mit Ihrer Freundin über alles geredet?", fragte sie daher listig.

„Ja, natürlich. Wie sich das für beste Freundinnen gehört!" Steffi strahlte.

„Dann wissen Sie ja sicher auch, ob Ihre Freundin auf Sado-Maso-Spiele stand. Ich meine auf richtig heftige. Vielleicht fand sie auch *das* romantisch?"

Die Zeugin wurde rot und nestelte verlegen an ihrer Tasche herum. „Nein, also ich glaube nicht."

„Haben Sie nicht darüber *gesprochen* oder hat sie es nicht *gemacht*?", hakte die Kommissarin energisch nach.

„Aber über so was spricht man doch nicht!", erklärte die junge Frau mit entrüstetem Unterton und fragte dann ein wenig schnippisch: „Haben Sie vielleicht noch normale Fragen, ich hab nämlich gleich einen wichtigen Termin."

„Ja, eine noch. Sind Sie sich eigentlich ganz sicher, dass sich Vanessa Auerbach wirklich mit Tom Seibert treffen wollte?"

Die Zeugin zögerte einen ganz kleinen Moment, bevor sie heftig nickte. „Natürlich wollte sie das, schließlich hat sie ja für ihn geschwärmt."

Nachdem sie gegangen war, riss Franziska erst einmal das Fenster auf und wedelte sich mit einem Blatt Papier frische Luft zu. „Mir ist schon ganz schlecht von dem Gesülze", stöhnte sie und ließ sich auf ihren Stuhl fallen. „Wenn noch einmal jemand von einer romantischen Vergewaltigung schwärmt, ticke ich aus."

Hannes kicherte über ihre köstliche Darbietung. „So, und jetzt?"

Franziska erhob sich, holte eine Flasche Wasser und schenkte sich in ein großes Glas ein. „Jetzt hoffen wir, dass der Chef möglichst schnell einen Spezialisten auftut, um den armen Gruber zu unterstützen, der hat nämlich gestern Abend eine Sonderschicht vor dem PC eingelegt."

„Ja genau, erzähl mal", forderte Hannes und Franziska fiel ein, dass sie ihn ja gar nicht mehr auf den neusten Stand hatte bringen können, weil in dem Moment die romantische Steffi eingeschwebt war.

„Also auf der einen Seite hat der Täter keine Mühe gescheut. Er hat extra eine Prepaidkarte angeschafft und hat sogar einen Facebookaccount gehackt, um die Fotos vom Tatort einzustellen." Sie machte eine Pause, damit Hannes ihr in Ruhe folgen konnte.

„Und das hat Gruber herausgefunden?", fragte der ein wenig ehrfürchtig.

„Ja. Na ja, war wohl nicht so schwer", relativierte Franziska Grubers Internetkompetenz. „Nachdem er erst einmal wusste, wem die Seite gehört. Du glaubst es nicht: einem Opa, der Miniaturwelten in Nussschalen baut und dessen Enkel meinte, dieses herrliche Hobby müsse er mit aller Welt teilen. Daraufhin hat er ihm einen Facebookaccount eingerichtet, doch der Opa hat sich nie darum gekümmert. Unser Täter dafür umso mehr. Das Passwort war übrigens der Name seiner verstorbenen Frau."

„Und das ist sicher?"

„Das Passwort? Na du siehst ja, was dabei rauskommt, wenn man so einfache Passwörter verwendet..."

„Mann, Franziska, das weiß ich doch, aber ist es sicher, dass nicht der Opa..."

Franziska lachte. „Gruber war dort, praktisch in der Nacht, weil es ihm keine Ruhe gelassen hat. Der Mann lebt im Altenheim und macht so was sicher nicht. Nein", sie wiegelte jeden weiteren Vorschlag ab. „Aber dafür besorgt ja Schneidlinger den Spezialisten. Und vielleicht", sie machte eine unentschlossene Handbewegung, „wissen wir bald schon etwas mehr."

Als ihr Blick an diesem Vormittag in den Spiegel über dem Waschbecken fiel, hätte sie schon wieder laut aufheulen können. Sie sah einfach schrecklich aus. Ihre glanzlosen mausbraunen Haare waren wie jeden Tag zu einem nachlässigen Pferdeschwanz gebunden, damit sie nicht so wild von ihrem Kopf abstanden. Früher hatte sie ihrer nichtssagenden Haarfarbe gern mit einer rötlichen Haartönung fröhliche Glanzlichter verpasst, aber jetzt ... Unter ihren Augen lagen hässliche dunkle Schatten, die Haut war blass und welk und die Lippen so schmal und farblos, dass sie fast übergangslos mit Wangen und Kinn verschmolzen. Es war das Gesicht einer Fremden, einer Frau, die so gar nicht zu ihrem innersten Wesen passen wollte und doch immer massiver Besitz von ihr ergriff.

Wo war sie geblieben, die lebenslustige Mandy, die so vertrauensvoll und optimistisch in den Westen geflüchtet war, mit einem Mann, den sie deshalb liebte, weil er so kraftvoll und zuverlässig war und ihr versprochen hatte, dass im goldenen Westen für sie beide alles gut werden würde.

Wie ein kleiner Schatten huschte ein Lächeln über ihr Gesicht und verschwand gleich darauf zwischen den Falten ihrer Mundwinkel. Resigniert schloss sie die Augen und hielt sich schnell am Waschbecken fest, damit sie nicht völlig den Halt verlor.

Wie lange hatten sie als Familie schon nichts mehr unternommen, wie lange nicht mehr miteinander gelacht? Wo war die Liebe von damals geblieben?

Vanessa war ihr Sonnenschein gewesen, mit ihren Engelslöckchen hatte sie jeden betört. „So süß, die Kleine, und diese Haare, genau wie der Papa!", hatten die Leute geschwärmt, wenn sie mit ihr auf dem Spielplatz war oder beim Ballettunterricht, im Schwimmbad, in der Musikschule und später – aber da war sie dann schon nicht mehr so süß, sondern langsam ziemlich schwierig – bei der Nachhilfe. Alles hätten sie getan, um Vanessa einen optimalen Start ins Leben zu ermöglichen, alles!

Als sie fünf gewesen war, bauten sie das Haus in Fischerdorf auch für Vanessa, die ein eigenes Zimmer ganz in Pink bekam, ihrer damaligen Lieblingsfarbe. Für die kleine Prinzessin sparten sie an nichts. In Fischerdorf waren sie glücklich gewesen, dort hatten sie wirklich gelebt, hatten ein hübsches Häuschen, einen schönen Garten, wo man sich mit den Nachbarn zum Grillen traf und über die Kinder sprach, über ihre Noten und darüber, wer von ihnen ins Comenius-Gymnasium in der Jahnstraße wechseln würde. Wer seinen Schatz liebte, bemühte sich, die Weichen rechtzeitig auf Erfolg zu stellen.

„Auf Erfolg trimmen!" Mandy spie diesen Durchhalteslogan geradezu ins Waschbecken und wandte sich dann energisch ab.

Worin genau waren sie denn eigentlich erfolgreich gewesen?

Jens, der früher genauso hübsche Locken gehabt hatte wie später seine Tochter, trank seinen Schnaps inzwischen schon am Vormittag und das ganz selbstverständlich aus der Kaffeetasse. Anfangs hatte er noch gesagt, er bräuchte jetzt einen Schnaps, weil er Ärger gehabt hatte. Dann um besser einschlafen zu können. Manchmal hatte er sich zwischendurch einen genehmigt und dann auch einen zweiten, weil man auf einem Bein ja nicht stehen konnte. Irgendwann hatte er nichts mehr gesagt, weil es nichts mehr zu sagen gab. Er hatte dann einfach nachgeschenkt, und weil die Schnapsgläser so klein waren, hatte er gleich nach dem Frühstück die Kaffeetasse genommen.

Jetzt saß er wie jeden Vormittag im Wohnzimmer auf der abgewetzten Couch, trank seinen „kalten Kaffee" und wartete darauf, dass jemand anrief, um ihm zu sagen, dass man ihn noch brauchte. Dass er nur eine kurze Pause eingelegt hatte und jetzt wieder voll im Leben stand. Aber dieser Anruf kam nicht und wenn, dann wäre er schon längst nicht mehr in der Lage gewesen, wieder in seinem alten Beruf zu arbeiten.

Sie dagegen hatte inzwischen einen Job an der Kasse einer Supermarktkette ergattert. Das war nicht das, wovon sie früher geträumt hatte, aber immerhin verdiente sie damit Geld und kam raus. Das Rauskommen war wohl das Wichtigste an der ganzen Sache.

Wenn Jens nicht trübsinnig vor sich hin stierte, dann putzte er die Wohnung, und wenn sie gerade zuhause war, musste sie ihm helfen. Schon am Morgen begann er damit, alle Sachen, die sie in der Nacht getragen hatten, aus dem Fenster zu schütteln. Er hasste Dreck jeder Art, aber der Feinstaub, der sich angeblich überall einnistete, war sein persönlicher Feind. Auch wenn sie nie so genau wusste, warum ausgerechnet ihre Schlafanzüge staubig sein sollten, musste sie sie kräftig zum Fenster hinaus ausschütteln, bevor sie sie ordentlich zusammengefaltet unters Kissen legen durfte.

Mandy warf einen Blick auf die Wanduhr. Noch zwei Stunden, dann begann ihre Schicht. Vielleicht sollte sie etwas kochen, vielleicht sich zu ihm setzen und seine Hand nehmen. Doch sie stand nur da und versuchte krampfhaft nicht daran zu denken, was die beiden Kommissare ihr erzählt hatten. Vanessa war so lange nicht mehr zuhause gewesen, es würde sich also gar nichts ändern, wenn sie einfach so tat, als wäre sie nur weggegangen. Vielleicht ins Ausland, so wie sie sich das gewünscht hatte.

Nachdem Jens noch immer nichts sagte, wandte sie sich ab und ging in die Küche, um sich einen Kaffee aufzubrühen. Als er fertig war und ein köstliches Aroma verbreitete, öffnete sie die Schublade, um einen Keks herauszuholen. Kaffee und Kekse gehörten zusammen, das geschah alles ganz automatisch. Als sie aber den Keks in der Hand hielt, bemerkte sie, dass sie gar keine Lust darauf hatte. Sie mochte nichts mehr essen. Viel zu lange hatte sie mit Essen versucht, ihre innere Leere zu füllen.

Warum hätte Vanessa nach Hause kommen sollen? Und wo sollte das sein, wo es doch seit der Hochwasserkatastrophe kein Zuhause mehr gab, nur noch diese Wohnung, in der sie selbst schon zu ersticken drohte, mit einem Mann, der inzwischen nur noch vor sich selber davon lief.

Anfangs hatten die Leute noch Mitleid mit ihnen gehabt, aber was half das schon? Ein Fernsehteam kam, um ihre Tragödie zu filmen, und am Ende mussten sie einsehen, dass sie ja noch Glück im Unglück gehabt hatten, weil sie zumindest gleich eine billige Wohnung gefunden hatten.

Anfangs hatten sie noch gesagt, sie würden schon damit klarkommen, weil das alle sagten. Wenn es so viele trifft, dann schweißt das zusammen, hatten sie gesagt. Aber viele waren schon wieder zurück in ihren Häusern oder waren weggegangen, sie dagegen mussten bleiben, weil sie buchstäblich nichts mehr hatten. Und jetzt, Mandy schluchzte laut auf, jetzt hatte sie noch nicht einmal mehr die

Hoffnung darauf, dass ihr Kind eines Tages zu ihr zurückkommen würde. Es sei denn, die Polizei hatte sich geirrt.

Dieser Gedanke gefiel ihr so sehr, dass sie ihn ganz tief in ihrem Herzen verankerte. Vielleicht war ja alles nur ein großer Irrtum. Vielleicht war ihr kleines Mädchen gar nicht tot, vielleicht musste sie nur die Augen schließen und wieder öffnen und dann war alles so, wie es früher einmal gewesen war. Das Haus, der Garten, ihre Träume, die Arbeit und die süße Vanessa.

Vielleicht ...

Als das Telefon klingelte, wäre sie fast umgefallen. Der Klingelton war laut und schrill und durchschnitt die Stille unbarmherzig. Jens hatte am Anfang hier in der Wohnung immer Angst gehabt, er würde einen wichtigen Anruf verpassen. Obwohl der nie gekommen war, hatten sie schließlich ganz vergessen, den Klingelton wieder leiser einzustellen.

Mandy lief ins Wohnzimmer, um zu erfahren, wer da in ihre Einsamkeit eindringen wollte. Nachdem ihr Mann keine Anstalten machte, sich zu erheben, näherte sie sich ganz vorsichtig dem Apparat, räusperte sich und nahm ab. „Hallo?"

„Hallo Frau Auerbach, hier ist Steffi, ich bin die beste Freundin von Vanessa und wollte Ihnen sagen, wie leid mir das alles tut."

„Ja", antwortete Mandy, weil sie nicht wusste, was sie sagen sollte. Sie kannte keine Steffi, kannte keine Freundinnen von Vanessa, außer denen aus dem Kindergarten und der Grundschule.

„Das muss alles sehr schwer für Sie sein, kann ich irgendetwas für Sie tun?"

Das Mädchen hörte sich sehr nett an, fand Mandy und lächelte. „Ach wenn doch Vanessa nur auch einmal nach mir gefragt hätte."

„Hat sie das nicht?", fragte Steffi, woraufhin Mandy erst bewusst wurde, dass sie das nicht gedacht, sondern gesagt hatte. Aber jetzt war es raus und letztlich stimmte es ja auch.

„Ach", wiegelte sie ab und wischte mit einer energischen Handbewegung den Gedanken weg, „bestimmt hatte sie viel zu lernen für ihr Studium."

„Ich könnte ja mal vorbeikommen und nach Ihnen schauen", erklärte diese Steffi ganz ernst, und Mandy dachte entsetzt: Das darf ich auf keinen Fall zulassen.

„Das würde mir das Herz brechen", erklärte sie, ohne über ihre Worte nachzudenken. Und dann war der Damm gebrochen. Sie erzählte einem völlig fremden Mädchen, wie es sich anfühlte, wenn das eigene Kind einem entgleitet.

Im Nachhinein machte sie sich Vorwürfe wegen ihrer Vertrauensseligkeit, aber offensichtlich war diese Steffi ja wirklich ein nettes, verständnisvolles Mädchen. Und sie konnte doch nicht ahnen, was die noch mit ihrer Geschichte anfangen würde.

„Vanessa Auerbach wurde unzählige Male fotografiert und mit einer ganzen Bilderserie ins Netz gestellt", informierte Lars Bendersohn, der Kollege aus Regensburg, das Passauer Team. Kriminalhauptkommissar Schneidlinger hatte ihn auf dem kleinen Dienstweg zur Unterstützung angefordert, weil alles andere viel zu lange gedauert hätte. Zudem kannte man sich, Bendersohn hatte schon einmal mit seinen IT-Kenntnissen zur Aufklärung eines Falls beigetragen. Damals hatten sie den Tod eines Mannes aufzuklären gehabt, der im Fürstenkeller des Oberhauses gefunden worden war.

Auch heute war Bendersohns Ton sachlich und neutral. Sein Job war es, für Aufklärung zu sorgen, beurteilen mussten andere. Um das zu erleichtern, schob er einige Fotos, die die junge Frau in erotischer Wäsche und lasziven Posen zeigten, über die große weiße Resopal-Tischplatte des Besprechungsraums. „Bemerkenswert finde ich, dass manche Fotos zeitgleich, aber aus verschiedenen Perspektiven aufgenommen worden sein müssen", erläuterte er und klickte die von ihm ausgedruckten Bilder nun in den Dateien an, in denen er sie gefunden hatte.

„Du meinst, der Fotograf lief vor der Tür hin und her?", erkundigte sich Franziska, die sich immer öfter überlegte, ob Tom Seibert dieser Fotograf gewesen sein konnte.

„Das glaube ich weniger. Wie schnell willst du laufen und knipsen, damit du das schaffst?", wandte Bendersohn ein und drehte seinen mitgebrachten Laptop so, dass alle das Display sehen konnten. „Und schau, es beginnt bei der ersten Pose, wo sie noch die Maske trägt und gerade zur Tür herauskommt, bis ihr Gesichtsausdruck die Situation erfasst, sich vor Wut verzerrt und sie die Maske herunterreißt." Immer wieder klickte der Regensburger Spezialist zwischen den verschiedenen Fotos hin und her.

„Hier!" Jetzt stellte er zwei Bilder nebeneinander. „Ich kann mir nicht vorstellen, dass sie beim Herunterreißen der Maske innegehalten hat, bis der Fotograf zwei Schritte zur Seite gegangen ist. So wie sie da schaut, steht sie kurz vor der Explosion."

„Sie hat erkannt, dass etwas nicht stimmt, und wollte wissen was", schlussfolgerte Hannes patent. „Vielleicht hat sie ja eine verräterische Stimme gehört."

„Das heißt?" Franziska schloss die Augen und versuchte, sich in die Situation hineinzudenken. Wie passten diese Erkenntnisse zu einer entgleisten Beziehung?

„Tom, oder wer auch immer sich als Tom ausgab, kam

nicht allein", bot Hannes als Lösung an. „Und Vanessa Auerbach wurde davon ziemlich überrascht."

„Statt einer Person kamen gleich mehrere zur Verabredung?" Franziska blieb skeptisch. „Das würde ja bedeuten, dass ... dass das niemals ein Rendezvous werden sollte."

„Gibt es denn auch noch Bilder von der eigentlichen Tat?", fragte Hannes hoffnungsvoll, doch Bendersohn schüttelte den Kopf.

„Nein, nur diese in der geöffneten Tür", erklärte er, woraufhin Franziska überlegte, wie das alles zusammenpassen konnte, bis ihr ein ungeheuerlicher Gedanke kam.

„Wenn es gar kein Rendezvous werden sollte, dann haben wir es ja vielleicht sogar mit einer", die Oberkommissarin brauchte zwei Anläufe, bis sie das Unfassbare aussprach, „mit einer kollektiven Misshandlung mit vorherigem Fotoshooting zu tun?"

Fassungslos sprang sie von ihrem Stuhl auf und lief eine Runde um den Besprechungstisch. Das, was sie gerade erfahren hatte, war so weit jenseits ihrer Vorstellungskraft ... Sie hatten nach einem Beziehungstäter gesucht – egal ob das Tom oder ein anderer war –, und jetzt könnte diese junge Frau vielleicht sogar von einer ganzen Gruppe kontaktiert, gemeinsam misshandelt und getötet worden sein?

Ohne ein weiteres Wort zu verlieren, verließ sie das Zimmer und stürmte über den Flur, geradewegs in Ramonas Büro. Sie musste laufen, sich bewegen, sie konnte nicht fassen, was sich da gerade vor ihr auftat. Und sie brauchte Gewissheit.

„Wir brauchen endlich diesen verdammten Obduktionsbericht!", schimpfte sie ungehalten und wusste selbst, dass sie in diesem Moment nur jemanden suchte, an dem sie ihren Frust auslassen konnte.

Doch Ramona Meier, Mutter von zwei pubertierenden Töchtern und mit vielen Launen vertraut, blickte gelassen von ihrem Schreibtisch auf und ließ die hereinstürzende Kriminalbeamtin erst einmal tief Luft holen. „Ich hätte ihn dir sofort gegeben", rechtfertigte sie sich, „aber ich habe ihn leider noch nicht." Zum Zeichen ihrer Aufrichtigkeit zeigte sie auf den Posteingangsstapel, den Franziska sich trotz allem vornahm und hektisch durchblätterte.

„Dann ruf bitte an und frag, wo er bleibt!"

Während sich Ramona am Telefon durchfragte, lief Franziska erneut hin und her und nahm ihr dann den Hörer ab, um hineinzublaffen: „Ich muss sofort mit Professor Wassly sprechen! ... Ja, ja ich warte. ...Ah, Herr Professor." Als sie die Stimme des Rechtsmediziners hörte, wurde die Kriminalkommissarin endlich ein wenig ruhiger. Der Professor hatte diese Wirkung auf andere Menschen.

„Es geht um die tote Studentin. Wir müssen unbedingt wissen, ob sie vergewaltigt wurde und ob es mehrere Täter gewesen sein könnten." Franziska lauschte.

Er habe noch nicht alle Untersuchungen abschließen können, erklärte Wassly, aber eines sei sicher, sie sei sehr brutal vergewaltigt worden. Und während Franziska weiter seinen Ausführungen folgte, zog sie sich einen Stuhl heran und ließ sich langsam darauf nieder. In ihrem Polizistenleben hatte sie schon vieles gehört, doch das, was der Rechtsmediziner ihr gerade schilderte, toppte alles.

„Und?", fragte Hannes vorsichtig, der ihr nachgegangen war, um zu sehen, wo sie abgeblieben war.

„Professor Wassly schickt den Bericht, sobald er geschrieben ist", antwortete sie und erhob sich, um mit Hannes gemeinsam zurück in den Besprechungsraum zu gehen.

„Sie wurde sowohl vaginal als auch anal vergewaltigt und

zusätzlich mit einem harten Gegenstand geradezu gepfählt. Der Professor meinte, wenn ihr der Täter nicht die Kehle durchgeschnitten hätte, wäre sie ohne schnelle Hilfe an ihren inneren Verletzungen verblutet."

Für einen Moment herrschte betroffenes Schweigen. Selbst die hartgesottenen Kollegen mussten bei solchen Schilderungen erst einmal schlucken.

Und als wäre das alles noch nicht genug, meldete sich Bendersohn zu Wort. „Übrigens gab es einen Aufruf für diese Veranstaltung. Eine Einladung sozusagen. Von einer zweiten Facebook-Seite."

Franziska sah ihn an, als sehe sie ihn zum ersten Mal. „Veranstaltung? Hast du sie noch alle? Wie kannst du bei so einer Tat von einer Veranstaltung sprechen?"

Der Regensburger machte ein ähnlich betroffenes Gesicht wie Ramona eben an ihrem Schreibtisch. „Das ist ja nicht meine Wortwahl, so haben *die* es formuliert." Beim *die* nickte er seinem Laptop zu. „*Die Veranstaltung beginnt um 21 Uhr am Notausgang der Zentralbibliothek*", zitierte Bendersohn.

„Moment mal, soll das heißen, dass bei uns in Passau jemand einfach so eine Einladung zu einer gemeinsamen brutalen Vergewaltigung ins Netz stellen kann?"

„Nein, natürlich nicht. Also ich will sagen, so haben sie es ja nicht benannt, und es gab auch keinerlei Hinweise auf eine Gewalttat. Die Veranstaltung war eine Einladung zu einer Modenschau der besonderen Art", erklärte Bendersohn. „Und..."

„Die kam von wem?"

„Das kann ich ebenfalls noch nicht sagen, weil auf den Seiten bisher keine Aktivitäten stattfanden. Sicher ist nur, dass alle Adressen gehackt wurden. Wir haben", er nickte dem Kollegen Gruber zu, „alle überprüft und zumindest ein gewisses Muster herausgefunden. Alle Adressen sind von ursprünglichen Nutzern, die ihre Seite vernachlässigt haben."

„Aber ...", warf Franziska ungeduldig ein.

Doch Bendersohn grinste nur wie ein kleiner Junge, der vor seinem Lieblingsspielzeug steht. „Ich bin *the man in the middle*, und sobald sich was tut, hab ich sie!"

„Was bist du?", platzte es aus Obermüller heraus.

„Ich bin der Mann, der die Leitung abhört", antwortete Bendersohn schlicht und fügte hinzu: „Wie bei der NSA. Wir kennen die IP-Adresse des Blogs und ich warte, bis der eine Nachricht von einer anderen IP-Adresse bekommt, und dann haben wir denjenigen, der für die Nachricht verantwortlich ist." Und nachdem Obermüller immer noch ein wenig skeptisch dreinblickte: „Du kannst dir das so vorstellen: Der Verfasser packt ein Päckchen mit Informationen, die er gern auf einer anderen Seite einstellen möchte. Die schickt er los. Obenauf liegt ein Zettel und da steht drauf, wo die Informationen herkommen, also die IP-Adresse seines Rechners, und wo sie hingehen sollen. Und so geht das Datenpaket auf die Reise, immer näher in Richtung Zieladresse, bis es seinen Bestimmungsort erreicht hat, und wenn es bei mir vorbeikommt – und das muss es, weil ich direkt vor dem Loch warte –, dann haben wir den Absender."

„Genial", schmunzelte Obermüller.

„Ja, aber nur, wenn auch wirklich ein neues Datenpaket an diese bereits bekannte Adresse geschickt wird", desillusionierte Franziska den älteren Kollegen und blickte Bendersohn herausfordernd an.

„Das ist der Knackpunkt", gab auch der IT-Spezialist zu und erwiderte Franziskas Blick gelassen. „Allerdings überwachen wir ja auch noch die anderen Seiten, und so häufig wie die frequentiert werden, geh ich einfach davon aus, dass sich auf irgendeiner was tut."

„Das heißt, dass wir jetzt abwarten müssen und uns bis dahin alle anderen Spuren noch einmal ansehen", versuchte Schneidlinger die Stimmung wieder ein wenig auf Normalmaß herunterzufahren.

Franziska erhob sich, nickte Hannes fragend zu und wollte schon gehen, als Bendersohn lässig kommentierte: „Ja und Nein! Denn da gibt es noch eine Sache, die ich erfahren habe."

Franziska wirbelte herum. „Was?"

„Euer Tom ist *auch* auf einer der Seiten abgebildet, genau wie Vanessa. Er wurde beschrieben als ein vorbildlicher Gentleman. Vielleicht solltet ihr euch mal darum kümmern und ihn fragen, was das zu bedeuten hat."

Sie erwachte, weil sie mit einem Fuß ins Leere getreten war. So als wäre unter ihr der Boden plötzlich weggebrochen, als gäbe es keinen Halt mehr für sie und ihr ganzes Leben. Nur langsam kam sie zu sich, und es dauerte noch einige Sekunden, bis sie begriff, dass sie auf dem Sofa lag, in ihrem Zimmer, und dass sie mit dem Fuß nur deshalb ins Nichts getreten war, weil da tatsächlich nichts war.

Sie öffnete die Augen, blickte auf die Uhr und erkannte, dass sie lange geschlafen hatte. Schlaf ist der kleine Tod, hatte ihre Mutter immer gesagt und daher die Nacht zum Tage gemacht.

Als ob man am Tag nicht sterben könnte.

In ihrem Traum war sie wieder an diesem schrecklichen Ort gewesen, und obwohl sie wusste, dass sie weglaufen musste, hatte sie lange gezögert, bis sie sich endlich losgerissen hatte.

Ihre Füße waren wie festgewachsen gewesen, sie wollte sie bewegen, aber sie folgten ihr nicht. Sie wollte wegschwimmen, obwohl es dort gar kein Wasser gab, und auch mit Fliegen hatte sie es probiert, aber das konnte sie schon überhaupt nicht. Nur zusehen, immer weiter hinsehen, die Augen nicht abwenden, bis es ganz und gar zu Ende war. Das konnte sie. Erst dann war sie gelaufen, bis sie in Sicherheit war, bis sie ihn nicht mehr hörte, bis diese verrückte Musik endlich verstummte, bis nur noch Stille blieb und diese unendliche Angst, dass alles doch genauso war, wie sie es geträumt hatte, wieder und immer wieder.

Die zwei Decken, die sie über ihrem Körper ausgebreitet hatte, wogen schwer und vermochten sie doch nicht zu wärmen. Dabei war es draußen den ganzen Tag über warm gewesen, fast heiß, und auch die Nächte waren lau, so wie es sich für Juninächte gehörte.

Mühsam rappelte sie sich auf. Ihr Herz schlug noch immer so heftig, dass sie meinte, es müsse zerspringen, und es wollte sich auch jetzt, da sie wusste, dass alles nur ein Traum gewesen war, einfach nicht beruhigen.

Sie hatte die Schreie ganz dicht neben sich gehört. Grelle Schreie, die abrupt verstummten, als sich seine Hände um ihren Hals legten und sie würgten. Bis sie ganz ruhig liegen blieb. Bis sie dachte, es sei vorbei. Ein kurzes Leben, aber immerhin vorbei. Keine Qualen mehr ertragen, keine Schmerzen mehr spüren. Vorbei! Ruhe und Frieden für ihre Seele.

Sie hatte gebetet: „Lieber Gott, lass es endlich vorüber sein, lass nicht zu, dass er weiter machen kann, lass ..." Sie wusste aber nicht, was selbst Gott an dieser Stelle noch machen konnte. Und er hatte die Schreie ohnehin nicht erhört.

Denn Gott war einfach kein zuverlässiger Partner, wenn es darum ging, die eigenen Wünsche umzusetzen. Er tat nie, worum man ihn gerade bat.

Manchmal tat er es später, auch ganz ohne ein Gebet, manchmal tat er etwas ganz anderes als das, worum man ihn gebeten hatte und was sich dann doch letztlich als das Richtige herausstellte. Manchmal vergaß er etwas, und wenn man es gar nicht mehr brauchte, dann erinnerte er sich und ließ es wahr werden. Manchen gab er so viel, dass sie gar nicht wussten, was sie mit diesem Überfluss anfangen sollten.

Manche strich er einfach aus seinem Gedächtnis.

„Ich muss hier raus", brach es aus Franziska heraus. Sie stürmte so schnell aus dem Büro, dass Hannes sie erst kurz vor ihrem Auto im Hof wieder einholte.

Nach der Besprechung hatten sich die beiden noch lange darüber unterhalten, wie es war, wenn ein Mensch zum Tier wurde oder eigentlich noch schlimmeres, weil er ja so perfide Möglichkeiten wie das Internet nutzen konnte, um sein Opfer anzulocken, nur um es anschließend bestialisch zu töten.

„Hey, kannst du nicht zuerst mit mir reden?" Hannes packte sie am Arm und hielt sie energisch fest, eine ungewohnt heftige Geste für ihn.

„Nein, ich will nicht mehr reden", entgegnete Franziska beinahe trotzig. „Und ich will auch nicht tatenlos abwarten. Das kann doch noch ewig dauern. Und wer weiß, ob uns diese IP-Adresse, auf die wir jetzt so hoffen, am Ende wirklich zu unserem Täter führt oder nur zu einer weiteren und die wieder zu einer neuen Finte." Franziska machte sich los und öffnete die Fahrertür.

Hannes nickte. „Ja schon, aber du stürmst davon, als würdest du vor mir davonrennen", entgegnete er schon etwas weniger aufgebracht.

„Steig ein, wir fahren zum Ruderverein und überprüfen das Alibi von Tom Seibert und ... ja es tut mir leid", fügte Franziska lahm hinzu. „Aber dieser Fall ist ja auch wirklich ...". Sie suchte nach den passenden Worten. „Schrecklich!" Und als Hannes tatsächlich auf dem Beifahrersitz Platz genommen hatte, versuchte sie ein halbherziges Grinsen, das ihr aber nicht so recht gelingen wollte, weshalb sie auf dem ersten Stück des Weges erst einmal schwieg.

„Warst du schon mal hinten am Bootshaus?", fragte sie schließlich leichthin, weil die Stille zwischen ihnen doch ein bisschen bedrückend war. Sie schwiegen nie, wenn sie gemeinsam im Auto unterwegs waren.

„Ja klar", antwortete Hannes, als wäre das einfach selbstverständlich.

„Jaaa?", fragte Franziska nach und blickte kurz zu ihm hinüber. Sie hatten einen Bus der Linie 8 vor sich und mussten, weil die Straße so eng und zusätzlich zugeparkt war, auch an den Haltestellen hinter ihm bleiben.

„Ich bin früher mal gerudert", gab er schließlich zu.

„Und warum jetzt nicht mehr?" Ihr Ton war leicht, wie beim Smalltalk mit einem Menschen, den man gerade kennengelernt hatte.

„Ach, das war nicht das richtige für mich, ich fahr lieber Fahrrad und Sabrina ... Na ja, das ist mehr ein Sport unter Männern. Wobei es auch Frauen dabei gibt, aber gemischt stimmt das Verhältnis einfach nicht."

Beim letzten Satz war er immer leiser geworden, weshalb Franziska ihm einen prüfenden Blick zuwarf. Seit seine Sabrina vor zwei Jahren während des Hochwassers bei ihm Unterschlupf gefunden hatte, waren die beiden unzertrennlich. Sie schien die Liebe seines Lebens zu sein, warum also jetzt diese vorsichtige Formulierung?

„Hast du mir gar nicht erzählt, ich meine, dann kannst du mir doch eigentlich gleich eine kleine Einführung geben?" Sie wischte jeden Gedanken an eine mögliche Trennung beiseite, wobei sie sehr wohl registriert hatte, dass da irgendetwas im Busch war.

„Auf dem Wasser?" Hannes schien ihr durchaus zuzutrauen, dass sie das wirklich durchziehen würde.

Als Antwort lachte Franziska hell auf. „Nein, ich dachte eher an eine theoretische Beschreibung. Damit ich den Ruderjargon verstehe."

„Ach so!" Er warf ihr einen abschätzenden Blick zu, den sie erwiderte und dabei noch lauter lachte. „Zum besseren Verständnis solltest du vor allem wissen, dass der Inn zwar ein weitgehend gezähmter, aber trotz allem ein Gebirgsfluss geblieben ist und es in sich hat."

„Der Inn hats in sich!" Franziska lachte über dieses Wortspiel. Sie war jetzt regelrecht albern.

„Du lachst", ermahnte sie Hannes freundlich, „aber wenn du dich jetzt ohne Einweisung in eines der Boote setzen würdest, würde dir das Lachen schnell vergehen. Die erste Gefahr besteht nämlich darin, nicht schnell genug loszukommen. Und wenn dann auch noch die Schleusen vom Kraftwerk Ingling offen sind, dann geht es mit dir in Windeseile dahin. Da hat es schon Tote gegeben!" Hannes hielt inne und blickte Franziska herausfordernd an, die sich inzwischen beruhigt hatte.

„Ja weiter, ich hör dir zu." Der Bus war am Gasthaus Apfelkoch endlich abgebogen, doch sie hatten noch immer keine freie Fahrt, weil auf dem Seitenstreifen so viele Autos parkten, dass sie immer nur von Parklücke zu Parklücke vorankamen, weil sie dem ständigen Gegenverkehr Platz machen mussten.

„Die Boote werden mit dem Bug flussaufwärts eingesetzt

und das heißt, du ruderst rückwärts, siehst also gar nicht, wo es eigentlich hingeht."

„Dann siehst du es ja auch nicht, wenn dir jemand entgegenkommt", überlegte sie, ganz auf den Gegenverkehr konzentriert.

„Stimmt, deshalb ruderst du ja auch flussaufwärts auf der deutschen Seite und flussabwärts auf der österreichischen. Aber selbst wenn du ganz allein unterwegs bist, kannst du dich in überstehenden Ufernasen, Büschen oder umgefallenen Bäumen verheddern. Oder dein Boot läuft auf Grund, weil du einer Sandbank nicht ausgewichen bist oder einem Granitblock, der im Wasser liegt."

„Und so was macht trotzdem Spaß?", fragte Franziska, die es gerade ziemlich nervig fand, dauernd anzufahren, abzubremsen und sich in winzige Parklücken zu zwängen, bis der entgegenkommende Wagen vorbeigefahren war.

„Wie weit kommt man eigentlich auf diese komplizierte und gefährliche Weise?"

„Beim ersten Mal?" Franziska nickte ganz ernst und warf Hannes einen interessierten Blick zu, weil sein Ton wie das Versprechen auf eine Offenbarung war. „Wenn ich ganz ehrlich sein soll ... bei meiner ersten Solo-Ausfahrt bin ich schon nach vierhundert Metern im Ufergestrüpp gelandet."

Franziska prustete los. „Nein! Wie peinlich."

„Ja, da haben sich natürlich alle köstlich und langanhaltend amüsiert", gab er zu und grinste. „Das hab ich dir jetzt aber nur erzählt, weil ich ja schließlich auch von deiner Aktion mit den Handschellen weiß."

Franziska nickte bedeutungsvoll. „Ich erwarte trotzdem, dass du den Mund hältst", drohte sie.

„Ich hab dir mein Indianerehrenwort gegeben", erinnerte Hannes und hob gleich noch einmal die Hand zum Schwur.

„Und wie weit kommt jemand, der keinen Hang zum Absaufen hat?", lenkte Franziska das Gespräch von diesem leidigen Thema wieder zurück auf das Rudern.

„Wenn du Zeit hast, bis zur alten Grenzbrücke in Schärding."

Hannes hielt inne. Sie hatten das Kraftwerk Ingling passiert und hielten endlich vor dem Bootshaus der Uni Passau, das gleich neben dem Clubgelände des Rudervereins Passau lag, parkten und stiegen aus. „Jetzt hätte ich richtig Lust, mal wieder selbst in die Riemen zu greifen."

Franziska dagegen hatte zu keiner Zeit vorgehabt selbst zu rudern. Durch die Schilderungen von Hannes hatte sie lediglich ein wenig Abstand zu dem bekommen wollen, was in ihrem Büro so beklemmend auf ihr gelastet hatte. „So, dann wollen wir mal sehen, was Toms Team zu seinem Alibi zu sagen hat", entschied sie daher und öffnete kurz darauf das Tor zum Bootsgelände.

„Sie sind Franz Schöner?", fragte die Kriminalkommissarin fünf weitere Minuten später einen jungen Mann mit Dreitagebart in Sportshorts und einem T-Shirt, auf dem das Logo der Passauer Uni prangte. Sie hatte sich bereits am Morgen im Bootshaus erkundigt, wer mit Tom Seibert gewöhnlich ruderte und hatte unter anderem diesen Namen genannt bekommen.

„Ja. Wer will das wissen?" Der Angesprochene legte seine Ausrüstung ab und wandte sich Franziska zu, wobei er die Hand schützend über die Augen hielt, weil ihn die Sonne blendete.

„Franziska Steinbacher, Mordkommission Passau", sagte sie, ihm ihren Ausweis entgegenhaltend. „Sie kennen Tom Seibert?"

„Ja, wir rudern gemeinsam im Team."

„Auch am vergangenen Montagabend?"

„Montagabend? Nein. Am Nachmittag sind wir zusammen gerudert. Tom, Bene, Paul und ich." Er zeigte auf zwei durchtrainierte Burschen, die neben dem Bootshaus standen. „Hey Jungs, kommt mal her!"

Franziska schenkte Hannes ein verschwörerisches Lächeln. „So mag ich das!" Dabei ließ sie offen, ob ihr die geballte athletische Körperlichkeit der jungen Männer gefiel, oder deren Bereitschaft mitzuarbeiten.

„Mordkommission Passau", stellte Franziska erneut sich und Hannes vor und schob gleich ihre Frage hinterher: „Tom Seibert behauptet, am Montagabend mit dem Boot unterwegs gewesen zu sein, können Sie das bestätigen?"

„Na ich will jetzt nichts auf das Gerede geben, aber es gab da wohl mal einen blöden Vorfall und seither ..."

„Seither was?", mischte sich Hannes ein.

„Fragt ihn selbst", wiegelte Franz Schöner das Gespräch ab, „wir müssen jetzt los." Wie auf Kommando ließen die drei Studenten die beiden verdutzten Kommissare einfach stehen, nahmen ihr Boot auf, bis sie es über ihren Köpfen trugen und ließen es dann elegant längs des Bootsstegs ins Wasser. Dann stellten sie den rechten Fuß ins Boot, drückten sich mit dem linken vom Steg ab, setzten sich und griffen in die Riemen.

„Damit hat er ein Alibi und auch wieder nicht", bemerkte Hannes unzufrieden, während er dem Tempo aufnehmenden Ruderboot hinterherblickte.

„Du meinst, sie haben gelogen?", fragte Franziska verunsichert nach und wandte sich zum Gehen. „Warum sollten sie?"

„Sie müssen ja nicht gelogen haben. Aber wenn Tom Seibert allein unterwegs war, dann kann er genauso gut nur die ersten vierhundert Meter gerudert sein."

„Und dann?" Franziska versuchte seiner Argumentation zu folgen.

„Dann hat er das Boot im Gestrüpp versteckt, ist an Land gegangen und auf ein bereitstehendes Fahrrad umgestiegen, mit dem er zur Bibliothek geradelt ist."

„Hm." Franziska überlegte laut. „Das könnte tatsächlich sein", bemerkte sie und zog, noch in Gedanken versunken, ihr läutendes Handy aus der Tasche. Dass sie diese Theorie für gewagt hielt, konnte sie Hannes allerdings nicht mehr sagen, denn da lauschte sie schon Grubers Informationen, und sogleich begann ihr Gehirn die vernommenen Neuigkeiten zu einem Gesamtbild zusammenzubasteln.

„Ja, sind schon unterwegs!", kommentierte sie dann auch schlicht und machte Hannes ein Zeichen, zum Auto zu gehen.

Keine Viertelstunde später standen die beiden Kommissare erneut im Flur der Donau-Schwaben-Wohnanlage und begrüßten Tom Seibert freundlich.

„Wer hat Sie eigentlich auf diese Seite gesetzt und was steckt hinter der Betitelung *Gentleman?*", fragte Franziska und blickte den Studenten neugierig an. Er musste gerade vom Sport zurückgekommen sein, denn er trug eine kurze Laufhose, ein locker fallendes Muskelshirt, war barfuß und roch nach frischem Schweiß, wenn auch nicht unangenehm, wie Franziska bemerkte.

„Sie schon wieder", stöhnte er ein wenig genervt und bemühte sich gleichzeitig, nicht ausfallend zu werden. „Hören Sie, ich weiß es nicht."

Trotz seines offensichtlichen Unmuts schob er seine Laufschuhe beiseite und bat sie im Vergleich zum letzten Mal gleich herein. Er zeigte sogar einladend auf sein schmales Sofa, doch die Kriminalkommissare zogen es vor, stehenzubleiben, denn er selbst lehnte sich nur lässig an seinen Schreibtisch. „Bitte fassen Sie sich kurz, ich muss dringend unter die Dusche!"

Franziska schaute sich im Zimmer um, registrierte die Ordnung und auch, dass es im Zimmer trotz seiner Aussage gut roch. Aber reichte das, um als Gentleman nominiert zu werden?

„Sie hatten Ärger mit Ihrer Freundin? Ging es dabei um Vanessa Auerbach?"

„Nein, natürlich nicht. Ich hatte ja nichts mit Vanessa", behauptete er und blickte die Kriminalkommissarin herablassend an. „Das ist nichts als üble Nachrede!"

„Und wer ist für diese üble Nachrede verantwortlich?" Franziska hatte ihren Ton angepasst. „Worum geht es eigentlich bei dieser Nominierung?" Sie war jetzt kurz davor, die Geduld zu verlieren.

„Ich habe keine Ahnung! Kann ich jetzt bitte duschen gehen?" Genervt warf er einen Blick auf die Uhr seines Handys. „Sie haben doch sicher inzwischen mein Alibi überprüft. Warum lassen Sie mich dann nicht endlich in Ruhe?"

„Weil Ihr Alibi nichts wert ist. Sie waren rudern, ja, zumindest bestätigt das einer Ihrer Kollegen. Aber er sagt auch, dass Sie allein unterwegs waren. Und daher kann uns letztlich niemand sagen, ob Sie wirklich nach Schärding gerudert sind oder nur ein paar hundert Meter außer Sichtweite."

Die Kriminalkommissarin beobachtete den Studenten genau, doch sein Gesicht glich einer Maske. „Genauso gut hätten Sie das Boot an Land ziehen, auf ein bereitstehendes Fahrrad steigen und damit zur Zentralbibliothek fahren können, um sich mit Vanessa zu treffen."

Tom Seibert sprang so plötzlich zwei Schritte nach vorn und baute sich drohend vor Franziska auf, dass diese zusammenzuckte. Dabei blickten sie seine Augen eisig an. Doch kein Zucken in seinem Gesicht, kein Blinzeln verriet ihr, was in ihm wirklich vorging.

„Ich war das nicht", knurrte er schließlich mit fester kalter Stimme.

Ohne sich von der Stelle zu rühren, erwiderte die Kommissarin seinen Blick. „Ich möchte, dass Sie morgen früh zu uns in die Inspektion kommen. Wir werden einen DNA-Test machen."

„Sie sind ja verrückt!", entfuhr es ihm daraufhin, doch er schien endlich zu erkennen, in welch prekärer Lage er sich befand. Schnaubend lief er im Zimmer auf und ab und trat mit dem Fuß gegen den leeren Papierkorb, bevor er sich endlich und noch immer wütend umdrehte. „Ich habe mich mit Vanessa Auerbach nicht verabredet und sie auch nicht getroffen", sagte er, und zum ersten Mal, seit sie ihn kennengelernt hatten, klang das ein wenig hilflos. In letzter Konsequenz wusste er offenbar sehr wohl, dass die auf ihn angemeldete Prepaid-Karte und die darüber getroffene Verabredung zwar noch keine Verurteilung bedeutete, aber doch als klare Indizien für seine Schuld gewertet werden konnten.

„Er leugnet vehement", bemerkte Franziska und entriegelte die Fahrertür.

„Vielleicht zu Recht?" Hannes zuckte mit den Schultern und blickte Franziska über das Autodach hinweg nachdenklich an. „Was mir an der ganzen Sache mit der möglichen Täterschaft noch immer nicht schmecken will, ist die Uhrzeit."

„Wieso? Dieser Bene sagte doch so *um neun*, das kann genauso gut eine halbe Stunde vorher oder später gewesen sein. Wobei, wenn er genervt war, weil Tom nicht zurückkam und der eigentlich bis nach Schärding rudern wollte, dann würde ich die Zeitspanne, die er mit Warten zubrachte, einfach mal vergrößern und mich für früher entscheiden. Andererseits war er ja vielleicht um neun mit Vanessa verabredet, aber wer sagt, dass er nicht später kam, sie einfach noch ein wenig warten ließ, bevor er sie in die nächsten *Sphären der Lust* führen würde."

Franziska hatte die ganze Erklärung über wild mit den Händen gestikuliert und blickte jetzt lauernd zu ihrem Kollegen hinüber. Sie wollte wissen, ob er ihr folgen konnte, und als er zögernd nickte, fuhr sie fort: „*Wenn* dieser Bene die Wahrheit gesagt hat", grinste sie und öffnete die Fahrertür, um einzusteigen. „Aber wer sagt uns, dass die nicht alle vier an der Tat beteiligt waren?"

„Ein Team in jeder Hinsicht, meinst du?" ergänzte Hannes die Hypothese, kaum dass sie im Auto saßen, und dann schlug er ganz unvermittelt aufs Armaturenbrett und schimpfte drauflos: „Verdammt, was ist das bloß für ein Mist! Da wird beinahe öffentlich ein brutaler Sexualmord begangen und dann hat angeblich keiner was gesehen." Er machte eine Kunstpause, schaute Franziska aber nicht an, bevor er fortfuhr: „Obwohl nicht nur das Opfer zuvor dorthin eingeladen worden war, sondern auch übers Internet noch jede Menge Interessierte. Und selbst vor uns sollte das alles nicht verborgen bleiben, nur leider bekommen wir es nicht gebacken, diejenigen zu finden, die dafür verantwortlich sind."

„Bist du jetzt fertig? Dein Zynismus hilft uns nämlich nicht weiter." Franziska blickte Hannes fragend an. „Seit wann bist du eigentlich so drauf, ich meine, das ist doch normalerweise mein Part." Sie lachte kurz auf, wurde aber sofort wieder ernst. „Wir finden denjenigen, der das ins Internet gestellt hat, dazu brauchen wir allerdings einen langen Atem, weil wir nicht wissen, wann er das nächste

Mal auf seinen Blog zugreifen wird." Sie zuckte mit den Schultern. „Und wenn ich Tom wäre, würde ich auch alles abstreiten, zumal er ja nicht gerade wie das personifizierte schlechte Gewissen aussieht", überlegte sie laut. „Also müssen wir jetzt alles daran setzen herauszufinden, warum Tom überhaupt zum Gentleman nominiert wurde." Sie hielt inne. „Ist irgendwie eine seltsame Aussage, oder?"

„Hast du eine Idee?"

Hannes schielte auf seine Armbanduhr, während ihn Franziska dabei beobachtete. „Sie bedeutet dir viel, was?"

Er nickte, ließ aber offen, ob er die Uhr oder seine Freundin Sabrina meinte, die ihm eben diese zum ersten gemeinsamen Weihnachten geschenkt hatte, wie Franziska sehr wohl wusste.

„Halb fünf! Viel Zeit haben wir heute nicht mehr", überlegte er.

„Aber auf jeden Fall spielt Tom eine besondere Rolle innerhalb seines Teams. So wie sie von ihm reden, ist er eher Chef als Mitläufer", erklärte sie unvermittelt, statt auf seine Mahnung einzugehen, und zwang Hannes damit, wieder gedanklich zum Fall zurückzukehren.

„Ein Alphamännchen", wusste Hannes.

„Richtig. Und von Stephanie Mittermaier wissen wir, dass Vanessa auf diese Sorte Männer stand." Hannes nickte. „Es könnte also durchaus sein, dass er sie unter seinem Namen in das Dublettenmagazin bestellt hat, von einem Zweithandy, damit seine Freundin nichts mitbekommt und ihr dort ein heißes Dessous hinlegte mit der Aufforderung, es für ihn anzuziehen."

„Könnte zu ihm passen", bestätigte Hannes und lehnte den Kopf zurück.

„Er wollte seinen Teamkollegen zeigen, dass ihm die Frauen gehorchen und alles für ihn tun. Daher lud er sie ein, ihm zuzuschauen und vom Meister zu lernen. Er verabredete sich mit Vanessa, schrieb ihr, sie solle die Maske aufsetzen und ihm mit nichts als diesem bisschen Stoff am Leib die Tür öffnen. Vanessa denkt, er kommt allein und tut genau das, was er von ihr verlangt. Sie glaubt sicher, dass sie dadurch diesen tollen Typen für sich gewinnen kann. Vielleicht weiß sie auch von der Freundin und legt es darauf an, ihn ihr auszuspannen. Da muss sie ihm natürlich mehr bieten, als die Freundin es tun würde. Trotzdem ist sie, als sie bemerkt, dass er nicht allein gekommen ist, erst einmal sauer, wie die Fotos beweisen, aber das lässt er nicht lange durchgehen, sagt: So Jungs, jetzt ist es genug mit den Fotos, jetzt geht es zur Sache, jetzt wird ordentlich gefickt. Und da will er natürlich nicht mit aufs Bild. Und zu Vanessa sagt er: Na komm, Süße, du bist doch heute meine kleine Sklavin, da darfst du dich nicht zieren, andere Frauen machen das auch nicht, wenn sie was Tolles erleben wollen, und die Jungs wollen doch nur gucken, wie du abgehst, lass sie doch!" Franziska imitierte seine Stimme jetzt viel weicher als zuvor. „Tja, und schließlich hatte er ihr ja angekündigt, dass sie so was noch nie erlebt hätte. Vielleicht küsst er sie noch ganz leidenschaftlich und zärtlich, damit sie vollends nachgibt. Und sie muss ja tun, was er verlangt, denn wenn sie nicht mitmacht, dann kann er ja gleich zu seiner Freundin zurückgehen. Also lässt sie sich von ihm fesseln und er legt los. Vielleicht gefällt es ihr anfangs tatsächlich, wie sie von ihm behandelt wird, angeblich mögen es manche Frauen, wenn sie etwas härter rangenommen werden, oder zumindest mögen sie das, was sie damit erreichen können. Vermeintliche Macht über den Partner, der ihnen anschließend aus der Hand frisst." Franziska hatte sich in Rage geredet, doch als Hannes den Kopf wandte, sah er sie nur stumm an.

„Na ja, die Akten sind doch voll von Frauenbiografien, die keiner nachvollziehen kann", rechtfertigte sie diese

Theorie. „Auf jeden Fall wird es dann ziemlich heftig. Vielleicht spornen die Jungs ihn ja auch an. Na los, gibs ihr, sie mag das, nimm sie tiefer und fester, lass die Schlampe spüren, wie du es ihr besorgst."

„Ist das jetzt als Gegenleistung für meine Einführung ins Rudervokabular eine Einführung in den Pornojargon?", fragte Hannes halb belustigt und halb entsetzt über die Redewendungen, die Franziska drauf hatte.

„Das ist die Intimsprache einer Jugend, die mit viel zu geringen Hürden ins Pornomilieu eintreten kann und nie gelernt hat, eine Frau wirklich zu respektieren und zu verführen", verteidigte sich Franziska, bevor sie weitermachte. „Irgendwann muss aber selbst Vanessa erkannt haben, dass das alles nicht mehr lustig war und sie schon gar nicht in höhere Sphären der Lust bringen würde. Der Kerl hatte ja auch zu keiner Zeit ihre, sondern immer nur seine Lust im Blick. Ich meine, sie wurde von ihm gepfählt, weißt du, was das heißt?" Franziska sah kurz zu Hannes hinüber, bevor sie fortfuhr. „Sie wurde innerlich zerstört, so was kann gar nichts mit Lust zu tun haben. Da sie sich nicht wehren konnte, hat sie ihm vielleicht gedroht. Spätestens jetzt schlägt er sie nieder, würgt sie, damit sie still ist und lässt vielleicht sogar die anderen ran, damit die auch beteiligt sind, weil sie ja ihren Mund halten sollen. Das Ganze wird zu einem einzigen Rausch für die Männer, die irgendwann nur noch eine Möglichkeit haben: Sie müssen das Opfer töten, um das, was sie getan haben, zu vertuschen. Sie müssen sie zerstören, um ihr eigenes Tun ungeschehen zu machen."

Hannes nickte langsam. Noch schien er nicht ganz überzeugt zu sein, aber zumindest konnte man das, was Franziska gerade aufgezeigt hatte, zu Ende spinnen. „Und da er seine Kumpels damit zu Mittätern gemacht hat, geben die ihm ein falsches Alibi. Und bei der Prepaid-Karte behauptet er, das ist nicht seine."

„So einfach ist das für solche Typen!" Zufrieden mit dieser Kombination startete die Kriminalkommissarin den Motor, wendete in einem geschickten Manöver zwischen den parkenden Autos und fuhr über die Vornholzstraße hinunter in die Spitalhofstraße. „Aber warum stellen sie die Fotos dann doch ins Netz?"

Hannes blickte Franziska an und schüttelte stumm den Kopf. „Und wenn sie ohnehin zu viert waren, warum sollten sie dann noch andere einladen? Das wäre doch viel zu gefährlich gewesen. Da hätte doch schnell einer reden können."

„Um zu zeigen, wie toll sie sind", überlegte Franziska und dachte an Walters Worte. „Oder aus Rache."

„Wofür?" Hannes schien ihrem Gedankengang nicht folgen zu können.

„Aus Rache dafür, dass sie sie zu Tätern gemacht hatte. Sie haben sich bestimmt eingeredet, sie wäre selbst schuld gewesen. Ach, keine Ahnung", gab Franziska auf einmal unumwunden zu. „Ich habe tatsächlich auch nach noch so vielen Schulungen und Psychologiefortbildungen keine Vorstellung davon, was in einem Menschen vor sich geht, der zu einem so grausamen Mord in der Lage ist. Ich weiß nur, dass es praktisch nichts gibt, was es nicht gibt. Aber vielleicht sollten wir einfach mal alle vier zum DNA-Test vorladen."

„Vielleicht liegen wir auch völlig falsch", eiferte sich Hannes nun. „Gruppen, die aus Langeweile einen Menschen umbringen, haben in der Regel kein so strukturiertes Hobby wie diese Ruderer."

„Stimmt auch wieder." Franziska begann sich zu beruhigen. „Ach verdammt, was soll das denn jetzt?" Sie trat auf die Bremse, weil vor ihr ein Auto aus einer Nebenstraße schoss und ihr damit die Vorfahrt nahm, stöhnte und beließ es dann doch bei einem Kopfschütteln. „Vielleicht kommen wir der Sache näher, wenn wir rauskriegen, was es mit diesem Gerede auf sich hat. Scheint diesem Bene ja nicht unwichtig zu sein, wenn es ihm so rausrutscht."

„Du meinst das war der berühmte Freud'sche Versprecher?", überlegte Hannes.

„Ja, und vielleicht war mit der Tussi ja gar nicht die Freundin von Tom Seibert, sondern Vanessa Auerbach gemeint. Vielleicht hatte er ihnen davon erzählt, was sie für eine war und dass sie mal ein wenig erzogen werden musste", setzte Franziska noch eine Hypothese drauf.

„Das meinst du jetzt nicht ernst?" fragte Hannes noch, doch Franziska hatte genug von diesen Vielleichts und wechselte sprunghaft das Thema.

„Ich hätte jetzt Lust auf ein schönes großes Eis mit frischen Erdbeeren und viel Sahne", schwärmte die Kommissarin und Hannes nickte sofort zustimmend, während auf seinem Handy eine SMS vom Kollegen Gruber einging. *„Kommt ihr noch einmal vorbei? NSA lässt grüßen!*☺ ", las er laut vor und ließ Franziskas Eisfantasien mit einem einzigen Wort dahinschmelzen. *„Ja!"*

Zwei Stufen auf einmal nehmend rannte Franziska die Treppe hinauf, riss die Glastür zum Flur der Mordkommission auf und wäre um ein Haar gegen den Kollegen Obermüller geprallt. „Hey, wo willst du denn so eilig hin?", fragte der mit einem dicken Grinsen im Gesicht und nickte Hannes freundlich zu, der hinter ihr hergehetzt kam.

„Ich geh davon aus, dass du weißt, warum uns Gruber einen Gruß per SMS geschickt hat?", fragte sie und schaute den Kollegen herausfordernd an.

„Gleich, Franzi, gleich wirst du es erfahren." Man sah deutlich, dass es dem älteren Kollegen sichtlich Spaß machte, Franziska auf die Folter zu spannen.

„Obermüller!", drohte Franziska und machte sich größer als sie war.

„Ich kann es dir nicht sagen", verteidigte der sich und hob abwehrend die Hände. „Bendersohn hats verboten. Er will dein Gesicht sehen. Ei, ei!", grinste er dann aber doch. „Ob da was im Busch ist?"

„Frag ihn, er ist von der nationalen Sicherheitsbehörde", knurrte Franziska, die das alles gar nicht komisch fand. Sie wollte wissen, ob sie mit ihrer Vermutung, das Ruder-Team könnte hinter dem Aufruf stecken, richtig lag.

„Ach Franzi!" Ohne sich aus der Ruhe bringen zu lassen, schob sie der ältere Ermittler in ihr Büro und drückte sie auf den Stuhl vor ihrem Schreibtisch. „Jetzt komm erst einmal zur Ruhe, der Kollege Bendersohn ist gleich fertig, dann erfährst du doch eh alles."

Ungeduldig begann Franziska mit den Fingern auf der Tischplatte herumzutrommeln, rutschte auf ihrem Stuhl hin und her und öffnete schließlich eine Schreibtischschublade nach der anderen, um darin nach etwas Nahrhaftem zu suchen, nach etwas, was sie beruhigen und gleichzeitig munter machen würde. Etwas mit viel Schokolade, wenn es schon kein Eis mit Erdbeeren und Sahne sein sollte. Als sie erkannte, dass ihre Vorräte vollkommen erschöpft waren, wurde sie noch ungeduldiger.

Hannes hatte sie die ganze Zeit über beobachtet, und als er ihren verzweifelten Blick bemerkte, ging er zu seinem Rucksack, der seit dem Morgen an der Garderobe hing, öffnete ihn und holte eine Box mit Schokomuffins heraus. „Hier, bedien dich."

Beim Anblick der schwarzen Köstlichkeiten riss Franziska begeistert die Augen auf und griff zu. „Von

Sabrina?", fragte sie anerkennend und biss herzhaft in die beim Zerspringen leise knackende Schokoglasur.

„Ja, von meinem *Schätzchen*", griff Hannes den sonst üblichen Spott auf.

„Mhm lecker!", kommentierte Franziska kauend und rang sich ein kleines Lächeln ab. „Wow, mit flüssigem Schokokern ... Mhm, sind die gut!"

Als sie fertig war, wischte sie sich überschwänglich den Mund ab und grinste Hannes glücklich an. „Mit der Frau hast du wirklich Glück." Franziska nahm sich einen zweiten Muffin und nickte dem dicken Ermittler zwinkernd zu. „Obermüller, die musst du mal probieren."

Doch gerade als dieser seine Hand ausstreckte, um nach dem süßen Naschwerk zu greifen, kam Lars Bendersohn durch die Tür und baute sich im Türrahmen zu voller Größe auf. Auf seinem Gesicht lag ein triumphierendes Lächeln, als er verkündete: „Ich bin ein Genie. Ich hab sie!"

Ohne irgendjemanden zu Wort kommen zu lassen, stürmte er auf Franziska zu und schaute sie herausfordernd an. „Na was sagst du jetzt?", fragte er, sichtbar auf ein Kompliment aus.

Doch Franziska wäre nicht Franziska gewesen, wenn sie ihn für einen solchen Satz belobigt hätte. Nicht diesen eingebildeten Schnösel von Bendersohn.

Stattdessen legte sie langsam den angebissenen Muffin zurück und fragte: „Wer sie – wie sie?" Entweder stand sie tatsächlich auf der Leitung oder sie spielte es hervorragend.

„Na die IP-Adresse. Die, von der die Nachrichten eingestellt wurden!", half Bendersohn ungeduldig nach.

„Und wem gehört sie?" Hannes war um den Schreibtisch herumgehechtet und blickte den IT-Spezialisten herausfordernd an. Sein Blick verriet, dass auch er keine Lust auf Spielchen hatte.

„Sie gehört zu einem Internet-Café in der Innstadt", antwortete Bendersohn lahm, sichtlich um einen Spaß betrogen.

Franziska sprang so hektisch von ihrem Stuhl auf, dass dieser dabei umfiel. Sie riss ihn in die Höhe und rief: „Ja und, worauf warten wir dann noch? Holen wir uns den Scheißkerl!"

Sie blickte Hannes an, der enttäuscht bemerkte: „Bei einem Internet-Café wissen wir ja noch immer nicht, welche Person sich dahinter verbirgt."

Franziskas Eifer brach zusammen. Sie blickte Bendersohn an. „Stimmt, ist er noch dort?"

Der zuckte mit den Schultern. „Bis gerade eben war er es noch, aber ..." Er ließ den restlichen Satz in der Luft hängen und zuckte nur die Schultern. Sein Part war es, die verschlungenen Wege des Internets zu verfolgen und Verbindungen zu erkennen. Wen sie letztlich antreffen würden, war nicht mehr seine Sache.

Franziska griff nach ihrer braunen Tasche und dem Autoschlüssel und entschied: „Wir fahren jetzt auf jeden Fall hin. Wenn er schon weg ist, bekommen wir ja vielleicht einen Namen, eine Beschreibung oder wenn wir Glück haben eine richtige Adresse." Damit rannte sie zur Tür hinaus und Hannes musste zum zweiten Mal an diesem Tag hinter ihr herlaufen.

Die beiden Kriminalkommissare fuhren über die Nibelungenstraße in Richtung Klostergarten. Als Franziska den kleinen Exerzierplatz erreicht hatte, schaltete sie das Blaulicht an, um so zügiger über das Lupingäßchen und die Nikolastraße in die Gottfried-Schäffer-Straße zu gelangen. Sie hatte es eilig. Die Möglichkeit, dass ihr der Täter so kurz vor der Festnahme wieder davonlaufen könnte, ließ sie nicht los, weshalb sie gern ordentlich aufs Gaspedal gedrückt hätte. Doch um diese Zeit war die Strecke von der Passauer Innenstadt in die auf der anderen Seite des Inn gelegene Innstadt eine Geduldsprobe. Die Marienbrücke wurde gerade saniert, und da ging es selbst mit Blaulicht nur schleppend voran. Erst als sie die Brücke erreicht hatten, schaltete sie das Sondersignal wieder aus, weil sie nicht schon im Vorfeld auf ihre Ankunft aufmerksam machen wollte. Gleich nach der Brücke und oberhalb der ehemaligen Spital-Kirche, die direkt am Inn steht und nach dem Stadtbrand 1809 im Stil des Klassizismus wieder aufgebaut worden war, öffnete sich zur Rechten der Kirchplatz von St. Gertraud. Zügig fuhr die Kriminalkommissarin auf den gepflasterten Platz und parkte direkt vor einem kleinen Haus, das sich wie im Schatten der beiden Nachbargebäude hingeduckt hatte.

„Das muss es sein", rief Franziska sichtlich erregt, stieg aus und lief auf die Tür zu. Tatsächlich hing in der Eingangstür ein Schild mit dem Hinweis „Internet-Café im ersten Stock". Hannes nickte ihr kurz zu, öffnete die Tür, trat in den Innenraum und blickte sich kurz um, bevor er auf die links gelegene Treppe zuhielt. Hastig sprang er hinauf, während ihm Franziska auf dem Fuß folgte. Oben öffnete sich vor ihnen ein unerwartet großer Raum, der mit einigen Tischen und Stühlen sowie mehreren großen Billardtischen vollgestellt war. Nachdem Hannes stehen geblieben war, drängelte sich Franziska an ihm vorbei und blickte sich suchend in dem menschenleeren Raum um.

Enttäuscht wandte sie sich ihrem Kollegen zu, bis sie auf einmal ein leises hektisches Klicken vernahm. Aufgeregt stieß sie ihm ihren Ellenbogen in die Seite und nickte mit dem Kopf in Richtung einer filzbespannten roten Wand. Auch Hannes nickte, und wie auf ein Zeichen zückte er seine Heckler & Koch, sie ihre 9 mm Para, bevor sie leise an der Wand entlang schlichen, an deren Ende sich ein Durchgang befand. Als sie diesen erreicht hatten, blieben sie kurz stehen, atmeten einmal tief durch und sprangen dann mit gezogenen Pistolen in den Raum hinein.

Schon als Kind war Carola nie wie die anderen Mädchen in der Siedlung gewesen. Statt mit Barbiepuppen und bunten Pferdchen zu spielen, wollte sie immer nur so sein wie ihr älterer Bruder. Darum tippte und spielte sie auch auf dessen Computer herum, wann immer er den aus den Augen ließ. Als sie sich dann endlich einen eigenen ertrotzt hatte, sahen ihre Eltern und noch später auch die Lehrer voller Verwunderung, wie schnell die zarte Carola Programme, Verbindungen und Sonderzeichen durchdrang. Was soll bloß mal aus ihr werden, hatte die Mutter geseufzt, woraufhin ihr Vater meinte: „Na Informatik wird sie studieren, was denn sonst?"

Weil sie sich aber so gar nicht für das, was Mädchen meistens ausmacht, interessieren wollte, stieß sie zunehmend auf Ablehnung oder auch einfach auf Desinteresse bei ihren Mitschülerinnen und Mitschülern. Hatten alle anderen bereits einen Freund, gingen in die Disco oder ins Schwimmbad, so saß Carola zu Hause und programmierte irgendwelche Programme, die irgendwelche Dinge erledigen konnten. Während ihre Kommilitonen in den Semesterferien oder am Abend Geld verdienen mussten, machte sie das nebenbei am PC, indem sie von kleinen Firmen Aufträge annahm, deren Homepage erstellte, oder überwachte, Virenschutzprogramme installierte, oder bei Notfällen den Computer wieder flottmachte.

Wie gut ihre Fähigkeiten für sie waren, hatte sie erst im vergangenen Frühjahr erfahren, als eine Freundin von ihrem Chef berichtete, der sie immer, wenn sie mit dem vollbeladenen Tablett an ihm vorbei ging, von hinten umfasste und in den Busen zwickte oder ihr zwischen die Beine fasste. Kündigen konnte sie nicht, weil sie den Job brauchte, was wiederum er wusste und sie deshalb immer noch mehr drangsalierte.

Sie hatten an jenem Tag auf der großen Inn-Wiese des Campus gesessen und überlegt, was sie dagegen unternehmen konnten, als zwei weitere Mädchen dazukamen und einstimmten. „Männer sind Schweine, sobald sie die Macht über eine Frau haben, nutzen sie sie aus."

„Warum, macht dein Chef auch so Sachen?", hatte sie nachgefragt.

„Nein, aber mein Nachbar schlägt seine Frau, sobald sie in seinen Augen etwas falsch macht. Er schlägt sie grün und blau, und wenn sie jemand darauf anspricht, weil es ja ohnehin jeder weiß, dann sagt sie, sie wäre in der Dusche ausgerutscht oder die Kellertreppe runtergefallen oder was auch immer. Sie wär halt so ein Schussel."

„Und warum geht sie nicht zur Polizei?", wollte Carola ungläubig wissen.

„Na weil sie Angst hat!"

„Vor ihrem eigenen Mann?" Carola fasste es nicht.

„Natürlich! Wenn sie ihn anzeigt, dreht er den Geldhahn zu."

„Aber...", hatte sie noch aufbegehren wollen, doch da wurde sie eines Besseren belehrt.

„Wie naiv bist du eigentlich? Solchen Männern kommst du nicht bei, die sitzen immer am längeren Hebel."

Diese Aussage hatte Carola damals nicht losgelassen, und nach einer langen Weile des Schweigens hatte sie verkündet: „Man müsste eine Gruppe gründen, die immer dann, wenn so ein Schwein sich wieder mal an einem Schwächeren vergreift, es ihm genauso heimzahlt."

Die anderen hatten geschwiegen, bis die erste sagte. „Du meinst, man sollte meinen Chef ebenfalls überall begrapschen? Aber das würde dem doch noch gefallen", gab sie zu bedenken.

„Möglich", hatte Carola gesagt, „Aber sicher nicht, wenn wir ihn vorher zur Frau machen." Und dann hatte sie zu lachen begonnen, bis ihr die Tränen über die Wangen liefen, denn in ihrem Kopf hatte sehr schnell ein sehr schöner Plan Gestalt angenommen.

Sie waren auf der Suche nach einem Mann, der Vanessa Auerbach auf brutalste Art und Weise vergewaltigt und getötet hatte. Sie suchten einen großen starken Mann, einen Alphamann, einen, der schon von weitem so aussah, als könne er Frauen ganz einfach nehmen. Doch nichts dergleichen befand sich hinter der mit rotem Filz bespannten Wand. Franziska nahm die Pistole herunter und blickte sich suchend nach weiteren Räumen um. An der Decke gab es einen Wegweiser zum WC. Diesem folgten sie schweigend, nur um mit erneut gezogenen Pistolen festzustellen, dass sich auch hier niemand aufhielt.

„Wir probieren es unten", schlug sie enttäuscht vor und schob die Pistole zurück in das Holster. Hannes nickte und folgte ihr wenig enthusiastisch.

Im Erdgeschoss befand sich ein Café, das allem Anschein nach kurz vor dem Zusperren stand. Die Stühle waren hochgestellt und eine mürrische Bedienung mühte sich damit ab, den Boden zu wischen. Sie schien noch nicht oft geputzt zu haben, quälte sich mit dem Lappen und einem alten Schrubber, hielt beides unbeholfen und entsprechend war das Ergebnis, wie Franziska beim Näherkommen bemerkte.

„Franziska Steinbacher, Kripo Passau", stellte sie sich vor und zeigte auf Hannes. „Mein Kollege. War hier kürzlich ein Mann zu Gast?", fragte sie, woraufhin die Bedienung ihren Lappen angewidert in den Eimer mit der dreckigen Brühe warf.

„Donnerstags ist hier immer Frauenstammtisch", erklärte sie, als würde das den Grad der Verschmutzung rechtfertigen.

„Ich meine oben, im Internet", präzisierte Franziska ihre Frage.

„Oben waren heute auch nur Frauen." Sie nickte. „Wars das? Ich muss hier weiter machen und will dann endlich heim."

„Kein Mann?"

„Nicht einer."

„Ja dann danke." Die Kriminalkommissarin wandte sich zum Gehen, blieb an der Tür noch einmal stehen und sah Hannes unschlüssig an, bevor sie flüsternd fragte. „Meinst du, unser IT-Genie hat sich getäuscht?"

Hannes zuckte mit den Schultern. „Kann ich mir nicht vorstellen ..."

„Meinst du, man kann sich von den Gebäuden rundum einloggen?"

Wieder zuckte Hannes mit den Schultern, schien aber an einer eigenen Idee zu hängen. „Warum gehen wir nicht einfach noch einmal hinauf? Wenn heute Frauenrunde war, dann wäre es doch vielleicht interessant, womit sich diese Frauenrunde beschäftigt hat."

Ohne auf Franziska zu warten, stieg er die Treppe wieder hinauf. Oben angekommen holte ihn Franziska ein, und gemeinsam schlichen sie erneut an der mit rotem Filz bespannten Wand entlang, an deren Ende sie erneut das leise Klicken hörten. Diesmal suchten sie nicht nach einem Mann, der Vanessa Auerbach getötet haben konnte, diesmal ging es ihnen nur darum mitzuerleben, wie einer der Texte, die sie zuvor nur von ihrem PC eingesehen hatten, formuliert und ins Netz gestellt wurde.

Tatsächlich waren schon sehr bald immer mehr Frauen mit ihren Geschichten zu Carola und ihren Mitstreiterinnen gestoßen. Manche waren selbst betroffen, der größere Teil aber wusste einfach von anderen Opfern, deren Qualen heimlich gesühnt werden mussten.

Und schon bald gab es eine hohe Erfolgsquote und eine große Zahl geläuterter Männer, was vielleicht an ihrem konsequenten Tun lag. Alles lief super, bis ihnen Vanessa Auerbach vorgestellt worden war. Zum ersten Mal sollte mit ihr eine Frau daran erinnert werden, was man tun durfte und was nicht. Der Plan war einfach erdacht, genial umgesetzt, doch leider total aus dem Ruder gelaufen, was Carola im Nachhinein wirklich sehr leid tat, aber nicht zu ändern war.

Nun kauerte sie über ihrem Laptop, die Finger locker auf der Tastatur liegend, ohne einen wirklich sinnvollen Satz zu schreiben. Sie musste es schaffen, dass die Gruppe weitermachen konnte, sie musste den Teilnehmerinnen das schlechte Gewissen ausreden, denn letztlich war Vanessa ja selbst schuld, dass es so weit gekommen war. Doch das war nicht für jede nachvollziehbar gewesen.

So saß sie am Tisch, war aufgedreht, genervt und müde zugleich. Eigentlich hatte sie nur schnell an alle schreiben und sie zu einer weiteren Veranstaltung einladen wollen, doch dann waren zwei der Frauen heraufgekommen und hatten mit ihr zu diskutieren begonnen, und das, wo sie doch längst schon wieder offline sein wollte.

Endlich begannen ihre Finger zu tippen. Schneller und immer schneller hackte sie die Botschaft in die Tastatur, bis sie ein feines Klicken vernahm, das unmöglich von ihrem Laptop stammen konnte. Sie drehte sich um und blickte geradewegs in den Lauf einer Pistole.

Einen Moment verharrte sie in ihrem Erstaunen, bis langsam ein feines Schmunzeln ihr Gesicht überzog und sie anerkennend feststellte: „Sie waren schneller als ich dachte."

„Ich dachte tatsächlich, Sie bräuchten länger, um uns zu finden." Die zierliche Frau nickte anerkennend. Ein wenig klang es, als würde sie sich geschlagen geben.

„Auch wir haben unsere Spezialisten", freute sich die Kriminalkommissarin und dachte ausnahmsweise mal nicht mit Unmut an den Kollegen Bendersohn, der sich immer als etwas Besonderes fühlte.

„Legen Sie die Hände auf den Tisch, damit ich sie sehen kann", kommandierte Franziska, klappte den Laptop zu und begann, die junge Frau, die sie kurz zuvor noch für ein Mädchen gehalten und daher nicht beachtet hatte, zu durchsuchen. Erst als Hannes mit seiner Überlegung gekommen war, hatte auch sie begriffen, dass sie drauf und dran waren, einen großen Fehler zu begehen. In Anbetracht des brutalen Mordes hatten sie nach einem Mann gesucht und seit dem Nachmittag nichts anderes als die Mitglieder des Ruder-Teams im Hinterkopf gehabt. Und natürlich hatte die Tat nur von einem Mann wie Tom Seibert oder wie sie alle hießen begangen werden können, doch warum sollte nicht auch eine Frau zur Gruppe gehören und sich zumindest um die Korrespondenz kümmern? Sekretärinnen gab es überall, warum nicht auch bei einem Vergewaltiger-Team?

Die Kriminalkommissarin fand eine Geldbörse mit einem Ausweis, den sie Hannes reichte, während sie die Frau im Auge behielt.

„Carola Weibl", las Hannes vor, woraufhin diese nickte.

„Kann ich mich vielleicht umdrehen?", fragte sie mit erstaunlich selbstbewusster Stimme in Anbetracht ihrer Größe und der Situation, in der sie sich befand.

„Ja", erlaubte Franziska und blickte die junge Frau neugierig an. *Er ist gut, aber ich bin eben besser*, hatte Bendersohn behauptet, was Franziska mit einem genuschelten Kommentar, wie: *selbstgefälliges* ... quittiert hatte, doch Bendersohn hatte auf ihren Spott gar nicht geachtet. Dass es sich bei seinem Gegenspieler um eine Frau gehandelt hatte, würde allerdings auch ihn verwundern, da war sich Franziska ganz sicher.

„Was tun Sie hier?", wollte die Kriminalkommissarin von der Überwältigten wissen. Sie musste verstehen, wie diese zarte, nachlässig gekleidete Frau zu Vanessa Auerbachs Tod passte und warum sie Neuigkeiten in einen Blog einfügte, der einen Mob zum Vergewaltigen und Morden lockte.

„Ich organisiere eine Tanzgruppe an der Uni. Dort treffen sich Frauen aus verschiedenen Studiengängen ... na ja, eigentlich zum freien Tanzen und um zu relaxen ..." Sie blickte Franziska fest in die Augen. Hannes ließ sie außen vor.

„Und manchmal organisieren Sie auch eine Modenschau?",

fragte Franziska und schmunzelte ein wenig amüsiert angesichts ihres Kleiderstils.

Carola nickte. „Manchmal auch das", gab sie freimütig zu.

Der IT-Spezialist stand mit seinem Laptop unter dem Arm in der Glastür zum Flur der Mordkommission, als Franziska und Hannes Carola Weibl in die Inspektion und in ein Besprechungszimmer brachten.

„Bist du bereit für weitere Neuigkeiten?", fragte er lässig, doch seine ganze Haltung verriet, dass er darauf brannte, sie ihr zu unterbreiten. Hannes hatte ihn angerufen und ihm von der Entdeckung berichtet, was der ITler überaus sportlich genommen und versprochen hatte, sich gleich noch ein wenig schlauer zu machen.

„Natürlich, darauf warte ich ja schon seit Tagen", maulte Franziska ihn auch prompt gewohnt schnippisch an.

Bendersohn lachte und folgte den beiden in ihr Büro, wo Obermüller auf einem der Besucherstühle saß und damit beschäftigt war, einige Krümel vom Schreibtisch zu fegen.

„Ich dich auch Franziska, ich dich auch!" Kopfschüttelnd warf Bendersohn einen Blick zu Hannes, den er zunehmend dafür bewunderte, wie der es mit dieser Kollegin tagtäglich aushielt. „Also - die Gruppe trifft sich tatsächlich, um zu tanzen, zumindest vordergründig, nebenbei kümmern sie sich aber auch um verschiedene Personen, die *angeblich* etwas besonders gut gemacht haben." Er stellte den Laptop auf den Tisch und klappte ihn auf, woraufhin sich sofort eine Datei öffnete.

Franziska, die sich müde auf ihren Stuhl fallen gelassen hatte, starrte ihn ungläubig an. „Hä? Wie meinst du das denn jetzt?"

„Na ja, sie haben zum Beispiel einen Wirt ausgezeichnet, weil der sich besonders intensiv um seine Bedienungen kümmert, oder einen Ehemann, der seine Frau auf Händen trägt, oder eben euren Tom, weil ..."

„Weil der ein Gentleman ist." Franziska nickte. „Was zwar zu ihm als Typ passt, aber insgesamt seltsam ist, oder?"

„Genau das hab ich mir auch gedacht und noch ein bisschen weitergesucht." Er grinste Franziska schief an. „Ermitteln ist ja eure Sache, aber ich dachte mir, ich schau mal, ob ich euch noch ein bisschen unter die Arme greifen kann und..."

„Lass mich raten, du bist bei diesem Wirt auf kein auszeichnungswürdiges Verhalten gestoßen", rätselte Franziska, richtete sich auf und grinste, weil ihr langsam ein Verdacht kam.

Bendersohn blickte zu Hannes, der sich ebenfalls an seinen Schreibtisch gesetzt hatte und von dort diese Entdeckung mit einem Grinsen kommentierte: „Die goldene Himbeere von Passau."

„Bitte?" Obermüller schaute einen nach dem anderen an. „Gehts auch ein bisschen genauer?"

„Na ja", Bendersohn triumphierte. „Es mag sich ja vielleicht um einen Zufall handeln. Aber nachdem der Wirt nominiert wurde, gab es etliche dieser Fotos im Netz."

Er drehte den Laptop so um, dass alle Einblick hatten und drückte eine weitere Taste. Auf dem Bildschirm erschien ein bärtiger Mann in einem Dirndl, aus dessen weit geöffneter Bluse Plastikbrüste hervorquollen. Hinter ihm stand der Figur nach eine Frau, in Lederhose und Hemd mit aufgeklebtem Schnauzer und einem Hut, den sie sich so tief ins Gesicht gezogen hatte, dass man ihr Gesicht nicht erkennen konnte. Mit beiden Armen umfasste sie ihn von hinten und krallte ihre Hände um seine falschen Brüste.

Franziska rückte mit ihrem Stuhl näher, scrollte das Foto größer und bemerkte belustigt: „Der ist rasiert. Die haben dem die Brusthaare wegrasiert!" Sie lachte hell auf.

„Die Bildunterschrift lautet: Der Baier-Wirt liebt Tittengrapschen!", ergänzte Bendersohn.

„Sie nominieren ihn als einen vorbildlichen Chef und in Wirklichkeit ...", Franziska starrte auf das Foto. „Das ist doch nicht nur ein Spaß, dass die ihn so zeigen! Obermüller, kennst du diesen Baier-Wirt?"

„Ich überleg mir tatsächlich schon die ganze Zeit über, ob mir der bekannt vorkommt."

„Und?"

Obermüller zuckte unschlüssig mit den Schultern. „Ich weiß nicht. Irgendwie schon. Aber ich kann mich ja mal bei meinen Spezln umhören."

„Ja", bestätigte Franziska lahm, bevor sie hinzufügte: „Tu das!" Und dann stützte sie den Kopf in die Hände und schloss die Augen. Denn so sehr sie sich auch über diese neue Entdeckung freute, fragte sie sich doch, wie eine Frauentanzgruppe Vanessa Auerbach hatte vergewaltigen können.

Inzwischen war es neun Uhr abends, und nachdem Hannes zum wiederholten Male an diesem Abend auf seine Uhr geschielt hatte, um anschließend intensiv zu stöhnen, hatte Franziska ihn nach Hause geschickt.

„Muss Liebe schön sein", hatte Obermüller noch grinsend hinzugefügt und erklärt: „Ich bleibe."

So gingen die Oberkommissarin und der Ermittler gemeinsam, er einen Becher Kaffee, sie zwei Becher Tee in der Hand, ins Besprechungszimmer, wo sie von einer unruhigen Carola Weibl erwartet wurden. Franziska schob ihr den Tee über den Tisch und kommandierte: „So, und jetzt erzählen Sie uns mal, was Sie mit dem Mord an Vanessa Auerbach zu tun haben!"

Carola nahm den Becher und richtete sich auf. „Also, für Sie muss das natürlich so aussehen und es war wohl auch ein dummer Zufall, aber letztlich habe ich nichts damit zu tun."

Franziska hatte ihren Becher an die Lippen gehoben und verbrühte sich beinahe an ihrem Tee, als sie diese Behauptung registrierte. „Moment mal. Sie haben den Aufruf zu dieser angeblichen Modenschau am Tatort eingestellt."

Carola nickte. „Ja, das stimmt!"

„Und Sie haben vorgegeben, Tom Seibert zu sein und sich auf diese Weise mit Vanessa Auerbach verabredet. Per SMS!"

„Stimmt auch. Und wir haben sie nominiert", gab sie unumwunden zu.

„Sie haben sie vor allem fotografiert." Franziska schaute die Studentin durchdringend an. „Wer hat Vanessa Auerbach vergewaltigt und getötet? Einer aus Ihrer Gruppe?"

„Hey Moment mal, ich habe Ihnen doch gerade eben schon gesagt, dass wir damit nichts zu tun haben!" Carola Weibl hob abwehrend die Hände, schien innerlich aber völlig ruhig zu bleiben. „Warum auch?"

„Aus Rache! So wie beim Baier-Wirt."

Die Studentin grinste breit. „Geil was?" Obermüller lächelte ihr kurz zu. „Er hatte es verdient und sie auch. Aber mit einer Vergewaltigung und mit Mord haben wir nichts zu tun. Wir wollen ja gerade nicht so sein wie diese Leute, die davon sprechen, dass das Morden aufhören muss und dann selbst töten."

„Wie wollen Sie dann sein?", hakte Obermüller sofort nach.

„Wir kümmern uns um Angelegenheiten, bei denen alle anderen wegschauen. Nehmen Sie den Baier-Wirt. Der begrapscht regelmäßig seine Bedienungen, wenn die mit dem vollen Tablett aus der Küche kommen und sich nicht wehren können. Die Frauen brauchen das Geld, und er nutzt es aus. Das haben wir erfahren und uns um ihn gekümmert!"

„Und jetzt macht er das nicht mehr?", fragte Franziska.

„Jetzt weiß jeder, was er gemacht hat und schaut hin!"

„Stimmt", wusste Obermüller auf einmal und nickte Franziska bestätigend zu.

„Und das hat der einfach so hingenommen?", fragte sie.

„Er sollte Abbitte leisten, aber er wollte nicht, darum haben wir seine Fotos eingestellt."

„Und wenn er *Abbitte* geleistet hätte?", hakte Franziska nach. „Was wäre dann mit den Fotos geschehen?

„Die hätten wir natürlich aufgehoben. Und ihn hätten wir beobachtet und ihn immer wieder daran erinnert, dass wir ihn im Auge behalten und er sich anständig benehmen muss."

„Und wie haben Sie sich das bei Vanessa Auerbach vorgestellt? Wofür sollte sie Abbitte leisten?"

„Im Prinzip ist es immer das gleiche. Auch Vanessa hielt sich nicht an die Spielregeln. Sie gab vor die Beste zu sein, stellte den Männern in Aussicht, dass sie ihnen jeden Wunsch erfüllen würde, wenn sie nur bekäme was sie wollte. Und das war nicht selten der Mann einer anderen Frau", erklärte Carola. „Sie nutzte es aus, dass manche Männer gern leichte Beute machen und dabei gar nicht bemerken, was sie das Ganze kostet. Dabei ist ... war sie völlig ...", nachdenklich brach die Studentin ab. „So sollte das natürlich nicht ausgehen. Sie sollte nur einen Denkzettel bekommen."

„Sie haben ihre Fotos veröffentlicht, warum?"

„Warum? Na weil sie uns nur beschimpft hat. Sie hat geschrien, wir sollten verschwinden, sie wüsste genau wer wir sind und würde es uns heimzahlen. Sie hätte Kontakte, von denen wir nur träumen könnten und so weiter und so weiter. Keine Chance auf Einsicht, aber letztlich hatte ich von ihr nichts anderes erwartet."

Franziska blickte zu Obermüller, der unmerklich mit den Schultern zuckte. „Und darum wurde sie dann vergewaltigt und getötet? Weil sie Ihnen gedroht hat?"

„NEIN!", schrie die Studentin mit einer erstaunlich kräftigen Stimme und sprang von ihrem Stuhl auf, woraufhin sich auch Obermüller kurz erhob. Nachdem sie sich wieder gesetzt und einen Schluck Tee getrunken hatte, versuchte sie sich erneut in einer Erklärung: „Deshalb wurden ihre Fotos veröffentlicht, damit alle vor ihr gewarnt sind, die vielleicht auf sie hereinfallen könnten", erklärte Carola jetzt mit ruhigerer Stimme. „Als wir gesehen haben, dass mit ihr nichts zu machen ist, sind wir abgezogen, und haben später die Fotos eingestellt."

„Alle? Ich meine, Sie sind komplett abgezogen?"

„Ja, natürlich, so wie die drauf war."

„Und Ihre Gruppe besteht nur aus Frauen?"

„Ja!"

„Kein Mann dabei?"

„Na jetzt hören Sie aber mal, was sollen wir denn mit einem Mann in unserer Gruppe? Wir kümmern uns um Frauenangelegenheiten." Sie warf Obermüller einen abschätzenden Blick zu, doch der nickte nur.

„Wir müssen mit allen sprechen, die dabei waren ", erklärte die Kommissarin und schob ihr einen Block über den Schreibtisch zu. „Geben Sie mir die Namen, dann können Sie gehen."

„Also", Carola druckste ein wenig herum, „das kann ich leider nicht. Ich kenne nicht alle mit Namen, aber ich kann das Treffen organisieren. Ist das für Sie in Ordnung?" Fragend blickte sie die Kriminalkommissarin an.

„Gut", entschied die, „dann möchte ich, dass morgen Vormittag alle Damen in die Inspektion kommen." Nachdenklich stand Franziska auf und ging zur Tür, wo sie sich noch einmal umdrehte. „Ach, da wäre noch etwas, was ich nicht verstehe: Wollten Sie mit Tom Seibert Vanessa nur anlocken oder sollte mit ihm auch abgerechnet werden? Er war ja auch nominiert."

Carola stand nun ebenfalls auf und ging einen Schritt auf sie zu. „Er war unser Lockvogel und ein guter noch dazu." Sie grinste zufrieden. „Und da Vanessa ja dachte, dass er ihr das eingebrockt hatte, hätte sie sich bei ihm schon ordentlich bedankt."

„Sie haben ihn in ein Verbrechen hineingezogen."

„Jetzt tun Sie bloß nicht so, als wäre Tom ein Unschuldslamm!"

Franziska schaute sie fragend an. „Was ist er denn Ihrer Meinung nach?"

„Ja schauen Sie denn, wenn Sie einen Fall zu lösen haben, nicht in Ihre Akten?"

Als Franziska die Wohnungstür aufgestoßen hatte, roch es ganz wunderbar nach Pasta, Fleisch und Kräutern. Zufrieden kickte sie im Flur ihre Schuhe von den Füßen und machte sich auf die Suche nach Walter. Als sie ihn auch im Wohnzimmer nicht fand, warf Franziska ihre Tasche enttäuscht auf den Tisch und ließ sich müde auf einen der Korbstühle fallen, die zu ihrem Esstisch gehörten. Von dort aus wanderte ihr Blick zu der geöffneten Rotweinflasche und dem bereitstehenden Glas. Nach einem kurzen Zaudern schenkte sie sich großzügig ein und ließ den ersten Schluck im Mund verweilen, bevor sie ihn ihre durstige Kehle hinunterrinnen ließ und ein genießerisches Lächeln über ihr Gesicht glitt. Nach dem zweiten Schluck entdeckte sie den Zettel und die langstielige gelb-orange geflammte Rose.

Ich musste ins Theater,
dein Essen steht in der Mikrowelle,
ich küsse dich zärtlich, Walter

Franziska nahm die Rose auf und vertiefte ihre Nase in die süß riechende Blüte, die schon ein wenig den Kopf hängen ließ. Sie schenkte sich Wein nach und ging in die Küche, um ihr Essen zu wärmen und nebenbei eine Vase zu suchen.

Natürlich hatte sie nicht widerstehen können, gleich nachdem Carola Weibl gegangen war, einen Blick in den Computer zu werfen, um zu erfahren, ob das, was sie ihnen aufgetischt hatte, auch stimmte. Und tatsächlich war Tom Seibert im vergangenen Jahr wegen einer Vergewaltigung angezeigt worden. Die Anzeige war dann aber aus Mangel an Beweisen fallengelassen worden. Es hatte Aussage gegen Aussage gestanden.

Obermüller hatte dann noch erzählt, dass ihm die Racheaktion am Baier-Wirt beim Gespräch wieder eingefallen war und wie sie damals die Runde gemacht hatte. Seine Kumpels hätten sich köstlich über die Fotos amüsiert, und wenn er einer Bedienung nur zu nahe kam, hatten sie gerufen: „Na Sepp, willst es doch noch in die Zeitung schaffen?" Insgesamt also tatsächlich eine gute Sache, wie sich Franziska auf der Heimfahrt überlegt hatte, während sie sich gleichzeitig auf Walter und seine Wärme freute. Und jetzt?

Walter hatte eine Pasta mit Rindfleisch und frischen Tomaten gekocht. Sehr lecker, wie sie schon nach der ersten Gabel feststellte. Einmal mehr erlebte sie, wie wohlig Liebe durch den Magen gehen konnte. Während sich ihr Teller langsam leerte, blickte sie verträumt auf die Rose und überlegte, ob sie was verpasst hatte, einen besonderen Tag, irgendetwas Feiernswertes. Die Blüte war wunderschön, wie gemalt, aber wofür? Walter verschenkte sonst nie Rosen.

Und dann dachte sie an die Frauen, die sich zum Tanzen trafen und nebenbei die Welt verbessern wollten. Letztlich war es ein verständlicher Gedanke: Zustände, die einfach nicht hinnehmbar waren, zu ändern. Das taten Menschen seit Angedenken. Allerdings handelte es sich dabei meist um Selbstjustiz. Denn wehe wenn sie losgelassen wurden. Dagegen hatte sich Carola Weibl verwehrt. Sie war eine intelligente Frau und wollte auch in der Wahl ihrer Waffen intelligent zu Werke gehen, wie sie zu verstehen gegeben hatte.

Franziska schob sich eine Gabel voll Pasta in den Mund, blickte auf die Rose und überlegte, was wäre, wenn Walter sie mit einer anderen Frau betrog und die Rose und das Essen sie milde stimmen sollten. Franziska schob zwei weitere Bissen in den Mund. Das Fleisch war ganz zart, die Soße sehr pikant, genau richtig. Walter hatte es nicht leicht mit ihr, aber das lag an ihrem Job. Und darum ging es jetzt auch nicht. Was wäre, wenn sie ihn mit einer anderen Frau erwischen würde? Also wirklich und nicht nur in Gedanken. Wenn sie an seinem Bett stehen würde und eine andere in seinen Armen läge? Allein der Gedanke daran versetzte ihr einen heftigen Stich – aber würde sie dann zu dieser Tanzgruppe laufen und dort alles berichten? Und wie würden die Damen ihn, nachdem er nominiert wurde, auf Kurs bringen?

Wenn sie an den Wirt dachte, bei dem ja alles nach Plan abgelaufen war, dann müsste sie Walter ihrerseits betrügen. Aber mit wem? Obwohl sie mit Hannes schon viel erlebt und er sie aus manch brenzliger Situation gerettet hatte, kam er ihr nicht in den Sinn. Mit Hannes war das was anderes, und seit er seine Sabrina hatte, war er für die Frauenwelt ohnehin blind. Er war so richtig schön verliebt. Beneidenswert verliebt. Auch wenn er sich in letzter Zeit mehr und mehr zum Pantoffelhelden entwickelte und abends pünktlich auf der Matte stehen musste.

Franziska grübelte weiter, wie und mit wem sie Walter eine solche Liebschaft heimzahlen könnte, als ihr doch tatsächlich Lars Bendersohn in den Sinn kam. Ausgerechnet dieser arrogante Schnösel von einem Computerspezialisten. Gut, dass dieses selbsternannte Genie von ihren Fantasien keine Ahnung hatte. Belustigt aß sie ihren Teller leer. Und mit dem sollte sie Walter betrügen, nur um ihm klar zu machen, dass so etwas weh tat?

Nie und nimmer! Franziska nahm einen großen Schluck Wein. Und außerdem wäre sie dann ja kein Stück besser als er. Nein, sie müsste ihn auf andere Weise davon überzeugen, dass so etwas nicht geht. Und Lars Bendersohn war ja sowieso ein Idiot.

Außerdem schien das alles ja nicht wirklich zu funktionieren, außer vielleicht beim Baier-Wirt. Vanessa Auerbach jedenfalls war tot. Egal wie sehr sie in fremden Beziehungen gewildert hatte, einen solchen Tod verdiente niemand. Plötzlich kam es Franziska in den Sinn, wie es mit Vanessa weitergegangen wäre, wenn sie nicht getötet worden wäre. Schon seltsam, an so etwas zu denken. Hatten die Damen wirklich gehofft, dass sie nach einer solchen Modenschau aufhören würde, sich bei den Männern anderer Frauen zu bedienen?

Tom Seibert hatten sie ausgewählt, weil er sich einer angeblichen Vergewaltigung schuldig gemacht hatte, und nur weil Aussage gegen Aussage stand, hatte man ihn laufen lassen. Ein Umstand, den die Damen wohl nicht anerkennen mochten. Sie hatten ihn als Köder benutzt und gleichzeitig eine stocksaure Vanessa auf ihn gehetzt. Wozu wäre sie fähig gewesen, wenn sie ihn sich hätte vorknöpfen können? Wozu war sie fähig, nachdem die Tänzerinnen abgezogen waren? Wenn es denn wirklich stimmte und sie tatsächlich abgezogen waren. Und wie passte ihr Mörder in diese Umerziehungsmaßnahme?

Franziska gähnte, es war inzwischen nach zehn, sie war müde, sie brauchte dringend Erholung, und sie musste endlich aufhören, an diese ganzen Verstrickungen zu denken, die sie an diesem Abend ohnehin nicht auflösen konnte.

So ging sie ins Bad, um zu duschen. Kaum berührten die ersten heißen Wasserstrahlen ihre Schultern, da lösten sich die Anspannungen dieses hektischen Tages wie von selbst. Franziska ließ den Kopf von einer Schulter zur andern rollen und schloss die Augen. Oh, tat das gut. Sie nahm eine große Portion Seifenschaum und verteilte ihn sanft auf ihrem ganzen Körper. Der Schmutz des Tages, die Gedanken an Vanessa Auerbach und diese naiv-dreiste Steffi, alles floss an ihr hinab, bis nur noch ein wunderbares Kribbeln übrig blieb. Und da war er wieder, der Gedanke, den sie so gar nicht denken wollte und der sie doch nicht los ließ... bis er verdrängt wurde von der Wärme eines Körpers direkt hinter ihr.

„Ich begehre dich auch, Franziska", flüsterte Walter ihr ins Ohr und verteilte erneut Seifenschaum auf ihrer Haut, malte Liebesschwüre auf ihren Rücken und schob seine Hände dann ganz langsam um sie herum, um auch ihren Busen in zarten großen Bewegungen einzuseifen. Er berührte ihre Brustwarzen, die sich sofort erwartungsvoll aufrichteten, nur um noch mehr von seiner liebevollen Aufmerksamkeit zu erhaschen. Franziska drehte sich in seiner Umarmung um, ließ das heiße Wasser über ihr Gesicht laufen, hob es an, um sich küssen zu lassen, um ihn zu küssen, um sich an ihn zu schmiegen. Um Haut an Haut beieinander zu verweilen.

Der Freitag begann mit einem Paukenschlag. Kaum hatte Franziska die Glastür zum Flur der Mordkommission aufgestoßen, da sprang Ramona auch schon von ihrem Platz auf und kam ihr entgegengelaufen, aufgeregt mit der aktuellen Zeitung in der Hand herumwedelnd.

„Grausamer Mord an Passauer Studentin – Polizei tappt im Dunkeln! Beste Freundin kennt den Täter!", zitierte Ramona mit überspitzter Betonung die Überschrift und blickte Franziska herausfordernd an.

„Lass mal sehen!" Franziska mochte nicht glauben, was sie vermutete, entwand der Sekretärin die Zeitung und las dann selbst. Beim Anblick des Fotos wurde sie stutzig, nach den ersten Sätzen suchte sie nach einem Stuhl und rief entrüstet: „Oh Gott! Das kann doch nicht sein, dass ich mich so getäuscht habe!"

„Krass, was?", kommentierte Ramona, die Tee aufbrühte, während Franziska den ganzen Artikel las.

Endlich ließ Franziska die Zeitung sinken. „Echt krass, wie man sich in einem Menschen täuschen kann", wiederholte sie unumwunden und nahm dankbar die Teetasse entgegen. „Die spielte für uns das Mauerblümchen, gab vor, dass sie eine Vergewaltigung romantisch findet und hat uns stattdessen die ganze Zeit an der Nase herumgeführt." Die Kriminalkommissarin war aufgebracht und verärgert, weil sie offenbar etwas nicht durchschaut hatte.

„Von wem sprichst du?", fragte Hannes, der kurz zuvor zur Tür hereingekommen war und jetzt auf die sitzende

Franziska und die Teetasse in ihrer Hand schaute, bis er in der aufgeschlagenen Zeitung auf ihrem Schoß das Foto der sich umarmenden Mädchen erkannte. Wortlos zog er der Kollegin das Papier aus den Händen und las selbst.

Obwohl alles für die Schuld von Tom S. am Tod der Studentin Vanessa A. spreche, habe die Polizei den Tatverdächtigen laufen lassen und kümmere sich stattdessen um Nebensächlichkeiten, wie gestern die beste Freundin von Vanessa A. uns berichtete. Ihr habe sie sich anvertraut und sie wusste daher auch, mit wem sie sich treffen wollte. Leider habe sie der Freundin dieses Vorhaben nicht ausreden können, dabei habe sie sie eindringlich vor diesem Vergewaltiger gewarnt, so Steffi M. weiter. Denn tatsächlich sei Tom S. schon im vergangenen Jahr einer Vergewaltigung verdächtigt worden. Aus Scham hatte das damalige Opfer Sandra H. die Beweise für seine Tat vernichtet, und damit habe damals Aussage gegen Aussage gestanden. Für ihre Freundin sei es jetzt zu spät, doch Tom S. dürfe nicht schon wieder einfach so davonkommen, so Steffi M. im Interview.

Hannes zuckte ein wenig hilflos mit den Schultern. „Wenn das wahr ist, dann möchte ich jetzt nicht in seiner Haut stecken."

„So steht es in den Akten."

„Wann hast du das herausgefunden?" Hannes kratzte sich am Kopf.

„Carola Weibl war so freundlich, uns gestern Abend darauf hinzuweisen. Also Obermüller und mich..."

„Schon klar, ihr habt Überstunden gemacht."

Hannes wirkte zerknirscht. Franziska hob die Hände zum Zeichen, das das jetzt nicht Gegenstand ihrer Unterhaltung war. Hannes nickte erleichtert.

„Und war er schon hier, um seine DNA-Probe abzugeben?"

Franziska lachte meckernd auf. „Würdest du nach diesem Bericht auf die Straße gehen?", fragte sie voller Skepsis.

Hannes schüttelte zögernd den Kopf. „Wir fahren zu ihm, diese Behauptung macht ihn doch noch verdächtiger", entschied Hannes, aber Franziska mäßigte ihn.

„Zuerst schauen wir uns die ganzen Akten genauer an. Hab sie schon angefordert ... Ich will alles über die angebliche Vergewaltigung wissen. Wie es dazu kam und so weiter. Anscheinend weiß davon nämlich jeder außer uns", gab sie zu bedenken.

„Du meinst, das Gerede der Leute, über das uns keiner Auskunft geben wollte und das Tom Seibert so heruntergespielt hat, betraf die Vergewaltigung einer Frau? Und diese Steffi hat es die ganze Zeit gewusst und statt uns davon zu erzählen, hat sie uns mit romantischen Übergriffen für blöd erklärt?", fragte Hannes mit lauter werdender Stimme, woraufhin Franziska grinste, weil sie nie gedacht hätte, dass Hannes das so gut analysieren könnte.

„Genau das meine ich. Nachdem sie der ganzen Welt mitgeteilt hat, was Tom Seibert angeblich gemacht hat, soll sie jetzt uns mal erklären, warum sie das nicht gleich bei ihrer ersten Befragung gesagt hat." Franziska lächelte diabolisch. „Holen wir uns das Unschuldslämmchen!"

„Die wollte einfach mal in die Zeitung", mischte sich Ramona ein und reichte auch Hannes einen Becher mit Tee, bevor sie hinzufügte: „Die wollte einfach mal wichtig sein."

Hannes nickte unschlüssig, ließ sich aber auf keine weiteren Spekulationen ein. „Und was machen wir mit Tom? Und willst du immer noch das ganze Ruder-Team zu einer DNA-Untersuchung herbestellen?"

„Ja klar, die sind ja nicht weniger verdächtig als zuvor."

Und dann erzählte sie Hannes, was sie am vergangenen Abend von Carola Weibl erfahren hatte. „In ihrer Gruppe gibt es keine Männer, aber vielleicht haben sie ja dem einen oder anderen Mann davon erzählt", schloss sie listig.

„Ja und?" Für Hannes war das noch keine klare Ansage.

„Sag mal Ramona, ist Obermüller schon da?", wandte sich Franziska statt einer Antwort an die Sekretärin. Immerhin war der Kollege am gestrigen Abend genauso lange im Dienst gewesen wie sie.

„Oh ja, er sitzt schon an seinem Schreibtisch."

„Gut", befand Franziska, „dann sag ihm doch bitte, dass er uns diesen Tom herbeibringen soll. Vielleicht verliert der bei Obermüller ein wenig von seiner Noblesse", grinste sie zufrieden, wogegen auch Hannes nichts mehr einzuwenden wusste.

„Tut mir leid, aber der Lockvogel ist ausgeflogen", berichtete Obermüller kurz darauf Franziska im Flur und machte ein zerknirschtes Gesicht. Sie hatte bei Ramona nachfragen wollen, ob die schon etwas von Obermüller gehört habe, als er prompt vor ihr stand.

Der Ermittler war ein umgänglicher Mensch, und er brachte für so manche Situation noch Verständnis auf, mit der alle anderen Kollegen längst abgeschlossen hatten. Wenn es allerdings zu heftig wurde, wie im Fall Vanessa Auerbach, dann konnte er auch sehr ungemütlich werden, vor allem, wenn er allein mit einem Befragten war und der sich auf Kosten der Wahrheit wand und drehte und log und damit am Ende alles noch viel schlimmer machte. Von daher war es nur folgerichtig gewesen, dass Franziska ihn zu Tom Seibert geschickt hatte.

Franziska begann, sich die Schläfen zu massieren. „Mist", fluchte sie und wollte schon zu einer Nachfrage ansetzen, als Obermüller berichtete: "Sein Nachbar hat mir erzählt, er hätte heute in aller Früh seine Taschen gepackt und sei beinahe fluchtartig davon gefahren."

"Hat er sonst noch was gesagt?"

Obermüller zuckte mit den Schultern und schaute ein wenig zerknirscht drein. "Ich wusste nicht, was ich ihn fragen soll!"

"Obermüller!", begehrte Franziska auf, mäßigte sich aber, als der zu grinsen begann.

"Nicht aufregen, Franzi, er sitzt im Besprechungszimmer und steht zu deiner Verfügung." Genervt verdrehte Franziska die Augen und atmete dann doch erleichtert auf. "Kann ich sonst noch was für dich tun – Chef?", setzte Obermüller in einem überzogen unterwürfigen Ton nach.

"Nein, äh ja, doch." Jetzt grinste Franziska in wissender Voraussicht. "Wenn uns Carola Weibl gestern nicht zu viel versprochen hat, kommen nachher ein paar hübsche junge Damen, die alle eine Aussage machen müssten. Hättest du dafür Zeit?"

Obermüller grinste nun ebenfalls. "Aber selbstverständlich!"

"Kannst ja mal beim Kollegen Gruber anfragen, ob der dich unterstützen kann. Ihr müsst sie nämlich nach eigenem Ermessen befragen." Obermüllers Grinsen schien sich tiefer in sein gutmütiges Gesicht einzugraben. "Da sie bei der sogenannten Modenschau von Vanessa Auerbach dabei waren, will ich wissen, wie und wann und vor allem wohin sie anschließend gegangen sind", erklärte sie Obermüller. "Die sind gut vernetzt, also lasst euch nicht blenden. Das sind keine armen Häschen, aber ich glaube, sie haben mit der Vergewaltigung und dem Mord tatsächlich nichts zu tun."

"Nein, das glaube ich auch nicht, *junge hübsche Damen* begehen doch keinen Mord, oder?" Obermüller tat entsetzt.

Franziska ließ sich auf seinen leichten Ton ein. „Das glaube ich allerdings wirklich nicht, aber sie haben die Sache ja offenbar organisiert und ich denke, das hat jemand gewusst und ausgenutzt." Franziska blickte nachdenklich durch den Kollegen hindurch. „Oder ...", ihr kam soeben ein ungeheuerlicher Verdacht, „ ... erinnerst du dich, Obermüller, diese Modenschau oder wie immer sie das genannt haben, war ja nicht die erste Abmahnung, sie haben bisher doch nur Männer bestraft, aber doch letztlich niemanden so heftig wie diese Frau."

„Das mag ja sein", Obermüller konnte sich ein schiefes Grinsen nicht verkneifen, „aber vergewaltigt haben sie sie ja wohl nicht."

„Nein! Nein, natürlich nicht. Selbst wenn sie gekonnt hätten, hätten sie das nicht getan. Ich könnte mir aber vorstellen, dass diese Vergewaltigung tatsächlich ein Teil ihres Planes war."

Obermüller schaute noch skeptischer. „Na ja, sicher nicht in dem Ausmaß."

Sie schüttelte den Kopf bei dem Gedanken an Carola Weibl und ihren Vortrag. „Natürlich nicht in dem Ausmaß. Aber überleg doch mal, sie mussten das Ganze doch nur schon im Vorfeld zu Tom durchsickern lassen und schon konnten sie davon ausgehen, dass Tom die Gelegenheit nutzen würde, um sich die wehrlose Vanessa anschließend ganz persönlich vorzunehmen. So wird aus einer peinlichen Modenschau schnell eine viel härtere Strafe."

„Ein perfider Plan. Aber Tom Seibert studiert Jura, der hätte das Ganze doch durchschauen können", warf Obermüller ein.

„Hätte er, aber letztlich war es ihnen vielleicht egal, wer von beiden mehr abkriegen würde. Vanessa, weil Tom sie anschließend vergewaltigt oder Tom, weil Vanessa auf ihn wegen der Verabredung losgeht."

Obermüller schnaufte laut. „Es könnte also so oder so gewesen sein, aber weißt du was, ich werde mich jetzt einfach mal ganz charmant umhören und dann sehen wir weiter. Und du vergiss mir den Nachbarn nicht, der muss heute Nachmittag noch ein Referat halten und ist ohnehin schon ganz aufgeregt."

„Wo könnte Tom Seibert sein?", fragte Franziska freundlich, nachdem sie Tian Chang begrüßt und sich dafür bedankt hatte, dass er so kurz vor seinem Vortrag vorbeigekommen war. Der Student trug an diesem Tag eine schlabberige karierte Shorts, ein hellblaues T-Shirt und Stoffturnschuhe. Als die Kriminalkommissarin sich ihm gegenübersetzte, rutschte der junge Mann unruhig auf seinem Stuhl hin und her.

„Das hab ich doch schon Ihrem Kollegen gesagt: Ich weiß es nicht. Er packte seine Sachen und ging in Richtung Vornholzstraße, wo die Bushaltestelle liegt", erklärte er ungeduldig und schielte auf die Zeitung, die Franziska zusammengefaltet neben sich auf dem Tisch abgelegt hatte.

„Haben Sie ihn angesprochen und gefragt, wo er hin will?"

„Nein. Warum sollte ich? Ich hab gehört, wie er seine Schranktüren zugeknallt hat und dann vom Fenster aus gesehen, wie er ging. Mehr nicht." Er warf einen Blick auf die Uhr über der Tür. „Hat mich ja auch nicht interessiert."

„Haben Sie heute schon die Zeitung gelesen?"

„Hören Sie, ich muss nachher ein echt wichtiges Referat halten. Es ist mir egal, was in der Zeitung steht ... Und außerdem sind Zeitungen nicht so mein Ding, ich informiere mich lieber im Internet."

Franziska nickte, schlug die aktuelle Zeitung jedoch in aller Ruhe auf und schob ihm dann den Artikel, um den es ihr ging, über den Tisch zu. „Möchten Sie vielleicht kurz reinlesen?", fragte die Kriminalkommissarin lockend, doch der Student hatte die Überschrift erfasst und schon zu lesen begonnen.

„Wahnsinn! Das ist ja der totale Wahnsinn. Was für eine Sauerei!", kommentierte er und ließ es sich nicht nehmen, jedes Wort bis zum Ende zu lesen.

„Was sagen Sie zu diesen Vorwürfen?"

„Also Tom als Vergewaltiger. Hm! Das ist irgendwie schon unvorstellbar, aber so gut kenne ich ihn auch nicht, wir wohnen ja nur zufällig nebeneinander", gab er zu bedenken.

„Und wer kennt Tom so richtig gut?"

„Ich weiß nicht, aber der ist doch beim Ruder-Team dabei und mit denen ist er, glaube ich, auch richtig gut befreundet. Zumindest kommen die manchmal zum Feiern vorbei, aber sonst ..." Wieder zuckte er mit den Schultern. „Ich hab echt keine Ahnung."

„War Vanessa Auerbach mal im Wohnheim?", fragte die Kommissarin.

„Nein, zumindest hab ich es nicht mitgekriegt ..." Er lächelte. „Also das wäre mir aufgefallen."

Franziska nickte und vermutete, dass er sie wohl auch begehrt oder zumindest gern angesehen hatte. „Und woher kannten Sie dann Vanessa Auerbach?"

„Na aus dem Kurs, wir hatten zusammen einen Statistik-Kurs, und eine Frau wie Vanessa übersieht man nicht. Dafür sorgte sie schon selbst." Er lächelte versonnen, was Franziska eindrücklich verdeutlichte, welche Wirkung Vanessa auf Männer gehabt haben musste.

„Kennen Sie Stephanie Mittermaier?", wechselte Franziska schnell das Thema, um die kurze Zeit, die ihr zu Tians

Befragung zur Verfügung stand, nicht unnötig zu vergeuden.

Der Student schüttelte den Kopf. „Nee, keine Ahnung. Ist das die neben Vanessa?" Er zeigte auf das Foto der beiden Freundinnen und zuckte dann mit den Schultern. „Ich weiß nicht, wäre mir auch nicht aufgefallen." Trotzdem schaute er weiterhin auf das Zeitungsfoto. „Ist die eigentlich lesbisch?", wollte er auf einmal wissen. Blickte noch einmal auf das Foto und fügte dann erklärend hinzu: „Na ja, die Mädels spinnen ja eh mit ihrem ganzen Bussi links, Bussi rechts. Obwohl das zu Vanessa gar nicht passte. Irgendwie wird sie da ja auch ganz schön bestürmt."

Die Kriminalkommissarin zog die Zeitung zu sich herüber und sah das Foto genauer an. Sie hatte gar nicht darauf geachtet, weil sie sich, als Steffi ihr das Foto gegeben hatte, mehr über die Tatsache echauffierte, dass sie es zu den Akten nehmen sollte, als es auf ihre Aussagekraft hin zu überprüfen. So fiel ihr erst jetzt auf, dass Steffi sich wirklich sehr dicht an Vanessa drückte, fast liebevoll, und Vanessa das Ganze nur irgendwie über sich ergehen zu lassen schien.

Nachdem Tian Chang einfach nichts mehr wusste oder wissen wollte, verabschiedete Franziska ihn mit einem toi, toi, toi für seinen Vortrag und reichte ihm die Hand. „Danke, Sie haben uns sehr geholfen."

„Ich weiß nicht, ob Tom so was machen würde, und ich kannte Vanessa zu wenig, um zu wissen, mit wem sie sich verabredete, aber eines ist mir aufgefallen", er blickte der Kriminalkommissarin fest in die Augen, „Vanessa wollte einen Mann, der ihr jetzt was bieten konnte und nicht erst später."

„Wie meinen Sie das?", hakte Franziska irritiert nach.

„Sie hatte auf jeden Fall mehr Interesse an den Professoren als an den Studenten", erklärte er ein wenig zerknirscht.

Tief in Gedanken versunken ging Franziska auf ihre Bürotür zu, um Hannes von dem zu berichten, was sie gerade erfahren hatte und um zu fragen, wie weit er in Sachen Vergewaltigungsvorwurf gegen Tom Seibert gekommen war, als sie hinter sich die Stimme von Carola Weibl hörte, die ihren Namen rief. Die Kriminalkommissarin zeigte einladend auf einen Besucherstuhl und erbat sich noch einen Moment. Sie wollte zuvor noch schnell mit Hannes sprechen.

„Und gibt es etwas, das ich wissen sollte?", fragte sie ihren Kollegen.

„Sandra Haider hatte Tom Seibert im vergangenen Jahr tatsächlich wegen einer Vergewaltigung angezeigt. Sie kam aber erst zwei Tage nach der angeblichen Tat, weshalb sich keine eindeutigen Spuren mehr sichern ließen. Sie sagte aus, er habe sie mehrmals missbraucht und sei dabei ziemlich brutal gewesen. Er dagegen behauptete, mit ihr zusammen gewesen zu sein und die Beziehung beendet zu haben. Sie habe sich an ihm rächen wollen. Zeugen hatte sie keine, weshalb der Fall zu den Akten gelegt wurde."

„Und wie glaubwürdig scheint dir das alles?", fragte sie in der Hoffnung, Hannes habe noch eine Nachricht in der Rückhand.

„Sie war einundzwanzig, als es passiert sein soll, und sie hat mit ihm studiert, sich nach dem Vorfall aber exmatrikuliert."

„Und lebt sie in Passau?"

„Nein, sie kam aus einem Kaff zwischen Landshut und München und ist dann auch wieder dorthin zurück."

„Konntest du sie erreichen?"

Hannes schüttelte den Kopf. „Ich habe die Landshuter

Kollegen gebeten, bei ihr vorbeizuschauen und sich dann bei uns zu melden."

Franziska nickte anerkennend. „Ja gut, mehr können wir jetzt eh erst mal nicht machen. Aber es wäre natürlich sehr interessant von ihr zu erfahren, ob es zwischen ihrer angeblichen Vergewaltigung und der von Vanessa Auerbach Ähnlichkeiten gab. Vielleicht hatte er ihr ja auch Dessous bereit gelegt."

„Dazu hat sie nichts zu Protokoll gegeben", wusste Hannes.

Die Kommissarin zuckte mit den Schultern und blickte Hannes einen Moment nachdenklich an. „Konntest du Stephanie Mittermaier erreichen?"

Wieder schüttelte Hannes den Kopf. „Nein, nicht am Handy."

„Gut, dann sollen die Landshuter Kollegen sich um Sandra, wie hast du gesagt, Haider kümmern und du fährst bei Steffi vorbei. Ich muss einfach wissen, warum sie uns erst so eine naive Show bezüglich romantischer Vergewaltigung vorspielt und dann zur Presse läuft und denen die knallharte Rächerin gibt. Frag sie bitte auch, was sie mit dem Fall Sandra Haider zu tun hat. Magst du das machen?", fügte sie ungewohnt rücksichtsvoll hinzu, und als Hannes verunsichert nickte, erklärte sie: „Weißt du, was dem Nachbarn, diesem Tian Chang, aufgefallen ist?" Franziska legte die gefaltete Zeitung mit dem Foto von Vanessa und Steffi vor Hannes auf den Tisch. „Er fragte mich, ob Steffi lesbisch sein könnte, weil sie sich so liebevoll an Vanessa drückt. Was meinst du, sieht das so aus?"

„Hören Sie, ich hab nicht so viel Zeit, können wir vielleicht endlich anfangen?", fragte die Informatik-Studentin in ihrem selbstbewussten Ton. Sie hatte bereits vor der Bürotür gestanden, als Franziska in den Flur treten wollte und bedrängte sie jetzt geradezu. Ramona, die gleich hinter ihr stand, verdrehte die Augen und zuckte hilflos mit den Schultern, doch Franziska nickte ihr nur besänftigend zu und dirigierte Carola Weibl den Flur entlang.

„Tut mir leid, aber wir gehen gerade verschiedenen Hinweisen nach. Müssen Sie heute vielleicht auch noch ein Referat halten?", wollte Franziska mitfühlend wissen, doch Carola Weibl schüttelte nur den Kopf.

„Aus dieser Phase bin ich bereits raus. Ich schreibe an meiner Masterarbeit, und das ist nichts, was man mal eben so zwischen Tür und Angel macht."

„So, ja und um was geht es da?", fragte die Kriminalkommissarin leichthin.

„Um die Herausforderung in der Zugriffskontrolle beim RFID." Nachdem Franziska sie nur verständnislos anschaute, konkretisierte Carola Weibl ihr Thema: „RFID ist die Identifizierung eines Objektes oder einer Person mithilfe von elektromagnetischen Wellen. Schönes Beispiel ist der neue Personalausweis. Im Ausweis ist ein Sender, der Daten funkt, und mit einem Lesegerät können die Daten empfangen werden."

„Und Sie untersuchen, wie sicher das ist?"

„Ganz genau."

„Klingt interessant", stellte die Kriminalkommissarin fest, kam dann aber zu ihrem eigentlichen Anliegen. „Bevor wir anfangen, möchte ich gern noch mit meinem Kollegen Obermüller sprechen."

Doch die Studentin hielt sie zurück. „Sie meinen den Kollegen von gestern Abend, der uns vernommen hat? Vergessen Sie es, der wird Ihnen auch nicht mehr sagen können als ich."

„Ach." Die Kommissarin dirigierte ihre Zeugin in ein freies Zimmer und schob dort zwei Stühle zusammen. „Bitte, nehmen Sie doch Platz!"

„Hören Sie, wir waren das nicht. Wir haben feste Regeln und eine hohe Moral. Und es war ja auch nicht unsere erste Aktion. Wir haben uns mit Vanessa verabredet, und als wir gesehen haben, dass sie auf unsere Verabredung eingegangen ist, haben wir geklopft und sie hat aufgemacht. Dann haben wir unsere Fotos gemacht und sie anschließend vor die Wahl gestellt Abbitte zu leisten oder veröffentlicht zu werden. Sie hat gesagt, wir sollen uns verpissen und uns gedroht, dass die Sache Folgen haben würde. Daraufhin sind wir ins Café, haben kurz darüber gesprochen und die Bilder dann eingestellt", erklärte sie atemlos, so als wolle sie die Sache damit ein für alle Mal abschließen.

„Ohne ihr die Chance zu geben, es sich anders zu überlegen?" Franziska bedachte die Situation, in der sich Vanessa befunden hatte. „So etwas kann schnell im Mobbing enden!"

„Wenn wir einmal nachgeben, sind wir unglaubwürdig", gab die Studentin zu bedenken. „Und es ist ja nicht so, als hätte sie keine Chance gehabt."

„Und was tat Vanessa als Sie abzogen, folgte sie Ihnen nicht?"

„Nein, sie hatte uns zum Abschluss ihrer Tirade die Tür vor der Nase zugeknallt und wir haben geschaut, dass wir wegkamen."

„Und Sie haben auch niemanden bemerkt, der sich in der Nähe aufgehalten hat?"

„Sie denken an Tom?"

Die Kommissarin zeigte mit einer vagen Kopfbewegung, dass sie das offen ließ.

„Auf dem gesamten Campus wurde gefeiert, es war ja eine richtig laue Sommernacht, da waren viele Leute unterwegs." Carola hielt Blickkontakt, um zu erfahren, ob sich die Kriminalkommissarin mit dieser Aussage zufrieden gab. „Ich kann Ihnen nicht sagen, ob da jemand war, der nach uns in den Abstellraum ging oder ob alle nur den Weg in Richtung Musikbühne genommen haben. Wissen Sie, wir waren schon ein bisschen aufgeregt, als wir weggegangen sind. Bis dahin hatten wir uns immer nur Männer vorgenommen und keine von uns!"

Die Kommissarin freute sich, dass die Studentin endlich auch ein wenig Mitgefühl zeigte und fragte daher: „Bedauern Sie, was Sie getan haben?"

„Nein!", antwortete Carola mit fester Stimme. „Ich bedauere nur, dass es so geendet hat."

Franziska nickte. „Haben Sie denn eigentlich keine Angst vor einer möglichen Rache? Ich meine, die Nominierten könnten sich doch für das, was Sie ihnen antun, revanchieren."

„Wir tragen ja alle Masken und somit sieht ja keiner unsere Gesichter."

Franziska dachte an das Foto mit dem Hut, der das Gesicht der Frau hinter dem Wirt verborgen hatte und nickte, bevor Carola Weibl nervös auf ihre Uhr blickte. „Haben Sie noch Fragen? Ich müsste nämlich ..."

„Ja, eine Frage habe ich noch: Woher wussten Sie eigentlich, dass die Tür zum Büchermagazin offenstehen würde?"

„Diesen wichtigen Punkt haben wir natürlich nicht dem Zufall überlassen", gab die Informatikstudentin stolz zu. „Eine unserer Mitstreiterinnen arbeitet als studentische Hilfskraft in der Bib. Was sie getan hat, war zwar nicht ganz legal ... aber der Raum war für unser Vorhaben einfach ideal", räumte Carola Weibl ein und zwinkerte Franziska kurz zu, bevor sie das ganze Vorgehen erläuterte.

„War das jetzt Selbstjustiz, eine böse Hetzjagd oder eine intelligente Lösung von Problemen, mit denen unsere Gesellschaft viel zu nachlässig umgeht?", sagte Obermüller provokativ und stellte damit die Frage, die gerade alle beschäftigte.

Selbst Ramona, die mit einer Kanne Kaffee umherging, hielt inne, weshalb ihr der Ermittler seine Tasse entgegenhielt, um ihr möglichst schnell etwas von dem heißen Gebräu zu entlocken.

Hauptkommissar Schneidlinger hatte für die Mittagszeit eine Besprechung einberufen, weil er, wie er kommentarlos verkündet hatte, übers Wochenende dringend nach München fahren müsse. Doch zuvor, so Schneidlinger zu Beginn der Besprechung, wolle er exakt über den Stand der Ermittlungen ins Bild gesetzt werden. In der Früh habe er einen Anruf der Staatsanwältin Ehrenberger bekommen, die ungehalten Ergebnisse von ihm gefordert hatte. Sie erwarte dringend einen Rapport und zwar von ihm und nicht aus der Zeitung. Schließlich ginge es nicht an, dass Zeugen der Presse Dinge berichteten, von denen die Kripo keine Kenntnis erlangt habe. Und dann hatte Schneidlinger seine Truppe, wie er sie jetzt immer öfter nannte, zum ersten Mal angelächelt, beinahe verschwörerisch, wie Hannes und Franziska im Nachhinein bemerkten.

„Wenn es hilft, ist es einerseits unglaublich und andererseits genial", ergänzte Gruber Obermüllers Aussage und schüttelte seine lange Mähne, um die ihn so manche Frau beneidet hätte, nach hinten. Obwohl man ihn im Sommer eigentlich nur mit Pferdeschwanz kannte, trug er seine Haare an diesem Tag offen. Überhaupt wirkte er ein wenig abgekämpft, die Augen mit tiefen Schatten versehen, das T-Shirt verschwitzt. Aber wer würde ihm das verübeln wollen? Seit dem Mord an Vanessa Auerbach saß er entweder am Telefon, um Hinweise entgegenzunehmen und zu überprüfen, oder er surfte im Internet nach Fotos und möglichen Verknüpfungen.

„Tatsache ist, dass sich jemand an diesen, wie ihr es nennt, genialen Feldzug drangehängt und Vanessa Auerbach umgebracht hat", kommentierte Franziska, obwohl sie natürlich wusste, was die beiden meinten. Sie hatten die Fotos vom Baier-Wirt gesehen und erfahren, dass es bei den Erziehungsmaßnahmen der Tanzgruppe nicht nur Ehebrecherinnen, sondern auch prügelnden Ehemännern ähnlich erging wie Vanessa Auerbach im ersten Teil des Abends.

„Die Frauen aus der Tanzgruppe behaupten also, das Opfer in das Magazin gelockt, es zum Umkleiden animiert und, nachdem sie es fotografiert hatten, bei guter Gesundheit zurückgelassen zu haben", fasste Schneidlinger deren Aussagen zusammen, woraufhin alle Ermittler eifrig nickten.

„Von allen, die eine Aussage gemacht haben, haben wir mehr oder weniger das Gleiche erfahren", wusste Obermüller, und Gruber ergänzte: „Wobei ich es bemerkenswert finde, dass die ja alle freiwillig gekommen sind."

„Vielleicht haben sie einfach eine hohe Moral", gab Franziska zu bedenken und bezog sich damit auf die Behauptung von Carola Weibl.

Schneidlinger verzog das Gesicht. „Moment, Moment, Frau Steinbacher! Vergessen Sie bitte bei aller Sympathie für die Handlungsweise dieser Damen nicht, dass sie Vanessa Auerbach vielleicht nicht getötet, sie aber immerhin in einer völlig hilflosen Situation zurückgelassen haben."

„Zurückgelassen schon, aber hilflos angeblich nicht", stellte Franziska richtig und lächelte ein wenig triumphierend, bevor sie weitergab, was ihr Carola Weibl kurz zuvor erklärt hatte. „Eine aus der Truppe arbeitet in der Bibliothek als studentische Hilfskraft, und die hat sich bereits am Nachmittag unter einem Vorwand den Generalschlüssel von einem Offizianten ausgeliehen und damit die Hintertür zum Dublettenmagazin verkeilt. Danach hat sie ihn wieder zurückgegeben, damit es nicht auffällt. Und genauso steht es ja auch im SMS-Verkehr zu lesen: Die Tür sei offen, damit Vanessa hineingehen und sich umziehen könne. Der angebliche Tom wolle dann klopfen und sie solle ihm öffnen. Das hat sie getan, nur dass eben nicht Tom, sondern eine fotografierende Meute vor der Tür stand, die von Vanessa Auerbach mit einer Wuttirade davongejagt wurde, an deren Ende sie die Tür zuknallte. Wer immer anschließend zu Vanessa hineingelangte, musste also geklopft haben und von ihr selbst eingelassen worden sein."

„Und das spricht dann doch wieder dafür, dass Vanessa ihren Mörder gekannt und so nah an sich herangelassen hat, dass dieser sie niederschlagen konnte", kommentierte Hannes. Nach kurzem Überlegen fügte er hinzu: „Vielleicht hat sie zu diesem Zeitpunkt sogar noch gedacht, dass sie wirklich mit Tom verabredet war und die Damen ...", er suchte nach dem richtigen Wort", sich nur angeschlossen hatten. Ihr Date stören wollten oder was auch immer. Sie hat vielleicht nie erfahren, dass sie zu keiner Zeit eine Verabredung mit Tom hatte."

Schneidlinger verfolgte diese Behauptung stirnrunzelnd, bis Franziska erklärend ergänzte: „Auf irgendeinem Weg könnte Tom Seibert aber doch von diesem Treffen in seinem Namen erfahren und sich dann sozusagen an seine eigene Verabredung drangehängt und sie zu einer brutalen Retourkutsche genutzt haben."

„Und das wiederum könnte der Grund dafür sein, dass Tom Seibert untergetaucht ist, statt zum DNA-Test zu kommen", vermutete Hannes abschließend.

„Möglich", meinte Obermüller, bevor er einen ganz neuen Aspekt ins Spiel brachte. „Die hübschen jungen Damen haben zwar alle so ziemlich das Gleiche über den Ablauf ihrer, wie sie es bezeichneten, Erziehungsmaßnahme an Vanessa Auerbach gesagt, aber als ich sie zu Vanessas Bekanntschaften befragt habe, erwähnten sie noch einen weiteren Namen."

Der Ermittler machte eine geheimnisvolle Pause und wartete, bis ihn alle gespannt anblickten. „Vanessa Auerbach soll etwas mit einem Jura-Professor am Laufen gehabt haben. Angeblich bekam sie als Dankeschön dafür eine besonders gute Bewertung."

„Was? Das hast du uns ja gar nicht erzählt!", maulte Franziska, doch Obermüller beschwichtigte sie grinsend: „Jetzt weißt du es ja, Franzi."

„Und wie heißt der?", wollte Franziska, noch immer beleidigt, wissen.

„Professor Klaus Markwart", erklärte Obermüller.

„Professor Markwart, wow", entfuhr es Franziska. „Das ist der", sie puffte Hannes in die Seite, „der immer so überkorrekt war."

Die Augen der Kommissarin leuchteten, doch Hannes sah sie nur fragend an. „Mensch Hannes, den musst du doch auch gehabt haben. In Fürstenfeldbruck, in der Polizeischule, im Strafrecht."

Aber der Kollege schüttelte nur den Kopf. „Tut mir leid, den kenne ich nicht."

„Also Professor Markwart ist so ein hundertprozentig Korrekter. Wenn der uns in seiner ganz eigenen Subsumtionstechnik einen Fall analysiert hat, dann gab es zwar die berühmten: *Voraussetzung dafür wäre...* und *fraglich ist...*-

Formulierungen, aber wenn ein Sachverhalt in der Beweisführung zum Ergebnis Ehebruch kam, dann ließ er klar durchschimmern, was er davon hielt: nämlich nichts! Er hatte knallharte Prinzipien, und die tat er auch bei jeder Gelegenheit kund. Das Ganze war manchmal schon ein wenig nervig." Sie nickte ihrer eigenen Aussage hinterher.

„Und der soll jetzt ein Verhältnis gehabt haben!" Fassungslos schüttelte Franziska den Kopf.

„Ist er denn verheiratet?", wollte Obermüller wissen, um Franziskas Entrüstung zu verstehen.

„Natürlich, mit Christiane Wernsteiner", wusste Schneidlinger, worauf ihn Franziska musterte.

„Sie waren aber nicht in seinen Vorlesungen?"

Schneidlinger schüttelte mit einem kleinen Schmunzeln den Kopf. „Wohl kaum, wir sind ein Jahrgang."

„Gut", meldete sich Hannes energisch zu Wort. „Wir sind hier ja keine Moralapostel. Wenn also der Herr Professor, den ich anscheinend als einziger hier nicht kenne, trotz dieser strengen Prinzipien ein Verhältnis mit Vanessa Auerbach hatte, dann hätte sie ihn doch bestimmt auch reingelassen, wenn er von außen geklopft und sich zu erkennen gegeben hätte." Noch während er diesen Gedanken formulierte, versuchte er die Konsequenzen dieses neuen Ansatzes zu durchdenken.

Kriminalhauptkommissar Schneidlinger massierte sich die Schläfen und stöhnte dann hörbar auf. „Ich kenne Klaus Markwart und seine Frau privat und fürchte ..." Er zögerte, seine Sorge auszusprechen. „Ich hab einfach Angst, dass hier zu schnell Gerüchte in die Welt gesetzt werden. Er unterrichtet und benotet, das macht jeden angreifbar", versuchte er sein Team zu bremsen, fügte dann aber hinzu: „Aber gut, sprechen wir mit Professor Markwart und lassen ihn selbst zu diesen Vorwürfen Stellung nehmen." Dann blickte er zum wiederholten Male auf seine Uhr.

„Wollen Sie das machen?", fragte Franziska ein wenig genervt über seine zur Schau gestellte Unruhe, doch der Chef hob nur abwehrend die Hände.

„Nein, nein, ich müsste schon lange auf dem Weg nach München sein", wiegelte er ab, raffte seine Sachen zusammen und erhob sich. „Aber eines noch, Frau Steinbacher: Gehen Sie bitte mit Feingefühl an den Professor heran, er ist ein Ehrenmann und ich möchte nicht, dass er auch nur eine Negativ-Schlagzeile in der Zeitung bekommt! Zumal sich die Universitäts-Präsidentin ohnehin schon mehrmals bei der Staatsanwaltschaft beschwert hat und ... na ja Frau Ehrenberger ... aber Sie machen das schon!" Mit diesem vertrauensvollen Zugeständnis erhob er sich, grüßte in die Runde und verließ den Raum.

Zum ersten Mal seit Tagen hatte sie sich getraut, das Haus und damit das ihr Sicherheit bietende Zimmer zu verlassen. Sicherheit, ja! Sicherheit hatte sie seit ihrer Geburt umgeben. Und irgendwann war aus Sicherheit Bequemlichkeit geworden.

Aufzubegehren und etwas zu hinterfragen hatte sie nie gelernt. Dazu war sie viel zu behütet aufgewachsen.

Und jetzt? Jetzt bestand ihr Leben nur noch aus Hass und Wut und vor allem aus Scham. Jawohl, sie schämte sich so sehr und gleichzeitig war sie auch so wütend, dass es überhaupt so weit hatte kommen können – und sie hasste den inbrünstig, der ihr das alles angetan hatte.

Sie war immer die Frau von ... gewesen, die sich im Glanz eines Mannes sonnte. Und jetzt war sie eben die Frau, die zugesehen hatte. Die Frau, die nichts unternommen hatte.

Die Frau, die ihrem Mann nicht mehr in die Augen sehen konnte. Und doch, trotz allem, funktionierte sie.

Auch an diesem Morgen, als unumstößlich feststand, dass sie so nicht mehr weitermachen konnte und wollte, hatte sie in Ruhe abgewogen, wie sie vorgehen sollte. Das war typisch für sie. Ein Mensch war gestorben, und sie beschäftigte sich mit der Frage, wo sie am besten zum Einkaufen hingehen sollte. Schließlich hatte sie das Auto aus der Garage geholt und war hinauf in die Neuburger Straße gefahren. Sie brauchte jetzt Blumen um sich. Und auch Fleisch würde sie holen müssen, weil es sonst auffallen würde, und Brot und Wurst und Obst und Gemüse. Sie machte eine lange Liste. Und sie musste diese Tristesse durchbrechen, von innen wie von außen.

Als sie mit ihrer Planung fertig war, ging sie in ihr Zimmer und stellte sich der Frage, was sie tun würde, wenn sie doch jemand erkennen sollte. Wenn jemand ihre Schuld sehen und mit dem Finger auf sie zeigen würde.

Und dann versuchte sie es einfach wie immer.

Sie grüßte mechanisch und verhinderte einen unerwünschten Schwatz durch einen hastigen Blick auf die Uhr und ein genuscheltes: *keine Zeit.*

Es war alles wie immer.

Sie legte ihre Einkäufe aufs Band und schließlich zurück in den Wagen, bezahlte und fuhr in Richtung Ausgang.

Es war eigentlich wie immer.

Weil ihr eine Nachbarin entgegenkam, machte sie einen kurzen Abstecher in die Zeitschriftenabteilung, wollte sich verbergen und blickte dabei wie zufällig auf diesen Bericht in einer Zeitung ... und schon waren die Bilder von Montagnacht wieder da. Sie schloss die Augen, was aber alles nur noch schlimmer machte.

Doch plötzlich war nichts mehr so wie immer.

Nachdem die junge Frau so plötzlich hinter der Gittertür

unterhalb der Bibliothek verschwunden gewesen war, hatte sie zunächst nicht gewusst, was sie machen sollte. Sie konnte ja schlecht mitten auf dem Weg stehen bleiben und warten. Und worauf denn eigentlich? Darauf, dass *sie* wieder herauskam oder darauf, dass jemand ihrem Beispiel folgte?

Getrieben von der Angst, entdeckt und angesprochen zu werden, hatte sie den Aufgang zur Mensa genommen und war dann scharf nach rechts abgebogen, bis *sie* auf der Plattform oberhalb des vergitterten Eingangs stand, durch den *sie* verschwunden war. Doch was jetzt? Sie lehnte sich über das Geländer, warf einen kurzen Blick hinunter und tat dann so, als würde sie den schönen Blick auf den abendlichen Inn genießen. Sie wartete. Hörte nichts, außer der Musik, die schon den ganzen Abend über den Campus schallte und an ihren Nerven zerrte. Fast hatte sie schon gehen wollen, einfach über den Platz und hinüber zur Innstraße und dann immer weiter, den Berg hinauf, bis nach Hause in ihr Wohnzimmer.

Hätte sie es nur getan.

Aber dann war ihre Aufmerksamkeit von einer Gruppe Frauen gefangengenommen worden, die jeden Gedanken an ein Weggehen zunichte machten. Sie hatten sich nur ein Stück entfernt unter der Mensa versammelt und sich Masken aufgesetzt, wie sie im abnehmenden Tageslicht sehr wohl noch erkennen konnte.

Auf ein unhörbares Kommando hin hatte sich die Gruppe dann in Bewegung gesetzt und war schnell und fast lautlos bei der Gittertür angelangt. Neugierig hatte sie sich über das Geländer gebeugt und zu erkennen versucht, was sie dort anstellten.

Es vergingen ein paar schrecklich lange Minuten, dann hörte sie wütende Schreie, Hasstiraden und Schimpfwörter, und schließlich kamen die Frauen heraus und liefen hastig über den Mensaaufgang, über den Platz vor der Bibliothek und schließlich in Richtung Sportzentrum. Die Masken hatten sie da längst abgenommen und daher wusste sie auch, dass *sie* nicht dabei gewesen war. Doch wo war *sie*?

Unten war alles wieder ruhig. Fast schon gespenstig ruhig. Die hohen Gebäude warfen lange Schatten auf das Gelände unterhalb der Bibliothek, und selbst die Musik hatte eine kurze Pause gemacht. Von Neugierde getrieben verließ sie ihren Platz und lief geradewegs zum Mensaaufgang, um nachzusehen, wo *sie* geblieben war, als sich eine männliche Gestalt aus einer der in der Nähe stehenden Baumgruppen löste.

Erschrocken hielt sie inne, während der Mann, ohne nach rechts oder links zu blicken, auf die Gittertür zusteuerte, sie öffnete und dahinter verschwand. Nach einigem Zögern und mit klopfendem Herzen folgte sie ihm. Die ganze Zeit über hatte sie ja damit gerechnet, dass sie nicht ohne Grund hinter der Tür verschwunden war und dass der Grund dafür nur ein Mann sein konnte. So war sie auch weniger darüber verwundert, dass sich eine Gestalt aus dem Schatten der Bäume löste, als vielmehr neugierig darauf, wer sich dort wartend auf die Lauer gelegt hatte.

Durch das Fenster gleich neben der Tür drang jetzt ein Lichtstrahl heraus und fachte ihre Neugier weiter an. War *sie* hinter diesem Fenster? War *sie* mit ihm hinter diesem Fenster? Da es zu hoch lag, um ihr Einblick zu gewähren, nutzte sie die Querlatten der angebrachten Rankhilfe, um weiter hinaufzugelangen und ins Innere des Gebäudes zu blicken.

Was sie dort sah, schlug sie sofort in ihren Bann.

Sie hatte sich ausgezogen und lag nun fast nackt im Licht einer flackernden Neonröhre auf dem Boden. Ihre Augen waren geschlossen, sie trug einen geduldig anmutenden Gesichtsausdruck. Um ihren schönen Körper, ja selbst das hatte sie in diesem Moment neidlos anerkannt, waren einige Bänder und Stofffetzen aus Spitze und Latex drapiert, die ihre erotischsten Körperstellen besonders gut zur Geltung brachten. Fast schade, dass der Mann, der neben ihr kniete, mit seinem Messer diese ganze Aufmachung zerstörte, indem er einige der Bänder durchtrennte, wobei er immer wieder mit der Messerspitze ihre Haut aufritzte. Ohne Gegenwehr ließ sie ihn gewähren, ließ sich von ihm fesseln und verschnüren. Vielleicht war sie ja auch so eine, die es mochte, wenn einer mit ihr machte, was er wollte. Aua, dachte sie noch, weil er so heftig an den Schnüren riss, bis ihre Arme über dem Kopf fixiert und die Beine zusammengezurrt waren. Dann schlug er ihr ein paar Mal hart mit der rechten Faust ins Gesicht, und endlich schien sie aus ihrer Benommenheit zu erwachen und zu realisieren, in welch hilfloser Situation sie sich befand. So ruhig sie zuvor gewesen war, so panisch zerrte sie jetzt an den Fesseln und warf sich hin und her. Doch er lachte nur, sagte irgendetwas, was die Angst in ihrem Gesicht verstärkte und was sie wegen der Musik und des geschlossenen Fensters nicht verstehen konnte.

Ungerührt zog er seine Hose herunter, packte ihre gefesselten Beine, hob sie an und drückte sie dann weit nach hinten, wobei sich auf seinem Gesicht jenes sardonische Lachen zeigte, das sie noch einige Male an diesem Abend zu sehen bekommen sollte. Ohne auf ihre kümmerlichen Bemühungen zu achten, mit denen sie versuchte, etwas an ihrer misslichen Situation zu ändern, drang er schnell und tief in sie ein. In diesem Moment schien es ihr, als sei sein Schwanz eine Waffe, mit der er nicht nur ihren Körper in Besitz nehmen, sondern ihn auch zerstören wollte. Dieser Mann war ein Tier, nein, er war viel schlimmer als jedes Tier, denn er war ein Mensch.

Trotzdem konnte sie ihren Blick nicht von ihm nehmen und registrierte kaum noch *ihr* Gesicht, das ein einziger

Schrei war, und ihre Augen, die blankes Entsetzen spiegelten. Doch der Mann genoss jeden Stoß, wurde schneller und schneller und jubelte tatsächlich in einem wahnwitzigen Triumphgeheul auf, als er kam.

Das war der Moment gewesen, in dem sie fast von der Rankhilfe gerutscht wäre. Das ganze Geschehen hatte sie so sehr eingenommen, dass sie gar nicht bemerkt hatte, wie ihre Finger immer mehr an Halt verloren. Doch statt zu gehen, zog sie sich erneut hoch und sah gerade noch, wie er seine Hände um den Hals seines Opfers legte und zudrückte, bis sie die Augen verdrehte. Dann ließ er sie los und schlug sie grob mit seiner rechten Faust mehrmals ins Gesicht, bevor er sie packte, auf die Seite drehte und brutal von hinten nahm. Die Musik, die von der großen Wiese zu ihr herüberwehte, war zu laut, um sein Lachen wirklich zu hören. Aber sie sah sein Gesicht und dieses widerliche teuflische Grinsen – und sie sah die Hand, die nach dieser Stange griff, sie beinahe liebevoll anschaute und dann ...

Sie schlug die Zeitung zu und steckte sie zurück in den Ständer. Sie wollte nicht wissen, was da geschrieben stand, und *ihr* Bild wollte sie noch viel weniger sehen, sie wusste ja, wie *sie* vorher ausgesehen hatte. Sie hatte miterlebt, wie sie zu der geworden war, die sich unauslöschlich in ihr Gedächtnis gebrannt hatte, bis ans Ende ihrer Tage: das grauenhafte Bild einer zu Tode gequälten Frau.

Später erst war ihr klar geworden, wie auffällig sie sich benommen hatte, dass man sie hätte sehen können, dass jemand hätte nachfragen können, was sie da tat. Aber das war lange, nachdem er sich erhoben hatte, ihr etwas zu trinken gab, sie an den Haaren packte, sein Messer nahm und ihr mit einer einzigen Bewegung die Kehle durchschnitt. Genau in dem Moment, als sie laut aufgeschrien hatte, hatte er aufgeblickt und zum Fenster gesehen. Und obwohl sie sich seither immer wieder sagte, dass die Neonröhre im

Raum viel zu hell gewesen war und sie schließlich draußen im Dunkeln gestanden hatte, wurde sie die große Angst nicht mehr los, er könnte mit ihr genau das Gleiche tun, einfach weil sie ihn beobachtet hatte.

Kopfschüttelnd verließ Franziska gemeinsam mit Hannes den Besprechungsraum, während Obermüller und Gruber noch einen Moment blieben, um sich darüber einig zu werden, wer die Protokolle schreiben musste. So hatte jeder seine Aufgabe und würde sie in den nächsten Stunden irgendwie zu lösen versuchen. Doch was Franziska in diesem Moment wirklich beschäftigte, auch wenn es im Grunde unwichtig war, war das ungewohnte Verhalten ihres Chefs.

„Irgendetwas stimmt nicht mit ihm", erklärte sie Hannes, als sie Ramonas Schreibtisch passierten, doch bevor sie noch weitere Spekulationen anstellen konnte, hatte die Sekretärin sie entdeckt, fuhr von ihrem Stuhl auf, umrundete ihren Schreibtisch und nahm Franziska am Arm.

„Er ist jetzt da", sagte sie beinahe tonlos und blickte ehrfurchtsvoll auf einige Blätter Papier.

Franziska verstand sofort. „Hast du ihn gelesen?"

Ramona nickte, nahm die Papiere und reichte sie Franziska. Hannes warf sie einen vielsagenden Blick zu. „Schrecklich. Das arme Ding!"

Die Kommissarin las den Bericht der Rechtsmedizin einmal quer und suchte nach Informationen, die sie noch nicht kannte. „Keine Drogen im Blut", eröffnete sie Hannes schließlich und schaute ihn dabei eindringlich an, bevor sie zusammenfasste: „Sie wurde über einen längeren Zeitraum vergewaltigt und immer wieder heftig gewürgt. Dabei ist das Zungenbein gebrochen und es gab heftige Einblutungen um den Kehlkopf ..." Franziska verzog keine Miene. „Sie wurde klar übertötet und mit einem Gegenstand gepfählt ... Es wurden Eisenpartikel und Fremdblut in der Vaginalschleimhaut sichergestellt ... Der Alkoholspiegel war noch im Aufbau begriffen." Franziska hob den Kopf und sah Hannes an, und als der fragend die Augenbrauen zusammen zog, erklärte sie: „Sie bekam ihn also erst kurz vor ihrem Tod eingeflößt ... außerdem gab es Sperma von einem einzigen Mann, dessen DNA allerdings nicht in unseren Datenbanken registriert ist. Weitere Tests werden noch andauern." Franziska ließ die Papiere sinken und schüttelte traurig den Kopf.

„Traust du das deinem ehemaligen Prof zu?", fing sich Hannes als erster.

„Du weißt ja, ich traue jedem alles zu, wenn es um Hass, Neid und Habgier geht", verkündete sie nicht zum ersten Mal. „Außerdem liegt meine Studienzeit zu lange zurück, als dass ich das so pauschal beantworten möchte."

„Wenn sie den Alkohol erst kurz vor ihrem Tod zu trinken bekommen hat, dann hatte er ja vielleicht doch Mitleid mit ihr", überlegte Hannes.

„Um ihr dann berauscht die Kehle durchzuschneiden? Schon seltsam!" Die Kriminalkommissarin zuckte mit den Schultern und wandte sich an die Sekretärin. „Sag mal Ramona, ist Annemarie eigentlich noch im Haus? Ich muss dringend mit ihr reden."

„Du, Annemarie, wurde außer dem Handy eigentlich auch eine Flasche gefunden? Eine, in der Alkohol gewesen sein könnte?", fragte Franziska hoffnungsvoll.

„Eine." Annemarie blickte von ihrer Probe auf, die sie gerade unter dem Mikroskop betrachtet hatte. „Du machst Witze, oder? An dem Abend war der gesamte Campus eine Partymeile, da wimmelte es nur so von Flaschen, und die meisten waren ursprünglich mit Alkohol gefüllt."

„Ich meine ja auch am Tatort", ruderte Franziska angesichts dieser Menge zurück, „oder zumindest in der Nähe." Sie grinste ein wenig schief, weil die Chefin der KTU gar so unglücklich dreinblickte.

„Ich hab schon gehört worum es geht", sagte Annemarie und stand auf, um einen Ordner aus dem Regal zu ziehen. „Hier", sie zog eine Liste heraus, „ein wahres Sammelsurium, das letztlich nichts beweist, solange wir keine Vergleichsabdrücke haben", erklärte sie voller Bedauern.

„Aber ich hab was anderes, ist vielleicht auch interessant." Und als Franziska sie nur abwartend ansah, fügte sie listig hinzu: „Ich hab mir diese Kunsthaare, die wir an der Rankhilfe gefunden haben, mal genauer angeschaut. Es handelt sich tatsächlich um menschliches Echthaar, das von Hand tressiert wurde."

Als Franziska nicht gleich nickte, sondern ungläubig fragte: „Warum bitte dressiert man ein Haar?", brach Annemarie in schallendes Gelächter aus.

„Du müsstest dich mal sehen!", bemerkte sie und wischte sich die Lachtränen aus den Augen. „Haare werden tressiert, mit T geschrieben. Dabei werden sie auf zwei oder drei gespannten Fäden verschlungen, sodass sie dann wie an einer Schnur aufgereiht herunter hängen. Gibts ja auch bei Haarverlängerungen. Hast du sowas noch nicht gesehen?" Franziska nickte zögernd. „Ja, und diese Tressen werden dann auf eine Montur genäht, das ist so eine Art

Haube aus einem feinen Netz." Annemarie deutete auf einen der Objektträger neben dem Mikroskop und klemmte ihn auf dem Objekttisch unter dem Objektiv fest. Dann drehte sie das Mikroskop so hin, dass Franziska durch das Okular schauen konnte. „Siehst du das?"

„Hm", Franziska nickte. „Da hängt was dran."

„Genau, und das, was da dranhängt, sind Reste der Montur. Und wenn du genau hinschaust, dann siehst du auch die Tresse."

„Ja schön, und das bedeutet?" Franziska blickte kurz auf die Uhr. Sie war mit Hannes verabredet, der schnell bei seiner Sabrina im Erdgeschoss vorbeischauen wollte, bevor sie zu Professor Markwart fuhren. Ihr ginge es heute nicht so gut, hatte er gesagt und weil er so aussah, als mache er sich ernsthafte Sorgen, hatte sie vorgeschlagen, Annemarie nach dem Alkohol zu fragen. An eine Unterrichtseinheit in Sachen Haarkunde hatte sie dabei nicht gedacht.

„Menschliche Echthaare gehören zu den teuersten Rohstoffen der Welt", berichtete diese jedoch ungerührt weiter. „Die besten kommen aus Indien, werden dort in Tempeln geopfert und dann verkauft..."

„Und wie bringt uns dein – zugegebenermaßen beachtliches – Wissen in unserem Fall weiter?"

„Nun, menschliche Echthaar-Perücken sind inzwischen schweineteuer. Das Material unserer Perücke", sie deutete auf den Objektträger, „war scheinbar schon älter und ein bisschen brüchig, warum sich neben dem Haar auch ein Teil der Montur gelöst hat."

„Ja klar, ich hab verstanden. Und?"

„Das sagt allerdings noch nicht so viel aus. Interessanter sind die Schminke-Rückstände, die wir im Haar gefunden haben, die deuten auf professionelle Theaterschminke hin. Und das wiederum sagt uns, dass die Perücke aus Theaterbeständen stammen könnte."

„Das heißt, wenn sie vom Täter stammt, dann hat der Zugang zu einer älteren Theaterperücke." Auf einmal wurde Franziska stutzig. „Kannst du dir vorstellen, dass sich jemand, der so ein Verbrechen plant, vorher eine alte Perücke aus dem Theater besorgt und die aufsetzt?"

Annemarie schaute die Kollegin lange an, bevor sie den Kopf schüttelte. „Ich glaube eher, dass die irgendwo herumlag und sich einfach anbot."

„Sie hatten ein Verhältnis mit Vanessa Auerbach?", wollte die Kriminalkommissarin keine Stunde später im Flur der juristischen Fakultät von Professor Markwart wissen. Franziska hatte ihn in seinem Armani-Anzug sofort erkannt. Seine Haare waren noch immer voll und dunkel, nur die Schläfen waren inzwischen ergraut.

Als er sie in eine Ecke des Flurs dirigierte, wirkte sein markantes Gesicht noch herablassender als früher, selbst als er versucht gleichgültig nachfragte: „Vanessa Auerbach, ist das die junge Frau, die drüben in der Bibliothek zu Tode kam?"

Die Kommissarin musterte ihn interessiert, doch in diesem Moment hatte er nichts mehr mit dem Dozenten gemein, der sie mit seinen langatmigen Fallbeispielen fast in den Wahnsinn getrieben hatte.

„Herr Professor, wir müssen hier nicht um den heißen Brei herumreden. Wenn Sie dieses Verhältnis hätten verbergen wollen, hätten Sie sich vor Ihren Studenten mehr anstrengen sollen."

Der Professor blickte sich nervös nach allen Seiten um, woraufhin Franziska vorschlug: „Wollen wir vielleicht in Ihr Büro gehen?"

Mit einem zerknirschten „ja" nahm er den Vorschlag dankbar auf und dirigierte sie zur Treppe, woraufhin Franziska Hannes einen triumphierenden Blick zuwarf. Immerhin hatte es zwischen Franziska und Hannes eine heftige Diskussion gegeben, bis sie sich durchsetzen konnte und in die Offensive gehen durfte.

Im Internet war es ein Leichtes, an Professor Markwarts karriereorientierten Lebenslauf und eine Liste seiner Veröffentlichungen zu kommen. Eine Arbeit über Strafrecht, ein paar Beiträge zu seinem Lieblingsthema für verschiedene Fachzeitungen sowie ein bereits recht häufig aufgelegtes Lehrbuch. Dort stießen sie auch auf die Ehefrau Christiane, von der ihnen Schneidlinger bereits berichtet hatte, zwei Kinder und ein Haus in der Hochstraße über dem Klinikum, mit Blick auf den Inn: Hochwassersicher und eine absolute Rarität im zugebauten Passau, wie Franziska sehr wohl wusste. Insgesamt traten aber keine besonderen Überraschungen zutage. Der Herr Professor hatte schon immer auf sein Renommee geachtet. Zumindest nach außen hin. Der Kollege Gruber hatte ihnen Vanessas Telefon-Kontaktliste gegeben – sie war irre lang – und vorgeschlagen zu überprüfen, ob der Professor darin gelistet war.

Vor seinem Büro angekommen dirigierte sie der Professor am Vorzimmer vorbei, öffnete seine Bürotür, bat sie herein und schloss dann mit Nachdruck die Verbindungstür zum Vorzimmer, was ihm einen irritierten Blick seiner Sekretärin einbrachte. Nachdem Franziska sich kurz umgesehen hatte, zückte sie ihr Handy und grinste ein wenig, bevor sie begann, ihre eigene Kontaktliste durchzugehen. „Sie haben Frau Auerbach sehr häufig angerufen."

Wie gebannt starrte der Professor auf das Smartphone in ihren Händen. Vielleicht hatte er gerade ein Déjà-vu-Erlebnis, zumindest stammelte er anschließend mit unsicherer Stimme: „Ich, ja ich ...", er räusperte sich und bestätigte energisch: „Ja, ich habe mich mit Frau Auerbach getroffen."

Und Franziska dachte, wie leicht es doch war, selbst Menschen wie ihren früheren Juraprofessor zu bluffen, wenn das, was sie vorgab, im Rahmen des Möglichen lag.

„Bitte nehmen Sie doch Platz", erinnerte er sich in diesem Moment an seine guten Manieren und zeigte auf die Hartholz-Besucherstühle, die um einen Tisch gruppiert waren.

Hannes nickte. Er hatte sich bisher im Hintergrund gehalten, dachte jetzt aber an Schneidlingers Mahnung.

„Und wie kann ich Ihnen jetzt helfen?", fragte der Professor, nachdem alle saßen. Er hatte sich gefangen, kein Zeichen von Unsicherheit lag mehr in seiner Stimme, nur seine Geschäftigkeit verriet seine innere Unruhe. Dieser Umstand reizte die Kommissarin ungemein.

„Indem Sie uns von Ihren Treffen mit Vanessa Auerbach erzählen", schlug sie daher resolut vor. „Wo haben Sie sich getroffen, wie liefen diese Treffen ab und wer hat die Orte ausgewählt? Und stimmt es, dass die junge Dame aufgrund der Tatsache, dass sie sich mit Ihnen getroffen hatte, besser benotet wurde?"

„Wer behauptet denn so was!", entrüstete sich der Professor, doch Franziska holte ihn mit einer Geste gleich zurück auf den Boden. „Wo und wie wir uns getroffen haben, kann ich Ihnen so pauschal nicht beantworten. Das wäre jetzt auch ein bisschen viel auf einmal, finden Sie nicht?" Ohne auf eine Antwort zu warten erhob sich der Professor und ging zu seinem Schreibtisch. „Kann ich Ihnen etwas anbieten, Wasser vielleicht?"

„Nein, vielen Dank", lehnte die Kriminalkommissarin ab. „Wir sind auch gleich wieder weg, wenn Sie uns nur bitte unsere Fragen beantworten möchten."

„Ja natürlich!" Der Professor holte eine kleine Wasserflasche aus seinem Schreibtisch und trank beinahe gierig daraus, ohne ein Glas zu bemühen. Franziska registrierte das leichte Zittern seiner Hände „Sie verstehen, dass ich darüber nicht sprechen möchte."

„Ja, das verstehe ich. Sie sind verheiratet, haben zwei Kinder, ich verstehe Sie ..." Franziska wollte im Vergleich zu ihm nicht den Moralapostel spielen, das stand ihr nicht zu, und trotzdem fand sie es nur gerecht, dass er sich in diesem Moment ziemlich quälte. „Wie lange ging Ihr Verhältnis mit Frau Auerbach schon?"

„Was heißt hier Verhältnis, wir haben uns hin und wieder getroffen." Unschlüssig blieb Markwart an seinem Schreibtisch stehen, nahm noch einen kleinen Schluck aus der Flasche und setzte sich dann wieder zu ihnen.

„Um Sex zu haben?", präzisierte die Kriminalkommissarin und blickte ihn herausfordernd an.

„Ja, auch um Sex zu haben. Vanessa war eine erwachsene Frau, sie konnte tun und lassen was sie wollte", antwortete der Professor beinahe trotzig, und Franziska überlegte, was sich wohl in der kleinen Wasserflasche befand.

„Da haben Sie recht", stimmte ihm Franziska zu. „Sex mit Abhängigen ist nicht mein Ressort. Mich interessiert auch nur, ob Sie am Montagabend zwischen einundzwanzig und dreiundzwanzig Uhr Sex mit Vanessa Auerbach gehabt haben. Ziemlich heftigen Sex!"

„Montagabend?" Der Professor schien zu überlegen. „Aber das war doch der Tag, an dem sie getötet wurde!", entfuhr es ihm, und er sprang erneut von seinem Sessel auf, diesmal um von seinem Schreibtisch eine Schachtel Zigaretten und ein Feuerzeug zu holen. Hektisch öffnete er das Fenster, steckte sich eine Zigarette zwischen die Lippen und zündete sie an.

„Richtig, am Montagabend wurde Vanessa Auerbach

zwischen einundzwanzig und dreiundzwanzig Uhr brutal vergewaltigt und anschließend getötet, und ich bin auf der Suche nach demjenigen, der das getan hat."

Der Professor wirbelte herum. „Und das soll ich gewesen sein? Sind Sie verrückt?"

Die Kriminalkommissarin musterte ihn herausfordernd, wobei sie über seine Unterstellung locker hinweg ging, zeigte sie doch nur, dass er erkannt hatte, wie prekär seine Situation war. „Wo waren Sie zu dieser Zeit?"

„Ich war zuhause. Bei meiner Frau. Sie wird Ihnen das bestätigen", antwortete er zügig.

„Gut, dann werden wir Ihre Frau danach fragen."

„Ja, tun Sie das!"

Es hörte sich wie ein Rauswurf an. Und tatsächlich ging er zur Tür, um sie für seine Besucher zu öffnen. Franziska und Hannes erhoben sich und folgten damit seiner unausgesprochenen Aufforderung. An der Tür drehte sich Franziska noch einmal zu ihm um.

„Ach, eines noch, wenn Sie so sicher zuhause waren, dann haben Sie doch auch bestimmt nichts gegen einen DNA-Test, oder?" Die Kommissarin fixierte den Professor mit einem durchdringenden Blick.

„Einen DNA-Test?" Markwart ließ die Türklinke los.

„Ja, der Täter hat sich sozusagen mit einem genetischen Fingerabdruck im Opfer verewigt. Und wenn Sie zustimmen, könnten wir den ganzen Vorgang abkürzen, es sei denn ..."

Einen Moment lang standen sich die Kriminalkommissarin und ihr ehemaliger Juraprofessor musternd gegenüber. Entweder erkannte er sie tatsächlich nicht oder er wollte sie nicht wiedererkennen. Keiner sagte ein Wort, keine Geste verriet die Anspannung des anderen, beide warteten darauf, dass der andere den Anfang machen würde.

„Haben Sie dafür denn auch einen richterlichen Beschluss?", fragte der Professor schließlich an Hannes gewandt und schien auf einmal wieder ganz Herr der Lage zu sein.

„Kein Problem, bei dieser Beweislage bekommen wir den sofort", versicherte dieser.

„Gut, dann kommen Sie mit Ihrem Anliegen wieder, wenn Sie ihn mir vorlegen können. Einen schönen Tag noch!"

„Was war bloß in der Flasche?", wollte Franziska wissen, kaum dass sie ein Stück den Flur entlanggegangen und damit außer Hörweite gekommen waren.

Hannes zuckte mit den Schultern. „Auf jeden Fall stand er mächtig unter Druck, das hat man gesehen. Meinst du, er hat das alles schon mit seiner Frau besprochen?"

„Da wäre ich jetzt tatsächlich gern Mäuschen", grinste Franziska und wich ein paar ins Gespräch vertieften Studenten aus. „Aber vielleicht war er ja genau deshalb so nervös", gab sie schließlich zu bedenken und grinste dann verschmitzt. „Hab ich dir nicht gesagt, dass wir den Stier gleich bei den Hörnern packen müssen? Seit meiner Ausbildung weiß ich, dass man diesen Herren niemals das Heft in die Hand geben darf, sonst zerreden sie dir alles. Sprich mit einem Juristen und du glaubst anschließend an zwei verschiedene Meinungen, aber keine davon hat etwas mit deiner eigenen zu tun!"

Hannes nickte belustigt und ging vor Franziska die Treppe hinunter. „Ich hoffe nur, dass Schneidlinger das auch so sieht. Dem Herrn Professor traue ich nämlich zu, dass der gleich nach dem Anruf bei seiner Frau mit der Staatsanwältin Ehrenberger telefoniert, und auf die ist Schneidlinger ja sehr gut zu sprechen."

„Stimmt, die mag er nicht. Keine Ahnung warum, mir ist

die noch nie untergekommen. Aber dafür ist er ja auch der Chef. Und als Chef hat er uns solche Leute vom Hals zu halten, damit wir in Ruhe unsere Arbeit machen können", kicherte Franziska belustigt und wollte sich gerade zur Tür hinaus schlängeln, als sie von einem Mann im Handwerkerkittel rüde angestoßen wurde. „Mann, pass doch auf!", schrie ihm die Kommissarin verärgert hinterher und hob ihre Tasche auf. Doch da war er schon um die Ecke und in einen Pulk von Studenten eingetaucht.

„Ist was passiert?", fragte eine junge Frau und half, ihr die herausgefallenen Sachen einzusammeln.

„Nein." Franziska versuchte sich in einem Lächeln. „War nur der Schreck."

„Der ist eigentlich ganz harmlos ... na ja halt ein bisschen gaga, aber wenn du ein kaputtes Fahrrad hast, dann bring es zu ihm", schlug sie noch vor, nahm ihre Tasche auf und verschwand ebenfalls in Richtung Seminarräume.

„Gehts wieder?", wollte jetzt auch Hannes wissen.

„Ja", antwortete Franziska ein wenig genervt, weil sie es nicht leiden konnte, wenn sie für ein Opfer gehalten wurde. Dann setzte sie ihre Sonnenbrille auf und steuerte lässig auf ihr Auto zu.

Christiane Wernsteiner-Markwart saß auf ihrem mit hellen Kissen gepolsterten Rolf Benz-Sofa und versuchte zu lesen. Vor ihr auf dem Tisch stand auf einem Stövchen eine Kanne mit Kräutertee, dessen Aroma den ganzen Raum erfüllte. Von ihrer Tasse hatte sie bisher nur genippt. Christiane hatte sich in ihr Zimmer zurückgezogen, um endlich wieder zur Ruhe zu kommen, doch so richtig wollte ihr das nicht gelingen. Immer wieder erhob sie sich, um hinunter zu schauen auf die Klinik und weiter links auf das Gelände der Universität, wo ihr Mann dozierte, und schließlich auf den Inn. Das hier war ihr Zuhause, so lange sie denken konnte. Und sie hatte gelernt, Gefühle zu überspielen und sie nicht so wichtig zu nehmen.

Als es an der Tür klingelte, erhob sie sich schwerfällig wie eine alte Frau und das, obwohl sie erst Mitte vierzig war. Sie kämen von der Mordkommission Passau, stellte eine überaus hübsche und sehr muntere Kommissarin sich sowie ihren Kollegen vor und sie hätten ein paar Fragen. „Dürfen wir vielleicht eintreten?"

Argwöhnisch musterte Christiane die beiden. „Ja natürlich, bitte, wenn Sie mir die Treppe hinauf folgen wollen."

Christiane ging voran. Sie hatte nicht vor, sie ins Wohnzimmer zu bitten, sie wusste ja, was kommen würde. Klaus hatte sie bereits unterrichtet, hatte ihr gesagt, was sie zu tun habe. Natürlich, hatte sie gesagt, so machen wir es. Ich war spazieren, aber das hat ja niemand gesehen und genauso gut hätten wir beide zuhause sein können. Sie hatte es ohne Spitzen gesagt, ganz lakonisch.

„Mein Mann hat mich schon informiert", sagte sie und bat die beiden Kommissare, Platz zu nehmen. „Möchten Sie vielleicht eine Tasse Tee mit mir trinken?", fragte sie aus Höflichkeit, obwohl sie die Teekanne besser stehen lassen sollte, weil die beiden sonst merken würden, wie sehr ihre Hände zitterten.

Die Kriminalkommissarin setzte sich. Offenbar die Chefin, dachte Christiane und lächelte sie freundlich an. Eine Frau als Chefin war heute keine große Sache mehr. Auch an der Uni gab es ja inzwischen eine weibliche Doppelspitze. Verstohlen musterte sie die Polizeibeamtin. Ihre Haare reichten ihr bis weit über die Schultern, waren sommerlich gesträhnt, wobei Christiane sofort wusste, dass es sich hierbei um das Werk eines Friseurs handeln musste. Sie trug eine weiße enge Hose und ein ärmelloses Jeanshemd, das sie lässig über der Hose trug, obwohl sie eine wunderbare Figur hatte. So hatte sie auch mit ihrem Mann gesprochen, bestimmt hatte sie ihm gefallen. Wenn sie auch fast schon ein wenig alt für ihn war, wie die feinen Linien in ihren Augenwinkeln verrieten. Verlegen lachte Christiane kurz auf, woraufhin die Kommissarin sie irritiert anblickte.

„Entschuldigen Sie bitte, ich bin ein wenig durcheinander, die Polizei kommt ja nicht alle Tage ins Haus."

„Ja, natürlich, wir wollen Sie auch gar nicht lange stören", erklärte Franziska und nickte in Richtung Tisch und Teekanne.

„Ach, Sie stören mich nicht."

Wieder lächelte die Kriminalkommissarin ihr zu, diesmal ein wenig aufmunternd, bevor sie fragte: „Früher wohnten hier in der Straße doch die Chefärzte vom Passauer Klinikum, oder?" Ihr Ton war locker.

„Stimmt! Mein Vater war Chefarzt", erklärte Christiane und war mal wieder sehr stolz auf ihn. Als er im Klinikum Chefarzt gewesen war, kannte und achtete man diesen Berufsstand noch in der ganzen Stadt. Und so war auch sie, als Tochter einer solchen Koryphäe, immer ein wenig angesehener gewesen als ihre Mitschülerinnen. Ein Umstand, der sie bis heute in die Pflicht nahm.

„Hat Ihr Mann Ihnen auch schon gesagt, worum es uns geht?", wollte die Kommissarin nun wissen.

„Ja. Und glauben Sie nur nicht, dass ich für ihn lügen würde." Sie lachte gekünstelt auf. „Aber er war tatsächlich den ganzen Abend über hier", log sie mit fester Stimme.

„Ja, natürlich." Die Kommissarin lächelte und stand auf, um zum Fenster zu gehen, während der Kollege ihr vom Sofa aus verwundert nachblickte.

„Es muss schlimm sein, immer dort hinunter zu schauen und nicht zu wissen, was er gerade macht", vermutete die Kriminalkommissarin auf einmal mit einfühlsamer Stimme. Es schien, als kenne auch sie diesen besonderen Schmerz, der irgendwann stumpf und taub wurde und doch nicht aufhörte zu bohren. Ein Schmerz, der nie wirklich schrie und nie richtig schwieg.

„Sie wussten, dass Ihr Mann Sie betrogen hat?" Die Kommissarin wandte sich um und blickte Christiane interessiert an. Auge in Auge verweilten sie, bis Christiane heftig zu nicken begann.

„Und Sie kannten auch Vanessa Auerbach?", fragte die Kriminalkommissarin und legte ihr mitfühlend die Hand auf den Arm.

„Der arme Professor Markwart. Ich glaube, der hat nicht nur seine Freundin, sondern inzwischen auch seine Ehefrau verloren", resümierte Franziska im Auto vor dem Wernsteiner-Anwesen und notierte die wichtigsten Eckpunkte des Gesprächs in ihrem grünen Notizbuch. „Ist dir aufgefallen, wie fertig sie war? Diese tiefen dunklen Augenringe und diese Traurigkeit. Die hat sich schon länger in ihr Gesicht eingegraben. Findest du nicht?" Sie sah Hannes fragend an, spekulierte dann aber selbst weiter. „Die Frau hat nicht erst vor Kurzem davon erfahren, dass ihr Mann eine oder wahrscheinlich ja schon mehrere außereheliche Affären unterhielt."

„Dann hat sie aber sicher auch nicht für ihn gelogen", gab Hannes zu bedenken.

„Ich weiß nicht", überlegte Franziska. „Sie ist eine

Chefarzttochter und sehr stolz darauf. Das ist wie alter Adel, da hat man zu gehorchen und keinen gesellschaftlichen Skandal heraufzubeschwören." Franziska blätterte einige Seiten zurück und ließ das Buch dann auf ihren Schoß sinken.

„Ihr gehört das Haus." Hannes warf seiner Kollegin einen musternden Blick zu. „Haus, was sag ich. Das ist doch schon fast ein Schloss." Bewundernd blickte Hannes an der Fassade hinauf.

„Ja schon." Franziska musste jetzt richtig lachen. Hannes neigte nicht zum Neid. „Aber sie ist bestimmt der Überzeugung, erst mit einem Mann sei es wirklich bewohnt." Sie blickte die Straße entlang, die hier oben ziemlich schmal und immer wieder zugeparkt war. Eine Herausforderung für jeden Autofahrer.

„Wenn das wirklich der Grund für ihr Verhalten ist, dann sollte das der Gleichstellungsbeauftragten aber besser nicht zu Ohren kommen", frotzelte Hannes und richtete seinen Gurt.

„Wem?" Franziska beobachtete ihn, schien ihm aber nicht folgen zu können.

„Na die Gleichstellungsbeauftragte der Uni. Die sind doch da ganz besonders streng, was die verbale und sonstige Gleichstellung von Mann und Frau anbelangt."

„Christiane Wernsteiner-Markwart gehört durch ihre Erziehung aber noch einer anderen Generation an, und letztlich lügen sich diese Frauen doch ohnehin in die eigene Tasche. Sie nehmen einen Doppelnamen an, um ihre Unabhängigkeit zu demonstrieren und zeigen dann doch aller Welt, dass die frühere Christiane Wernsteiner heute die Frau von Professor Markwart ist." Franziska warf einen letzten Blick auf das Haus und begann heftig zu nicken, bevor sie Hannes erklärte: „Du hast mich da gerade an etwas erinnert", erklärte sie schließlich, drehte den Zündschlüssel um und parkte aus der engen Parklücke aus.

„Und willst du mir auch sagen an was?", fragte der Kollege, sobald das Manöver geglückt war.

Franziska nickte vielsagend. „Na ja, das mit der Gleichstellung funktioniert letztendlich doch sowieso nur auf dem Papier." Franziska hatte die Innstraße erreicht und bog in Richtung Innenstadt ab. „Du kannst als Frau hundert Mal darauf pochen, dass Männer und Frauen gleich seien, aber dann kommt einer daher und lässt dich seine körperliche Kraft spüren, und schon ist es vorbei mit der Gleichheit. Zumindest meistens", gab Franziska nach einem vagen Murren von Hannes zu.

„Und was hat das mit unserem Fall zu tun? Kümmern wir uns jetzt um die Gleichstellung von Mann und Frau?"

„Na ja, ich mache mir Sorgen um Stephanie Mittermaier", erklärte Franziska, während sie über die Schanzlbrücke fuhr und dann zum Anger abbog. „Die hat sich durch die Veröffentlichung des Artikels ganz schön heftig mit Tom angelegt. Wer sagt, dass der das hingenommen hat? Wer sagt, dass sie nicht gerade jetzt dieses Missverhältnis der Kräfte zu spüren bekommt? Vielleicht hat sie durch diesen ganzen Gleichberechtigungsscheiß einfach ihre Möglichkeiten überschätzt?"

„Hört, hört, du als Frau bist gegen Gleichberechtigung?", konterte Hannes und wurde, als Franziska nach der Ampel ein wenig schnell die Freyunger Straße querte, um in die Löwenmühlstraße hinauf zu fahren, kräftig durchgeschüttelt.

„Oh nein, das hast du jetzt völlig falsch verstanden. Ich bin für Gleichberechtigung, aber nur da, wo es sinnvoll ist. Manche Dinge sind von der Natur einfach so angelegt, dass sie auch mit noch so viel Papierkram nicht gleichgestellt werden können." Sie fuhr inzwischen Schritttempo, suchte in der völlig zugeparkten Straße nach der richtigen Hausnummer und einer Möglichkeit, anzuhalten und zu parken.

Hannes lachte. „Das Kinderkriegen zum Beispiel?"
Franziska lachte nun ebenfalls. „Na ja, zum Beispiel. Mal ehrlich, möchtest du vielleicht ein Kind austragen?"
Hannes wurde rot, doch bevor er antworten konnte, lichtete sich vor ihnen die Straße ein wenig und Franziska ergatterte einen Parkplatz mit Blick hinunter auf die Obernzeller Straße, die Ilz und hinüber zur Ortsspitze. Sie stieg aus und deutete mit dem Finger auf eine Hausfassade. „Da vorn muss Steffis Wohnung sein!"

Fünf Minuten später standen sie bereits in der stickigen Wohnung, die ganz oben unter dem Dach lag und offenbar seit Tagen nicht gelüftet worden war. Haus- und Wohnungstür waren unverschlossen gewesen, doch die eigentliche Überraschung, die sie nach dem Betreten erwartete, war so überlebensgroß, dass sie beides schnell vergaßen. Es gab zwei Türen, die vom Flur abgingen. Eine schmalere zum Badezimmer und eine zweite zum Wohnraum. Und die letztere war komplett mit einem Foto von Vanessa Auerbach bezogen. Im Vergleich zu dem Foto in Vanessas Wohnung zeigte dieses Bild allerdings eine wutverzerrte Fratze und besaß eine Bildbeschriftung, die quer über die Tür verlief: *Das wahre Gesicht!*

„Interessant", kommentierte Franziska, nachdem sie es lange angestarrt hatte, weil sie einfach nicht wusste, was sie davon halten sollte.

Da das Bad ausgesprochen winzig und rein zweckmäßig eingerichtet war, genügte ein Blick, um zu wissen: Hier hielt sich die Bewohnerin definitiv nicht auf. Der Wohnraum bestand aus einer winzigen Kochnische und einem Wohn-Schlaf-Bereich. Dort standen ein Bett, auf dem allerlei Kleidung lag, ein voll beladener Schreibtisch mit einem überbauten Bücherregal, ein kleiner Tisch mit einem Klappstuhl davor und einem weiteren, der an einem Haken an der Wand aufgehängt war. Auf einer schmalen Kommode balancierte ein kleiner Fernseher, der vermutlich schon seit Generationen zum Inventar gehörte. Zwischen Bett und Schreibtisch stand eine fahrbare Kleiderstange, auf der weitere Kleider hingen, manche auf Bügeln, manche achtlos darüber geworfen.

Überwältigt blieben die beiden Kommissare im Türrahmen stehen und betrachteten das Chaos. Überall lagen Bücher, Wäsche, benutzte Teller, leere Flaschen und Schreibblöcke herum. Dass außer ihnen niemand im Raum sein konnte, war den beiden sofort klar. Also gingen sie beherzt hinein und öffneten die Balkontür, um frische Luft hereinzulassen. Anschließend nahmen sie das Durcheinander näher in Augenschein.

„Hier ist ein Dossier über Tom", wunderte sich Hannes, als er eine Mappe mit entsprechender Aufschrift in die Hand nahm. Er blätterte in den Aufzeichnungen, bis ihm klar wurde, dass Stephanie Mittermaier Tom intensiv beobachtet haben musste. Neugierig geworden wühlte er sich weiter durch die Unterlagen des vollbeladenen Schreibtischs, wobei eine andere Mappe über den Rand rutschte, zu Boden fiel und ein Foto freigab.

Franziska, die ihm zugesehen hatte, bückte sich, hob das Bild auf und konnte ihre Verwunderung nicht verbergen. „Ist das nicht Bene, der Ruderer, der Tom ein Alibi gegeben hat?", fragte sie, obwohl sie natürlich wusste, dass es so war. Hannes nahm ihr das Foto aus der Hand und nickte.

„So wie es aussieht hat sich unser Fräulein Steffi, die in unserer Gegenwart so naiv von der romantischen Vergewaltigung träumte, als Schnüfflerin betätigt", erkannte Franziska beim Durchsehen der Aufzeichnungen, „und offenbar hat sie dabei einiges zu Tage gefördert..." Die Kommissarin vertiefte sich genau wie Hannes ins Lesen der einzelnen Dossiers, die in ihrer Penibilität so gar nicht zum Zustand der Wohnung passten.

„Hier steht alles, was sie persönlich zum Fall Sandra Haider herausgefunden hat. Benedikt Jung hat gelogen, schreibt sie. Hast mir gar nicht gesagt, dass der ausgesagt hat. Es war eine abgesprochene Sache, und wenn die Polizei sich ein wenig Mühe gegeben hätte, dann hätte man das auch durchschauen können." Franziska ließ die Blättersammlung sinken. „Das ist ja alles ziemlich heftig, würde ich sagen." Als sie aufblickte, sah sie direkt in Hannes' fragendes Gesicht. „Ich glaube kaum, dass den beiden Herren das hier gefallen wird", überlegte Franziska weiter.

„Vielleicht hat sie das ja schon zu spüren bekommen", mutmaßte Hannes nach einem weiteren Blick auf das Chaos im Raum. „Vielleicht hat sie aber auch nur erkannt, dass es nach dieser Art von Recherche besser ist, eine Zeitlang zu verschwinden."

„Wenn nicht Tom persönlich dafür gesorgt hat, dass sie verschwunden ist!" Franziska zeigte auf eine weitere Stelle im Text. „*Sobald er sich bedrängt fühlt oder gereizt wird, neigt Tom zu Wutausbrüchen und zur Brutalität...*"

„Und Stephanie Mittermaier hat ihn ziemlich bedrängt", wusste Hannes.

„Ja, und ich kann für sie nur hoffen, dass sie das in ihren schlauen Plan mit einkalkuliert hat und sich rechtzeitig in Sicherheit bringen konnte", hoffte Franziska ehrlich. Sowohl sie als auch Tom würden zur Fahndung ausgeschrieben werden. Mehr konnte sie, selbst wenn sie wollte, im Moment nicht für die junge Frau tun.

„Und Sie haben wirklich keine Ahnung, wo sich Tom Seibert im Moment aufhalten könnte?", fragte Franziska, als sie zwei Stunden später die Nikola-Cafete betrat und musterte ihr junges Gegenüber interessiert. Über ihrem Shirt trug sie eine leichte Strickjacke mit Perlmuttknöpfen, einen geblümten Rock und halbhohe Pumps. Die langen Haare waren aufwendig um den Kopf geflochten, passend zu den Schuhen baumelte an ihrer Stuhllehne eine große Ledertasche. Vor ihr auf dem Tisch stand ein Becher mit Tee, daneben lag ein Päckchen mit Papiertaschentüchern.

„Nein, wirklich nicht", schniefte die junge Frau, zog erneut ein Taschentuch heraus und schnäuzte sich umständlich.

Nach ihrem Besuch in Steffis Wohnung war Franziska noch einmal in die Inspektion gefahren, um die Fundstücke dort zu deponieren. Da hatte sie der Anruf von Bernadette Billinger erreicht. Sie habe diesen schrecklichen Artikel in der Zeitung gelesen und müsse jetzt unbedingt wissen woran sie sei, hatte sie die Oberkommissarin bedrängt. Sie mache sich große Sorgen um Tom.

Selbst nach einem Blick auf die Uhr hatte Franziska nur kurz gezögert und vorgeschlagen, sich mit ihr zu treffen. Sie wusste bereits, dass sie noch bei Mama und Papa im Schönleitnerweg zuhause war. Das ist voll die moderne Architektenhütte mit Blick auf den Inn, hatte Steffi erzählt, doch die junge Billinger wollte sich lieber an einem neutralen Ort mit Franziska treffen.

Nachdem Bernadette ihr ebenfalls einen Becher mit Tee geholt hatte, fragte Franziska: „Ist Tom manchmal gewalttätig?"

Stumm blickte die junge Frau eine Weile aus dem Fenster. „Bei mir nie", behauptete sie dann mit fester Stimme.

„Wenn Sie sagen, bei Ihnen nie, bedeutet das dann, bei anderen schon?"

Wieder blickte Bernadette lange aus dem Fenster, bevor sie gestand: „Ich habe ihn einmal mit einer anderen

Frau zusammen gesehen, und wie er sich ihr gegenüber verhalten hat, das hat mich wirklich total geschockt."

„Inwiefern?"

„Na ja, er war sehr grob, aber er erklärte es anschließend damit, dass sie ihn wirklich sehr genervt hat und ... er machte dann ja auch diese Therapie ... und seither kam so etwas auch nie wieder vor."

„Warum genau machte Tom diese Therapie? Ich muss das wissen. Tom kam nicht zum DNA-Test, und so wie es aussieht, hatte er ein Motiv für die Tat", gab die Kriminalkommissarin zu bedenken.

„Tom litt als Kind sehr darunter, dass ihn seine Mutter allein aufziehen musste, weil sich sein adeliger Vater nicht zu ihm und seiner Mutter bekannte. Für Tom sind solche Standesdünkel sehr wichtig."

„Und für Sie?"

Verwirrt blickte Bernadette die Kommissarin an, bis sich ihr Gesicht erhellte. „Ach Sie meinen, wegen des Geredes, dass Tom mich nur wegen meiner Herkunft liebt ..." Die Kriminalkommissarin nickte erleichtert. „Ich weiß es nicht. Nicht mehr!", gestand die junge Frau und schniefte erneut. „Aber ich will mir einfach nicht vorstellen, dass Tom nur deshalb mit mir zusammen ist."

Noch am Freitagabend waren Steffi und Tom zur Fahndung ausgeschrieben worden. Tom, weil er seine Vorladung ignoriert hatte und nicht zur DNA-Abgabe erschienen war, was ihn dringend tatverdächtig machte, und Stephanie Mittermaier, weil sie mit ihrer Aktion zum einen Kripo und Staatsanwaltschaft gegen sich aufgebracht hatte. Und weil man zum anderen davon ausgehen musste, dass sie in Gefahr war.

Mehr hatte das Team der Passauer Mordkommission an diesem Abend nicht mehr tun können. Für alle, die keinen Dienst hatten, stand ein erholsames Wochenende vor der Tür, wobei erholsam sehr unterschiedlich aufgefasst werden konnte. Hannes wollte wieder einmal sein handwerkliches Geschick unter Beweis stellen und mit Sabrina irgendeine Wand in deren Haus an der Ortsspitze einziehen. Das Haus war beim Sommerhochwasser vor zwei Jahren besonders arg in Mitleidenschaft gezogen worden und erst langsam wieder so richtig bewohnbar, was die beiden aber nicht zu stören schien. Na ja, immerhin hatten sie sich durch diesen Umstand kennen und lieben gelernt.

Franziska hatte sich viel profanere Dinge vorgenommen: Wohnung aufräumen, sauber machen, Wäsche waschen und vor allem Zeit für Walter haben.

Dass es dann aber doch wieder ganz anders kam, lag unter anderem an dem Anruf, den sie kurz nach dem Frühstück am Samstagmorgen von ihrem Chef aus München erhielt.

„Haben Sie heute schon die Zeitung gelesen?", brüllte er in den Hörer.

Franziska war sich nicht sicher, ob es am Umgebungslärm lag oder ob er gerade dabei war, seine sprichwörtliche Contenance zu verlieren. „Äh, nein, ich bin noch nicht dazu gekommen!", gestand sie zaghaft und suchte mit den Augen nach einer Abstellmöglichkeit für ihren Wäschekorb. Als das Telefon geklingelt hatte, hatte sie gerade die nasse Wäsche aus der Maschine genommen, um sie auf dem Balkon aufzuhängen, der direkt vor ihrer Küche lag. Nun balancierte sie den schweren Korb auf der linken Hüfte, während sie mit der rechten das Telefon hielt und Schneidlingers Geschrei lauschte.

„Es steht in ALLEN Zeitungen!"

Erschrocken über die Energie, mit der seine Stimme sie erreichte, wäre ihr der Korb fast von der Hüfte gerutscht. „WAS steht in allen Zeitungen?"

„Die rührende Geschichte der Mädels-Freundschaft." Schneidlinger schnaubte, schien sich aber allmählich wieder zu beruhigen. Im Hintergrund vernahm Franziska eine Lautsprecherstimme. Allem Anschein nach war er am Bahnhof. „Nehmen Sie ihr das Ganze ab?", fragte er etwas leiser, nachdem die Durchsage beendet war.

„Hm!" Franziska überlegte, klemmte den Hörer zwischen das linke Ohr und die linke Schulter, drückte den Wäschekorb fester gegen die linke Hüfte und versuchte mit der freigewordenen rechten Hand die Balkontür zu entriegeln, zu öffnen und sich gleichzeitig mit eingeklemmtem Korb und Telefon nach draußen zu begeben. „Ich bin mir nicht so sicher. Einerseits versucht sie auf eigene Faust Vanessas Mörder zu finden, andererseits hängt an ihrer Tür ein überlebensgroßes Portrait, das Vanessa nicht gerade schmeichelt." Sie nahm das Telefon wieder in die rechte Hand und ließ den Korb so sanft wie möglich zu Boden gleiten.

„So, aha." Schneidlinger zögerte. „Auf jeden Fall müssen diese Hasstiraden aufhören. Ich hab bereits mit der Staatsanwältin Ehrenberger wegen einer Nachrichtensperre telefoniert und komme in zwei Stunden in Passau an..." Wieder gab es eine Pause. Stimmengewirr im Hintergrund, dann ein Pfeifen. „So da bin ich wieder, tut mir leid. Sind Sie noch dran?"

„Jaaa!", bemerkte Franziska und warf die herausgefallene Wäsche in den Korb zurück.

„Wir treffen uns um zwölf in der Inspektion und besprechen dann das weitere Vorgehen. Sagen Sie bitte Herrn Hollermann Bescheid."

„Ja, Chef", antwortete Franziska, die bereits auf dem Weg

ins Wohnzimmer war, um dort ihren Laptop hochzufahren. Bevor sie Hannes mit dieser Hiobsbotschaft von seiner Werkbank wegbringen wollte, musste sie wissen, wovon Schneidlinger überhaupt sprach.

Nach den beiden ersten Artikeln, die sie gelesen hatte, war die Kommissarin im Bilde. Ein Blick auf die Uhr sagte ihr, dass sie sich verdammt beeilen musste, wenn sie noch vor Schneidlingers Ankunft etwas über Steffis Motivation herausfinden wollte. Um die Pressesperre sollten sich Schneidlinger und die Staatsanwaltschaft kümmern. Ihr sagten die Artikel mit den Interviews, die offensichtlich erst am vergangenen Tag geführt worden waren, vor allem eines: Steffi war nicht von Tom entführt worden oder gar Schlimmeres, sondern sie befand sich irgendwo, wo sie in aller Ruhe Gespräche führen konnte. Diesen Ort wollte die Kommissarin möglichst vor zwölf ausfindig machen. Dass Steffis Handy ausgeschaltet war, wusste sie bereits, denn sie hatte es erfolglos zu orten versucht.

Um zu erfahren, wo Steffi war, fiel der Kommissarin nur eine mögliche Informantin ein: Carola Weibl. Sie wusste nicht, ob die beiden sich überhaupt kannten, aber sie wollte diese Möglichkeit auf jeden Fall in Betracht ziehen. Tatsächlich ging die Informatikerin auch sofort an ihr Handy, gab Franziska aber sichtlich genervt zu verstehen, dass sie gleich eine Tanzeinheit leite und deshalb nicht lange sprechen könne. Wenn die Frau Kommissarin etwas wissen wolle, müsse sie schon vorbeikommen, sagte sie und beendete das Gespräch abrupt.

„Sie ist ja nun nicht die einzige, die im Schatten einer attraktiven Frau steht und sich auf den Part des Anhimmelns beschränkt", bemerkte Carola Weibl ein wenig außer Atem, aber mit vor Freude geröteten Wangen, als ihr Franziska zwanzig Minuten später in der Turnhalle des Sportzentrums gegenüberstand.

Franziska war in eine kurze Hose und ein sommerliches T-Shirt geschlüpft und auf schnellstem Weg zur Universität gefahren, um dort schon beim Betreten der Halle laute Musik zu hören und etliche Frauen dazu wild durch den Raum tanzen zu sehen. Es gefiel ihr, wie jede ihrem eigenen Rhythmus folgte und dabei ganz in sich und in die Musik versunken war. Eine Weile hatte Franziska nur zugesehen, bis sie selbst von der Musik davongetragen wurde. „Mach doch mit!", hatte eine der Frauen zu ihr gesagt, was Franziska in die Wirklichkeit zurückholte. Sie hatte es eilig, sie musste einen Mordfall lösen, da blieb keine Zeit zum Tanzen, auch wenn es ihr sicher gut getan hätte. Endlich löste sich Carola Weibl aus der Menge und folgte ihr zum Eingangsbereich der Halle, wo es weniger laut war. Sie habe einige der Artikel gelesen, bekannte die Informatikerin, und versuchte nun für Franziska die Beziehung zwischen Steffi und Vanessa zu analysieren.

„Steffi wollte endlich Aufmerksamkeit, erst von Vanessa und jetzt von allen anderen." Die junge Frau malte mit den Armen einen großen Kreis in die Luft, der alles und jedes mit einzuschließen schien.

„Aber die beiden waren doch Freundinnen", warf die Kriminalkommissarin ein.

„Freundinnen? Das glaube ich nicht. Sie waren eher eine Zweckgemeinschaft. Vanessa brauchte sie, um noch glänzender dazustehen, und Steffi täuschte diese Freundschaft vor, um sich wichtig zu machen. Aber so eine Beziehung hält nur, solange sich beide an ihre Rolle halten."

Die Musik hatte aufgehört, und die Frauen gingen zu ihren an der Wand stehenden Taschen, um sich mit Getränken zu versorgen. Die eintretende Ruhe tat Franziskas Nerven gut.

„Und durch den Mord ist Steffi jetzt so aus der Spur geraten, dass sie die Aufmerksamkeit der Öffentlichkeit sucht?" Die Kommissarin war sich nicht sicher, ob Carola Weibl so viel Ahnung von Psychologie wie von Informatik hatte.

„Durch den Mord? Nein. Inzwischen glaube ich, dass es zwischen den beiden von Anfang an nicht stimmte." Sie holte sich nun ebenfalls eine Wasserflasche und trank sie zur Hälfte leer.

Die Frauen standen in Grüppchen zusammen und redeten. Sie schienen nicht zu wissen, wie es weitergehen sollte, wollten aber wohl auch nicht stören. Franziska musterte eine nach der anderen. Dann stellte sie die Frage, die sie sinnvollerweise von Anfang an gestellt hätte. „Wer von Ihnen ist eigentlich für die Nominierungen zuständig?"

„Wir alle", erklärte die Informatikerin sachlich. „Eine erzählt ihre Geschichte, und wir überlegen dann, ob sie in unser Raster passt und wie wir in dem speziellen Fall vorgehen können."

„Und hinter der Nominierung von Vanessa standen alle?"

„Ja. Es war ja bekannt wie sie war, und das gefiel vielen nicht." Auf einmal schmunzelte sie. „Na ja, und wenn eine dafür ist, machen die anderen ganz schnell mit."

„Sie meinen, nachdem sich die erste aus der Deckung getraut hat", hakte Franziska nach und schmunzelte, denn genau so war es doch eigentlich immer. Erst unternahm niemand etwas, weil sich alle zwar das Maul zerrissen, aber wenn dann einer damit anfing, das Ganze öffentlich zu machen, schimpften alle mit. Oder wie im Fall dieser Tänzerinnen liefen alle mit und fotografierten was das Zeug hielt, ohne zu bedenken, was daraus werden könnte.

„Genau. So ist das doch immer."

„Und wer hat in Vanessas Fall den Startschuss gegeben?", Franziska blickte die Frauen der Reihe nach an.

Carola Weibl wurde skeptisch, als könne sie sich nicht erinnern. „Hab ich Ihnen das nicht gesagt?" Und als Franziska energisch den Kopf schüttelte, fügte sie hinzu: „Stimmt, jetzt wo Sie danach fragen ... das war schon sehr seltsam. Als wir überlegten, wen wir nehmen und wie wir es machen wollen, war sie total euphorisch. Aber mitgegangen ist sie dann doch nicht."

„WER?" Franziska hielt den Atem an, denn sie ahnte längst, was kommen musste.

„Na Steffi!"

„Also doch!" Die Kommissarin holte tief Luft und versuchte diese neue Erkenntnis einzuordnen. Was spielte diese Frau nur für ein mieses Spiel? Denn letztlich hatte sie nicht nur ihre angebliche Freundin Vanessa in eine wirklich schlimme Situation gebracht, sondern auch die Tänzerinnen, die ihr geglaubt hatten, dass Vanessa das, was mit ihr geplant war, auch verdient hatte. Franziska nickte in den Raum, lächelte den anderen Frauen kurz zu und wollte schon gehen, um ihr Wissen mit Hannes zu teilen, als ihr noch eine Frage durch den Kopf schoss: „Und wer hat Sie auf Tom gebracht?"

„Na auch Steffi!" Die Informatikerin folgte ihr nach draußen in den Vorraum. „Das war schon seltsam, aber auch total einleuchtend, ich meine, wo gibt es denn schon so eine perfekte Verknüpfung?"

„Helfen Sie mir, was war daran total einleuchtend?"

„Na ja, Sie haben ja bestimmt längst nachgeschaut, wie das mit Tom und der Vergewaltigung war, oder?" Die Kommissarin nickte zustimmend. „Sandra war Steffis Freundin!"

„Ja und?"

„Also, die beiden waren ein Paar. Steffi und Sandra."

„Aber Tom hat doch ausgesagt, dass er mit Sandra zusammen war und dass sie ihn angezeigt hat, weil er die Beziehung beendet hat." Die Kommissarin zögerte und überlegte, wie das eine und das andere sinnvoll zusammenpassen könnte.

„Ja, das hat er ausgesagt. Aber das war eben gelogen. Sandra war mit Steffi zusammen." Sie schnaubte verächtlich. „Tom ist ein Schwein! Er hatte zu viel getrunken und nahm sie aus Spaß und das ziemlich grob. Und als sie zur Polizei ging, verkündete er überall, sie hätte es genau so gewollt und würde jetzt rumzicken, weil er genug von ihr hatte."

„Von wegen Romantik!", begrüßte Franziska ihren Kollegen Hannes an der Wohnungstür der Studentin. Sie hatte ihn telefonisch zu Steffis Wohnung in der Ilzstadt dirigiert, nachdem ihr Carola diese neue drastische Wahrheit über Tom mitgeteilt und ihr dann einen Hinweis gegeben hatte, wie sie Steffi vielleicht finden konnte. Sie solle sich mal mit ihrer Seminararbeit beschäftigen. Sie habe gehört, sie hätte ein ganz besonderes Thema gewählt.

„Lag unter all dem anderen Kram", kommentierte Franziska und wedelte mit einem Stapel loser Blätter, die in einer vergilbten Klarsichtmappe steckten, vor Hannes' Nase herum. *„Die Maschen der Geschlechter: Zwischen Zeus und den Sirenen – Männer vergewaltigen, Frauen becircen.* Beiden geht es um die maximale Macht über den anderen. Der Tod wird zur Nebensache."

„Aha!" Mehr fiel Hannes nicht ein.

„Ich hab das auch noch nie so gesehen", gestand ihm

Franziska und überlegte, ob ihr selbst Beweise für diese These in den Sinn kamen. Beim Querlesen war sie auf den Göttervater Zeus gestoßen, der in Gestalt eines Stiers die Göttin Europa gekidnappt, sie verschleppt und entjungfert hatte. Und an einer weiteren Textstelle wurde Odysseus erwähnt, der nur mit einer List den Sirenen entkam, die ganze Bootsmannschaften mit ihren Zauberliedern zu sich an den Strand und damit in den sicheren Tod lockten.

„Gut, aber wie bringt uns das weiter?", fragte Hannes und blickte entschuldigend auf seine vom Arbeiten staubige Hose, die er erfolglos abzuklopfen versuchte.

Franziska grinste über seine Bemühungen, fuhr aber ungerührt fort: „Wir suchen nach Hinweisen." Sie reichte die Blätter an ihn weiter und freute sich über das, was er gleich lesen würde. „Und finden: ..."

„Tom ist eine Drecks...!", entzifferte Hannes die Bemerkung am Rande. Franziska nickte und grinste noch ein wenig breiter, als er erkannte: „Steffi Mittermeier und Sandra Haider waren ein Liebespaar!" Verwundert ließ Hannes die Seiten kurz sinken.

„Richtig! Das wusste ich allerdings schon von Carola Weibl. Sie meinte auch, wir sollten hier nach einem Hinweis auf deren Aufenthaltsort suchen, dann hätten wir auch Steffi."

„Ist das eine Schnitzeljagd oder was?" Hannes hörte sich jetzt alles andere als begeistert an.

„Sprich bitte nicht vom Essen, sonst muss ich daran denken, dass es gleich Mittag ist."

„Warum, hast du nicht gefrühstückt?" Hannes nahm die Seiten wieder auf und blätterte weiter. „Das kann ja kein Schwein entziffern!"

„Doch, aber um zwölf will Schneidlinger uns in der Inspektion sehen."

„Oh!" Nach einem Blick auf seine Uhr wusste er, warum es Franziska so eilig hatte. „Und jetzt?"

„Jetzt packen wir alles zusammen. Entziffern können wir das Ganze ja auch im Büro", beschloss Franziska.

„Er sieht richtig fertig aus", berichtete Ramona, kaum dass Franziska die Glastür zum Flur der Mordkommission aufgestoßen hatte und nickte mit dem Kopf in Richtung Chefbüro.

„Nimmt er sich die Sache so sehr zu Herzen?", wollte Franziska etwas ungläubig wissen.

„Na hör mal, wenn du Familie hättest, würde dir das auch nahe gehen!"

„Hä, was haben die Artikel mit seiner Familie zu tun? Er wurde doch nicht persönlich erwähnt, oder doch?" Franziska hatte die Artikel nur überflogen und war sich jetzt nicht sicher, ob...

„Ich mein doch nicht die Artikel!" Ramona zog Franziska am Arm um ihren Schreibtisch herum und vergewisserte sich, dass sie nicht belauscht wurde. „Seine Frau hat die Nase voll, und die Kinder meutern ebenfalls. Sie wollen die Wochenenden nicht mehr auf dem uncoolen Hof der Großeltern verbringen."

„Woher weißt du das?", flüsterte Franziska.

Die Sekretärin wand sich ein wenig. „Na ja, wenn er immer so laut schreit beim Telefonieren, kann ich ja schlecht weghören", verteidigte sie sich.

„Du hast gelauscht", lachte Franziska, aber Ramona gebot ihr zu schweigen.

„Ich wollte dich ja nur vorwarnen."

„Danke! Und ich kann mir gut vorstellen, was kommt. Vielleicht machst du ihm einen besonders guten Kaffee?"

„Darum kümmert er sich schon selbst."

„Oh je!"

Franziska nickte und ging zu Hannes ins gemeinsame Büro, um zu erfahren, was er aus den Kommentaren, die Steffi kreuz und quer über diesen Ausdruck ihrer Seminararbeit gekritzelt hatte, herauslesen konnte. Dabei dachte sie an den Chef, der, wenn er sich der Zubereitung seines Kaffees selbst hingab, ganz sicher nicht von größter Hilfe für den Fall sein würde. Als er nach Passau gekommen war, hatte er noch darauf bestanden, nicht nur die Zubereitung seines Kaffees, sondern auch den anschließenden Abwasch selbst vorzunehmen. Inzwischen hatte er erkannt, dass Ramona diese Arbeit gern und sehr gut übernahm und ließ sich immer öfter den Kaffee von ihr aufbrühen und servieren, was er mit besonders feinen Kaffeespenden für die Allgemeinheit belohnte. Dass sie und Hannes prinzipiell nur Tee tranken, hatte er inzwischen auch begriffen und überraschte auch hier hin und wieder mit einer exquisiten Auswahl. Wenn er jetzt selbst an der Maschine stand, musste etwas wirklich richtig heftig in Schieflage geraten sein.

„Und, gibts bei dir auch was Neues?", fragte sie Hannes beim Eintreten, woraufhin der sie neugierig anblickte.

„Bei dir etwa?"

„Nichts, was mit unserem Fall zu tun hat", begann Franziska geheimnisvoll. Sie wollte jetzt gar nicht daran denken, wie es war, mit einem schlechtgelaunten Chef zusammenzuarbeiten. Doch Hannes machte keine Anstalten, sich mit dieser mageren Aussage zufrieden zu geben.

„Sowas kann ja auch nicht gutgehen", meinte der jüngere Kollege, nachdem Franziska ihn auf den aktuellen Stand des Büroklatsches gebracht hatte.

„Warum nicht?"

„Weil die Distanz zu groß ist. Wenn man so weit voneinander entfernt lebt, kommt es zwangsläufig zu Abgrenzungen. Während der andere nicht da ist, führt jeder sein eigenes Leben. Und wenn man dann zusammen ist, merkt man schnell, dass dem Partner ganz andere Menschen wichtig geworden sind."

„Sagt das dein Schätzchen?"

Hannes schüttelte belustigt den Kopf und blickte, statt zu antworten, auf die Seminararbeit, so als gebe es da etwas ganz Wichtiges zu entdecken. „Nein, das sage ich. Und darum wäre es ja auch schön, wenn wir hier zügig weg kämen, damit ich auf meiner Baustelle weitermachen kann."

Franziska grinste. „Ist es jetzt schon deine Baustelle? Und ziehst du etwa dort ein, wenn ihr fertig seid?"

Hannes nickte unentschlossen. „Ja, so wie es aussieht, schon."

„Glückwunsch, wann kommt das Baby?" Hannes schaute sie entsetzt an. „Hey, war ein Scherz!" Kopfschüttelnd setzte sie sich auf seine Schreibtischkante und blickte von oben auf die Unterlagen. „Hast du etwa noch etwas gefunden?"

„Außer der Adresse? Nein ... Oder doch, warte mal, hier!"

„Ja was haben wir denn da?" Hannes zog eines der Blätter aus dem Stapel und reichte es Franziska, die sich nach dem Lesen ein Grinsen nicht verkneifen konnte.

„Sieh mal einer an, sollte der anständige Herr Professor da etwa Justitia aus den Augen verloren haben?"

Schneidlinger begrüßte die Runde, bedankte sich dafür, dass sie alle extra an diesem Samstag in die Inspektion gekommen waren und erklärte, es gehe jetzt vor allem um

Schadensbegrenzung. „Ich will gar nicht wissen, wer von Ihnen die Sache verbockt hat ...!"

Franziska sog hörbar die Luft ein und wappnete sich für einen Gegenangriff. Aber Schneidlinger wiegelte sofort ab. „Wir müssen diese Frau finden und gleichzeitig verhindern, dass sie weiteren Schaden anrichtet." Ein anschwellendes Murmeln machte sich im Raum breit, aber noch hielten sich alle mit ihren Kommentaren zurück. „Staatsanwältin Ehrenberger hat bereits eine Pressesperre für alle weiteren Meldungen zu diesem Thema verhängt. Aber Sie wissen, was das bedeutet?" Schneidlinger ließ den Satz zunächst unkommentiert in der Luft hängen. „Von jetzt an wird jeder unserer Schritte beobachtet. Immerhin sind wir als unfähig tituliert worden, man wird sehen wollen, ob diese Sperre nicht nur der Verschleierung unserer eigenen Unfähigkeit dient."

„Dann sollten wir also so schnell wie möglich Ergebnisse präsentieren", erklärte Franziska munter, weil ihr diese triste Stimmung auf den Magen zu schlagen drohte.

„Sehr richtig", kommentierte Schneidlinger bissig, woraufhin Franziska aufstand.

„Wenn ich vielleicht den Anfang machen darf!" Sie grinste zufrieden in die Runde und begann von ihren morgendlichen Gesprächen zu berichten, von Carola Weibl und der Seminararbeit, von der Tatsache, dass Steffi und Sandra ein Paar waren und davon, dass sie in der Seminararbeit von Stephanie Mittermaier etwas gefunden hatten, was nach Entwürfen für ein Flugblatt aussah und das Professor Markwart im Licht der Öffentlichkeit gar nicht gut aussehen ließ.

Schneidlinger griff nach seinem inzwischen kalten Kaffee und verzog das Gesicht. „Worum geht es dieser Frau eigentlich?"

„Sie will Rache für ihre Freundin, schätze ich", mutmaßte die Kommissarin. „Und so wie es aussieht, bekommt sie die auch, nur..."

„Nur hat sie Vanessa Auerbach nicht getötet!", warf Hannes ein und lenkte für einen Moment die Aufmerksamkeit auf sich.

„Das stimmt, allerdings sollten wir sie trotzdem dringend finden, denn sie macht uns allen das Leben ziemlich schwer", mischte sich Obermüller ein und grinste Franziska kurz zu.

„Sie spielt ein mieses Spiel, aber irgendwie kann ich sie auch verstehen", versuchte Franziska Steffi zu rechtfertigen, woraufhin Schneidlinger von seinem Stuhl aufsprang.

„Herrgott nochmal, Frau Steinbacher! Jetzt kommen Sie mir doch nicht auch noch mit diesen naiven Erklärungen. Die Frau hat es geschafft, in nur einem Tag nahezu die gesamte Presse mit ihren Hasstiraden zu versorgen. Die ist doch kein Opfer, diese Frau ist eine öffentliche Gefahr!"

Als er innehielt, hätte man eine Stecknadel fallen hören können. Keiner bewegte sich, keiner versuchte eine Antwort zu formulieren. „Finden Sie sie, bevor sie noch mehr Schaden anrichtet!", schloss Schneidlinger und verließ den Raum.

„Uff! Da fehlte jetzt nur noch ein tot-oder-lebendig", kommentierte Franziska. Ihr war in diesem Moment kein bisschen nach Lachen zumute.

„Sollten wir noch einmal die Kollegen in Landshut bitten, bei Sandra Haider vorbeizufahren?", fragte Obermüller, um das entstandene Vakuum zu füllen.

„Ja, auf jeden Fall", entschied Franziska. „Ich glaube aber, unser Chef hat heute nicht nur mit Stephanie Mittermaier ein Problem. Bei ihm sind es gerade die Frauen im Allgemeinen."

Nachdem Franziska in ihrer Wohnung nur die völlig verknitterte und in Teilbereichen noch feuchte Wäsche im Korb auf dem Balkon vorgefunden hatte, zog sie sich rasch um und fuhr, ohne den Balkon noch einmal zu betreten, in die Künstlerwerkstatt in Maierhof, in der vagen Hoffnung, Walter dort anzutreffen.

Als sie kurz darauf die Stufen zur Eingangstür dieses eher unscheinbaren Gebäudes hinaufstieg, hörte sie Klaviermusik und erkannte gleichzeitig die Stimmen einzelner Sänger, die allem Anschein nach eine neue Partie einstudierten. Und tatsächlich öffnete auf ihr Läuten hin Carlos Rodriquez, der Sänger mit dem weichen Gesicht, der wunderbaren Stimme und der Ausstrahlung eines wahren Helden. Mit großen Augen musterte er sie, wobei Franziska an ihr erstes richtiges Rendezvous mit Walter denken musste, dass zwar jäh geendet hatte, aber der Grundstein für ihre wunderbare und immer sehr prickelnde Beziehung gewesen war.

„Ist Walter da?", fragte sie wie damals, und ihre Stimme nahm automatisch einen eher schüchternen Ton an. Sie würde sich nie an die Freizügigkeit des Theaterlebens gewöhnen, auch wenn Walter sie immer wieder in geradezu bühnenreife und überaus reizvolle Situationen brachte.

„Ach, was hat er, was ich nicht habe?", seufzte Carlos wie so oft und öffnete die Tür zur Gänze, damit sie eintreten konnte. „Er ist oben", fügte er dann aber freundlich hinzu, als er sah, dass Franziska so gar nicht zum Scherzen aufgelegt war. „Harter Tag, hm?"

Franziska grinste schief. Zunächst hatten sich nur Hannes und Franziska in ihr Büro zurückgezogen, später waren auch Obermüller und Gruber hinzugekommen, und sogar Ramona steckte noch einmal den Kopf zur Tür herein und fragte ob sie helfen könne. Doch was sollten sie schon machen, um Gottvater Schneidlinger milde zu stimmen. Ein großer Teil der Bereitschaftspolizei war damit beschäftigt, Flüchtlinge aus Syrien, Afghanistan oder dem Kosovo aufzugreifen und der Registrierung zuzuführen. Eigentlich war das Aufgabe der Bundespolizei, doch wenn sie von braven Bürgern den Hinweis bekamen, dass sie auf dem Inn-Radweg oder im Neuburger Wald auf einen kleineren oder größeren Trupp fremdländischer Menschen gestoßen waren, die kein Deutsch verstanden, dann mussten halt auch die Kollegen aus dem eigenen Lager ausrücken und für Klärung sorgen.

Rundfunk- oder Presseaufrufe mit der Bitte um Hinweise aus der Bevölkerung konnten manchmal hilfreich sein. Doch im Fall Mittermaier war noch nicht einmal daran zu denken, die Bevölkerung um Unterstützung zu bitten, schließlich wäre das nach allem, was in letzter Zeit dort geschrieben worden war, geradezu eine Bankrott-Erklärung. So blieb nur die Bitte an die Landshuter Kollegen, noch einmal bei Sandra Haider vorbeizuschauen und ansonsten abzuwarten.

Walter öffnete nur mit Boxershorts bekleidet, denn wie immer im Sommer war es in seiner Bude brütend heiß. „Hey, da bist du ja. Ich dachte schon, ich sehe dich erst bei der Gerichtsverhandlung wieder", frotzelte er und zog sie in seine Arme.

Eine Weile genoss Franziska die wohlige Wärme und seinen liebgewonnenen Duft, bis sie sich vorsichtig losmachte und ihm vorschlug: „Wie wäre es, wenn wir noch einen Spaziergang machen würden? Wir könnten am Inn entlanggehen und uns dann im Café *Innsteg* ein Schnitzel gönnen. Ich hätte solche Lust darauf!", schwärmte sie.

„Aufs Schnitzel oder aufs Spazierengehen?", fragte Walter listig.

„Auf beides", antwortete Franziska diplomatisch,

denn tatsächlich hatte sie seit dem Frühstück nichts mehr gegessen.

„Und warum gerade am Inn?"

Franziska wusste, dass sie ihm nichts vormachen konnte, darum versuchte sie es gleich mit der Wahrheit. „Wir suchen jemanden, eine Frau, und ich könnte mir vorstellen, dass sie am Inn zu finden ist." Sie grinste ein wenig schief, woraufhin Walter sie küsste.

„Ach Frau Kommissarin, warum kann ich dir nichts abschlagen?" Daraufhin grinste Franziska noch ein bisschen breiter, küsste ihn zärtlich auf seine nackte Brust und fuhr dann verführerisch mit der Zunge über seine Brustwarzen. „Na, na, na! Wenn du undercover ermitteln willst, dann solltest du mich nicht vorher anmachen."

Franziska tat entsetzt. „O mein Gott, ist es schon so schlimm?"

„Ja natürlich, ich fühle mich total vernachlässigt", jammerte er und grinste nun seinerseits. „Aber es geht um den Ruf der Passauer Mordkommission, da muss ich wohl zurückstecken."

„Du hast davon gehört?", fragte Franziska gespielt verwundert und sah zu, wie sich Walter eine Jeans und ein Hemd anzog und dann einen Blick auf ihre Aufmachung warf.

„Wie lange willst du denn suchen?"

Franziska zuckte mit den Schultern. „So lange es geht."

„Gut, dann nehmen wir besser eine Decke mit." Als sie seine Absicht durchschaute, fügte er schmunzelnd hinzu: „Falls dir kalt wird."

Die Decke packte Walter in eine große stabile Einkaufstasche, steckte noch eine Wasserflasche und zwei flache Kissen hinzu und schon sahen sie beim Betreten der großen Campuswiese am Inn fast wie zwei ganz normale Studenten aus, die sich hier an lauen Abenden zum Grillen trafen, was auf dem Passauer Campus ja eine gängige Praxis war.

Dass sie ihren Hunger zuvor mit einem großen Schnitzel und einer Portion Pommes gestillt hatten, sah ihnen dagegen niemand an.

„Meinst du, sie kommt ausgerechnet hier vorbei?", fragte Walter nach einer Weile und öffnete träge ein Auge, um ihre Reaktion zu erkennen.

„Ich hab keine Ahnung", gab Franziska ehrlich zu. Sie saß im Schneidersitz auf der Decke, hielt seinen Kopf in ihrem Schoß, streichelte seine Stirn und blickte sich dabei so unauffällig wie möglich um. „Wir wissen ja noch nicht einmal, ob sie überhaupt in Passau ist", fuhr sie mit leiser Stimme fort und erzählte, was sie über Stephanie Mittermaier und ihre Freundin wusste.

„Wow!" Walter fuhr auf. „Zwei Frauen auf Rachefeldzug." Er grinste sie an. „Aber ich glaube, du hast recht. Sie werden sehen wollen, was sie erreicht oder angerichtet haben."

Franziska nickte zustimmend und freute sich, dass Walter das genauso sah wie sie selbst. „Ich weiß nicht, wie viel sie von all dem vorher geplant hat und wann ihr vielleicht der Zufall in die Hände gespielt hat, aber ich denke, sie ist noch nicht fertig. Wir haben einen Entwurf für ein Flugblatt gefunden, und auf dem kommt Professor Markwart gar nicht gut weg. Wenn sie das aushängt, ist er erledigt. Zumindest was seinen guten Ruf als Saubermann betrifft", spekulierte die Kommissarin in Franziska weiter.

„Wenn sie tatsächlich vorhat, Flugblätter zu verteilen und du sie dabei erwischen willst, dann sollten wir uns einen Beobachtungsplatz suchen, der ein wenig verborgener ist", schlug Walter patent vor, woraufhin Franziska grinste, denn sie hatte sehr wohl erkannt, dass es ihm dabei nicht nur um ihre Mission als Undercover-Ermittler ging.

Also packten sie ihre Sachen wieder zusammen und schlugen den Inn-Radweg ein, um in einer großen Schleife über das gesamte Unigelände zu gehen, bis sie erneut auf dem Radweg angekommen waren und in Richtung Informatikzentrum abbogen.

Franziska wusste nicht, ob sie wirklich gehofft hatte, auf Stephanie Mittermaier und ihre Freundin Sandra Haider zu stoßen, schließlich war das Gelände viel zu groß, um von ihr allein überwacht zu werden, und sie war sich auch nicht sicher, ob es überhaupt sinnvoll war, noch länger zu bleiben, denn inzwischen wurde es schon ziemlich dunkel, was das Beobachten zusätzlich erschwerte. Doch Walter zog sie energisch zu der Holzbrücke, die das Gelände an dieser Stelle überspannte und von der aus man den Blick auf die Mensa, das Informatik- und Mathematikzentrum sowie das Audimax richten konnte. Letzteres eignete sich ihrer Meinung nach besonders gut für die Anbringung von Flugblättern. Während sie noch eine Weile die Umgebung im Blick behielt, richtete Walter unter der Brücke eine Art Lager ein und kam dann herauf, um sie zu holen.

„Hier ist niemand", flüsterte er verschwörerisch und zog sie an einer Hand hinab in die Dunkelheit, wo er sie mit sich auf die Decke zog.

Glücklich in seine Arme geschmiegt, ergab sich Franziska seinen zärtlichen Händen, die ihren Nacken und ihre Schultern streichelten, bis sie ganz entspannt war, um dann Zentimeter für Zentimeter ihren gesamten Körper zu erobern, bis sie zum ersten Mal leise aufseufzte. Und da es inzwischen viel zu dunkel war, um die beiden Frauen, die sie eigentlich erspähen wollten, sehen zu können, verließ sich Franziska darauf, dass sie die beiden ja vielleicht hören würde, wenn sie vorbeikämen.

Franziska lag unter der Holzbrücke auf dem Campus und war nicht in der Lage, sich zu rühren, während das Wasser des Inn langsam aber stetig die Wiese heraufgekrochen kam, so wie es zuletzt beim Hochwasser vor zwei Jahren passiert war. Nur dass der Pegel des Flusses viel, viel schneller anstieg und sie sich auch mit noch so viel Mühe nicht vom Fleck bewegen konnte. Schon hatte das Wasser ihre Füße erreicht, als sie nach oben blickte und dort das Gesicht von Stephanie Mittermaier erkannte, die zu ihr herunter winkte und mit theatralischer Stimme rief, dass es doch nichts Romantischeres geben könne, als in den Fluten eines Gebirgsflusses zu ertrinken. Dabei ließ sie Hunderte von Zetteln auf sie herunterrieseln. Verzweifelt versuchte Franziska einen zu erhaschen, aber der Wind trug diese hoch in die Luft, wirbelte sie herum und schien mit ihnen zu spielen, bis sie doch noch einen zu greifen bekam. Entsetzt erkannte sie, dass ihr eigenes Gesicht darauf abgedruckt war. *Tot oder lebendig!*, stand in großen Buchstaben über ihrem Bild. Während Franziska darauf starrte, verwandelte es sich in eine böse Fratze. Als sie erneut nach oben blickte, war Stephanie Mittermaier verschwunden und an ihrer Stelle stand Kriminalhauptkommissar Schneidlinger, der ihr zurief, sie solle endlich an ihr Handy gehen. Franziska suchte in ihrer Tasche danach, konnte es aber nicht finden. Doch dann wich das Wasser so schnell wie es gekommen war in sein angestammtes Flussbett zurück und der Wind trug die bösen Zettel davon.

„Willst du nicht endlich an dein Handy gehen?", fragte diesmal Walter mit ungeduldiger Stimme. Franziska schlug die Augen auf, sah, dass sie in ihrem Bett lag, neben ihr Walter, der ihr das Handy entgegenhielt.

„Wer ist es denn?", fragte sie, aber Walter zuckte nur die Schultern.

„Eine unbekannte Nummer. Hat es schon zwei Mal versucht."

Mitgenommen von ihrem Traum richtete sie sich auf und wollte die Nummer gerade analysieren, als es erneut klingelte.

„Oberkommissarin Franziska Steinbacher?", fragte eine männliche Stimme. Sie nickte und fügte ein: „Und Sie sind?", hinzu.

„Matthias Baumann, *Die Zeitung*. Ich würde Ihnen gern ein paar Fragen zu den Vorwürfen stellen, die Stephanie Mittermaier gegen Ihre Dienststelle erhoben hat", erklärte er.

Franziska holte tief Luft, besann sich dann aber eines Besseren. „Da wenden Sie sich bitte an unseren Pressesprecher! Er wird Ihnen gern Auskunft geben", erklärte sie und beendete das Telefonat, bevor sie sich doch noch zu einem Kommentar hinreißen ließ.

Bis vier Uhr früh hatten sie auf ihrem Lager unter der Brücke ausgeharrt, bis sie müde und durchgefroren ihre Sachen zusammengerafft hatten, um eine letzte Runde über den leeren Campus zu drehen und anschließend zu Franziska nach Hause und dort ins warme Bett zu kriechen und selig zu schlafen, bis der Anruf sie geweckt hatte.

„Vielleicht war die Sache mit den Flugblättern ja auch nur eine Idee, die sie verworfen hat, nachdem sie erkannte, wie gut sie bei der Presse ankam", überlegte Franziska jetzt und versuchte dabei ihren Traum zu analysieren.

„Sehr gut ankam", vervollständigte Walter sarkastisch. „Und jetzt?"

Franziska schielte auf den Wecker. „Was, schon halb zwölf?", rief sie, bis ihr einfiel, dass ja Sonntag war. Erleichtert ließ sie sich zurück in die Kissen sinken und schloss die Augen.

„Ich hab von Schneidlinger geträumt", gestand sie schließlich und lächelte, weil Walter sie als Antwort auf die Provokation zu kitzeln begann. „Nein, nicht so wie du denkst."

Und dann wurde sie ernst. „Er hat gestern ganz schön Druck gemacht. Na ja, dass er sauer ist, kann ich ja verstehen, aber wie wir das jetzt wieder hinkriegen sollen, weiß ich nicht."

„Vielleicht wartest du einfach mal ab", erklärte Walter und hatte in diesem Moment sicher keine Ahnung davon, worauf Franziska warten sollte.

Der nächste, der bei Franziska anrief, war Hannes. Auf dem Weg von seiner Wohnung im Fuchsbauerweg zur Baustelle an der Ortsspitze war ihnen ein Übertragungswagen eines Privatsenders begegnet, woraufhin er Sabrina gebeten hatte, diesem unauffällig zu folgen.

„Er steht jetzt vor der Donau-Schwaben-Anlage", erzählte Hannes. „Sie bauen gerade ihre Technik auf. Das Ganze erinnert irgendwie an die Zeit des Hochwassers."

Bei dieser Schilderung hatte Franziska schallend gelacht. „Ermittelt ihr etwa auch undercover?", fragte sie, woraufhin Hannes herumdruckste, bis sie ihm von ihrem nächtlichen Einsatz auf dem Campus berichtete.

„Bist du etwa noch im Bett?", fragte Hannes unvermittelt. „Und bist du etwa...?"

Franziska räusperte sich energisch, um ihn davor zu warnen, sie wieder an die Geschichte mit den Handschellen zu erinnern.

„Und jetzt?", fragte er stattdessen ein wenig kleinlaut.

„Wenn Schneidlinger erfährt, dass die Presse in Passau aufrüstet, flippt er vollends aus", wusste Franziska und überlegte laut. „Allerdings ist es vielleicht wirklich besser, die Tatsache zu ignorieren, denn selbst wenn wir Stephanie Mittermaier finden, wird das an der Neugier der Journalisten nichts mehr ändern." Und dann erzählte sie ihm von dem Anruf, den sie erhalten hatte.

„So, und was machen wir jetzt?", wiederholte Hannes seine Frage. „Abwarten und Tee trinken?"

Franziska blickte zu Walter hinüber, der das Gespräch die ganze Zeit über schweigend verfolgt hatte. „Das Wetter ist doch schön, was hältst du davon, wenn wir uns zu einem gemeinsamen Spaziergang am Inn treffen?" Walter runzelte bei diesen Worten die Stirn.

Hannes brachte die Vorstellung auf einen einfachen Nenner. „Du und mein Schätzchen bei einem gemeinsamen Spaziergang, na Halleluja!"

Seit zwei Tagen lag sie hier oben auf dem Sofa und konnte sich vor Schmerz kaum noch bewegen. *Es muss schwer sein*, hatte die Kommissarin mitfühlend gesagt und damit das Monster erweckt – sicher ohne zu ahnen, wie schwer es wirklich war. Zentnerschwer lag der Schmerz seit Jahren auf ihrem Herzen und hatte es zusammengedrückt, bis kein Gefühl mehr darin lebte. Längst hatte sie sich daran gewöhnt, hatte alles in irgendwelche Schubladen gestopft und Tücher darüber geworfen, damit sie nicht einmal mehr diese sehen konnte, bis zu dem Tag, an dem alles mit einem einzigen Satz heruntergerissen wurde. Tatsächlich hatte sie wieder und wieder zur Uni hinuntergeschaut, und als ob das alles nicht schon schlimm genug gewesen wäre, hatte sie sich auch noch ausgemalt, was dort unten weiterhin passieren würde. Sie hatte an nichts anderes mehr denken können. Ihr Kopf war voll von diesem schrecklichen Wissen. Fast majestätisch saß das Monster in ihrem Nacken, öffnete sein unbarmherziges Maul und verschlang ihren Kopf. Es bohrte seine Zähne tief in ihre Schläfen, bis der Schmerz zu ihren Ohren hinaus und über die Schultern hinunterfloss und schließlich ihren ganzen Körper lautlos aufschreien ließ.

Sie war ihm gefolgt – immer wieder. Und nachdem sie die beiden zum ersten Mal zusammen gesehen hatte, war sie *ihr* gefolgt – immer wieder. Es war wie eine Obsession gewesen, sie hatte nicht damit aufhören können. Bis es endlich vorbei gewesen war mit ihr.

In den Tagen danach war der Schmerz in ihr zu einem fast unhörbaren Flüstern geworden. Doch an seine Stelle war etwas anderes getreten. Ein Gefühl, das sie bis dahin nicht gekannt hatte: Scham.

Ja, sie schämte sich, und gleichzeitig war sie unglaublich wütend gewesen, weil er sie letztlich so weit gebracht hatte. Weil er sie zu dem gemacht hatte, was sie inzwischen unwiderruflich war. Eine Mittäterin.

Und als sei das alles noch nicht schlimm genug, kam dann diese Kommissarin daher und sagte fast nebenbei: *Es muss schwer gewesen sein.*

„JAAA!", schrie sie auf einmal auf. Ja, es war schwer, es war schwerer als schwer, es hatte ihr die Möglichkeit auf ein normales Leben genommen.

Sie versuchte sich aufzurichten, doch ihr Rücken schmerzte und ihre Beine wollten nicht mehr gehorchen. Sie war verloren. Verloren gegangen in einem Prozess, den sie zu keiner Zeit mitbestimmen, sondern nur miterleiden konnte.

Vorsichtig tastete sie sich bis zur Tür, hielt sich unterwegs an allen möglichen Gegenständen fest und gelangte so bis zur Toilette. Dort ließ sie sich schwer auf dem Becken nieder und stützte den Kopf in die Hände. Ihr war schlecht. Als der Schmerz zu toben begonnen hatte, hatte sie versucht, ihn mit allen möglichen Tabletten zu besänftigen. Aber so einfach gab das Monster nicht auf.

Er wollte sich ja auch gar nicht besänftigen lassen. Wenn sie es schon nicht tat, dann wollte wenigstens der Schmerz in ihrem Inneren schreien, damit sie nicht wieder die Augen verschloss, damit sie endlich etwas ändern würde in ihrem Leben.

Als sie wieder auf dem Sofa saß, fiel ihr Blick auf die Tablettenschachtel. Nacheinander drückte sie jede einzelne durch die dicke Folie, bis ihre Finger schmerzten. Jetzt könnte sie alle auf einmal nehmen und warten, bis es vorbei war. Aber so einfach wollte sie es sich nicht machen. Das war keine Lösung, denn das hätte sie schon viel früher haben können. Mit einer schnellen Handbewegung wischte sie die Tabletten vom Tisch und sah zu, wie sie in alle Richtungen davonrollten.

Josef Schneidlinger saß in der aufgeräumten Küche seiner Mutter, das Bierglas in der rechten, den Kopf auf die linke Hand gestützt, den Blick unbestimmt auf die Mitteldecke mit dem kleinen Soßenfleck gerichtet.

„Ich versteh die Gabi schon, sie ist das alles hier ja nicht gewöhnt", hatte seine Mutter während des Abwaschs eingeräumt und damit auch viel über sich selbst preisgegeben. Für sie war es niemals eine Frage gewesen, ob sie woanders leben wollte, sie gehörte hierher, schon immer und für immer.

„In München ist es ein anderes Leben, viel freier und großzügiger", hatte sie gesagt, aber sein Vater hatte dagegengehalten: „Eine Frau gehört zu ihrem Mann, egal wie viel sie verdient, und die Kinder gehören aufs Land, da ist es nicht so gefährlich wie in der Stadt."

Oh ja, diese Diskussionen kannte er nur zu gut. Und der Bub muss in den Stall, da vergehen ihm schon die Flausen, von wegen Abitur machen und studieren. Der soll lernen, wie man einen Bulldog bedient und den Mais zur richtigen Zeit aussät. Für seinen Vater war das Leben auf dem Land alles. Für ihn zählte einzig und allein der Ertrag aus Feld, Wald und Flur. Und jeden Sonntag gab es einen Braten mit Knödeln und anschließend einen Schnaps.

Schneidlinger seufzte. Heute hatte ihm noch nicht einmal der Schweinsbraten geschmeckt, und an seinem Bier hielt er sich auch schon viel zu lange fest. Der Rest der Familie lag jetzt auf dem Sofa und hielt Mittagsschlaf, später würde es dann eine selbstgebackene Torte und dazu Kaffee und die üblichen Gespräche geben. Schneidlinger liebte seine Familie, so wie er auch Gabi liebte und die Kinder noch viel mehr. Aber war das schon alles? Seinen Job liebte er auch, den liebte er wirklich sehr, und sein Team war ihm inzwischen richtig ans Herz gewachsen. Er nahm einen letzten Schluck aus seinem Bierglas, stand auf und goss den Rest ins Spülbecken. Er war einfach nicht der Typ, der seine Sorgen im Alkohol ertränkte. Wo das hinführte, wusste er nur zu gut.

Davon kam Gabi auch nicht zu ihm zurück, und die Kinder wurden größer, mussten ihren eigenen Weg finden und sollten sich nicht irgendwann für einen alkoholkranken Vater schämen. Für Staatsanwältin Ehrenberger und die Presse wäre ein Alkoholproblem zudem ein gefundenes Fressen.

Leise schloss er die Küchentür und stieg die Treppe hinauf bis unters Dach, wo er sich ein kleines Studio eingerichtet hatte, ein Schlaf- und Wohnzimmer für sich und für Gabi, wenn sie an den Wochenenden kam. Nicht groß, aber sehr gemütlich. Ohne festen Plan legte er sich einen leichten hellgrauen Sommeranzug, ein fliederfarbenes Hemd und eine passende Krawatte zurecht, polierte noch einmal seine Lackschuhe, rasierte sich und trug großzügig Rasierwasser auf, bevor er sich umzog. Dann kämmte er seine Haare und brachte sie mit einem Hauch Haarspray in Form. Als er die Treppe hinunterschlich wie ein Teenager, der abends verbotenerweise aus dem Haus geht, in seinen Porsche Boxster stieg, das Verdeck öffnete und losfuhr, musste er über sich selbst schmunzeln. Seit er den Küchentisch verlassen hatte, dachte er an Paulina. Er hatte Sehnsucht nach ihr, er brauchte sie, auch wenn er ihr das nie so klar sagen würde. Nachdem er ihre Nummer aus dem Speicher seines Handys gewählt hatte und darauf wartete, dass sie abhob, spürte er die Unruhe, die ihn immer überkam, wenn er sich wünschte, mit ihr telefonieren zu können. Sein Gesicht leuchtete, als ihre Stimme endlich über die Freisprechanlage erklang.

„Hast du etwa Sehnsucht nach mir?", fragte sie kokett und ließ ihr herrliches Lachen erklingen.

Normalerweise hätte er jetzt geantwortet: *Ach ich hab nur gerade eine wenig Zeit und wollte mal hören wie es dir geht*, oder *ich komm da bei einem Fall nicht weiter*. Irgendetwas Unverfängliches, etwas, das ihn nicht bloßstellen würde, wenn sie nein sagte. Er zögerte einen Moment, schaute auf die Donau, auf der es vor lauter Ausflugsbooten jeder Größe nur so wimmelte, während neben dem Fluss die Radfahrer überwogen. Schneidlinger erinnerte sich an Paulinas Wunsch, einmal eine gemeinsame Radtour zu unternehmen, wobei er sie jetzt viel lieber in seinem Cabrio spazierenfahren würde. Und obwohl er sich ganz fest vorgenommen hatte, ihr nie von Gabi zu erzählen, rutschte es ihm schon im ersten Satz heraus: „Meine Familie ist im Streik."

„Magst du vorbeikommen?", war alles, was Paulina antwortete und genau darum liebte er sie. Sie bedauerte ihn nicht, sie würde ihm keinen Kakao anbieten. Paulina würde für ihn da sein, wusste er, und Schneidlinger drückte aufs Gas. „Wenn es dir recht ist", antwortete er und hoffte, sie würde sich wirklich auf ihn freuen.

Den Nachmittag hatten sie gemeinsam in dem großen alten Ehebett zugebracht, das bei jedem Lagewechsel so unvergleichlich quietschte und dessen Matratzen so durchgelegen waren, dass sie, wenn sie sich erst einmal für eine Bettseite entschieden hatten, nicht mehr voneinander lassen konnten. Sie waren beide nackt, denn obwohl sie das kleine Fenster weit geöffnet hatten, war es fast unerträglich heiß, und jede Bewegung brachte sie ins Schwitzen. Sandra lag vor ihr und döste, während Steffis Hände über ihren Körper wanderten. Steffi liebte es, diesen federleichten Körper zu streicheln, ihre Sommersprossen zu zählen und ihre Brüste so lange und zart zu berühren, bis die Knospen ganz hart wurden und ihr Körper sich unter ihren Händen wand. Das Knistern zwischen zwei Mädels ist etwas ganz Besonderes, hatte sie Sandra versprochen, als sie sich zum ersten Mal begegnet waren. Damals wusste Sandra noch nicht, ob sie es mit einer Frau machen wollte, wie sie freimütig gestand, sie wusste nur, dass es ihr mit Männern keinen Spaß machte. Und so hatte Steffi sie ganz zart geküsst, wieder und immer wieder, bis sie sich auszogen, und auch da hatte Steffi nicht aufgehört, diesen so verlockend duftenden Körper zu küssen. Sie roch nach Duschgel und Creme. Und niemals würde Steffi diesen Duft vergessen, den sie verströmte, als sie sie zum ersten Mal zum Höhepunkt geleckt hatte. Danach probierten sie immer wieder neue Stellungen und Spiele aus, und mit der Zeit wurde auch Sandra immer experimentierfreudiger, wobei Steffi diejenige war, die gab und lenkte und Sandra die, die sich hingab und nahm.

„Wolltest du nicht ein bisschen schlafen?", fragte Sandra jetzt und schielte über die Schulter zu ihrer Freundin, die den Arm über ihre Hüften geschoben hatte und mit ihrer Hand zärtlich nach der kleinen Perle in ihrem Schoß suchte, um der Königin der Lust zu huldigen.

„Nein, ich will noch einmal spüren, wie du kommst", flüsterte Steffi ihr ins Ohr, saugte und knabberte an ihrem Ohrläppchen und küsste dann ihren Hals, die Schultern und ihren Nacken. „Ich will, dass du es nicht mehr aushalten kannst und mich anbettelst, bis ich weitermache, immer weiter, bis du schreist."

Steffi beugte sich über Sandra und begann mit der Zunge die Knospen ihrer Brüste zu umkreisen, bevor sie ganz zart zubiss. „Ich liebe es, wenn du so feucht wirst!" Dann kniete sie sich über die Freundin und küsste sich langsam bis zu ihrem Bauch und immer weiter, bis sie die enthaarte Scham erreichte. „Ich will dich spüren und riechen und schmecken und hören", keuchte Steffi, denn Sandra wand sich bereits lustvoll hin und her und drückte Steffis Kopf jetzt ganz fest in ihren Schoß. „Oh, ja!", war das letzte, was Steffi zu hören bekam, denn jetzt umschlossen sie die Oberschenkel der Freundin, bis sich deren Körper vor Lust aufbäumte, bevor er, begleitet von tiefen Seufzern, ganz entspannt zusammensackte.

Kurz darauf war Sandra eingeschlafen, sie schlief gern nach dem Höhepunkt, natürlich erst, wenn sie sich bei ihr revanchiert hatte. Doch Steffi konnte nicht schlafen. Selbst wenn sie gewollt hätte. Sie konnte nicht mehr richtig abschalten. Dazu war zu viel passiert in letzter Zeit, doch vor allem beschäftigte sie das, was sie in dieser Nacht noch vor sich hatten.

Aber es war gut, dass wenigstens Sandra schlief. Sie war so zart und so verletzlich, und seit Tom sie im vergangenen Jahr so brutal vergewaltigt und die Polizei sie erst mit ihren Fragen gequält hatte, nur um festzustellen, dass sie sich halt nicht mit solchen Männern an verlassenen Orten treffen sollte, war sie noch empfindsamer geworden.

Tom war ein solches Schwein. Er hatte doch tatsächlich behauptet, dass er zwei Monate mit Sandra zusammen gewesen war, und sein Freund Bene hatte die ganze Geschichte auch noch bestätigt. Die beiden hatten sogar Fotos herbeigebracht, die das belegten. Und obwohl Sandra immer behauptete, dass das gefälschte Fotos waren, hatte der Polizist am Schluss augenzwinkernd Tom Recht gegeben und gesagt: Bevor wir einen Unschuldigen anklagen, lassen wir es lieber. Im Grunde ist doch nichts passiert. Sie sind noch jung, das werden Sie bald vergessen haben. Und Tom ist doch ein schneidiger Bursche. Als ob es ein Glück wäre von so einem gutaussehenden Typen brutal vergewaltigt zu werden. Steffi lachte bitter auf. Als sie das erste Mal bei der Mordkommission gewesen war, um sich als Vanessas Freundin einzuführen, hatte sie ganz schön mit sich ringen müssen, um die Geschichte von der romantischen Vergewaltigung glaubhaft rüberzubringen. Sie hatte sofort gespürt, dass die Kommissarin sie für nicht ganz dicht hielt. Direkt schade, dass sie nicht wieder an so ein selbstgefälliges Arschloch wie den Polizisten von Sandras Vernehmung gekommen war.

Und letztlich fühlte sich Steffi für das, was nach der Vergewaltigung passiert war, auch mitverantwortlich. Zwar hatte sie der Freundin vorgeschlagen: Wir könnten doch aller Welt sagen, dass wir ein Paar sind und dass du mit Tom niemals ein Verhältnis eingegangen wärst, doch davon wollte Sandra auch nichts wissen. Für meine Eltern wäre das alles ein Schock, hatte sie gesagt, sich immer mehr von Steffi zurückgezogen und ihre Beziehung sang- und klanglos beendet.

Als Steffi dann Vanessa kennengelernt hatte, war es zunächst wie bei Sandra gewesen. Sie hatte dieses Knistern gespürt und sich vorgestellt wie es wäre, wenn Vanessa unter ihren Händen feucht werden würde. Immer häufiger hatte es sie zu ihr hingezogen, bis Vanessa ihr wahres Gesicht zeigte. Sie suchte keine Beziehung zu einer Frau, sie suchte noch nicht einmal einen One-Night-Stand mit einer Frau, um ein bisschen Bisexualität auszuprobieren. Vanessa suchte nur einen Menschen, der etwas für sie tun konnte. So war Steffi in die Rolle der besten Freundin geschlüpft, anfangs immer noch in der Hoffnung, es könnte mehr daraus werden.

Doch je dreister Vanessa diese Freundschaft ausnutzte, umso sicherer wusste Steffi, dass Sandra ihre große Liebe war und blieb und dass es so etwas vielleicht nur einmal geben konnte und Vanessa letztlich ein schlechter Ersatz war. Sie wollte also um und für Sandra kämpfen. Und als sie von den Tänzerinnen in der Uni erfuhr, schloss sie sich ihnen an und wartete, bis die Zeit für Tom und auch für Vanessa reif war.

Dass und wie Vanessa dabei zu Tode kam, war natürlich weder ihr Wunsch noch ihr Plan gewesen, doch nachdem es erst einmal passiert war, hätte man sie eine Närrin nennen müssen, wenn sie die Bluttat nicht ausgenutzt hätte, um Aufmerksamkeit zu erhaschen und so Sandra Genugtuung widerfahren zu lassen.

Steffi grinste über die Schlafende hinweg. Dass die Leute von der Presse so schnell auf ihre Geschichte aufspringen würden, hätte sie nicht für möglich gehalten, es zeigte aber, dass mit den Medienvertretern sehr gut zu spielen war, wenn man sie nur bei ihrer Eitelkeit packte. Und eine Kritik am Staat und seinen Versäumnissen kam allemal besser an als eine wehrlose Frau, die vergewaltigt wurde. Letztlich ging es ihnen inzwischen ja noch nicht einmal mehr um Vanessas grausamen Tod, sondern nur noch um den Voyeurismus der Leser. Wer ist der Täter, wo lebt er, wie tickt er und wann schlägt er wieder zu? Wie sieht sein Privatleben aus, prügelt er Frauen und hat er einen Fetisch? All das füllte die Schlagzeilen. Da ging es nicht um Recht und Gerechtigkeit, da ging es schon lange nur noch um Auflagen und Klicks und um die bestbezahlten Werbebanner im Internet.

Inzwischen hatten sich die beiden Frauen angezogen. Jede in ihrem persönlichen Stil. Steffi in Jeans und T-Shirt, Sandra in einem Sommerkleid, das ihren Körper so betörend umspielte, dass Steffi sie gleich in den Arm nehmen und ihren Konturen unter dem duftigen Stoff folgen musste.

Sanft schob die Freundin sie weg. „Wolltest du nicht los?", fragte sie unsicher, weil sie die ganze Sache so schnell wie möglich hinter sich bringen wollte. Sie wusste, dass Steffi das alles nur für sie tat, auch wenn sie sich nicht sicher war, ob es ihr danach wirklich besser gehen würde.

Inzwischen war es weit nach Mitternacht und der Campus praktisch verlassen. Die beiden Frauen waren am Tierheim vorbei durch den Wald hinunter zur Innstraße gegangen und hatten sich dann Gebäude für Gebäude vorgenommen. Wenn die Uni am nächsten Morgen aus dem Schlaf erwachen würde, sollte jeder, aber wirklich jeder wissen, was für ein Mensch Professor Markwart war. Ob diese Aktion gerechtfertigt war oder ob sie in ihrem Wunsch nach Genugtuung zu weit gingen, überlegten sie sich nicht. Diesmal hatten sie die Macht, und die nutzten sie aus, ohne an die Folgen zu denken, so wie das schon unzählige Menschen vor ihnen getan hatten. Gelegenheit macht Diebe.

Oder wie in ihrem Fall Racheengel.

Als Franziska an diesem Morgen die Mordkommission betrat, fiel ihr sofort Ramonas gekünstelte Stimme auf.

„Nein, tut mir leid, ich weiß auch nicht, wo Kriminalhauptkommissar Schneidlinger bleibt! ... Ja, ich versuche ihn sofort zu erreichen! ... Nein, ich werde es nicht vergessen! ... Doch, Sie können sich auf mich verlassen!"

Ganz vorsichtig, als könne sie der Telefonhörer beißen, legte Ramona ihn auf den Apparat zurück und erschrak, als sie Franziska erkannte. Dann sprang sie auf, eilte um den Schreibtisch herum und nahm sie vertrauensvoll am Arm. „Weißt du wer das war?", flüsterte sie und blickte sich nach allen Seiten um.

„Sags mir", frotzelte Franziska.

„Staatsanwältin Ehrenberger! Sie suchen den Chef." Franziska wartete auf die Pointe. „Er geht nicht ans Handy, er ist nicht zu Hause und er ist natürlich auch nicht hier." Mit dem Kopf zeigte sie in Richtung Chefzimmer.

Als das Telefon gleich darauf erneut klingelte, schaute Ramona wie ein Rehkitz in Disneyfilmen, bevor sie abnahm. „Ja, Moment, ich verbinde!" Ramona warf Franziska einen warnenden Blick zu und drückte auf eine Taste, woraufhin es in ihrem Büro zu klingeln begann. „Für dich!"

Nach zwei Sätzen vom anderen Ende der Leitung hatte Franziska eine Ahnung davon, warum Ramona derart unterwürfig reagiert hatte. „Nein, tut mir leid, ich kann Ihnen auch nicht sagen, wo der Chef ist", erklärte

Franziska schließlich mit fester Stimme und fügte in Gedanken hinzu: Und *wenn* ich es wüsste, würde ich es dir nicht sagen. „Kann *ich* Ihnen vielleicht weiterhelfen?"

„Ja vielleicht. Auf dem Unigelände wurden heute Nacht Hunderte von rufschädigenden Flugblättern verteilt, und es liegt nahe, dass Ihre Verdächtige dafür zuständig ist. Kümmern Sie sich darum und schaffen Sie Ihren Chef her!"

„Stephanie Mittermaier?", fragte Franziska überrascht nach, obwohl die Staatsanwältin längst aufgelegt hatte und sah Hannes, der soeben zur Tür hereinkam, fassungslos an.

„Was hat sie denn jetzt schon wieder gemacht?", fragte der und bedachte seine Kollegin mit einem entnervten Blick.

„Sie hat die Flugblätter tatsächlich verteilt!"

„Und niemand hat etwas gesehen?"

„Zumindest hat sich noch niemand gemeldet, der etwas gesehen hat." Das schloss Franziska daraus, dass sie von der ganzen Aktion erst durch die Staatsanwältin erfahren hatte.

„Verdammt, jetzt haben wir praktisch das gesamte Wochenende auf dem Campus verbracht und dann passiert sowas!"

Franziska nickte müde und griff zum Telefon. „Du sag mal, Obermüller, gibt es eigentlich schon irgendeinen Hinweis auf den Aufenthaltsort von Stephanie Mittermaier?"

„Es gibt eine gute und eine schlechte Nachricht", erwiderte Obermüller, woraufhin Franziska die Augen verdrehte und den Lautsprecher anstellte.

„Fang mit der schlechten an", stöhnte sie und setzte sich auf ihre Schreibtischkante. „Hannes hört mit."

„So wie es aussieht, hat sie heute Nacht auf dem gesamten Campus Zettel verteilt, die..."

„Okay, dann kenne ich die schlechte Nachricht schon, was ist mit der guten?" Franziskas Gesicht erhellte sich.

„Dass wir weder sie noch ihre Freundin finden konnten, hat mir keine Ruhe gelassen. Deshalb habe ich am Wochenende noch einmal in den Akten gestöbert."

„Und? Jetzt mach es nicht so spannend!", mahnte Franziska.

„Franzilein, du wirst es nicht glauben, aber Sandra Haider hat während ihres Studiums hier in Passau bei ihrer Oma in Kohlbruck gewohnt."

„Nein!", schrie Franziska auf, weil das genau die Pannen waren, die einfach nicht passieren durften. „Und?"

„Na ja, genaugenommen ist diese Nachricht jetzt auch nicht besonders gut", zögerte der Kollege.

„Obermüller", warnte Franziska, „keine Spielchen!"

„Die Zeit bis gestern Abend haben Sandra und Steffi dort zugebracht." Franziska stöhnte. „Dann sind sie weggefahren, sie wollten nach Linz zum Flughafen, Urlaub machen."

„Und", versuchte Franziska, aber Obermüller wiegelte ab.

„Ich hab das schon gecheckt, ihre Namen sind auf keiner Liste vermerkt."

Als Josef Schneidlinger die Augen öffnete, war sein Mund trocken, in seinen Schläfen pochte das Blut und in seinen Armen lag Paulina, die friedlich schlief. Es dauerte eine Weile, bis er sich wirklich orientieren konnte und wusste, dass er auf der Seite des Bettes lag, auf der sonst wohl Paulina schlief, denn neben ihm stand der Wecker. Halb neun. Nur was für ein Tag? Und musste er zum Dienst?

Dankbar erkannte er beim zweiten Blick ein Glas mit Wasser und eine Brausetablette. Vorsichtig und nicht ohne

Bedauern zog er seinen Arm unter der schlafenden Frau hervor, warf die Tablette ins Wasser und stieß einen Zischlaut aus, als das Blubbern der Tablette die Nerven in seinem ohnehin schon schmerzenden Kopf befeuerte.

Paulina suchte sich eine neue Position und schlief ungestört weiter, während er sich mit der Frage quälte: Habe ich letzte Nacht das getan, wonach es aussieht?

Nach dem Telefonat war er zu ihr gefahren und sie hatten getrunken und geredet, über ihn und seine Probleme, oh ja, daran erinnerte er sich genau. Sie hatten Rotwein getrunken, viel Rotwein. Aber dann? Hatte er Paulina ins Bett gezogen oder sie ihn? War er am Ende vom Alkohol enthemmt über sie hergefallen? Als er vorsichtig die Decke hob, sah er, dass sie nackt war. Herrgott nochmal, Schneidlinger, erinnere dich! Doch es wollte ihm einfach nicht gelingen. Auf einmal fühlte er sich beobachtet. Und tatsächlich schaute Paulina ihn lächelnd an.

„Guten Morgen, gut geschlafen?", fragte sie und strahlte übers ganze Gesicht. Glücklich, wie er fand. Aber wie glücklich? Wie eine Frau, die bekommen hatte, was sie wollte?

Ihre Lippen formten ein „Hach!". In seinen Ohren wurde dieses *Hach* zu einem langen Stöhnen, das in ein zufriedenes Seufzen überging, als sie Luft holte, um erneut wohlig zu stöhnen.

Schneidlinger wurde es unter der Decke zu heiß. Rasch warf er sie von sich, was keine gute Idee war, denn auch er war nackt. Und diese Nacktheit forderte ihn unmissverständlich auf, das zu tun, worum sich seine Gedanken nicht erst drehten, seit er wach war.

Paulina lachte erneut, strich ihm zärtlich eine Haarsträhne aus dem Gesicht und schwieg. Das war ungewöhnlich. Warum sagte sie nichts? Weil es nichts zu sagen gab? Schneidlinger sah sie an wie ein Hund, der endlich hören wollte, dass er brav war. Wie einer, der seine Sache gut gemacht hatte.

Aber Paulina fragte nur: „Frühstück?" Und schon schwang sie ihren herrlichen Körper aus dem Bett und lief nackt in den Flur.

Schneidlinger nickte gedankenvoll, bis ihm erneut die Frage nach dem Wochentag einfiel. „Ist heute Sonntag?", rief er ihr hoffnungsvoll hinterher.

Doch als Paulina zurückkam, schüttelte sie nur bedauernd den Kopf. „Nein, heute ist schon wieder Montag."

Hastig sprang auch Schneidlinger aus dem Bett. „Verdammt", brummte er vor sich hin, suchte in der ganzen Wohnung nach seinen Sachen und fand dabei unter anderem sein Handy. Als er das Display anschaltete, sah er die vielen Anrufe und wusste sofort, dass etwas Schlimmes passiert sein musste. Er rief Ramona Meier an und versicherte ihr, dass er gleich da sein werde. In Windeseile huschte er ins Bad und wollte schon zur Tür hinaus, als Paulina ihn zurückpfiff.

Ja, sie pfiff tatsächlich. „Josef, jetzt renn doch nicht weg, als wäre der Teufel hinter dir her." Sie hielt ihm eine Tasse Kaffee entgegen und meinte beruhigend: „Fünf Minuten mehr oder weniger machen das Kraut jetzt auch nicht mehr fett!"

Mit Männern, die hastig ihre Wohnung verließen, kannte sich Paulina ja nun aus, dachte Schneidlinger und ärgerte sich, weil sie ihn mit ihrem Verhalten nun auch noch an ihre Vergangenheit erinnerte.

Als Schneidlinger die Inspektion betrat, war er längst wieder Herr der Lage. Vom Auto aus hatte er die Staatsanwältin angerufen und sich von ihr zähneknirschend auf den neuesten Stand bringen lassen. „Dieses kleine Luder", hatte er ausgerufen und dabei aufs Lenkrad geschlagen. Und dann war er bis zur Uni durchgefahren, um sich persönlich vom Ausmaß der nächtlichen Aktion ein Bild zu machen und mit der Präsidentin zu sprechen.

Gut informiert stand er kurz darauf vor seinem Team und versuchte, eine neue Taktik festzulegen, ohne auch nur mit einem Wort auf die vergangene Nacht und sein rätselhaftes Ausbleiben an diesem Morgen Bezug zu nehmen. „Wir müssen den gesamten Fall noch einmal aufrollen", erklärte er mit fester Stimme. „Wir können uns doch nicht von einer Furie, die auf Rachefeldzug geht, unser Vorgehen diktieren lassen", entschied er und blickte seine Leute der Reihe nach an.

„Nein", bestätigte die Kollegin Steinbacher, „aber ignorieren können wir sie auch nicht. Immerhin laufen bei ihr alle Fäden zusammen." Sie erhob sich von ihrem Platz, bevor sie den Sachverhalt erneut aufführte: „Sie war es, die sowohl Vanessa Auerbach als auch Tom Seibert für einen *Erziehungsversuch* vorgeschlagen hat. Sie machte uns darauf aufmerksam, dass Professor Markwart ein Verhältnis mit Vanessa Auerbach hatte und auch, dass Benedikt Jung schon bei der vermeintlichen Vergewaltigung von Sandra Haider zu Tom Seiberts Gunsten ausgesagt hat. Und alles hat sich als richtig herausgestellt bzw. auf merkwürdige Art begründet. Was man ihr vorwerfen kann ist, dass sie, um all das zu untermauern, zu – zugegebenermaßen – drastischen Mitteln gegriffen hat."

„Sie hat uns nicht einen sinnvollen Hinweis gegeben", mokierte sich Kollege Hollermann auf einmal lautstark. „Sie hat uns nur nach Strich und Faden belogen. Und seither untermauert sie ihren persönlichen Rachefeldzug mit Schlagzeilen und Flugblättern und sorgt dafür, dass all unsere Kapazitäten gebunden sind."

Sieh an, der junge Hollermann macht sich, dachte Schneidlinger kurz und blickte zur Kollegin Steinbacher, die seine Argumentation ruhig hinnahm. „Was schlagen Sie vor?", forderte er ihn daher auf, noch ein bisschen weiter zu spekulieren.

„Wir stecken ja schon viel zu weit drin, um noch einmal von vorn anzufangen", behauptete Hollermann, doch Schneidlinger ließ nach allem, was geschehen war kein Wenn und Aber gelten. Und so wurde noch einmal jede Spur, jeder Hinweis und jede Befragung auf den Tisch gelegt und neu betrachtet und bewertet.

„Genau genommen haben wir keinen dringend Tatverdächtigen", resümierte Franziska Steinbacher nach mehr als drei Stunden des Abgleichens. „Wir haben eine Gruppe, die geständig zugibt, dass sie das Treffen arrangiert hat, und wir haben eine Vorstellung davon, wie die Tat abgelaufen sein kann. Der mögliche Täter ergäbe sich durch die Beziehung zum Opfer. Der, mit dem sie ein Verhältnis hatte, hat aber ein Alibi und zusätzlich", sie blickte Schneidlinger direkt in die Augen, „wird er geschützt. Also können wir an dieser Stelle nicht weitermachen."

„So weit, so vordergründig. Gibt es auch nur *einen* handfesten und nachweisbaren Verdacht gegen Professor Markwart?", fragte Schneidlinger und sah die Kollegin Steinbacher fest an. Er hatte nicht vor, sich von ihr einen Skandal aufdrücken zu lassen. „Immerhin hatte sich Vanessa Auerbach ja mit Tom Seibert verabredet."

„Stimmt! Aber Tom Seibert hat im Gegensatz zum Professor eine DNA-Probe abgegeben, wenn auch ohne sein Wissen und nur, weil bei der Datenlöschung ein Fehler passiert ist, damals, als die Untersuchung im Vergewaltigungsfall Sandra Haider lief." Die Kommissarin zuckte mit den Schultern. „Hinzu kommt, dass Vanessa Auerbach eine junge Frau war und der Professor ja nun schon", sie grinste frech, „nicht mehr ganz so jung ist. Am Ende hat sie es ihm sogar erzählt, vielleicht weil sie seiner schon überdrüssig war? Oder weil sie ihm damit einheizen wollte? Ihm zeigen, dass er mehr bieten musste? Und vielleicht war er nicht nur auf den Nebenbuhler, sondern auch auf dessen Jugend eifersüchtig. Und als er dann sah, wie sie diesen Nebenbuhler erwartet hat, ist er ausgerastet, hat geklopft, und als Vanessa ihm in ihrer Verzweiflung öffnete, hat er ihr brutal gezeigt, dass er der Mann mit den Vorrechten ist. Typisch Narzisst eben!"

„Zumindest hat Professor Markwart seine Beziehung zu Vanessa Auerbach bereits zugegeben", fügte Hannes Hollermann hinzu. „Und mit einem DNA-Abgleich könnte man ihn genauso ausschließen wie Tom Seibert."

„Vielleicht ist ja noch jemand vorbeigekommen, der einen Schlüssel hatte und den die aufreizend gekleidete Vanessa so sehr reizte, dass er spontan ...?", versuchte es Obermüller mit einer ganz neuen Richtung, nachdem er lange Zeit einfach nur zugehört hatte.

„Ein für uns unsichtbarer Mann? Gewagte These, aber warum eigentlich nicht?", griff Schneidlinger die Idee sofort begeistert auf.

„So ein Zufall, oder?", mischte sich Franziska Steinbacher mit süffisanter Stimme ins Gespräch, als Ramona Meier den Kopf zur Tür hereinsteckte und sie darüber informierte, dass Professor Wassly am Telefon sei. „Er möchte mit Franziska sprechen." Sie sprang sofort auf und rannte hinaus.

Als sie zurückkam, war sie leichenblass. „Die Tests haben ergeben, dass sich in Vanessas Körper Hundeblut befunden hat."

„Hundeblut?", fragte Schneidlinger irritiert nach.

„Ja, Professor Wassly meinte, es könnte mit der Eisenstange eingebracht worden sein."

Schneidlinger stöhnte auf, als Franziska gleich darauf anmerkte: „Und wenn auch das auf das Konto Ihres Freundes Markwart geht, wollen Sie das dann immer noch decken, oder wollen Sie nicht auch wissen, was Professor Markwart nach der Flugblattaktion zu diesem Umstand zu sagen hat? Vielleicht will er ja jetzt eine Aussage machen."

„Hundeblut." Schneidlinger nickte resigniert. „Ja, fragen Sie ihn in Gottes Namen, was er dazu zu sagen hat."

„Oder wollen Sie?", fragte die Kollegin spitz, doch Schneidlinger wiegelte sofort ab.

„Nein, machen Sie das nur. Sonst lässt es Ihnen ja doch keine Ruhe."

„Gut", sagte sie und sah ihren Chef musternd an. „Und wenn er nicht bereit ist, mit uns zu sprechen? Besorgen Sie dann einen richterlichen Beschluss für einen DNA-Abgleich?", hakte sie hoffnungsvoll nach.

„Wenn Sie mir einen stichhaltigen Grund dafür liefern, dass das Alibi falsch ist, besorge ich den richterlichen Beschluss", willigte er ein wenig resigniert ein.

„Ach, haben die Markwarts eigentlich einen Hund?", fragte sie in die Runde, doch zu dieser Frage schüttelte Schneidlinger nur den Kopf.

„Tut mir leid, aber über Hunde haben wir nie gesprochen."

In seinem Büro begann Schneidlinger zunächst in aller Ruhe Kaffee zuzubereiten. Er brauchte jetzt Abstand und musste nachdenken. Bestimmt hatten sie, bedingt durch den ganzen Druck von außen, etwas Wichtiges übersehen …

Normalerweise versuchten die Leute seiner Mordkommission einen Fall in aller Ruhe anzugehen und nach allen Seiten zu ermitteln, ohne sich zu schnell festzulegen. An die Presse gaben sie in dieser Phase nur das, was für die Öffentlichkeit wirklich wichtig war und die Menschen nicht zusätzlich verunsicherte.

Im Fall Vanessa Auerbach war ihnen das Heft aus der Hand genommen worden, wobei Schneidlinger zum ersten Mal dachte, dass es so, wie es sich gerade darstellte, schon lange nicht mehr der Fall Vanessa Auerbach, sondern längst der Fall Stephanie Mittermaier war. Sie brachte Hinweise, legte Spuren und wiegelte die Presse so sehr auf, dass an eine normale Ermittlungsarbeit gar nicht mehr zu denken war. Aber was, wenn sie ihnen tatsächlich den Täter präsentiert hatte? Was, wenn sich Klaus Markwart wirklich auf eine derart brutale Art und Weise seiner Gespielin entledigt hatte? Sie waren befreundet, aber letztlich musste er sich fragen, wie gut man einen Menschen kennen musste, um zu wissen, wozu er fähig war, vor allem, wenn Sex ins Spiel kam.

Er mochte Franziska Steinbacher auch oder vielleicht gerade deshalb, weil sie so direkt war. Er mochte starke Frauen, war mit einer verheiratet und kannte mit Paulina eine weitere. Aber genauso gut wusste er, dass es genug Männer gab, die mit starken Frauen nichts anfangen konnten, außer sie zu dominieren. Wie hatte die Steinbacher bemerkt: Typisch Narzisst eben. Da hatte er nicht widersprechen können. Klaus Markwart war auf jeden Fall ein Narzisst, wie er im Buche stand.

Schneidlinger trug seine Tasse zum Schreibtisch, nahm ein frisches Blatt Papier und begann, darauf herumzumalen. Der Kaffee war ihm noch zu heiß, aber er duftete köstlich. Er hatte Christiane immer dafür bewundert, wie gleichmütig sie es mit einem Mann wie Klaus aushalten konnte. Aber war der trotz seiner negativen Charaktereigenschaften auch gleich zu einer solchen Tat fähig?

Als er den ersten Schluck von seinem Kaffee getrunken hatte, rief Paulina an. Sie wollte wissen, wie es ihm ginge und ob er nicht Lust habe, nachdem er ja jetzt am Wochenende solo sei, mit ihr unter Umständen eine Radtour zu unternehmen. Sie wolle den Inn entlang bis nach Schärding fahren, dort ein Eis essen und sich dann auf den Rückweg machen. Diese Strecke sei sehr schön...

Dieser Anruf erschütterte ihn noch heftiger als der ganze verzwickte Fall. Seit Jahren, so gestand er sich inzwischen ein, konnte er sich nichts Himmlischeres vorstellen, als neben Paulina zu erwachen. Dass er sie liebte, stand für ihn schon lange fest. Nur hatte er diese Liebe als etwas ganz Besonderes angesehen und sie nie durch irgendwelche Alltäglichkeiten beschmutzen wollen. Seine Beziehung zu Paulina war etwas so Wunderbares, Einzigartiges. Sie war die Frau, zu der er ging, wenn er Probleme hatte und die ihn auf ihre ganz eigene Art aufbaute. Was er ihr bedeutete, hatte er sich nie gefragt. Es schmeichelte einfach seinem Ego, mit ihr befreundet zu sein.

Doch statt sich jetzt über ihren Vorschlag zu freuen, reagierte er barsch. „Ich kann dir im Moment nicht zusagen, wir sind mitten in einem Fall", erklärte er, als habe ihn seine Schwiegermutter gebeten, die Wasserleitung zu reparieren.

„Na ja, macht ja nichts, ich wollte dich ja auch nur ein bisschen aufmuntern", erklärte sie mit dieser prickelnden Stimme, die ihn sofort aufhorchen und wünschen ließ, er könnte genau in diesem Moment zu ihr fahren und genau das tun, von dem er nicht wusste, ob er es in der vergangenen Nacht gemacht hatte. „Mein Fahrrad muss ja auch erst noch gerichtet werden." Sie lachte hell auf, als amüsiere sie sich köstlich.

„Können wir nicht später darüber sprechen?", versuchte Schneidlinger einzulenken.

„Später? Ja, später ist immer gut. Schieben wir es auf die lange Bank", neckte sie ihn und gab ihm einen Kuss durchs Telefon. „Du meldest dich?"

Als sie aufgelegt hatte, schlug Schneidlinger mit der flachen Hand auf die Schreibtischplatte. „Verdammt, du Idiot!", schimpfte er sich, und jetzt wollte ihm auch sein Kaffee nicht mehr so gut schmecken. Er hatte es vermasselt, er hatte es wieder einmal vermasselt.

Vorsichtig schob Christiane an diesem Vormittag den Vorhang im oberen Gästezimmer beiseite und spähte auf die Straße. Inzwischen waren es schon vier Männer und eine Frau, die mit Kameras bewaffnet am gegenüberliegenden Zaun lehnten und zu ihr heraufschauten. Vor rund zwei Stunden war der erste gekommen, hatte geklingelt und sich dann abwartend auf die andere Straßenseite begeben. Auch die anderen hatten zunächst geklingelt oder es zumindest versucht. Denn irgendwann hatte sie die Klingel einfach abgestellt.

Klaus war an diesem Tag nicht aus dem Haus gegangen. Beim gemeinsamen Frühstück hatten sie versucht, wie so oft in den vergangenen Tagen, Normalität zu leben. Die Zeitung hatten sie ungelesen ignoriert.

Natürlich hatte sie schon von der nächtlichen Flugblattaktion gehört, bevor die Reporter vor ihrem Haus Aufstellung nahmen, und natürlich wusste sie auch längst, was auf diesen Zetteln zu lesen stand. Ein Mann wie Klaus hatte viele Freunde, und die waren in Zeiten der Not selbstverständlich zur Stelle, auch wenn sie beide das, was diese ihnen berichteten, vielleicht gar nicht wissen wollten.

Wenn allerdings ein Professor Markwart als Ziel einer Hetzkampagne auserwählt war, blieb es nicht bei neutraler Berichterstattung – dann versuchten diese Freunde zwar ihre Häme zu verbergen, gelingen mochte es ihnen aber nur bedingt.

Beim Frühstück hatte Klaus erklärt, dass er bis auf Weiteres nicht zur Uni gehen werde, dass sein Ruf zu stark unter der ganzen Aktion litt und dass er das so nicht hinnehmen könne. Sie hatte genickt, was sollte sie auch sagen? Dass sie noch viel mehr unter ihm und seinen Machenschaften litt, seit Jahren litt, dass sie schon ganz krank war vor lauter Leid? Sie hatte ihn angeschaut, und auf einmal war er ihr einfach nur noch zuwider gewesen. Jahrelang hatte er sich wie die personifizierte moralische Instanz aufgespielt. Er hatte Menschen stigmatisiert und sein Wort zum Gesetz erhoben. Und niemand, auch sie nicht, hatte sich getraut ihm zu widersprechen.

Und so hatten sie sich auch an diesem Morgen angeschwiegen, bis der Kaffee kalt war und Klaus sich hinab in den Hobbykeller begeben hatte, um das ganze Ausmaß des Dramas nicht mehr mitzubekommen. Er hatte sich versteckt, hatte die Wirklichkeit ausgeblendet und sich wie so oft zum Opfer erklärt. Christiane dagegen war geblieben, wenn sie sich auch nicht der harten Wirklichkeit mit ihren zynischen und verletzenden Fragen stellen mochte.

Nachdem sie so ewig zwischen Gästezimmer, Küche und ihrem eigenen Zimmer mit Blick auf das Unigelände hin und her gehuscht war, hatte sie beschlossen, dass sie mit jemandem reden musste. Mit jemandem, der nicht auf Klaus' Seite stand und nicht zur Passauer Bussi-Bussi-Gesellschaft gehörte. Vor Wochen hatte sie die Möglichkeit entdeckt, sich mithilfe der Perücken aus dem Fundus ihrer ehemals schauspielernden Mutter andere Identitäten zu verschaffen. So hatte sie ihre Anwesenheit an jenem Abend auf dem Campus erfolgreich verschleiert. Jetzt stieg sie auf den Dachboden und suchte nach weiteren Kostümierungen. Heute musste sie nicht nur unerkannt bleiben, sondern unsichtbar werden. Heute kam es wie nie zuvor darauf an, dass sie ihre Intelligenz nutzte, statt sie, wie jahrelang gelebt, zu verstecken und zu verleugnen.

Schon als kleines Mädchen hatte sie der große und an manchen Stellen schon blinde Spiegel auf dem Dachboden fasziniert. Nachdem ihre Mutter nicht mehr aufgetreten war, hatte sie all ihre Schätze hier heraufgebracht. Christiane war ihr immer wieder gefolgt und hatte heimlich zugesehen, wie sie sich in ihren großen theatralischen Posen darin betrachtete.

Jetzt stand sie selbst prüfend davor und nickte sich zufrieden zu, bevor sie wieder hinunterstieg und das Haus durchquerte, ohne auch nur ein einziges Mal zurückzublicken. Klaus war aus dem Keller heraufgekommen und hatte nach ihr gerufen, aber als sie an ihm vorbei ging, tat sie, als wäre er Luft, hielt zielstrebig auf die Terrassentür im Wohnzimmer zu, öffnete sie und huschte hinaus. Unbeirrt schritt sie über den gepflegten grünen Rasen und schlüpfte zwischen den üppig wachsenden Sträuchern hindurch, bis sie im unteren Teil des Gartens die Stelle erreicht hatte, an der der Maschendrahtzaun seit Jahren umgeknickt war. Vorsichtig kletterte sie darüber und gelangte so auf das Grundstück, das zum unter ihrem Haus liegenden Gebäude in der Sechzehnerstraße gehörte. Sie wusste, dass dessen Bewohner gerade im Urlaub waren und auch, wie sie das Tor von innen öffnen konnte. Die Sechzehnerstraße lief sie entlang, bis sie das Klinikum und schließlich die Innstraße erreichte. Dort stellte sie sich an die Bushaltestelle und wartete, als wäre das das normalste der Welt.

Den Paparazzi vor ihrem Haus war sie entkommen, übersehen hatte sie aber das Auto, das gerade die Straße heraufkam und dessen Insassen sich dabei überlegten, wie sie es schaffen konnten, mit ihr und ihrem Mann zu sprechen.

Im Nachhinein hätte die Kommissarin nicht sagen können, warum und woran sie die Frau wirklich erkannt hatte. Vielleicht waren es die allzu einheitlich braunen Haare, die so unnatürlich fielen und die sie ganz plötzlich an ein anderes Haar erinnerten, an eines, das sie sich kürzlich unter dem Mikroskop angesehen hatte. Ohne lange nachzudenken, ließ sie sich von ihrer Inspiration treiben und wich damit von ihrem ursprünglichen Vorhaben ab.

Nachdem sie sich mit Hannes abgesprochen und ihn schließlich abgesetzt hatte, wendete sie das Auto, fuhr mit einigem Abstand hinter der Frau her und folgte anschließend auch dem Stadtbus, den die Frau gegenüber dem Klinikum genau in dem Moment bestieg, als Franziska in die Innstraße einbog. Am Zentralen Omnibusbahnhof wechselte sie den Bus und fuhr kurz darauf mit der Linie 2 in Richtung Donau davon. Franziska blieb noch einen Moment, wo sie war, rief Obermüller an und gab dann ihren Standort durch, bevor sie sich erkundigte: „Weißt du zufällig auswendig, welche Ziele auf dieser Strecke liegen?"

„Die Buslinie 2 fährt nach Grubweg", Obermüller hielt inne und Franziska hörte das Klicken der Tasten seines Computers, „also schwer zu sagen. Endpunkt ist die Zahnradfabrik, aber dazwischen gibt es jede Menge Orte, die sie ansteuern könnte, angefangen beim Rathaus. Ich würde sagen, du kannst nichts anderes machen, als dem Bus und der Dame zu folgen."

Franziska stöhnte laut auf, und als Obermüller lachte, bedankte sie sich artig und machte sich auf den Weg.

An der Haltestelle Firmiangut stieg Christiane Wernsteiner-Markwart aus, ging die neue Schulstraße entlang und bog schließlich in den Kirchensteig zur Kirche St. Michael ein. Dort entledigte sie sich ihrer Verkleidung, was Franziska nutzte, um Obermüller über ihren Standort zu informieren und zu fragen, ob er schon etwas von Hannes gehört hatte. Obermüller verneinte. Inzwischen betrat Christiane Wernsteiner-Markwart das Grubweger Seniorenwohnheim Rosenium und stellte Franziska damit erneut vor ein Problem. Offiziell gab es keinen Anlass, der Frau zu folgen. Wenn sie es dennoch tat, brauchte sie dringend einen triftigen Grund.

Während sie noch überlegte, hörte sie hinter sich ihren Namen rufen: „Franzi? Franzi, bist du das?"

Franziska wirbelte herum und erkannte ihre Freundin Lisa, die eine alte Dame am Arm spazieren führte. „Mensch Lisa, arbeitest du jetzt etwa hier in Grubweg?", fragte sie perplex.

„Schon seit ein paar Monaten, aber du bist doch nicht etwa dienstlich hier? Unsere Bewohner bringen niemanden mehr um, oder, Frau Neumann?" Die alte Dame nickte mit dem Kopf.

Lisa war seit der gemeinsamen Schulzeit Franziskas beste Freundin, wenn sie sich auch nur sehr selten sahen, weil irgendwie immer etwas dazwischen kam. Meist lag es an Franziska und meist war es etwas Dienstliches. Lisa hatte ihre kurzen braunen Haare keck in Form gezupft, trug wenig Make-up, eine halblange Jeans und ein burgunderfarbenes Poloshirt mit Firmenlogo.

Franziska dachte kurz nach, blickte dann die alte Dame an und zögerte, was Lisa sofort richtig interpretierte. „Keine Angst, Frau Neumann verrät keine Geheimnisse mehr!" Sie lachte hell auf. "Sie kann sich absolut nichts mehr merken, nicht wahr, Frau Neumann?"

"So machen wir das!", freute sich die alte Dame.

Franziska lächelte. "Ich wüsste tatsächlich gern, wen Frau Wernsteiner bei euch besucht", rückte sie schließlich mit ihrem Anliegen heraus. "Inoffiziell, wenn du verstehst." Sie grinste die Freundin schief an.

"Na ihre Mutter, nehme ich mal an." Lisa zuckte mit den Schultern. "Die alte Dame ist ziemlich dement, ich weiß gar nicht, ob sie ihre Tochter noch erkennt." Sie zögerte einen Moment. "Frau Wernsteiner kommt aber auch nur sehr selten und wenn, dann immer nur kurz vorbei. Weißt du, das ist nicht so einfach, wenn die Angehörigen nur noch in der Vergangenheit leben und die eigenen Kinder nicht mehr erkennen."

"Und dir macht das nichts aus?", fragte Franziska ehrlich interessiert.

"Nein. Frau Wernsteiner war eine große Theaterschauspielerin, die in viele Rollen geschlüpft ist und davon auch heute noch gern Kostproben gibt. Das ist sehr unterhaltend für alle. Das Problem ist eigentlich nur, dass sie glaubt, sie würde noch immer in dieser Zeit leben und dann ständig nach ihrer Garderobe und ihren Bühnenkostümen sucht."

Eine halbe Stunde später hatten Franziska und Lisa ihre Handynummern abgeglichen, um sich sehr bald zu verabreden und über alles zu plaudern, was sich in ihrem Leben so verändert hatte. So gesehen war es ein erfolgreicher Ausflug. In ihrem Fall brachte sie die ganze Sache allerdings nicht viel weiter. Außer, dass sie jetzt von ihrer Freundin wusste, dass Christiane Wernsteiner und damit auch der Professor über die Mutter vielleicht Zugang zu richtig guten Perücken hatten. Ob am Ende auch eine schwarze Echthaarperücke dabei war und ob er die vielleicht sogar in der Mordnacht getragen hatte, wusste sie damit allerdings noch lange nicht.

Für Hannes war das mal wieder so eine richtig typische Franziska-Aktion. Erst legte sie sich ins Zeug, damit sie, und auch nur sie, ihren ehemaligen Professor befragen durfte und dann schwenkte sie kurz davor um, folgte dessen Frau auf einen vagen Verdacht hin und ließ ihn nach ein paar überflüssigen Hinweisen einfach stehen. Er sollte zu Fuß gehen, immer der Straße nach, dann käme er schon zum Haus, hatte sie ihm noch mitgegeben. Als ob er das nicht selbst wüsste.

Mürrisch wie ein kleiner Junge, der statt Fußball spielen zu dürfen auf Verwandtenbesuch mitgeschleppt wird, kickte er einen Stein vor sich her und folgte so der Sechzehnerstraße, bis sie in der Hochstraße mündete, wo er nach einigen Metern voller Entsetzen stehenblieb. Schon von Weitem konnte er die Meute vor dem Grundstück des Professors erblicken, die erbarmungslos auf ihr Opfer wartete. Unentschlossen ging er in einer Einfahrt in Deckung und beobachtete das unwürdige Treiben der Journalisten eine Weile. Bevor sie ihn entdecken und am Ende als Polizisten entlarven konnten, wandte er sich um und schlich ein Stück im Schutz der Hecken dahin, bis er dort ankam, wo ihn Franziska aus dem Auto gelassen hatte. Über sein Gesicht huschte ein zufriedenes Lächeln. Reporter waren noch nie sein Ding gewesen, aber sie zu überlisten war ihm ein Vergnügen. Und so klingelte er beherzt an der Haustür des benachbarten Wohnhauses, entschlossen, mithilfe seines Dienstausweises von unten Zugang zu Grundstück und Haus des Professors zu bekommen. Als ihm jedoch auch nach dem dritten Mal niemand öffnete, schwang er sich elegant über den Zaun, schlich um das Haus herum und dort bis zu einem in die Jahre gekommenen Maschendrahtzaun, der das untere Grundstück vom oberhalb gelegenen abtrennte.

Schnell hatte er eine Stelle entdeckt, über die er klettern konnte und wollte schon seinen Fuß heben, als er aus dem Augenwinkel heraus einen Schatten wahrnahm, der sich in Richtung Gartenhäuschen bewegte. Einen männlichen Schatten, um genau zu sein, mit etwas längeren Haaren, als sie der Professor in seiner Erinnerung trug.

Hannes blieb wie angewurzelt stehen, doch sein Grinsen wurde noch breiter. Statt den Zaun zu übersteigen, schlich er sich schließlich im Schutz der Büsche an ihm entlang und verbarg sich zwischen Hartriegel und Weißdorn. Durch deren Zweige hindurch beobachtete er das Geschehen auf der anderen Seite des Zaunes.

Lange geschah nichts. Hannes hörte hin und wieder ein Rumpeln und leise Flüche, bis die Gestalt aus dem Gartenhäuschen trat. „Schau an, schau an, der Herr Professor", sagte er leise und äußerst zufrieden zu sich selbst. Denn tatsächlich kam dieser gerade aus der schmalen Tür, ein versonnenes Lächeln im Gesicht, eine Zigarette im Mundwinkel, eine inzwischen verrutschte schwarze Perücke auf dem Kopf und in der Hand ein dickes Seil, das er wie eine Trophäe vor sich her ins Haus trug.

Hannes wartete, bis der Professor lange genug verschwunden war, überwand den Zaun und schlüpfte dann seinerseits ins Gartenhaus. Dort waren die Gartenwerkzeuge sehr ordentlich an Haken und in Regalen verstaut. Auf dem Tisch, der mit einer Plastikdecke überzogen war, lag ein Messer mit einer feststehenden Klinge, und Hannes hätte schwören können, dass er am Griff kleine Blutspritzer ausmachen konnte. Nur mühsam kämpfte er den Wunsch nieder, das Messer an sich zu nehmen.

Zurück auf der Sechzehnerstraße zückte Hannes sein Handy und rief den Chef an. Dem berichtete er zunächst vom Presseaufgebot und der damit verbundenen Unpassierbarkeit der Hochstraße. Schneidlinger versprach, sich zu kümmern. „Hat er denn etwas gesagt?", druckste Schneidlinger schließlich herum, woraufhin ihm Hannes genauso ausweichend antwortete: „Bisher nicht, aber wir sind dran!"

„Gut", beschied Schneidlinger und Hannes war mächtig stolz darauf, wie leicht ihm diese Notlüge über die Lippen gekommen war.

Als nächstes rief er Franziska an, fragte, ob sich ihr Ausflug gelohnt hatte und ob sie noch einmal vorbeikommen wolle. „Ja und ob!", sagte diese und berichtete vom Treffen mit ihrer Freundin Lisa und dem frisch erworbenen Wissen.

„Ich glaube, Markwart trug auch eine Perücke", erzählte Hannes so nüchtern wie möglich und wartete auf ihren Aufschrei.

„Eine schwarze?", fragte Franziska dann auch prompt, wenn auch nicht so interessiert, wie er sich das gewünscht hatte.

„Ganz genau. Und im Gartenhaus habe ich ein feststehendes Messer entdeckt."

„Hoffentlich hast du nichts angefasst!", rief Franziska beinahe panisch aus.

„Hältst du mich etwa für einen Anfänger?"

Franziska ging nicht darauf ein. „Hat er dich gesehen?"

„Auf keinen Fall", versicherte Hannes großspurig.

„Dann komme ich. In zehn Minuten bin ich bei dir."

Hannes mochte sich nicht vorstellen, welche Gefahr sie in diesen zehn Minuten für alle Schleicher auf der Straße sein würde.

„War es nicht schmerzhaft zu erleben, wie diese junge schöne Frau von anderen Männern begehrt wurde?", fragte Franziska gleich nach der Begrüßung und ließ den Professor nicht aus den Augen. Doch der schaute nur schnell rechts und links die Straße entlang, öffnete dann die Haustür zur Gänze und ließ die beiden Kommissare ohne einen Kommentar eintreten. Als sie im fahlen Licht des Wohnzimmers saßen, huschte auf einmal ein Lächeln über sein Gesicht.

„Sie waren in meinem Kurs! Und wie ich sehe, haben Sie viel gelernt", erklärte er und blickte Franziska, die das Ausweichmanöver sofort durchschaute, fest an.

„Danke, aber ich wüsste jetzt von Ihnen tatsächlich gern, wie sich das angefühlt hat."

„Ach Frau Steinbacher! Glauben Sie wirklich, ich hätte mir eingebildet, diese *junge schöne Frau* hätte nur auf mich gewartet? Sie wollte etwas von mir und bot mir als Gegenleistung ihren Körper an. Das war alles. Vielleicht nennen Sie das verwerflich, aber als sie mir dieses Angebot machte, fand ich es einfach verlockend."

Seine Direktheit, die so ganz im Gegensatz zu seiner sonstigen Verschlossenheit stand, entwaffnete Franziska für einen Moment. „So könnte der Deal gelautet haben, aber die Umstände ihres Todes deuten auf eine Beziehungstat hin. Und egal wie Sie es nennen, damit sind Sie momentan unser Hauptverdächtiger."

Der Professor lachte laut auf. „Ich! Hatte sie denn keine anderen Beziehungen?"

Sehr zufrieden richtete sich Franziska auf, sie hatte ihn, wo sie ihn haben wollte. „Doch, sie war für diesen Abend verabredet, wenn auch nur imaginär. Und ich könnte mir vorstellen, dass sie Ihnen von dieser Verabredung erzählt hat. Daher ja auch meine Frage. Es hat sich nämlich gar nicht gut angefühlt für Sie, Sie sind ihr gefolgt und sahen, mit wem sie verabredet war. Sie hielten sich im Hintergrund, bis die Fotografen fertig waren, klopften, gaben sich zu erkennen und als sie eingelassen wurden, zeigten Sie ihr, was Sie davon hielten, wenn sie sich mit anderen Männern einließ. Neigen Sie zur Eifersucht?"

„Nein, ich neige nicht zur Eifersucht. Ich genieße die schönen Momente des Lebens und weiß, dass alles vergänglich ist. Denn letztlich gibt es ja viele Frauen, die so aufgeschlossen sind, wie Vanessa es war."

Franziska wechselte einen Blick mit Hannes und nickte ihm unmerklich zu.

„Tragen Sie eigentlich hin und wieder Perücken?", fragte dieser und erntete einen entrüsteten Blick.

„Um Himmels willen, in welche Schublade wollen Sie mich denn jetzt stecken?" Er nestelte an einem Päckchen Zigaretten.

Die Kommissarin grinste frech. „Wir wollen Sie in keine Schublade stecken, wir versuchen, einen brutalen Mord aufzuklären."

Beschwichtigend hob er die Hände. „Schon gut, schon gut!"

„Also? Ihre Schwiegermutter war eine Theaterschauspielerin, bestimmt gibt es da noch so manchen Schatz auf dem Dachboden."

Nach kurzem Zögern stand der Professor auf und ging in Richtung Treppe, wo er abwartend stehen blieb. „Ja dann kommen Sie doch einfach mit auf den Dachboden und sehen Sie sich das ganze alte Zeug an", lud er die Kommissare zu ihrer großen Verwunderung ein.

Der Dachboden war düster, stickig und mit unzähligen Kisten und Schränken vollgestellt. „Möchten Sie die jetzt alle öffnen?", fragte der Professor und ging zu einem lebensgroßen, an manchen Stellen schon blinden Spiegel. „Bitte!" Gleich davor standen tatsächlich zwei Kisten mit

Hüten und Perücken, alle sauber in Papier verpackt. „Bitte schauen Sie selbst."

Überrascht nahmen Hannes und Franziska sich je eine Kiste vor, doch als sie darum baten, sie zum Abgleich mit in die Inspektion nehmen zu dürfen, antwortete Markwart wie beim ersten Versuch: „Wenn Sie mir eine richterliche Verfügung bringen, dürfen Sie die Sachen gern mitnehmen. Bis dahin schauen Sie einfach nur mit den Augen."

Franziska folgte ihm zurück ins Erdgeschoss. Dort wurden sie von der soeben eingetroffenen Christiane Wernsteiner mit einem unsicherem Blick bedacht. „Sie interessieren sich für die Perücken deiner Mama, ich war so frei, sie ihnen zu zeigen", erklärte der Professor mit liebenswürdiger Stimme. Und fügte dann nur für sie hinzu. „Es ist alles in Ordnung, Schatz!"

Franziska nickte den beiden zu und wusste, dass sie jetzt endlich herausfinden musste, welche freundschaftlichen Bande Schneidlinger veranlassten, den Professor so sehr zu schonen. Denn jeden anderen derart Verdächtigen hätten sie längst verhaftet oder zumindest in einem gründlichen Verhör in die Zange genommen.

Seit einer Woche war er nicht mehr zur Ruhe gekommen. Und auch jetzt schlich er mit dröhnendem Kopf umher, immer auf der Suche nach einem neuen Opfer, nach einer Möglichkeit, den Zug anzuhalten, der unaufhörlich und immer schneller durch seinen Kopf brauste und ihn nicht mehr klar denken ließ. Der ganze Campus war an diesen warmen Abenden voll von Menschen, die auf Decken lagen und ihre fast nackten Körper zur Schau stellten, die sich in der Abendsonne räkelten, Bier tranken, redeten und lachten. Manchmal, wenn er ganz nah an ihnen vorbeiging, sahen sie auf und stierten ihn eine Weile an, bevor sie zu lachen begannen. Dann musste er sich beeilen, damit er weg kam, denn er konnte es nicht ertragen, wenn man über ihn lachte. Er hasste es, weil er wusste, dass dann schon bald der Zug an Tempo aufnahm und alles umnietete, was sich ihm in den Weg stellte.

Auch sein Vater hatte gelacht, als er zum ersten Mal auf dem Boden kauerte und sich eine Pfütze um ihn herum bildete, weil er sich vor Angst in die Hose gepisst hatte. Damals war er fünf Jahre alt gewesen, und er hatte ihn mit der bloßen Hand geschlagen. Später hatte er den Gürtel aus der Hose gezogen und ihn lachend durch seine Hand gleiten lassen, als würde er ihn liebkosen, bevor er zuschlug. Doch in Wirklichkeit wartete er nur ab, bis er sich einnässte, das gefiel ihm. „Na, hast du dich schon wieder eingepisst, du kleiner Schisser?", hatte er gefragt und den Gürtel schnalzen lassen. Doch egal was er auch tat und selbst wenn er sich zwang, tagelang nichts zu trinken, sobald sein Vater ihn erwischte und ihm den Gürtel oder was auch immer zeigte, war seine Hose nass.

Er war sechzehn, als sein Vater so besoffen war, dass er die Gürtelschnalle nicht mehr öffnen konnte und stattdessen nach dem erstbesten gegriffen hatte, was er finden konnte. Eine Eisenstange, die er ihm mit voller Wucht über den Kopf zog und die ihn so schwer verletzte, dass er fast krepiert wäre. Danach war er nie wieder nach Hause gegangen.

Lange hatte er nicht mehr an damals gedacht, bis zu dem Tag, als er am Inn zufällig eine ganz ähnliche Eisenstange gefunden hatte und damit alles wieder in ihm hochgekommen war. Er hatte sie in die Hand genommen, und mit einem Mal hatte er gewusst, dass er jemanden töten musste, auch wenn er noch nicht gewusst hatte wen und wie.

Als er dann zum ersten Mal auf sein wehrloses Opfer einschlug, hatte er diese faszinierende Macht gespürt, die ihn seitdem nicht mehr losließ, eine herrliche Macht, die ihn ganz ruhig machte, während sich sein Opfer unter den von ihm zugefügten Schmerzen wand. Da hatte er erkannt, dass er den Schmerz, der so heftig in ihm wütete, einfach weitergeben konnte, wenn auch nur für kurze Zeit.

Und so schlich er jetzt über den Inn-Radweg und schaute sich um, ob er ein passendes Opfer finden konnte. Er sah die Frauen an und stellte sich vor, wie laut sie schreien würden, wenn er sie sich schnappte. Wenn sie hilflos waren und er sie sich nahm. Wenn sein Schwanz in sie eindrang, bis sie schrien. Und wenn das nicht reichte, um den Schmerz in seinem Kopf zu besänftigen, dann konnte er seine Eisenstange nehmen und weitermachen, bis sie endlich laut und immer lauter losbrüllten. Für ihn gab es nichts Schöneres, als diese unmenschlichen Schmerzensschreie, denn sie waren das einzige Mittel, um den Zug in seinem Kopf zum Stillstand zu bringen. Sie mussten nur lauter sein als der Schmerz tief in seinem Inneren.

Vor ein paar Tagen hatte er sich an ein Pärchen herangeschlichen, das fast die ganze Nacht unter der Holzbrücke auf der Innwiese zugebracht hatte. Sie hatten ihn nicht bemerkt, und so hatte er sich in aller Ruhe einen runterholen können, während der Typ seine Tussi zum Stöhnen brachte. Geschrien hatte sie leider nicht, aber das hatte er in seiner persönlichen Version dann eben noch hinzugefügt. *Zuerst hatte er dem Kerl eine über den Kopf gezogen, damit der außer Gefecht war, und als die Frau dann zu betteln begann, hatte er sie sich geschnappt, ihre Hände und Füße gefesselt und sie dann mit den Füßen voran am Brücken-*

geländer hochgezogen. Sie hatte geschrien und gezappelt, weil sie ja ahnte was kommen würde und er ihr ja auch sein Messer gezeigt hatte und sie ein bisschen angestochen hatte, was sie noch lauter schreien ließ.

Eine wunderbare Vorstellung, die den Zug ein wenig verlangsamte, was ihm zeigte, dass er mit seinen Gedanken auf dem richtigen Weg war.

Heute trug er trotz der Wärme eine Jacke, die ihm ein bisschen zu groß war, aber genug Platz bot, um die Eisenstange darunter zu verbergen. Er würde Glück haben heute, das wusste er. Der ganze Campus brodelte, weil sich die Studenten spontan zu einer Demonstration zusammen gefunden hatten. Gerade schrien sie vor dem Audimax: „Markwart, zeig dich!"

Dieses Mal würde er auch nicht wieder so lange rummachen wie beim letzten Mal. Heute wollte er sich eine Frau schnappen, sie zusammenschnüren und an einen ungestörten Ort bringen, wo er sie nehmen und zum Schreien bringen konnte, bis der Zug anhielt. Was er anschließend mit ihr machen sollte, wusste er noch nicht. Kam ganz darauf an, was ihm spontan einfiel.

Er tastete in seinen Taschen nach dem Seil und dem Messer und spürte, wie der Zug schon langsamer wurde. Auch wenn er sich noch ein wenig gedulden musste, weil um diese Uhrzeit noch zu viele Menschen unterwegs waren. Bis dahin würde er wie sein Lieblingstier ein Netz spinnen und sich darin auf die Lauer legen. Und er würde nicht heimgehen, bis er fündig geworden war. Er musste das Dröhnen in seinem Kopf beenden, er musste den Zug anhalten.

Und er musste es bald tun.

So lange er denken konnte, hatte Hermann Haslbeck in der Innstraße gelebt. Er liebte diesen stürmischen grünstichigen Gebirgsfluss, der sich am Haus vorbei und manchmal sogar hereindrängte, ging baden und rudern und hätte sich keinen schöneren Fleck auf der Welt zum Leben vorstellen können. In den heißen Sommermonaten war er gleich bei Sonnenaufgang draußen, weil er dann ohnehin nicht mehr schlafen konnte, und bevor er sich unruhig in seinem schweißnassen Bett herumwälzte, stand er leise auf, um seine Frau nicht zu wecken, ging in den Wald oder eben schon etwas früher zur Arbeit.

Hermanns Vater war Metzger im alten Passauer Schlachthof direkt am Inn gewesen, zu dem früher eine eigene Abzweigung der Bahnlinie geführt hatte, weil so viel Schlachtvieh dort angekommen war. Eigentlich hätte auch er Metzger werden sollen. „Essen müssen die Leut immer!", hatte seine Mutter gesagt. Aber Hermann hatte stets Mitleid mit den Tieren gehabt, und Blut sehen konnte er auch nicht. „Das vergeht", hatte sein Vater behauptet. „Wenn du die ersten hundert Schweine zerlegt hast, dann ist das wie Essen, Trinken und Schlafen: nichts Besonderes mehr."

Abends war der Vater immer in das Wirtshaus gleich neben dem Schlachthof gegangen, und an Sonntagen hatte Hermann ihn hin und wieder begleitet, ein Kracherl getrunken und versucht, den Geruch der toten Tiere zu ignorieren, der hier irgendwie immer in der Luft hing.

Lange hatte Hermann mit der Aussicht gehadert, ebenfalls Metzger werden zu müssen, bis ihm ein ganz wunderbarer Zufall zu Hilfe gekommen war. 1982 schloss der Schlachthof am Inn seine Pforten und zog nach Schalding, und an seiner Stelle wurde der Erweiterungsbau der Passauer Universität errichtet. Und weil die beständig wuchs, hatten seine Eltern auch nichts dagegen, dass er eine Elektrikerlehre absolvierte und anschließend als

Hausmeister an der Uni Passau anfing, schließlich wollte er ja auf keinen Fall dem Inn den Rücken kehren.

So war es gekommen, dass er seit nunmehr dreißig Jahren an der Passauer Uni beschäftigt war. Obwohl bis heute noch ständig Gebäude und Anlagen hinzukamen, kannte er jeden Stein, Busch und jedes Schloss auf dem Gelände. Ein kurzer Blick genügte und schon erfasste er eine Veränderung und war sie auch noch so gering.

An diesem Morgen hatte es ihn wieder einmal schon kurz nach sechs aus dem Bett getrieben. Er hatte schnell gefrühstückt und war dann auf sein altes Dienstfahrrad gestiegen, um zunächst ein Stück den Inn entlang in Richtung Neuburg zu radeln. Unterwegs hatte er sich auf eine Bank gesetzt, die frische Morgenluft genossen und die ersten Ruderer bei ihrem frühmorgendlichen Training beobachtet. Radfahren hatte ihm sein Arzt verordnet, weil er seit einiger Zeit unter einem erhöhten Blutzuckerwert litt. Jetzt war es kurz nach acht und Hermann radelte die Innstraße entlang und musste grinsen, als er vor dem Nikolakloster bereits die ersten Studenten entdeckte, die ungeduldig darauf warteten, dass er den Fahrradkeller im ehemaligen Pferdestall aufschloss. Da die Ampel rot anzeigte, bremste er ab und schob sein Rad über den Zebrastreifen auf die andere Straßenseite. Dort stellte er es an die Hauswand und zückte seinen Schlüsselbund.

Die ersten an der Tür waren drei junge Frauen, eigentlich noch Mädchen, die ihren Gesprächen nach noch für eine Art Prüfung am Nachmittag lernen wollten. Hermann schmunzelte über ihren Eifer. Die meisten Studenten, die er kannte, schliefen morgens länger. Wenn man jung ist, kann man selbst in einem Backofen schlafen, dachte er angesichts der derzeit herrschenden Temperaturen und seufzte.

Er steckte den Schlüssel ins Schloss, drehte ihn herum und zog die schwere Holztür auf, um sie festzustellen. Weil der Inn beim Hochwasser vor zwei Jahren den ganzen Keller wie fast alle Gebäude entlang des Wassers mit seinen Sandmassen gefüllt hatte, war der ehemalige Pferdestall frisch renoviert worden. Man hatte die Wände und Säulen, die das Gewölbe trugen, in strahlendem Weiß gestrichen und den alten Granitfußboden sandgestrahlt. Richtig schön sah das aus, dachte er wie stets voller Freude über diese gelungene Restaurierung und durchquerte den langen Raum, um die Tür auf der anderen Seite aufzuschließen, damit auch von dieser Seite Fahrräder eingestellt werden konnten. Er hatte die Tür noch nicht zur Gänze geöffnet, als er von den hysterischen Schreien der Mädchen herumgerissen wurde und sofort wie versteinert stehenblieb. Im einfallenden Licht der geöffneten Tür sah er das Blut auf dem schönen frischen Fußboden. Hermann schloss die Augen und wähnte sich wie als Kind an der geöffneten Tür zum Schlachthof stehen. Auch dort waren die Wände weiß gewesen, wenn auch mit Fliesen verkleidet, damit sich das Blut besser wegspritzen ließ.

Augenblicklich wurde ihm speiübel, und er musste sich übergeben, was die schreienden und schon nach draußen laufenden Mädchen gar nicht registrierten. Statt der Mädchen kamen andere Studenten und schließlich auch jemand der fragte, wie es ihm ginge. Hermann öffnete die Augen und blickte hinüber zu den nackten Füßen, die in seine Richtung zeigten, zu den gespreizten Beinen, die seltsam verdreht in einer einzigen klaffende Wunde endeten und schließlich zum Kopf des Mädchens mit den leeren Augen und den blutgetränkten Haaren. Mühsam rappelte er sich auf. Jetzt fiel ihm auch das Blut an den schönen weißen Wänden auf. Hastig rannte er nach draußen, wo er sich erneut übergab.

„Wer hat sie gefunden?", fragte Schneidlinger bereits eine halbe Stunde später mit belegter Stimme und zeigte damit, wie nahe ihm die Brutalität des Täters ging.

„Der Hausmeister", erwiderte Obermüller und nickte dem übrigen Team zur Begrüßung kurz zu. Nach Plaudern war an diesem Morgen niemandem zumute. Hauptkommissar Schneidlinger hatte Franziska und Hannes gerade in sein Büro gerufen, um zu erfahren, was es mit den Befragungen am vergangenen Tag auf sich hatte, als der Notruf in der Zentrale eingegangen und dann sehr schnell an ihn weitergeleitet worden war.

„Der Mann ist fix und fertig!", gab Notarzt Dr. Buchner, der soeben die Leiche in Augenschein genommen hatte, zu bedenken. „Er kann kein Blut sehen und ist ohnmächtig geworden. Die Pfütze da neben der Säule stammt von ihm." Dr. Buchner deutete mit einem Nicken in Richtung Fußende der jungen Frau.

„Kann man mit ihm reden?", fragte Schneidlinger wenig mitfühlend angesichts dessen, was die junge Frau vor ihrem Tod durchlitten haben musste.

Dr. Buchner bewegte den Kopf unbestimmt hin und her. „Im Moment schlecht, ich habe ihm ein Beruhigungsmittel gespritzt."

Schneidlinger gab Hannes ein Zeichen und schickte ihn hinaus, um nach dem Mann zu sehen.

„Der Schlag war heftiger als beim letzten Mal, es sind sogar Kochenteile herausgebrochen worden, allerdings ist ihre Kehle intakt."

„Sie gehen vom gleichen Täter aus?", hakte Franziska sofort nach, denn auch sie verglich das Martyrium dieser jungen Frau mit dem von Vanessa Auerbach. Interessiert ging sie näher heran, um die Tote genauer zu betrachten.

Die Hände waren an den Handgelenken gefesselt und wohl zusammengebunden gewesen, die Fesselung aber später zwischen den beiden Händen durchtrennt worden, sodass die beiden Teile des Seils an den Handgelenken hingen. Vielleicht hatten sie den Täter gestört. Ihr leichtes Sommerkleid war weit aufgerissen und mit Blut vollgesogen. Der BH in der Mitte durchtrennt, der Slip lag ein Stück neben der Leiche auf dem Fußboden.

„Oh, da möchte ich der Rechtsmedizin nicht vorgreifen", wiegelte Buchner ab. „Im Vergleich zu der Leiche in der Bibliothek weist diese hier zahlreiche Schnittwunden auf, die über den ganzen Bauch- und Brustbereich verteilt sind. Ähnlich sind aber die ausgeprägten Verletzungsmuster im Genitalbereich", erläuterte der Notarzt und folgte Franziskas Blick.

„Vanessa Auerbach wurde brutal vergewaltigt und mit einem Gegenstand penetriert", zitierte Franziska aus dem Obduktionsbericht und sah den Notarzt fragend an.

„Ich weiß, ich habe mit Professor Wassly telefoniert", informierte Buchner und fügte erklärend hinzu: „Dieser grausame Tod hat mir einfach keine Ruhe gelassen."

„Und die Todesursache hier ist demnach ...?" Franziska hielt die Luft an, hoffte, Buchner würde ihren Satz vervollständigen.

„Das muss natürlich erst die Obduktion ergeben, aber so wie es aussieht, könnte sie durchaus verblutet sein."

„Dann wurde der Täter vielleicht gestört und kam nicht mehr dazu, ihr die Kehle durchzuschneiden?", fragte die Kommissarin in den Raum.

„Nichts deutet auf einen Kampf hin", bemerkte Annemarie Michel, die sich mit ihrem Team bisher nur grob umgesehen hatte und vor allem darauf achtete, dass nicht zu viele Neugierige diesen Tatort kontaminierten.

„Kein Kampf." Die Kommissarin bedachte die Folgen. „Sie könnte also auch sofort bewusstlos gewesen sein?", wandte sich Franziska an Dr. Buchner. Dass sie noch gelebt hatte, als ihr die Schnitte zugefügt worden waren, zeigte das viele Blut.

Der Notarzt hockte sich neben den Kopf der Toten und nahm ihn genau in Augenschein. „Bei dieser massiven Verletzung könnte das durchaus sein", erklärte er und lehnte sich mit dieser Vermutung ungewohnt weit aus dem Fenster.

„Und würden Sie uns bitte einen ungefähren Todeszeitpunkt nennen?", bat Franziska ganz höflich, woraufhin der Notarzt einen Blick auf seine Aufzeichnungen warf.

„Zwei Uhr morgens, plus minus eine halbe Stunde!"

„Verabredung oder Zufall?" Franziska blickte zu Annemarie. „Habt ihr ein Handy gefunden?"

„Ja." Die Chefin nickte Mona zu, die gerade zu einer der Holztüren hereinkam und verkündete: „Sowohl an der Außentür als auch an der Mauer des inneren Torbogens haften Blutspuren. Das muss mächtig gespritzt haben."

Buchner nickte. „Passt zur Schädelverletzung."

„Um diese Zeit ist hier natürlich auch nicht mehr viel los", mutmaßte Schneidlinger, nachdem sie sich nach draußen zum Torbogen begeben hatten.

„Ich würde sagen: Er stand hier", Mona zeigte auf die Staubspuren am Boden, „und wartete auf sein Opfer, und als sie den Torbogen passieren wollte, schlug er sie von hinten nieder." Die Kriminaltechnikerin lenkte die Blicke der Kollegen auf die an der Wand verteilten Blutspuren, um ihre Theorie zu untermauern.

„Was wissen Sie über die Tote?", fragte Schneidlinger daraufhin Obermüller, der als erster am Tatort eingetroffen war.

„Sie heißt Kristyna Svoboda und wohnte drüben in der Innstadt", erklärte Obermüller, und nachdem der Chef ihn erstaunt anblickte, ergänzte er: „Zumindest steht es so auf ihrem Studienausweis und ihrem Schreibblock." Als niemand etwas sagte, fuhr er fort: „Sie war vielleicht noch auf dem Heimweg, nahm die Abkürzung durchs Nikolakloster und wollte", Obermüller blickte sich um, „über den Fünferlsteg nach Hause gehen..."

„... und lief dabei ihrem Mörder direkt in die Arme", beendete Mona den Satz für ihn. „Der genau hier stand, um auf sie zu warten."

Franziska folgte Monas Blick die Treppen hinauf bis zum oberen Eingang und stellte sich vor, wie der Täter hier unten stand und nach oben blickte, bis er die einzelne schmale Frauengestalt wahrnahm, sich im Schatten verbarg, bis sie ahnungslos näher kam und wie er dann von hinten so heftig zuschlug, dass Kristyna Svoboda kampflos zu Boden ging.

„Was ist jetzt mit dem Hausmeister, warum war der so früh hier?", fragte Schneidlinger ungeduldig und wandte sich an Obermüller.

„Der Mann ist dafür zuständig, dass hier abends abgeschlossen und morgens wieder aufgeschlossen wird", erklärte Hannes, der sich inzwischen bei Haslbeck erkundigt hatte.

„Und hat er das gemacht?", wollte Schneidlinger sofort wissen.

„Ja. Er sagt, er hätte gestern abgeschlossen und heute Morgen wieder aufgeschlossen." Hannes hielt inne, ihm schien in diesem Moment selbst die Unstimmigkeit in dieser Aussage aufzufallen. „Dann war die Leiche entweder gestern schon drin oder der Täter muss ebenfalls einen Schlüssel gehabt haben."

Ohne ein weiteres Wort zu verlieren verließ Hannes die Gruppe, ging über die abgesperrte Straße zum Notarztwagen hinüber, in dem noch immer der Hausmeister Hermann Haslbeck saß, um nachzuhaken.

Als er zurückkam, lag ein vielversprechendes Lächeln in seinem Gesicht. „Also, normalerweise schließt er morgens auf und um Mitternacht wieder ab. Aber gestern Abend hat er das seinem Sohn übertragen, weil der ohnehin noch unterwegs war und er selbst sich wegen der Hitze nicht so gut gefühlt hat."

„Und hat der Sohn um Mitternacht abgeschlossen?"

„Das kann er nicht so genau sagen, weil er nicht mitbekommen hat, wann der nach Hause gekommen ist – und heute Morgen hat er noch geschlafen."

„Das heißt also, dass die Tür zum Zeitpunkt der Tat genauso gut noch unverschlossen gewesen sein könnte und der Sohn irgendwann in der Nacht den Fahrradkeller samt Leiche verschlossen hat", resümierte der Hauptkommissar, bevor er lauernd fragte: „Haben Sie auch gefragt, wer außer ihm einen Schlüssel hat?"

„Ja. Seine Kollegen haben einen und in der Verwaltung liegt ebenfalls einer."

„Professor Markwart!", entfuhr es Franziska, und Hannes nickte zustimmend.

„Sie glauben doch nicht allen Ernstes, dass sich der Mann, nachdem jeder sein Gesicht kennt, noch auf den Uni-Campus traut, um einen derartigen Mord zu begehen?", entgegnete Schneidlinger aufgebracht.

„Vielleicht war er ja gar nicht zu erkennen", gab Franziska zu bedenken, „vielleicht hat er sich ja verkleidet und maskiert."

„Ist das nicht ein wenig weit hergeholt? Nennen Sie mir einen stichhaltigen Beweis für Ihre Vermutung", forderte Schneidlinger.

„In seinem Haus gibt es einen ganzen Fundus an Perücken und Verkleidungsmaterialien", berichtete Franziska und nahm damit das unterbrochene Gespräch vom Morgen wieder auf.

„Ja sicher, seine Schwiegermutter war Theaterschauspielerin, eine tolle Frau übrigens", schob Schneidlinger wissend ein.

„Das war sie bestimmt", räumte Franziska lahm ein. „Aber vielleicht ist der Schwiegersohn ja auch ein guter Schauspieler."

Schneidlinger wollte schon wieder zu einer Gegenargumentation ausholen, als Hannes gestand: „Ich habe den Professor gestern dabei beobachtet, wie er aus seinem Gartenhaus ein Seil geholt hat."

„Wie konnten Sie ihn dort beobachten? Das Gartenhaus liegt unterhalb des Hauses und ist von der Straße nicht einsehbar." Hannes zuckte mit den Schultern, doch bevor er antworten konnte, explodierte Schneidlinger endgültig. „Waren Sie etwa auf dem Grundstück?"

„Nur auf dem der nicht anwesenden Nachbarn."

„Hat man dich gesehen?", fragte Franziska lahm, der dieses ganze In-Schutz-Nehmen des ach so wichtigen Professors mächtig auf die Nerven ging, und als Hannes den Kopf schüttelte, erklärte sie: „Dann ist doch alles in Ordnung und wir wissen jetzt zumindest, dass der Professor ein Seil im Haus hatte."

„Fragen Sie ihn", gestand Schneidlinger ihnen überraschend resigniert zu. „Aber erkundigen Sie sich zuerst beim Kollegen Obermüller, ob der schon etwas wegen der Schlüssel erfahren hat."

„Danke Chef. Wir werden diskret sein", versprach die Kommissarin und zog Hannes mit sich.

„Oh Mann, was für ein Kasperltheater. Wasch mich, aber mach mich nicht nass", ereiferte sich Franziska, kaum dass sie im Auto saßen, um die wenigen hundert Meter in die Hochstraße zu fahren. „Wenn der Professor Kristyna Svoboda umgebracht hat, werde ich mir das nie verzeihen können."

„Wieso dir, Schneidlinger hat uns doch die ganze Zeit zurückgehalten." Hannes zog seinen Gurt fest, Franziska nahm die Kurven an diesem Tag ausgesprochen zügig.

„Ja schon, aber wir sind wegen des Professors das halbe Wochenende über den Campus gerannt, nur um diese Flugblattaktion zu verhindern. Und statt noch eine Nachtschicht dranzuhängen und diesmal ihn zu beschatten, haben wir uns an Schneidlingers Anweisungen gehalten und damit unter Umständen zugelassen, dass ein so junges Menschenleben ausgelöscht wurde."

„Hey, Franzi, das ist nicht unsere Schuld!" Hannes drehte sich zu seiner Kollegin hinüber und drückte ihren Arm. „Wir können nicht rund um die Uhr überall sein. Selbst wenn er es war, konnten wir ja nicht ahnen, dass er in *dieser* Nacht zuschlagen würde."

„Trotzdem", begann Franziska, bevor ihre ungeteilte Aufmerksamkeit eingefordert wurde. Sie hatten die Hochstraße erreicht und entdeckten vor dem Wernsteiner'schen Besitz nicht nur eine zahlenmäßig ähnliche Versammlung an Reportern wie schon am vergangenen Tag, sondern nun auch noch den Übertragungswagen eines Privatsenders.

„Die Meute ist wieder los", kommentierte Franziska und blickte sich nach einer Möglichkeit zum Wenden um.

„Wir könnten von unten durch den Garten gehen", schlug Hannes vor und hielt sich fest, weil Franziska den Rückwärtsgang eingelegt hatte und trotzdem zügig fuhr, bis sie schließlich wendete.

In der Sechzehnerstraße parkte Franziska vor dem Grundstück, aus dem Christiane Wernsteiner-Markwart am vergangenen Tag herausgekommen war, und beobachtete, während sie um das Auto herumging, wie Hannes sich über den Zaun schwang und gleich darauf einen Sprint hinlegte. Ein wenig verwundert folgte sie ihm, bis sie sah, wie er einen großen, auffällig blonden Mann mit schwarzer Brille stellte, ihm seine Kamera abnahm und erklärte: „Die ist hiermit konfisziert. Sie können sie sich in der Inspektion abholen, wenn das Beweismaterial gesichert wurde."

„Hey, Moment mal, das könnt ihr nicht machen", beschwerte sich der Reporter an Franziska gewandt, als diese hinzutrat. „Das ist mein Arbeitsgerät..."

„Wir passen gut darauf auf!" Die Kommissarin zückte ihren Ausweis. „Und jetzt sollten Sie schleunigst das Grundstück verlassen, sonst sind Sie nämlich noch wegen Hausfriedensbruchs dran."

Wütend vor sich hin fluchend trottete der Mann davon. Als er den Zaun schon erreicht hatte, drehte er sich noch einmal um, hob drohend den Arm und schrie: „Das wird Folgen für euch haben, dafür werde ich mich rächen! Das werdet ihr schon sehen!" Dann war er weg.

„Ich hab den gar nicht gesehen", gestand Franziska und versuchte sich zu beruhigen, während sie vor der Terrassentür standen und darauf warteten, dass man sie erkannte und ihnen öffnete.

„Ich schon", grinste Hannes sehr zufrieden.

„Wo waren Sie gestern Abend?", fragte die Kommissarin, kaum dass sie auf dem großen Sofa im Wohnzimmer Platz genommen und das Ehepaar von dem zweiten Mordfall unterrichtet hatten.

„Wissen Sie eigentlich, was hier los ist?", fragte Christiane Wernsteiner-Markwart aufgebracht und deutete mit dem Kopf in Richtung Flur und Haustür. „Wie soll mein

Mann das Haus verlassen, ohne von diesen Hyänen aufgefressen zu werden?"

„Über das Nachbargrundstück und die Sechzehnerstraße, so wie Sie gestern", antwortete Franziska kühl.

„Was erlauben Sie sich. Ich war hier", erklärte der Professor mit fester Stimme.

„Ja", versicherte seine Frau. „Wir waren den ganzen Abend über hier."

Beide waren blass und von dem, was mit ihrem Leben gerade passierte, deutlich gezeichnet. Der Professor saß auf dem kleinen Sofa, seine Frau hatte etwas abseits auf einem Stuhl Platz genommen, der zum Esstisch gehörte. Den Blick richteten beide öfter auf die eigenen Füße als auf den Partner.

Franziska sah sich um. Fast alle Rollos im Wohnzimmer waren heruntergelassen, was den Raum beschattete und an diesem Tag wohl nicht nur die Hitze des Tages, sondern auch die Blicke der Neugierigen vor und um ihr Grundstück draußen halten sollte.

„Sind Sie sich da ganz sicher?", wandte sich Franziska an Christiane Wernsteiner-Markwart und blickte diese durchdringend an.

„Hören Sie, das ist für uns gerade eine ganz schreckliche Situation und ich weiß wirklich schon nicht mehr, wo mir der Kopf steht, aber in einem Punkt bin ich mir ganz sicher: Mein Mann hat mit dieser schrecklichen Sache nicht das Geringste zu tun."

„Warum überzeugen Sie uns dann nicht davon, dass Ihre Frau recht hat?", wandte sich Franziska fragend wieder an den Professor, doch der blickte nur beinahe gleichgültig aus dem Fenster und steckte sich eine Zigarette an.

„Liefern Sie Beweise und ich werde sie entkräften", forderte er matt.

„Wir sind seit siebenundzwanzig Jahren verheiratet, glauben Sie nicht, dass man sich nach so langer Zeit vertrauen kann?", fragte Christiane Wernsteiner-Markwart.

Die Kommissarin lächelte unverbindlich und hätte am liebsten geschrien. *Ja glauben Sie denn tatsächlich, ich sehe nicht, was hier los ist?* Doch stattdessen zuckte sie nur mit den Schultern. „Sie sollten das Haus besser nicht verlassen. Wir werden sehen, ob wir die Straße frei bekommen." Damit erhob sie sich und wartete darauf, dass sie der Professor über die Terrassentür wieder hinaus ließ.

Als sie in der Sechzehnerstraße in ihr Auto stiegen, fuhr gerade ein zweiter Übertragungswagen an ihnen vorbei in Richtung Hochstraße. „Ich bin gespannt, wie lange die beiden diesem Druck noch standhalten", überlegte Franziska.

„Du hoffst, dass er freiwillig einknickt und den Knast wählt, nur um in Ruhe leben zu können?", fragte Hannes und griff nach seinem Gurt, weil Franziska ohne Vorwarnung Gas gegeben hatte.

„Er oder vielleicht ja auch sie", grinste Franziska.

„Wenn ich nur wüsste, wie wir ihm beikommen könnten", stöhnte Franziska, ließ sich schwer auf ihren Stuhl fallen und begann in ihrer Schreibtischschublade nach einem Müsliriegel zu suchen.

„Die war schon gestern leer", kommentierte Hannes amüsiert ihre hektische Suche.

„Hast du was dabei?", fragte Franziska mit der Verzweiflung einer Drogensüchtigen in der Stimme.

Hannes schüttelte bedauernd den Kopf. Als Franziska daraufhin aufsprang, um Ramona nach etwas Essbarem anzuschnorren, prallte sie prompt mit dem Kollegen Obermüller zusammen.

„Ich hab was für euch", frohlockte der Kollege, schob sich und Franziska ins Zimmer zurück und biss herzhaft in seine mitgebrachte Leberkässemmel. Franziska schaute ihn neidisch an.

„Wir haben einen Hinweis bekommen", erklärte er, nachdem er runtergeschluckt hatte, und biss erneut zu.

„Sie wird dir nicht zuhören", übersetzte Hannes. „Franzi steht kurz vor dem Koma."

Obermüller ließ seine Semmel sinken und musterte Franziska fragend. „Bist du schwanger?"

„Bist du verrückt?", antwortete Franziska, woraufhin Hannes übertrieben auflachte.

„Sie ist stark unterzuckert."

Obermüller blickte auf seine halbe Semmel und reichte sie der jüngeren Kollegin. „Hier, ist schon meine zweite und ich soll ja eh nicht so viel essen", begründete er seinen Großmut lahm.

Franziska strahlte und biss herzhaft in die Semmel, wobei sie den Ermittler glücklich anschaute. „Sehr lecker! Was ist jetzt mit deinem Hinweis?"

Obermüller lachte. „Ach Franzi, was wäre mein Leben ohne dich?" Er ließ sich auf ihrer Schreibtischkante nieder und erzählte. „Ich bekam einen Anruf von einer Frau, die darauf hinwies, dass der Prof bei einem Partnersucheportal gemeldet ist."

Franziska überlegte kauend. „Das würde zumindest erklären, warum die Ehefrau so schlecht drauf ist. Von wegen nach siebenundzwanzig Jahren Ehe kann man sich vertrauen. Bei denen gehts um Scheidung." Sie schüttelte den Kopf. „Nur: Was bedeutet das für uns?"

Obermüller lachte. „Das ist nicht so ein Mann-sucht-Frau-spätere-Heirat-nicht-ausgeschlossen-Portal. Da geht es rein um Seitensprünge und in seinem Fall um BDSM!"

Franziska grinste, aber eigentlich nur über die Betonung des älteren Kollegen.

„Wir haben die Nummer der Anruferin zurückverfolgt – sie kam aus der Uni, genauer gesagt aus dem Juridicum."

„Kollegenpetze also. Willkommen im Leben, Herr Professor, jetzt geht es ans Eingemachte", freute sich Franziska nach der eingesteckten Niederlage am Vormittag.

„Er war aber wirklich bei diesem Portal gemeldet", betonte Obermüller, zog sich Franziskas Tastatur heran und klickte auf dem Bildschirm herum.

„Du hast seinen Zugangscode?", fragte Franziska ungläubig.

„Ja, den hat sie mitgeliefert und, was soll ich sagen ... Schau dir sein Profil selbst an. Ganz schön pervers."

Franziska leckte sich den Rest süßen Senf von den Fingern ab und begann, sich mithilfe der Maus durch sein Profil zu scrollen. „Er steht auf Frauen, die sich gern von ihm erziehen lassen wollen." Sie kicherte. „Und ja, er mag es heftiger. Aber deshalb ist er ja noch lange nicht pervers. Immerhin scheint es Frauen zu geben, die das mögen und sich bei ihm melden", fasste sie zusammen und grinste, weil Obermüller sich gar so zierte. „Und?"

„Hast du vergessen, wie die beiden Frauen zugerichtet wurden?", begehrte Obermüller auf und schaute sich suchend nach Hannes um. „Das könnte doch zu ihm passen."

„Keine Angst, Obermüller, wir bleiben an ihm dran, irgendwas stimmt mit dem nicht, da hast du schon recht. Zumal das langsam sogar der Chef eingesehen hat."

Wie auf Kommando kam Kriminalhauptkommissar Schneidlinger völlig außer Atem herein, schien aber nicht mitbekommen zu haben, dass es im letzten Satz um ihn gegangen war. „Die Universitäts-Präsidentin hat sich bei der Staatsanwaltschaft beschwert, dass wir die Sache nicht ernst genug nehmen. Und Staatsanwältin Ehrenberger fordert mich jetzt auf, besser zu recherchieren und dem Professor die Taten entweder nachzuweisen oder ihn aus der Schusslinie zu nehmen. Nach der Demo am gestrigen Abend, die Professor Markwart klar aufforderte, sich zu äußern oder abzutreten, sei auf dem Campus die Hölle los und an ein vernünftiges Studieren längst nicht mehr zu denken." Er machte eine Pause, um das Gesagte wirken zu lassen, bevor er fortfuhr: „Nachdem die Hochstraße geräumt wurde, haben sich die Pressevertreter darauf verlegt, Studenten vor den Hörsälen zu interviewen. Die Präsidentin hat angekündigt, dass sie durch den Uni-eigenen Sicherheitsdienst jeden kontrollieren lässt, der aufs Gelände will. Geschlossen werden kann der Betrieb nicht, denn sonst würde den Studenten das Recht auf Bildung verwehrt werden und das hätte dann sicher einen noch größeren Aufstand zur Folge."

„Und wie sollen wir das machen?", fragte Franziska kleinlaut. Sie hatte sich während seiner Schilderungen überlegt, wie sie so auf die Schnelle weitere Hinweise aus dem Ärmel zaubern sollten.

Schneidlinger wandte sich an Obermüller. „Ist die Schlüsselfrage jetzt endlich geklärt? Und was ist mit dem Sohn des Hausmeisters?"

Obermüller erhob sich. „Der Sohn hat vergessen abzuschließen, und als es ihm einfiel, war es schon fast Morgen. Da hat er sich gedacht, dass es jetzt auch schon egal ist."

„Ja, aber der Hausmeister sagte doch, dass er aufgeschlossen hat?", warf Schneidlinger unsicher ein.

„Das haben auch die Studentinnen bestätigt, die auf ihn gewartet haben", wusste Obermüller. „Haslbeck meinte, es könnte durchaus sein, dass ein Kollege vorbei kam, die offenen Türen sah und an seiner Stelle abschloss ..." Der Ermittler zuckte mit den Schultern.

„Seltsames Verhalten", resümierte Hannes.

Doch Franziska ging gar nicht darauf ein und fragte stattdessen: „Gibt es schon Ergebnisse aus der Rechtsmedizin?"

Schneidlinger blickte auf seine Uhr. „Wenn die überhaupt schon mit der Obduktion angefangen haben ..."

„Dann bleiben wir am Professor dran. Wir holen ihn her", schob Franziska nach, als wäre es die Idee des Tages. „Und seine Frau ebenfalls. Bei denen ist die Luft so dick, da müsste doch was zu machen sein. Immerhin weiß die Frau vom Fremdgehen ihres Mannes. Wenn wir ihr auch noch von dem Seitensprungportal erzählen, geht sie vielleicht in sich ..."

Schneidlinger verdrehte die Augen, stöhnte laut auf, hakte aber nicht nach. Insgesamt schien auch er inzwischen den Glauben an die Rechtschaffenheit des Professors verloren zu haben. „Frau Steinbacher, aber bitte mit Augenmaß", mahnte er nur noch lasch, woraufhin Franziska nickte und verstohlen in sich hineingrinste, weil sich der Chef gar so quälte und weil so ein Verhalten für einen Mann in seiner Position eigentlich peinlich war.

„Wir wissen inzwischen, dass Sie auf einem Sexportal angemeldet waren, um dort Partnerinnen für durchaus gewalttätige Praktiken zu suchen", eröffnete Franziska und blickte erst den Professor und dann Christiane Wernsteiner-Markwart an. „Doch lassen Sie uns zunächst noch einmal über Ihr Alibi vom gestrigen Abend sprechen", forderte sie schließlich und nickte den Eheleuten dabei zu.

„Wir waren zu Hause!" Die Ehefrau reagierte als Erste.

„Sehen Sie, und genau diese Zusicherung reicht uns bei

der Anschuldigung, die gegen Ihren Mann vorliegt, eben nicht", erklärte Franziska in ruhigem Ton und wandte sich an den Professor. „Ihre Frau gibt Ihnen ein Alibi, Sie geben Ihrer Frau ein Alibi! Solche Alibis sind nichts wert, wenn sie nicht durch weitere Fakten untermauert werden können." Die Kommissarin zeigte sich verständnisvoll. „Ich kann ja verstehen, dass Sie sich gegenseitig absichern möchten, aber ich glaube eben, dass Sie nicht zusammen waren." Sie lächelte freundlich, weil sie davon ausgehen musste, dass beide nur dann einbrachen, wenn ihnen mit Verständnis begegnet wurde. Drohen half da nichts, das wusste sie nur zu gut.

Nachdenklich erbat sich der Professor ein Glas Wasser, trank einen großen Schluck und richtete sich dann sehr gerade in seinem Stuhl auf. „Also gut", begann er leise und Franziska glaubte zunächst, sie müsse sich verhört haben. Bei aller Freude über einen schnellen Ermittlungserfolg hatte sie doch immer noch gehofft, es würde sich ein anderer Täter abzeichnen. Ein anderer als ihr früherer Professor, den sie gleichermaßen geschätzt wie für seine strikte Voreingenommenheit verachtet hatte. Aber er wäre nicht der erste Jurist gewesen, der einen Täter mit einer knallharten Strafe belegen und seine eigene Straffälligkeit als Kavaliersdelikt auslegen würde. Vom Saubermann zum Beziehungstäter war es manchmal nur ein kurzer Weg.

„Ich muss, nein ich möchte Sie aber bitten, dass Sie das, was ich Ihnen jetzt sage, vertraulich behandeln." Er wechselte einen schnellen Blick mit seiner Frau, während Franziska angesichts dieser Forderung verwundert dreinblickte. Als er ihren Blick auffing, bekannte er: „Obwohl es ja eigentlich nicht noch schlimmer kommen kann."

Mit einem Schulterzucken zeigte die Kommissarin an, dass sie diese Einschätzung ihm überließ.

„Ich war in einem Hotel in Bad Griesbach. Man kennt

mich dort, ich bin praktisch jeden Montag dort", fügte er hinzu und versicherte sich bei seiner Frau, dass diese Offenbarung in Ordnung war.

„Und warum haben Sie das nicht gleich gesagt?", mischte sich Hannes ins Gespräch ein.

„Weil ich dort nicht allein war und es der Dame nicht recht wäre, wenn ich sie mit hineingezogen hätte", erklärte der Professor, worauf Christiane Wernsteiner-Markwart tief durchatmete.

„Und wer ist die Dame und wo wohnt sie?", fragte Franziska.

Der Professor schaute seine Frau an und bat dann: „Wir führen seit Jahren eine offene Beziehung. Trotzdem möchte ich Sie bitten, meiner Frau die Details zu ersparen."

Die Kommissarin nickte. „Natürlich." Dann schickte sie Hannes mit Christiane hinaus, während sie sich den Namen und die Adresse der Dame aufschrieb.

„Wir werden das überprüfen. Zu Ihrem eigenen Schutz bleiben Sie bitte hier", erklärte sie, und der Professor nickte sofort.

„Sehr gern."

Franziska wollte gerade hinausgehen und Obermüller darum bitten, nach Bad Griesbach zu fahren, um das Alibi zu überprüfen, als der Professor einen ungewohnten Redebedarf entwickelte. „Sie denken jetzt bestimmt, wer sich zu solchen Szenarien verabredet, der bringt auch jemanden um, weil wir ja quälen und gequält werden wollen, aber dem ist nicht so. Wir halten uns an feste Regeln, gerade weil ich nicht ins Gefängnis kommen möchte. Wenn die Dame nein sagt, dann heißt das nein, und wenn sie das Safeword benutzt, dann ist Schluss. Ich kann Sie gut verstehen, aber vor allem nach diesem zweiten Mord sollten Sie Ihren Täter nicht ausgerechnet dort suchen, wo Menschen einvernehmlich ihre Neigungen ausleben."

„Die Marienbrücke ist fast dicht", gab Obermüller zu bedenken, als Franziska verkündete, sie fahre in die Innstadt, um sich die Wohnung von Kristyna Svoboda anzusehen. Seit die Flüchtlingsströme aus Syrien, Irak und Afghanistan, die sich auf den Weg nach Europa gemacht hatten und jetzt versuchten, über die Balkanroute vor allem nach Deutschland einzureisen, in ihrer Intensität nicht mehr nachlassen wollten, hatte die Bundesregierung zwar noch nicht den Notstand ausgerufen, aber zumindest wieder Grenzkontrollen eingeführt. Für die Passauer, die seit Wochen ihr Herz für Flüchtlinge zeigten und alles taten, damit diese Gestrandeten eine würdevolle Bleibe fanden, bevor sie weiterreisten, bedeutete dies eine neue Herausforderung. Insgesamt galten Inn und Donau als natürliche Staatsgrenzen zwischen Deutschland und Österreich. Nur die Passauer Innstadt ragte über den Inn hinaus ins österreichische Hoheitsgebiet hinein und verschmolz mit dem nachbarstaatlichen Hinterland. Daher wählten die Bundespolizisten an diesem Tag den Vorplatz des Fürstbischöflichen Opernhauses aus, um ihre Fahrzeugkontrollen durchzuführen, was auf der Marienbrücke, dem Nadelöhr zwischen Passau und Österreich, zu einem massiven Rückstau von Pendlern und Tanktouristen führte.

Nach diesem Hinweis und einem Blick auf ihre Uhr beschloss die Oberkommissarin: „Dann gehen wir doch einfach zu Fuß und tun gleich was für unsere Gesundheit."

Eine Viertelstunde später erreichte sie mit Hannes bereits den Klostergarten, wo an Infoständen mit bunten Plakaten und Parolen gegen die menschenunwürdige Behandlung der Flüchtlinge und die Grenzschließung seitens Ungarns protestiert wurde. Studenten verteilten Handzettel, sprachen Passanten an und informierten über die unhaltbaren Zustände und über die Weigerung der Europäischen Union, klar Stellung zu beziehen und eine gerechte Verteilung der Flüchtlinge in Angriff zu nehmen. An einer anderen Stelle wurde Musik gemacht und Spendengeld gesammelt. Die beiden Kommissare umgingen die Gruppen und nahmen den Weg zur Innstraße, wo sie an der Fußgängerampel stehen bleiben und warten mussten. Dabei fiel Franziskas Blick auf den Fünferlsteg, der vor über einhundert Jahren von einer Bürgerinitiative gebaut worden war. Vorher hatte es eine Fähre über den Inn gegeben, die zwischen der Stadt Passau und dem Friedhof St. Severin verkehrte, der am anderen Innufer lag. Das Passieren der Brücke kostete lange Zeit fünf Pfennig Brückenmaut, ein einmaliger Umstand innerhalb einer Stadt, der dem Hindenburg-Steg seinen bis heute geläufigen Namen gibt.

In der Innstadt angelangt, bogen sie nach der Gärtnerei nach links ab und liefen das Lindental hinauf, bis sie das richtige Haus oberhalb des Beiderwiesbachs erreicht hatten. Nach dem zweiten Klingeln öffnete ihnen eine Frau in Bermudas und T-Shirt. Sie mochte um die sechzig sein, trug die fast weißen Haare kinnlang und füllte einen Großteil des Türrahmens aus.

„Entschuldigen Sie bitte die Störung, wir kommen wegen Kristyna Svoboda, sie wohnt doch hier?"

Ohne auf die Polizeiausweise zu blicken schluchzte die Frau laut auf und ihre Augen füllten sich mit Tränen. „Sie wissen bereits was passiert ist?", erkundigte sich Franziska verwundert.

„Ja", schniefte sie und öffnete die Tür. „Ihr Kollege hat mich informiert."

Franziska wechselte einen schnellen Blick mit Hannes,

doch der zuckte nur mit den Schultern. „War der Kollege in Uniform? Hat er sich ausgewiesen?", hakte Franziska nach und wunderte sich nicht, als die Frau beide Fragen mit einem Kopfschütteln beantwortete. „Nachdem er mir erzählt hatte, dass die Kristyna tot aufgefunden worden ist, hab ich ihn gar nicht nach einem Ausweis gefragt", gestand sie und führte Franziska und Hannes überraschend leichtfüßig die Treppe hinauf in ein Zimmerchen unter dem Dach.

Insgesamt gab es dort nicht viel zu sehen. Das Bett stand unter der Dachschräge und war mit einer Tagesdecke und etlichen Kuscheltieren bedeckt. Im Schrank gab es Kleidchen, Jeans, Pullis, T-Shirts, Strickjacken und Turnschuhe. Eine typische Sommergarderobe einer Studentin. Nichts Auffälliges. In einem kleinen Regal standen etliche Bücher und Ordner. Alles wirkte sehr ordentlich und sauber.

Nachdem Franziska sich umgeblickt hatte, fragte sie: „Was hat der Kollege denn hier gemacht oder sich angesehen?"

„Das weiß ich nicht so genau, weil das Telefon geklingelt hat. Aber", ihre Augen leuchteten kurz auf – scheinbar hatte auch sie erkannt, dass der angebliche Kollege hier nichts zu suchen gehabt hatte, „als ich heute Morgen die Wäsche heraufgebracht habe, lag dieses Buch noch nicht auf dem Schreibtisch!"

Franziska ging näher, betrachtete das Buch und wunderte sich überhaupt nicht, als sie den Namen des Autors las: Professor Klaus Markwart. Rechts davon lag ein Schnappschuss, der Kristyna Svoboda vor der Uni zeigte. Buch und Foto wirkten arrangiert. „Könnten Sie den Mann bitte für uns beschreiben?"

„Na ja, er war sehr groß, hatte sehr blonde Haare und trug eine schwarze Brille."

Die Oberkommissarin musste grinsen. „Ganz schön dreist, nachdem wir ihm gestern die Kamera abgenommen haben", überlegte sie und spielte damit auf den Fotografen an, den sie am gestrigen Tag im Garten des Professors verwarnt hatten. „Wenn er sie dennoch zurück haben will, erwischen wir ihn." Und an die Wirtin gerichtet fügte sie hinzu: „Bitte fassen Sie nichts an, ich schicke die Spurensicherung vorbei, damit wir seine Fingerabdrücke sichern können."

Nachdem sie die Treppe wieder hinunter gestiegen waren, fragte Franziska im Hausflur: „Wie lange wohnte Frau Svoboda denn schon bei Ihnen?"

„Seit zwei Jahren. Die Kristyna war ein so liebes Mädchen, mit der gab es nie Scherereien."

„Hatte sie einen Freund?"

„Nein, das glaube ich nicht. Sie hat ja immer nur gelernt."

„Und wissen Sie, wo sie gestern Nacht gewesen sein könnte?"

„Ich glaube, sie wollte zu ihrer Lerngruppe. Da setzen sich die Mädchen dann zusammen hin und gehen alles noch einmal durch. So hat sie mir das erklärt. Sie war wirklich ganz strebsam", versicherte die Frau erneut.

„Haben Sie vielleicht Namen für uns und die Adressen der Mädchen?"

„Nein, tut mir leid, die hab ich nicht. Ich weiß nur, dass sie in einer Wohngemeinschaft in der Dr.-Hans-Kapfinger-Straße wohnen."

Nachdem sie das Haus schon ein wenig hinter sich gelassen hatten, kam Franziska zunächst wieder auf den dreisten Reporter zu sprechen. „Ich möchte ja nur wissen, woher der das alles wusste?"

„Vielleicht hat es ihm eine der Studentinnen erzählt, die mit dem Hausmeister zusammen die Leiche entdeckt haben?", mutmaßte Hannes.

„Haben die alle nichts Besseres zu tun, als sich an die Presse zu wenden?", empörte sich die Kommissarin verärgert, zückte ihr Handy und wählte die Nummer des Chefs, um ihm von diesem Hausfriedensbruch zu berichten. Der reagierte außer sich, vor allem, als er von dem Arrangement von Buchcover und Foto erfuhr.

Nachdem sie den Fünferlsteg erneut überquert hatten, schlugen sie nicht den Weg über das Arbeitsamt und den Klostergarten in Richtung Inspektion ein, sondern wandten sich nach links in die Innstraße, vorbei an der Innsteg-Aula, wo sie die Straße hin zum Nikolakloster überquerten.

Vor dem Durchgang zum Fahrradkeller, der weiterhin gesperrt war, beobachteten sie verweinte Studentinnen, die Mahnwache für Kristyna Svoboda hielten, Blumen niederlegten und Kerzen anzündeten. Eine hielt einen Teddybären im Arm, auf dessen Bauch ein Herz mit Kristynas Namen eingestickt war. Franziska sprach die junge Frau an.

„Ihr habt euch gekannt?"

Die Studentin, kaum älter als zwanzig, wischte sich mit dem Ärmel über die geröteten Augen und betrachtete nickend den Ausweis der Kommissarin. „Kristyna hat morgen Geburtstag."

„Kristyna Svoboda soll sich gestern noch mit Kommilitoninnen zum Lernen getroffen haben, gehörten Sie auch dazu?", fragte die Kommissarin.

„Ja, das machen wir immer so. Wir fragen uns gegenseitig ab, das nimmt den Druck." Sie lächelte ein wenig. „Da sieht man dann, dass die anderen auch noch nicht alles wissen. Wobei die Kristyna immer weiter war als wir."

„Und wann ist Kristyna losgegangen?"

„Ich weiß gar nicht mehr so genau ..."

„So kurz vor eins", half eine andere Studentin aus. „Wir haben sie noch überreden wollen, bei uns zu übernachten, aber sie meinte, sie wolle in der Früh gleich wieder loslegen."

„Ja, und es wäre ja auch nur ein kurzes Stück, nicht der Rede wert, und außerdem wäre sie ja unsichtbar."

Franziska stutzte. „Wieso unsichtbar?"

„Das sagte sie immer, weil sie keinen Freund hatte", fügte die erste erklärend hinzu.

Die Kommissarin notierte sich ihre Namen und die Adresse der Wohngemeinschaft, reichte ihnen ihre Karte und bat sie, sich zu melden, falls ihnen noch etwas einfiele. Dann schlüpfte sie unter dem Absperrband hindurch, um die Treppen bis zum oberen Ausgang zu erklimmen. Dort blieb sie kurz stehen und blickte nach unten. „Obermüller hat recht gehabt. Sie kam von hier oben und ist ihm geradewegs in die Arme gelaufen."

„Ja", bestätigte Hannes. „Und wenn das Alibi des Professors stimmt, dann war das genauso ein Zufall wie die Tatsache, dass sie genau wie Vanessa Auerbach in die Vorlesung von Professor Markwart ging und sein Lehrbuch im Regal stehen hatte."

„Für uns ist er draußen, sobald Obermüller das Alibi bestätigt, für die Öffentlichkeit ist er das noch lange nicht, vor allem, wenn dieser Reporter sein Foto veröffentlicht und eine Gemeinsamkeit zwischen beiden Morden herstellt", überlegte Franziska und zog ein sorgenvolles Gesicht.

„Dann sollten wir den Mann so schnell wie möglich daran hindern", fiel Hannes ein, woraufhin Franziska nickte, ihr Handy erneut zückte und gleich darauf Ramona bat: „Du Ramona, ich hab doch heute Morgen eine Kamera zum Asservieren mitgebracht, kannst du die bitte Mona geben, damit sie versucht rauszubekommen, wem die gehört?" Franziska lauschte eine Weile ins Handy und nickte dann abwesend. „Ja mach das ... Ja natürlich, das ist eine tolle Sache, würde ich auch gern machen, aber wir haben halt auch noch andere Probleme ... Doch Ramona, *das* ist eine wichtige Sache ... Ja danke und Tschüss!"

„Was ist eine tolle Sache?", fragte Hannes neugierig.

„Ramona geht zum Bahnhof. Sie hat eine Nachricht erhalten. Sie empfangen dort die Flüchtlinge und versorgen sie mit Wasser, Käsesemmeln und Süßigkeiten für die Kinder. Wusstest *du*, dass Ramona zu den Helfern gehört, die zum Bahnhof eilen, sobald ein neuer Flüchtlingstransport angekündigt wird?"

Hannes schüttelte den Kopf. „Ich weiß nur von den Kollegen der Bundespolizei, dass da immer ganz schön was los ist."

„Ja, das glaube ich. Auf der einen Seite sind die Flüchtlinge froh darüber, in Sicherheit zu sein, und auf der anderen Seite wissen sie nicht, wie es jetzt mit ihnen weiter geht", überlegte Franziska und schlug den Weg in Richtung Inspektion ein, der direkt am Studentenwohnheim in der Dr.-Hans-Kapfinger-Straße vorbei führte.

„Weißt du was?" Franziska blickte Hannes im Gehen an, bis der neugierig zurückblickte. „Ich frage mich, wann die Stimmung in der Bevölkerung kippt und der Erste die vielen Flüchtlinge in Passau für die beiden Morde verantwortlich macht."

„Lass uns beide hoffen, dass wir den Täter vorher gefunden haben!", wusste Hannes, bevor beide in tiefes Schweigen versanken, weil das so ziemlich das Schlimmste war, was Passau jetzt passieren konnte.

Mit abschätzendem Blick schaute Carola in die Runde, betrachtete die Frauen dabei aber nüchtern und ohne falsches Pathos. Viel zu viele Studenten sahen sich in irgendeiner Weise dazu berufen, die Welt ein Stück weit besser zu machen, indem sie Ungerechtigkeiten aufspürten, um sie in großer oder kleiner Runde ausführlich zu diskutieren. Nach dem Vorbild bekannter Politiker dehnten und zogen sie an ihrer eigenen Meinung, bis sie am Ende der Aussprache einen Knoten hineinmachen konnten, um sie festzuzurren, zu keiner Zeit bereit, dem anderen wirklich zuzuhören. Dabei ging es selten darum, wirklich etwas zu verbessern. Sie wollten lediglich Gehör finden und über die Probleme dieser Welt sprechen, um sich selbst besser zu fühlen.

Ganz anders die Frauen, die sich heute in einem der neuen Gruppenarbeitsräume der Bibliothek zu einer Runde zusammengefunden hatten. Sie redeten nicht nur, sie ließen Taten folgen und waren auch bereit, für diese einzustehen, so zumindest hatten sie es inzwischen vereinbart. Sie verbreiteten keine Phrasen, sie standen abends am Bahnhof und empfingen die völlig erschöpften Flüchtlinge mit Wasser, Nahrung und vor allem mit einem freundlichen Lächeln. Sie setzten ein starkes Zeichen für die traumatisierten Menschen. Sie gaben Deutschunterricht, sammelten Kleidung, Schuhe und Spielzeug. Sie redeten *und* handelten und verbesserten die Welt mit ihren eigenen Händen.

Trotz des Verhörs bei der Kriminalpolizei und trotz der offiziellen Androhung von Konsequenzen machten sie allerdings auch mit ihren Erziehungsmaßnahmen weiter und planten in diesen Minuten die nächste diesbezügliche Aktion.

Natürlich hatte ihnen der Mord an einer weiteren Studentin ziemlich zugesetzt. „Ich wünschte, wir würden den vor der Kripo in die Finger kriegen!", rief eine der Frauen sehr selbstbewusst und sprach damit laut aus, worüber alle nachdachten.

„Schon seltsam, dass diese schrecklichen Morde gerade jetzt passieren, wo so viele Flüchtlinge in der Stadt sind", gab eine zweite zu bedenken.

„Warst du nicht am Bahnhof und hast du die armen

Schweine nicht gesehen? Die sind doch erstmal nur froh, in Sicherheit zu sein", ereiferte sich eine dritte.

„Ja klar! Die, die jetzt kommen, sind vor allem froh, dass sie in Sicherheit sind. Aber was ist mit denen, die schon länger hier sind? Denkt doch nur an die Kölner Silvesternacht. So viele Männer ohne Anhang, die alle nie gelernt haben, dass man Frauen respektiert und sie nicht einfach nimmt. Manche von denen haben für unseren Geschmack ganz schön extreme Ansichten. Das könnte sich bei uns kein Mann erlauben", nahm die zweite wieder den Faden auf.

„Trotzdem können wir sie nicht unter Generalverdacht stellen", mischte sich jetzt eine vierte ein, woraufhin Carola die Hand hob.

„Hey Schwestern! Zurück zur Tagesordnung", rief sie feierlich. „Ganz egal, wer es war, wir werden uns zu gegebener Zeit um ihn kümmern. Jetzt ist aber erst einmal dieser Tierquäler dran. Vergesst bitte nicht, dass unsere Gesellschaft nicht erst ein Problem hat, seit die Flüchtlinge zu uns kommen. Auch unsere deutschen Männer legen Verhaltensweisen an den Tag, die es zu tilgen gilt." Sie lächelte, weil es immer wieder schön war, wie schnell sich die erhitzten Gemüter beruhigten, kaum dass sie ihre Stimme erhob. „Wie können wir von Fremden erwarten, dass sie alles richtig machen, wenn wir uns selbst nicht richtig benehmen?"

„Du hast recht, lass uns mit unserem Plan weitermachen", nickte die Flüchtlingskritikerin und nahm einen Schluck Wasser aus ihrer mitgebrachten Flasche.

„Gut, dann schlage ich Donnerstagabend vor, schafft ihr das?" Carola blickte fragend in die Runde.

„Und wer kümmert sich um das Werkzeug? Davon hängt doch letzten Endes alles ab", erkannte eine fünfte, die noch nicht so oft dabei gewesen war.

„Das machen wir", kam es prompt von einer weiteren

Studentin. Dabei blickte sie ihre Nachbarin an, die mit vor Eifer geröteten Wangen nickte, bevor sie loskicherte. „Kein Problem!"

„Gut", schloss Carola das Treffen. „Sollte etwas dazwischenkommen, schreib ich es auf die neue Seite. Habt ihr euch alle die Zugangsdaten notiert? Wir wollen ja nicht, dass die Kripo vor uns da ist." Sie grinste süffisant, während sie sich erhob. Sie war nicht gegen die Gesetze, aber sie hatte erkannt, dass man manche Sachen einfach selbst in die Hand nehmen musste, wenn man Erfolg haben wollte. Es half nichts, immer nur zu jammern, es war an der Zeit, Fakten zu schaffen, auch gegenüber der Kripo.

Obwohl die Woche gerade erst so richtig begonnen hatte, waren alle Team-Mitglieder der Passauer Mordkommission an diesem Abend müde, ausgelaugt und vor allem niedergeschlagen. Was zunächst wie ein schneller Ermittlungserfolg ausgesehen hatte, war in sich zusammengefallen. Hinzu kamen die scheinbar an allen Schauplätzen des Falles präsenten und immer unverschämter agierenden Pressevertreter, die alles überschattenden Einsätze bei der Sicherung der ankommenden Flüchtlinge und eine Staatsanwaltschaft, die ihre Überforderung auf die untere Dienstebene abwälzte. Und bei all diesen Problemen war dieser lange Tag noch keineswegs zu Ende.

Ramona, die ihren Schreibtischplatz inzwischen gegen das Hilfscamp am Bahnhof getauscht hatte, weil noch zwei Sonderzüge aus Österreich erwartet wurden, hatte ihnen, bevor sie gegangen war, den vorläufigen Obduktionsbericht auf ihren Schreibtisch gelegt.

„Sie starb an inneren und äußeren Verletzungen. Der Schlag auf den Kopf war so heftig, dass Teile der Schädeldecke herausgerissen wurden, woraufhin sie das Bewusstsein verlor...", begann Franziska ihn gerade für die Versammelten vorzutragen, als Obermüller hereingestürmt kam, sich mit einer Geste der Hilflosigkeit entschuldigte und neben Gruber auf einen Stuhl fallen ließ. Während der mit dem Eintreffen Obermüllers verbundenen Störung überflog die Kommissarin den weiteren Bericht und fasste dann weiter zusammen. „Auch bei Kristyna Svoboda wurden Eisenpartikel gefunden und Spuren von Hundeblut. Und auch sie wurde heftig vergewaltigt und mit einem Gegenstand brutal penetriert. Der DNA-Vergleich läuft."

„Es spricht also viel für denselben Täter", nickte Schneidlinger und blickte zu Obermüller. „Haben Sie das Alibi von Professor Markwart abklären können?" Obwohl er sich nüchtern gab, verriet seine Stimme, wie groß seine Hoffnung auf eine Rehabilitation des Professors war.

Obermüller grinste, wartete, bis er die Aufmerksamkeit aller auf sich versammelt hatte und begann dann, von seinem interessanten Nachmittag zu berichten. „Wie es der Zufall wollte, kannte ich das Hotel von früher. Als Kind war ich zwei- oder dreimal dort. Damals war es noch ein Bauernhof und die Scheune eine *Scheune*." Sein Grinsen wurde breiter. „Die ist inzwischen ausgebaut und dient dem Professor regelmäßig als Liebesspielplatz. Ich hab mir das Zimmer natürlich angesehen ..."

„Demnach war Professor Markwart also zur fraglichen Zeit wirklich in Bad Griesbach?", hakte Schneidlinger energisch nach, nicht bereit, die Affäre des Professors weiter zu beleuchten.

Obermüllers Grinsen verschwand. „Korrekt. Nach der Zimmerbesichtigung war ich bei der Dame, mit der sich der Professor getroffen hatte. Erst wollte sie nicht so recht mit der Sprache herausrücken, später wurde sie dann aber umso redseliger. Ihr Mann ist geschäftlich viel unterwegs, und weil sie sich langweilt und von ihrem Gatten vernachlässigt wird, trifft sie sich regelmäßig mit verschiedenen Herren, um sich das zu holen, was ihr der eigene Mann nicht geben will oder kann." Jetzt grinste der Ermittler doch wieder. „Wobei es wirklich eine Verschwendung wäre ... Aber ich musste ihr versprechen, dass ihr Mann nichts erfährt."

„So!" Schneidlinger blickte Franziska durchdringend an. „Damit können wir Professor Markwart ja wohl von jetzt an außen vor lassen."

„Ja", nickte die Kommissarin eifrig. „*Wir* können ihn außen vor lassen. Bleibt die Frage, wie wir die Presse dazu bringen. Und wie wollen Sie die Studentenschaft davon überzeugen, dass ihr Professor ein integrer Mann ist? Nach allem, was er sich mit seiner Studentin geleistet hat?"

Schneidlinger überlegte kurz, meinte dann aber: „Letzteres ist nicht unsere Aufgabe."

„Das heißt, wir fangen dann wieder bei null an", resümierte Hannes nüchtern und blickte die Kollegen der Reihe nach an, bis sein Blick bei Annemarie hängen blieb.

„Es gibt praktisch keine verwertbaren Spuren, die irgendeinen Hinweis auf den Täter liefern, außer den Stricken, mit denen sie gefesselt war. Ansonsten können wir lediglich den Tathergang nachvollziehen. Sie wurde vor der Tür niedergeschlagen und dann in den Fahrradkeller geschleift. Dort hat sich der Täter an dem, wie wir gerade erfahren haben, bewusstlosen Mädchen vergangen und sie genau wie Vanessa Auerbach mit einem Gegenstand penetriert. Sie hat sich nicht gewehrt, wir wissen jetzt, dass sie es nicht mehr konnte."

„Trotzdem hat sie der Täter gefesselt", warf Franziska ein. „Er ging sicher davon aus, dass sie wieder zu sich kommen und sich dann zur Wehr setzen würde."

„Und als das nicht geschah, ließ er von ihr ab und sie verblutend zurück. Vielleicht dachte er sogar, dass sie bereits tot sei", spekulierte Hannes.

„Die Freundinnen erzählten, sie wäre von deren WG-Wohnung gegen eins losmarschiert, weil sie in der Früh gleich wieder lernen wollte. Sie hat wohl immer die Abkürzung durchs Nikolakloster genommen und ist dann über den Fünferlsteg in die Innstadt, was in Passau jeder macht, wenn er zu Fuß in die Innstadt geht", erzählte Franziska und folgte im Geiste den letzten Metern des getöteten Mädchens.

„Demnach gibt es, außer dass sie beide Studentinnen waren, keine Gemeinsamkeit zwischen den beiden Opfern. Ich fürchte, dass wir es mit einer ...", Schneidlinger räusperte sich, denn seine Erkenntnis sagte sich nicht so leicht, „... einer beginnenden Mordserie zu tun haben!" Er warf einen Blick auf die Uhr und dann in die Runde. Keiner äußerte sich. „Meine Herrschaften, machen Sie Feierabend. Morgen wartet ein harter Tag auf Sie. Ich werde mich darum bemühen, dass wir Unterstützung bekommen."

Nach dem Dienst war Ramona mit dem Bus nach Hause gefahren, hatte ihre Bürokleidung ausgezogen und stattdessen eine alte Jeans, ein T-Shirt, ein kariertes Flanellhemd und Turnschuhe für ihren abendlichen Einsatz gewählt. In der Küche machte sie sich schnell ein Brot und einen Kaffee und schlang dann beides hastig in sich hinein. Seit sie abends mithalf, am Bahnhof Flüchtlinge in Empfang zu nehmen, bekam sie viel zu wenig Schlaf, weshalb sie im Büro oft müde und unkonzentriert war. Trotzdem hätte sie für nichts in der Welt damit aufgehört, denn diese Menschen hatten so viel Schreckliches erlebt.

Krieg – nur wenige im sicheren Niederbayern mochten sich vorstellen, wie es war, wenn man sich nicht mehr einfach auf die Straße traute, weil man fürchten musste, dass dort gleich eine Bombe explodieren konnte. Wenn Autos durch die Luft flogen und Menschen in Stücke gerissen wurden. Wenn das eigene Haus, die eigene Wohnung zerstört wurden, wenn man nur noch in Ruinen, in einer Trümmerwüste lebte. Wie beruhigend war es als Mutter, mit einem kranken Kind einfach zum Arzt gehen zu können, im Notfall auch in ein Krankenhaus und zu wissen, dass dort geholfen würde. Wie schlimm musste es sein, wenn es keine Krankenhäuser mehr gab? Wenn Kinder erkrankten und verletzt wurden und niemand half?

Dann die endlose Flucht – wie konnte man im sicheren Deutschland ermessen, was die Menschen erleiden mussten, die in völlig überfüllten Booten den lebensgefährlichen Seeweg einschlugen oder die auf dem Landweg Staaten durchqueren mussten, in denen sie nicht willkommen waren, bis sie endlich den Passauer Hauptbahnhof erreichten?

Ramona lächelte. Das kleine Passau mit gerade mal 50.000 Einwohnern schaffte, was die wenigsten deutschen Großstädte auf sich nahmen. Tag für Tag empfingen professionelle und freiwillige Helfer Hunderte von Flüchtlingen, gaben ihnen Essen und Trinken und den Kindern etwas zum Spielen. Aber vor allem gaben sie ihnen das Gefühl, unter freundlichen Menschen zu sein.

Manche Gesichter zeigten die Verwunderung über diese Freundlichkeit ganz offensichtlich. Andere trauten dem Frieden nicht, zu viel hatten sie erlebt. Doch die meisten Flüchtlinge waren einfach nur froh, in Passau und damit in Deutschland, ihrem gelobten Land, angekommen zu sein.

In Passau wurde am Bahnhof nicht applaudiert, in Passau verließ man sich nicht auf andere, in Passau wurde wie immer gehandelt. Und Ramona war stolz, ein Teil dieser Bewegung und dieser Stadt zu sein. Wie oft schon war Passau in der Vergangenheit schlicht und einfach von der großen Politik vergessen worden. Zu klein, verkehrsmäßig zu schlecht angebunden, zu weit im Osten, zu dicht an der Grenze ... So wurde gern und rasch geurteilt. Aber nun stand die Stadt nicht mehr am Rand, sondern im Mittelpunkt des Weltgeschehens: Passau war zum deutschen Lampedusa geworden.

An diesem Abend nun warteten sie auf zwei Züge aus dem österreichischen Linz. Diese mussten schon auf der Strecke gewesen sein, als die Bundespolizei davon in Kenntnis gesetzt worden war und die ehrenamtlichen Helfer verständigen konnte. Eintausend Flüchtlinge sollten sich darin befinden. Eintausend Menschen, die am Bahnsteig 5 aussteigen würden, dort gesammelt und dann durch die Bahnunterführung nach draußen geleitet werden mussten. Auf diesem schmalen Weg standen Ramona und ihre Freunde und streckten den Ankömmlingen Wasserflaschen, belegte Käsebrote und Äpfel entgegen. Die Kinder bekamen Lutscher oder andere Süßigkeiten und gelegentlich auch gespendete Kuscheltiere. Wenn alles gut ging, standen bis dahin die Busse für den Weitertransport nach Deggendorf zur Verfügung. Dort wurden die Flüchtlinge normalerweise zentral erfasst. Doch die Busse für den Weitertransport waren oft das größte Problem. Zudem war die Erfassungsstelle in Deggendorf bereits heillos überlastet. Darum wurden jetzt auch in Passau Flüchtlinge registriert. Wenn es nicht genügend Busse gab, mussten die Flüchtlinge auf dem kleinen Bahnhofsvorplatz zusammengehalten werden, damit sie sich nicht auf eigene Faust noch vor der Registrierung auf den Weg machen konnten.

Während die Helfer warteten, kamen immer wieder Lieferungen mit Wasserflaschen oder andere Spenden an, die sie in ihrem Lieferwagen, der ihnen als Lager diente, verstauten. Es gab so viele Menschen, die einfach helfen wollten. Und es gab ständig Neuigkeiten, die schnell die Runde machten. Das Erstaufnahmelager in Linz sei völlig überfüllt, und da immer mehr Menschen aus Ungarn nachströmten, mussten die Flüchtlinge schnell nach Deutschland und Schweden weiterbefördert werden. Deshalb würden schon bald weitere Züge ankommen. Ramona dachte an die kleine Eisenbahnbrücke über den Inn, die all diese Sonderzüge zusätzlich zu den ohnehin schon häufig passierenden Zügen über Wels, Linz und Wien bis in den Balkan tragen musste.

Auf einmal entwickelte die wartende Gruppe eine Eigendynamik. Die Lebensmittel standen längst entlang der Wände bereit, sie würden also nur zugreifen und austeilen müssen. Trotzdem breitete sich eine Unruhe aus, die Ramona schon einige Male miterlebt hatte. Sie blickte auf ihre Uhr. Fast acht. Nicht mehr lange, dann würde der erste Zug eintreffen. Und dann lächelte sie, weil sie erkannte, wem die Unruhe galt. Der Oberbürgermeister, ein stattlicher Mann und nie zu übersehen, war eingetroffen. Wie so oft ließ er es sich nicht nehmen, persönlich vorbeizuschauen, um sich ein Bild davon zu machen, was die Menschen am Bahnhof am dringendsten brauchten.

„Gut, dass er gekommen ist", raunte ihr eine Studentin mit roten Haaren zu, die in alle Richtungen abstanden. „Da kann er gleich Zelte und Schlafmatten ordern. Die kriegen die heute nie alle nach Deggendorf."

Ramona lächelte stumm. Sie hatte die junge Frau schon oft hier gesehen, und tatsächlich war ihr gerade das Gleiche durch den Kopf gegangen. Der Oberbürgermeister hob die Hand zum Zeichen, dass er etwas sagen wollte und nahm dann doch das Megaphon, das ihm einer der Bundespolizisten gegeben hatte, um besser zu ihnen durchzudringen. Zunächst bedankte er sich für ihre großartige Hilfe, lobte alle, die in der langen Kette der Versorgung der Flüchtlinge mithalfen und stellte weitere Hilfe in Aussicht. „Wenn die gemeldeten Zahlen aus Linz stimmen, werden wir die Flüchtlinge heute Abend unmöglich alle weiterleiten können. Daher wird in den nächsten Stunden auf dem Vorplatz ein Zelt aufgebaut, und das Rote Kreuz wird mit einer Suppenküche anrücken..."

Die Studentin stieß ihr den Ellenbogen in die Seite. „Na, was hab ich gesagt?"

Ramona nickte erneut, doch als sie gerade antworten wollte, sah sie, dass die junge Frau mit einer anderen, sehr schmalen Studentin sprach. Die beiden schienen zusammenzugehören, und jetzt wusste Ramona auch, woher sie die Frau mit den roten Haaren kannte. Nicht vom Bahnhof, nein, sie war die Frau, die die Kollegen dringend suchten und die angeblich verschwunden war. Franziska hatte ihr ein Foto zum Abheften gegeben, auf dem sie mit dem Mordopfer Vanessa Auerbach abgelichtet war. Ramona überlegte, ob sie Franziska anrufen sollte, doch in dem Moment hörte sie das Pfeifen des Zuges, und dann ging alles ganz schnell. Der Zug fuhr ein, die Türen wurden geöffnet und heraus strömten Hunderte von Menschen, denen die Strapazen der Reise und das Glück über eine sichere Ankunft gleichermaßen ins Gesicht geschrieben standen.

Als der Menschenstrom nach zwei Stunden versorgt war und Ramona wieder dazu kam, die jungen Frauen zu suchen, waren beide längst verschwunden.

Als Franziska an diesem Morgen zur Glastür hereinkam, saß der Chef bereits im Besprechungsraum, wo er mit dem Sichten der Tageszeitungen beschäftigt war. Trotz des immer größere Ausmaße annehmenden Flüchtlingsdramas standen die Ereignisse an der Passauer Universität, besonders jetzt nach dem zweiten Mord, weiter im Vordergrund, wie sie an den Fotos zu den Aufmachern unschwer erkennen konnte. Schneidlingers Gesicht war verschlossen, weshalb Franziska außer einem „Guten Morgen!" erst einmal nichts sagte und abwartete, bis er wortlos die übelsten Schlagzeilen zu ihr herüber reichte.

„War das Wochenende zu langweilig, Herr Professor?", fragte die eine Zeitung, und eine andere titelte: „Schönster Campus Deutschlands wird zur Todesfalle für Studentinnen! Juraprofessor stellt sich über das Gesetz. Wir sind live bei der Mördersuche in Passau." Die dritte hingegen watschte ihre Arbeit mit den Worten ab: „Die Bestie hat wieder zugeschlagen – wie lange schaut die Kripo dem Treiben des perversen Täters noch tatenlos zu?" Unter dieser Schlagzeile waren das Lehrbuch mit dem gut lesbaren Autorennamen und ein Foto von Kristyna Svoboda abgedruckt.

„Sagten Sie nicht, Sie wollten eine Nachrichtensperre erwirken?", fragte Franziska vorsichtig, weil sie einen Tobsuchtsanfall befürchtete.

„Wollte ich", gab Schneidlinger erstaunlich beherrscht zurück. „Aber Staatsanwältin Ehrenberger hat sich wohl nicht aus der Deckung getraut, oder sie hat es wegen persönlicher Überforderung schlichtweg vergessen." Hilflos zuckte er mit den Schultern. „Dafür fordert sie, genau wie die Uni-Leitung, endlich Ergebnisse." Der Kriminalhauptkommissar atmete hörbar aus. „Am Wochenende kommt Staatsanwalt Dr. Schwertfeger aus dem Urlaub zurück, bis dahin müssen wir uns mit ihr arrangieren. Und anschließend können wir nur hoffen, dass sie den Fall so schnell wie möglich abgibt."

„Das heißt ruhig zu bleiben, während die Presse die Meute anheizt und jeder Spur, die einer dieser auf den Plan gerufenen Amateurermittler beibringt, nachzugehen. Also Überstunden und Doppelschichten. Haben wir denn wenigstens Unterstützung bekommen?"

Schneidlinger wollte gerade zu einer Antwort ansetzen, als wie auf Befehl die beiden Ermittler Obermüller und Gruber, ihr Kollege Hannes sowie Annemarie Michel von der KTU zur Tür herein kamen. Auf dem Fuß folgten ihnen drei Herren, die Franziska bis dahin noch nie gesehen hatte. Der erste trug einen dunkelgrauen Anzug und ein hellblaues Hemd mit blauer Krawatte, die beiden anderen waren deutlich legerer mit Jeans und kurzärmeligen Sommerhemden bekleidet.

Während sich das Passauer Team setzte, erhob sich Schneidlinger, um die Gäste zu begrüßen und bat dann mit einer stummen Geste um Ruhe, um die Neuankömmlinge vorzustellen: „Meine Damen, meine Herren, darf ich vorstellen: Bernd Oblinger, Kriminalist, Christian Hartmann, Psychologe und Max Keller, Spurensucher von der Operativen Fallanalyse Bayern."

„Wow, die Profiler rücken in Passau ein", bemerkte Franziska vorlaut und blickte die Männer der Reihe nach neugierig an. Keiner von ihnen hatte etwas von einem typischen Superbullen, wie sie gern in einschlägigen Filmen agieren.

„Frau Steinbacher!", mahnte Schneidlinger. „Nach dem zweiten Mordfall herrscht in Passau der Ausnahmezustand, und deshalb brauchen wir dringend Unterstützung." Zustimmendes Gemurmel unterbrach den Leiter der Mordkommission, der wusste, wie angespannt die Stimmung im Hause war. „Zwei Mordfälle in so kurzer Zeit sind schwierig genug, die mit-ermittelnde Presse macht die Sache jedoch zu einem Höllenritt. Ein Horrorszenario für jeden Ermittler."

Er blickte jeden aus seinem Team an und schaute dann zu den Herren aus München. „Daher habe ich Bernd Oblinger von der Operativen Fallanalyse Bayern, mit dem ich in meiner Zeit in München schon gut zusammengearbeitet habe und dessen Arbeit ich dabei sehr zu schätzen lernte, gestern Abend noch angerufen und ihn und sein Team um sofortige Unterstützung gebeten." Schneidlinger lächelte dem Gast im Anzug kurz zu. „Es geht nicht darum, dass ich Sie alle nicht für fähig genug halte, diesen Fall selbstständig zu lösen, Sie wissen, wie viel ich jedem von Ihnen zutraue. Ich glaube einfach, dass uns professionelle Unterstützung gerade in dieser außerordentlich schwierigen Situation guttun wird. Ich bitte Sie nun, Ihrerseits die Kollegen vom OFA mit allen nötigen Informationen zu versorgen und vertrauensvoll mit ihnen zusammenzuarbeiten." Damit gab Schneidlinger das Wort an Bernd Oblinger ab.

Dieser erhob sich, schloss einen Knopf seines Jacketts und warf einen werbenden Blick in die Runde, bevor er sprach. „Zunächst möchte ich Ihnen sagen, dass wir nichts anderes als ein Dienstleister für Ihre Kommission sind. Wir werden den Fall nicht für Sie lösen, und wir werden schon gar nicht Ihren Job machen. Wir werden Sie lediglich unterstützen und Sie zum Umdenken animieren", versprach er und blickte bei seinen letzten Worten Franziska direkt an. „Bei einem offensichtlichen Sexualmord werden wir in der Regel recht schnell angefordert, weil wir das zweifelhafte Privileg haben, an vielen derartigen Fällen mitgearbeitet zu haben. Dadurch können wir den Täter besser einschätzen und, was in Ihrem Fall besonders wichtig ist, uns zurückziehen und den Fall in Ruhe nach allen Regeln der Kriminalistik analysieren, ohne den öffentlichen Druck der Bevölkerung und der Presse. Und das mit der nötigen Zeit und Ruhe, die

Sie im Moment nicht haben!"

„Und was machen wir, während Sie unsere Unterlagen auswerten?", fragte Franziska provokant. „Sollen wir jeder noch so verrückten Spur nachgehen, bis Sie uns zum Täter führen?"

Oblinger straffte sich und lächelte so nachsichtig wie einer, der es gewöhnt war, mit störrischen Mordermittlern zu tun zu haben. „Genau das ist der entscheidende Punkt. Sie werden sich für eine Spur entscheiden müssen, und wir werden Ihnen dabei helfen, die richtige auszuwählen."

„Aber im Moment kann es jeder gewesen sein. Und wir müssen jeder Zeugenaussage nachgehen, weil genau sie die richtige sein kann." Die Oberkommissarin stöhnte angesichts dieser Mammutaufgabe.

„Meine Erfahrung hat mir gezeigt, dass Sie sich nicht zu sehr auf Zeugenaussagen verlassen sollten. Es liegt in der Natur der Sache, dass sich kaum jemand wirklich merken kann, was er zufällig beobachtet hat. Solche Aussagen sind oft nichts wert und führen Sie nur in die Irre." Oblinger blickte der Reihe nach alle Passauer Teammitglieder an.

„Und worauf sollen wir uns dann verlassen?", hakte Hannes nach.

Oblinger schaute seine Kollegen an. „Der Täter schlug sein Opfer in beiden Fällen sofort nieder, fesselte es und verging sich dann über einen längeren Zeitraum an ihm. Ihren Berichten nach führte er ein Messer und ein Schlagwerkzeug mit sich, was auf eine zumindest latente Tatbereitschaft hindeutet. Daraus schließen wir, dass er sicher schon im Vorfeld des Mordes an Vanessa Auerbach erste Annäherungsversuche an mögliche Opfer unternommen hat. Vergewaltiger haben Probleme damit, sich an Vorschriften zu halten. Und genau dieses Problem ist Ihre große Chance. Sexualmörder haben meist eine lange Vorgeschichte, und die gilt es aufzuspüren und zu entschlüsseln. Vermutlich hat der Täter vor den Sexualmorden an den beiden Studentinnen nicht nur ausprobiert, wie er sich Frauen nähern und wie er sie überwältigen kann, sondern auch durch andere Straftaten auf sich aufmerksam gemacht. Es lohnt sich also in jedem Fall, sämtliche Straftaten der letzten Zeit zu überprüfen."

„Und welche genau sollen das sein?", hakte der Kollege Gruber interessiert nach.

„Aus Erfahrung wissen wir, dass Sexualmörder vorher oft als Sexualtäter auftraten und etwa wegen einer versuchten Vergewaltigung auffällig geworden sind, aber auch wegen Eigentumsdelikten und Körperverletzung. Schränken Sie Ihre Suche also nicht zu stark ein", mahnte Oblinger.

„Oje!", stöhnte Obermüller, enthielt sich aber jedes weiteren Kommentars, woraufhin Oblinger lächelte.

„Sie sollten das nicht zu negativ sehen. Natürlich liegt ein großer Arbeitsaufwand vor Ihnen, aber Sie müssen dabei Folgendes bedenken: Die meisten Sexualstraftäter kommen aus dem Umfeld des Opfers, und auch wenn die Auswahl dann spontan geschieht, so hat der Täter, während er sich langsam an sein eigentliches Ziel herantastet, schon Spuren seiner Identität hinterlassen."

Obermüller nickte wie ein Schuljunge, woraufhin der Fallanalytiker sich an Franziska wandte, die ihn weiterhin skeptisch anblickte. „Sie haben gar keine andere Wahl, als zügig mit der Suche nach der Stecknadel im Heuhaufen zu beginnen. Zwischen den beiden Morden ist nur eine Woche vergangen und wir wissen nicht, wann der Täter das nächste Mal zuschlägt."

„Mir ist gerade etwas eingefallen", freute sich Obermüller am frühen Nachmittag und setzte sich auf Franziskas Schreibtischkante.

Sie sollten den Radius zunächst nicht zu weit ziehen, hatte der Schlaumeier Oblinger ihnen geraten. Seinen Ausführungen nach suchten die meisten Sexualmörder ihre Opfer in einer Entfernung von fünf Kilometern rund um ihren Ankerplatz, weil sie sich dort besonders gut auskannten und weniger auffielen. Mit Ankerplatz musste nicht unbedingt ihr Wohnort gemeint sein, sondern ein Platz, an dem sie sich häufig aufhielten. Das hätte nun bedeuten können, dass ein Täter, der auf dem Campus seine Opfer suchte und fand, auch dort arbeitete oder zumindest häufig dort unterwegs war, was für Franziska wiederum sehr wohl zu Professor Markwart gepasst hätte. Sie hatte Bernd Oblinger von ihm berichtet, ihn auf seine Vorlieben hingewiesen und am Ende dafür ein interessiertes Lächeln geerntet, bevor er ihr erklärte, dass der Professor von seiner Persönlichkeit aller Erfahrung nach nicht zu der durchgeführten Tat passe.

Bernd Oblinger hatte ihr dann eindringlich geraten, sich von den bisherigen Tatverdächtigen zu lösen und stattdessen ungeklärte Übergriffe auf Frauen zu überprüfen. Gerade Sexualmördern sehe man ihre Absicht oft nicht an, sie wirkten oft verschlossen, schüchtern und introvertiert und würden ihren Trieb nicht auf legale Weise ausleben. Die Opfer sahen sie oft nur als eine Möglichkeit an, die Wut- und Hassgefühle, die sie vielleicht schon seit Jahren in sich trugen, auszuleben. Im Laufe des Gespräches hatte Franziska beschlossen, sich auf die neue Herangehensweise einzulassen und sich genau wie Hannes, Obermüller und Gruber auf die Suche nach möglichen Hinweisen gemacht. Letztlich ging es ihr um die Sache und um das Leben weiterer möglicher Opfer und nicht darum, wer von ihnen recht hatte.

Während Obermüller ihr nun bei ihrer Suche in alten Akten neugierig über die Schulter blickte, nutzte Franziska die Unterbrechung, um sich ausgiebig zu recken und zu strecken.

„Über den Ticker ist gerade eine Online-Pressemeldung reingekommen: „Ehemalige Liebesgespielin des Professors packt aus. „Er schlägt gern auch ein bisschen fester zu ...!" Bleiben Sie immer auf dem neuesten Stand der Ermittlungen, bleiben Sie bei *Netz-Aktuell.*", berichtete Obermüller und sicherte sich damit die ganze Aufmerksamkeit im Raum.

„Bei solchen Schmierereien fällt es einem schwer, die Presseleute zu respektieren und zu mögen", gestand Franziska und bedachte Obermüller mit einem schiefen Lächeln.

„Das Schlimme ist, dass wir den Professor inzwischen von der Liste der Tatverdächtigen gestrichen haben, die Presse aber munter weiter spekuliert", ereiferte sich Hannes.

„Ja, und wahrscheinlich ist alles völlig aus dem Zusammenhang genommen", kommentierte Obermüller, woraufhin Franziska ihrem älteren Kollegen einen verwunderten Blick zuwarf. „Na, ich hab doch gestern mit der Zeugin aus Bad Griesbach gesprochen, und die hat mir erklärt, dass alles, was in dieser Beziehung zwischen zwei Partnern stattfindet, einvernehmlich und abgesprochen ist. Schließlich will ja keiner eine Anklage riskieren", rechtfertigte der sich.

„Ach, hast du ja gar nicht erzählt!"

„Wann denn auch", murrte Obermüller und beugte sich verschwörerisch zu ihr hinunter. „Sie erzählte, dass es für sie das Schlimmste ist, dass so viele Leute sich weitaus phantasievoller mit dem Liebesleben anderer beschäftigen als mit ihrem eigenen."

„Und das konntest du dir so merken?", spottete Franziska und warf einen Blick zu Hannes, der sich aber gerade durch intensives Stieren auf seinen Bildschirm raushielt.

„Da, das ist es!", rief Hannes plötzlich aus und beendete damit jede weitere Erörterung. „Kathrin Lukowski wurde auf dem Inn-Radweg auf Höhe des Sportplatzes von einem Mann vom Fahrrad gerissen und auf die Sandinsel zwischen Radweg und Inn gezerrt. Dort hat er sie mit einem Messer bedroht, worauf sie sich heftig wehrte und schrie. Andere Radfahrer kamen ihr zu Hilfe, wodurch der Überfall vereitelt werden konnte."

„Wann war das?", Franziska war aufgesprungen und um ihren Schreibtisch herumgelaufen.

„Vor drei Wochen."

Jetzt stand auch Obermüller hinter ihnen. „Und gibt es eine Täterbeschreibung?"

Hannes überflog den spärlichen Bericht. „Nein. Er packte sie von hinten, als es bereits dämmerig war und verschwand dann zwischen den Bäumen, sagte sie aus. Sie wurde im Klinikum versorgt und hat außer einer kleinen Schnittwunde am rechten Oberarm und einem gehörigen Schrecken keinen Schaden genommen."

„Ich weiß, wo das ist", erklärte Franziska und schubste Hannes an. „Komm, wir fahren da mal hin und machen uns ein Bild. Schreib dir ihre Adresse auf. Vielleicht können wir sie zu einer Ortsbegehung bewegen."

„Sollten wir nicht erst weiter recherchieren?", warf Hannes ein, doch Franziska griff bereits nach ihrer Tasche und fischte nach dem Autoschlüssel, als ihr etwas einfiel.

„Sag mal Obermüller, meintest du nicht, dir wäre etwas eingefallen?"

„Ach so ja, mir ist dieser Bankräuber wieder eingefallen, der mit dem Fahrrad geflüchtet ist, nachdem er sich das Geld in die Hosentaschen gestopft hatte. Vielleicht kommt der ja infrage?"

„Sitzt der nicht in der JVA?", wollte Hannes wissen, weil er sich nur noch schwach an den Vorfall erinnern konnte.

„Nicht mehr", wusste Obermüller.

Franziska zuckte mit den Schultern. „Hast du sonst noch was?"

„Nur ein paar Geldautomaten, die aufgebrochen wurden."

„Automatenknacker, Bankräuber", unschlüssig schüttelte Franziska den Kopf. „Ist das nicht alles ein wenig weit hergeholt?"

„Glaubt ihr wirklich, dass einer zur Vorbereitung auf einen Sexualmord eine Bank ausraubt?"

„Zur Vorbereitung sicher nicht, aber Oblinger hat doch gesagt, dass Sexualstraftäter vorher oft wegen Eigentumsdelikten aufgefallen sind", erinnerte Hannes und griff nach seinem Rucksack.

„Die aufgebrochenen Automaten stehen im Audimax, im Keller des Informatikzentrums und in der Mensa", ratterte Obermüller herunter, woraufhin Franziska noch einmal herumwirbelte und blitzschnell kombinierte: „Also in der Uni!"

„Ja klar, wir sollten doch nach allen Delikten suchen, die in der Nähe der Tatorte stattfanden."

Nickend ergriff Franziska das Telefon auf ihrem Schreibtisch und rief Ramona an. Als die sich meldete, fragte sie: „Du sag mal, ist der Chef in seinem Büro?" Sie lauschte und auch Hannes und Obermüller schwiegen, weil sie wissen wollten, worum es Franziska ging.

„Und", fragten sie unisono, nachdem diese den Hörer zurückgelegt hatte.

„Er ist weggefahren, hat aber nicht gesagt wohin, und sein Handy liegt auf dem Schreibtisch!"

Nachdem die drei einen ratlosen Blick getauscht hatten, entschied Franziska tatkräftig: „Gut, dann fahren wir jetzt zum Inn." Sie nahm ihre Tasche und wollte schon zur Tür hinaus stürmen, als sie sich noch einmal an Hannes wandte: „Hast du die Telefonnummer, unter der wir diese Kathrin Lukowski erreichen können?"

Hannes nickte. An Obermüller gewandt bestimmte Franziska: „Und du schaust mal, was du über die Automaten und den Bankräuber herauskriegen kannst."

„Aye, aye, Sir!", salutierte Obermüller zackig.

„Würden Sie den Mann wiedererkennen?", fragte Franziska und hielt den Atem an, während sie auf die Antwort der Zeugin wartete.

Schon von Weitem hatten sie gesehen, wie die junge Frau auf dem Parkplatz stand und sich dabei immer wieder nervös umblickte. Selbst an einem so frequentierten Ort wie den Sportanlagen der Universität, wo sich junge Menschen zur körperlichen Ertüchtigung trafen, schien sie sich nicht sicher zu fühlen. Ein Überfallsopfer ohne bleibende Schäden benahm sich anders.

Sie wolle auf keinen Fall allein zum Inn kommen, hatte Kathrin Lukowski am Telefon gesagt, woraufhin Franziska den Parkplatz an den Sportstätten der Uni als Treffpunkt vorgeschlagen hatte. Die Kommissarin hätte sie auch gern zu Hause oder sonstwo abgeholt, denn sie hoffte, dass diese Zeugin ihr sagen konnte, was sie so dringend wissen musste, um dem Täter näherzukommen, um zu verhindern, dass er erneut vergewaltigen und morden konnte. Franziska musterte die junge Frau, während sie noch immer auf eine Antwort wartete. Sie war groß und sehr schlank, hatte lange dunkle, fast schwarze Haare und eine sommerlich gebräunte Haut. Sie trug Shorts und ein ärmelloses T-Shirt, das ihren Körper locker umspielte.

„Wissen Sie, ich war nie besonders ängstlich, aber seit der Geschichte ..." Sie blickte die beiden Kommissare abwechselnd an und zuckte dann hilflos mit den Schultern. „Seither schau ich mich immer um und fahr nie mehr allein mit dem Rad."

„Würden Sie uns trotzdem den Ort zeigen, an dem es passiert ist?", bat nun Hannes, der genau wie seine Kollegin sehr viel von diesem Treffen erwartete.

Kathrin Lukowski nickte und zeigte mit der rechten Hand in Richtung Inn. „Bringen wir es hinter uns."

Nachdem sie am Sportplatz vorbei gegangen waren, gelangten sie auf den Inn-Radweg, wo es um diese Zeit schön schattig war. Radfahrer, Skater, Jogger und Spaziergänger frequentierten ihn in ständigem Wechsel. Kaum zu glauben, dass sich hier jemand verstecken und eine Frau von ihrem Rad reißen konnte, ohne gesehen zu werden. Doch dann zeigte Kathrin Lukowski auf das Waldstück, das ein wenig tiefer als der Radweg lag und den Blick auf den Inn völlig verdeckte. Hohe Pappeln, Büsche und jede Menge Unkraut säumten diesen breiten Uferstreifen, der nur von vereinzelten sandigen Trampelpfaden durchzogen war.

„Hier", rief sie plötzlich aus und zeigte auf einen schmalen Aufgang, der aus den freigelegten Steinen des Schutzdammes bestand und über die, so wie es aussah, immer wieder Besucher die Sandinsel betraten, um auf diesem Weg zum Ufer des Inns zu gelangen. „Hier hat er mich vom Fahrrad gerissen und die Stufen hinunter und in die Büsche gezerrt. Mein Fahrrad lag dann dort in den Brennnesseln", sie zeigte mit dem Finger auf einen dichten Bewuchs, „und ich, also der Täter hat mich ..." Sie keuchte und ihr Körper wurde ganz starr.

Hannes kletterte hinunter und reichte ihr seine Hand. „Bitte zeigen Sie uns die Stelle", bat er und Franziska sah, wie die beiden recht schnell von der Bildfläche verschwanden, bevor sie ihnen folgte.

„Ich hab mir immer wieder überlegt, wie es passieren

konnte, ohne dass ich vorher etwas bemerkt habe. Also er kam ja wie aus dem Nichts und es war ja praktisch dunkel und ich hatte so schreckliche Angst. Und als das Messer vor meinem Gesicht aufblitzte und er mir damit in den Oberarm schnitt, bekam ich Panik. Darum hab ich dann auch so laut geschrien und um mich getreten. Ich dachte ja, der bringt mich um." Auf einmal hielt sie inne und sah die Kommissare erwartungsvoll an. „Glauben Sie, es war derselbe Täter wie bei den anderen … Opfern?"

Unschlüssig zuckte Franziska mit den Schultern. „Das wissen wir nicht, aber es wäre gut möglich, und damit wären Sie die einzige Zeugin, die den Täter gesehen hat."

Die Studentin nickte mehrmals. „Ja, ich verstehe."

„Würden Sie den Mann denn wiedererkennen?"

„Also ich glaube nicht, es ging alles so schnell. Außerdem hat er mich ja von hinten gepackt, und als ich am Boden lag, war es zu dunkel. Als die anderen Radfahrer mir zu Hilfe kamen, war er ja auch schon verschwunden …"

„Ist Ihnen sonst etwas an ihm aufgefallen? Seine Statur, irgendein Detail, ein Geruch vielleicht. Hat er etwas gesagt?"

Die Zeugin schauderte ein wenig, lächelte gequält und zupfte dann nervös an ihrem T-Shirt herum, bevor sie sprach. „Also stark muss er schon gewesen sein, aber das vermute ich nur, denn er hat mich ja ziemlich kraftvoll vom Rad gerissen und er musste ja von unten heraufgreifen, also war er vielleicht auch groß …" Sie überließ es den Kommissaren, ihre Schlüsse daraus zu ziehen. Die wollten sich tatsächlich schon damit zufrieden geben, als ihr noch etwas einfiel. „Ja, und er roch so ekelhaft nach altem Schweiß, ganz widerlich, und auch nach, ja wie soll ich sagen, nach Werkstatt, irgendwie. Ja genau, nach einer muffigen alten Werkstatt!"

„Er roch nach Werkstatt", murmelte Franziska vor sich hin, während sie darauf achtete, wohin sie ihre Füße setzte.

Nachdem sie Kathrin Lukowski zurück zum Parkplatz begleitet hatten, nahmen sie die bewaldete Fläche zwischen dem Inn auf der einen und dem Radweg auf der anderen Seite genau in Augenschein. Der Boden war mit Sand bedeckt, was ihre Schritte dämpfte. An vielen Stellen wuchsen Brennnesseln, Brombeeren und andere dornige Sträucher, die ihnen die Sicht nahmen und das Gehen erschwerten. In großen Mengen herumliegender Müll ließ an eine Spurensuche gar nicht erst denken.

„Bestimmt meinte sie altes Öl. Oder was riecht in einer Werkstatt alt?", rief Hannes seiner Kollegin zu, woraufhin Franziska stehen blieb, sich zu ihm umdrehte und grinste.

„Daran habe ich auch gerade gedacht", freute sie sich und blickte Hannes fest an. „Dass er groß und stark war, ist letztlich ja nur eine Vermutung von ihr", überlegte sie weiter. „Vielleicht war er ja auch einfach nur sehr entschlossen."

„Was zeigt, dass der Profiler mit seinem Tipp, wir sollten Zeugenaussagen nicht zu hoch bewerten, recht hatte."

Schweigend gingen sie weiter und gelangten schließlich zu einem Strandstück, das direkt ins grüne Wasser des Inns hinein führte. Die Kommissarin ließ sich auf einem querliegenden Baumstamm nieder und begann in Gedanken versunken mit der Ferse ihres Turnschuhs im Sand zu graben. Ihr Blick ruhte auf dem rasch vorbeifließenden Fluss. Der Inn hatte an diesem Tag eine besonders schöne Grünfärbung, was daran lag, dass sich die mineralischen Bestandteile des Wassers im Sonnenlicht spiegelten. Vom oberhalb gelegenen Kraftwerk Ingling war an dieser Stelle nichts zu sehen, es lag hinter einer Biegung, genau wie die Innstadt, die sich flussabwärts erstreckte, kurz vor der Zusammenführung von Inn und Donau.

„Ist ein richtig idyllischer Ort hier", verkündete sie auf einmal und blickte sich nach Hannes um, der zwischen den Sträuchern stand. „Fast kommt es mir vor, als wäre ich im Urlaub an einem Strand und würde die Abendsonne genießen. Wenn es dunkel wird, ist es hier bestimmt richtig romantisch", überlegte sie und blickte auf das gegenüberliegende Ufer. „Wahrscheinlich finden hier häufig Grill-Partys statt." Sie wandte sich um und deutete auf verstreute Holzkohle.

„Du hoffst, dass jemand hier war, die Szene beobachtet hat und sich erinnern kann?", fragte Hannes vorsichtig, doch Franziskas Aufmerksamkeit wurde gerade von einer Sanderhebung eingefangen, die erst kürzlich angehäuft worden sein musste. Im Vergleich zum umliegenden Gelände schien der Sand an dieser Stelle feucht zu sein. Die Kommissarin stand auf, schob mit dem Turnschuh den Sand beiseite, bückte sich und untersuchte das, was sie zutage gebracht hatte. Zunächst hielt sie es für ein weiteres Stück Holzkohle. Eines, das größer war als die anderen. „Oh Gott, was ist das denn?" Aufgeregt suchte sie im umliegenden Gebüsch nach einem Stock, mit dem sie ihren Fund vollends vom Sand befreien konnte.

„Sieht aus wie ein verkohlter und ..." Hannes war zu ihr geeilt, hatte sich Handschuhe angezogen und wollte gerade beherzt zufassen, als Franziska ihn zurückhielt, ihr Handy zückte und eine Aufnahme machte.

„Ein mit Maden besiedelter Hundekadaver! Weißt du, was das bedeutet?" Hannes zog fragend die Augenbrauen zusammen.

„Ja, das passt zum Hundeblut an den Leichen", rief Franziska euphorisch aus, wählte eine Nummer aus ihrem Telefonspeicher aus und lauschte aufgeregt aufs Freizeichen. „Ach hallo Dr. Buchner, das ging ja schnell, hier ist ... Ja genau!", sie lachte ein wenig affektiert ins Handy, bevor sie weitersprach. „Wir sind gerade am Inn und haben etwas Interessantes gefunden, und jetzt wollte ich Sie fragen, ob Sie vielleicht kurz Zeit hätten, um sich unseren Fund anzusehen?" Hannes, der ihr zuhörte, schüttelte belustigt den Kopf. „Ja, das wäre toll. Wir sind unterhalb des Sportplatzes, gleich... Ja sehr schön. Auf der Inn-Insel... Ja, bis gleich." Die Kommissarin steckte ihr Handy in die Tasche zurück und zwinkerte Hannes kurz zu. „Wir sollen ihn am Radweg in Empfang nehmen. Gehst du oder geh ich?"

„Ich würde sagen, du gehst, schließlich kommt er deinetwegen", grinste Hannes zurück.

„Also, tote Hunde sind ja nun nicht so mein Gebiet", versicherte der Notarzt dann auch, als er sich über die verkohlte Kreatur beugte und sie schließlich aus dem Sand hob und auf einer mitgebrachten Plane ablegte. „Aber ich gehe davon aus, dass es wichtig ist und mit einem Ihrer Fälle zu tun hat." Fragend blickte er erst Hannes und dann noch etwas freudiger Franziska an, die sofort bekräftigend nickte.

„Können Sie etwas erkennen?", versuchte sie ihn zu einer ersten Erkenntnis zu bewegen.

Buchner drehte und wendete den Kadaver, der sich gut bewegen ließ. „Nun, er ist auf jeden Fall schon länger tot. Die Leichenstarre hat sich bereits komplett gelöst, und unsere kleinen Freunde sind ja auch schon recht eifrig am Werk." Er deutete auf die wuselnden Maden und Larven.

„Und sonst?" Franziska konnte ihre Anspannung kaum verbergen.

„Die Wunden sind schon sehr stark angefressen, es ist also schwer zu sagen, ob er erschlagen, oder erstochen wurde." Der Notarzt legte den toten Hund zurück auf die Plane und erhob sich. „Wenn er etwas mit einem Ihrer Fälle zu tun hat, sollten Sie ihn in die Rechtsmedizin bringen lassen", schlug er vor, und als er Franziskas Gesichtsausdruck als Reaktion auf diesen Vorschlag erfasste, fügte er hinzu: „Ich könnte mir vorstellen, dass er niedergeschlagen wurde."

„Und denken Sie dabei nicht auch an das Hundeblut, das in den Leichen der beiden Studentinnen gefunden wurde?", insistierte Franziska.

„Das wäre natürlich möglich, aber das müsste tatsächlich auch die Rechtsmedizin klären..." lächelte Dr. Buchner zuversichtlich.

„Auf jeden Fall sollte er verbrannt werden", spekulierte nun Hannes, woraufhin Buchner interessiert anblickte.

„Was dem Täter anscheinend nicht vollständig gelungen ist."

„Wobei er wohl nicht wollte, dass der Hund gefunden wird", bekräftigte Franziska diesen Verdacht. „Als wir kamen, war der Sandhaufen im Vergleich zur Umgebung noch ganz feucht. Und das heißt, dass der Berg erst kürzlich aufgehäuft wurde. Wenn dieser Kadaver aber schon länger hier liegt, dann könnte der Täter noch einmal zurückgekommen sein und ihn bedeckt haben. Kürzlich!"

Nachdem Buchner sich verabschiedet hatte, blickten sich Hannes und Franziska eine lange Weile stumm an. Beide überlegten, ob es wirklich möglich gewesen wäre, dass der Täter in dem Moment, in dem sie mit der Zeugin den Überfall rekonstruiert hatten, in der Nähe gewesen war, sie vielleicht belauscht und dann beschlossen hatte, den Hundekadaver besser zu vergraben.

„Weißt du, was das heißt?", fasste Franziska sich als Erste. „Wenn wir nach dem Gespräch sofort zum Inn gegangen wären, hätten wir ihn vielleicht überrascht." Dann blickte sie sich forschend um. „Vielleicht ist er ja sogar jetzt noch ganz in der Nähe."

„Ja", bekräftigte Hannes ihre Vermutung. „Und er ist sicher nicht nur wegen des Hundekadavers unterwegs."

Genüsslich biss Franziska in ein großes Stück der ihr vom Chef persönlich angebotenen Pizza, lehnte sich zurück und schloss kauend die Augen. Noch nie war ihr eine Pizza so verlockend erschienen wie diese, noch nie hatten ihr die Zutaten so köstlich geschmeckt, auch wenn diese hier den Ofen schon vor einiger Zeit verlassen hatte.

Schneidlinger hatte sie alle am frühen Abend im großen Besprechungsraum zusammengetrommelt, und, nachdem abzusehen war, dass sein Team auch an diesem Tag noch weit nach Dienstschluss im Einsatz sein würde, für alle Pizza spendiert. Für einen kurzen Moment versuchte jeder von ihnen, die unzähligen Hinweise und Spuren, die Bilder an der Wand, die sie ständig an die unfassbare Grausamkeit des Täters erinnerten und das Drängen der Staatsanwaltschaft außer Acht zu lassen. Da Ramona wieder zum Bahnhof gegangen war, um auch an diesem Abend Flüchtlinge in Empfang zu nehmen, war Schneidlinger in sein Büro gehuscht und hatte seinen Kaffeeautomaten geholt. Vielleicht brauchte er an diesem Abend einen besonders guten Kaffee, vielleicht aber auch einfach eine vertraute Handlung, die ihm in dieser schwierigen Situation Halt gab.

Zunächst hatte Franziska dem Chef den eingetüteten Hundekadaver präsentiert und ihn von der Dringlichkeit einer Untersuchung durch die Rechtsmedizin überzeugt. Daraufhin hatte er angeordnet, sie solle eine Streife auftreiben, die den Transport nach München übernehmen könne. „Sie brauche ich hier." Tatsächlich wäre Franziska gern selbst nach München gefahren und hätte versucht, Professor Wassly davon zu überzeugen, dass diese Untersuchung Vorrang habe, aber ...

„Dann wollen wir uns jetzt mal ganz intensiv mit den Spuren beschäftigen, die uns zum Täter führen", erklärte Schneidlinger, nachdem er selbst zwei Pizzaschnitten gegessen und sich anschließend so intensiv die Hände gewaschen hatte, als könne er damit jegliche Verunsicherung beseitigen. Danach war er zu seiner Maschine gegangen, um einen starken Espresso zuzubereiten. Tief inhalierte er den köstlichen Kaffeeduft, bevor er sich an die wartenden Mitarbeiter wandte: „Wer möchte?" Obermüllers Hand schnellte als erste nach oben wie bei einem eifrigen Schüler, woraufhin Schneidlinger zufrieden lächelte. „Konnten Sie inzwischen etwas mit der Aussage von Kathrin Lukowski anfangen?"

„Die sagt uns doch letztlich nur, dass er an irgendeiner Maschine herumschraubt und sich nicht regelmäßig wäscht", spekulierte Obermüller und zog ein nachdenkliches Gesicht.

„Haben Sie einen anderen Hinweis gefunden?", fragte Schneidlinger hoffnungsvoll. Er selbst war den ganzen Nachmittag unterwegs gewesen, um den Pressesprecher zu instruieren, der Staatsanwaltschaft Rede und Antwort zu stehen und sich schließlich mit der Uni-Leitung auf Vorsichtsmaßnahmen zu einigen.

„Wir haben die 24-jährige Pinar Oguz, die bei der Maidult von einem Unbekannten überfallen wurde und nur durch das beherzte Eingreifen eines Pärchens vor Missbrauch bewahrt werden konnte."

„Die Maidult war vor fast sechs Wochen", warf Schneidlinger nüchtern ein.

„Ja!"

„Haben Sie die Frau befragt?", hakte Schneidlinger nach.

„Ja, und auch das Pärchen, das sie gerettet hat." Obermüller schaute listig in die Runde. „Es passierte nach dem Anstich durch den Oberbürgermeister in der Stockbauer-Hütt'n. Ist schon verrückt, oder? Acht dreißig hat in diesem Jahr das Bier gekostet und trotzdem hat es einer geschafft, sich in knapp zwei Stunden total volllaufen zu lassen."

„Obermüller!", mahnte Franziska streng, weil er abzuschweifen drohte.

„Ja, also der Typ war wohl ziemlich voll, überfiel die junge Frau hinter dem Zelt, zerrte sie zu Boden, schob ihr das Dirndl nach oben und zerriss ihren Slip. Als er gerade seine Hose öffnen wollte, entdeckte ihn das Pärchen und riss ihn von der Frau weg. Während die beiden sich um sie gekümmert haben, verschwand er in der Menge."

„Und wie sieht es mit der Täterbeschreibung aus?"

Obermüller zuckte hilflos mit den Schultern. „Die waren alle nicht mehr ganz nüchtern. Einig waren sie sich nur darüber, dass er eine Lederhose und ein kariertes Hemd trug und kurze Haare hatte. Bei der Frage, ob er einen Bart trug oder nicht, steht es zwei zu eins für den Bart."

„Gut, was noch?" Schneidlinger schielte auf den Zettel, der vor dem Ermittler auf dem Tisch lag.

„Am selben Wochenende hat ein Taxifahrer der 17-jährigen Susi Reinhardt die Leggings runtergezogen und sie im Intimbereich geküsst."

„Wie ging das ab?", fragte Franziska ein wenig verblüfft.

„Er hat sie vom Klinikum nach Hause gefahren und ihr die Tasche ins Haus getragen. Vor der Wohnungstür wurde er dann zudringlich. Das Mädchen hat entsetzt aufgeschrien, woraufhin eine Rentnerin die Tür geöffnet und ihn mit dem Schuhlöffel davon gejagt hat." Obermüller grinste. „Ich liebe wehrhafte ältere Damen mit stabilen Schuhlöffeln."

„Haben wir hier eine Täterbeschreibung?"

„Ja und er ist auch aktenkundig. Er steht immer wieder mal davor, seine Lizenz zu verlieren."

„Weiter?"

„Dann hab ich eine versuchte Vergewaltigung an der 19-jährigen Studentin Mareike Emmers. Sie war in der Nacht zum Montag am Bahnhof unterwegs, als sie von drei jungen Männern angesprochen wurde. Sie wimmelte sie ab und ging in Richtung Eisenbahnbrücke, um ihren Bus zu erreichen. Das Trio folgte ihr aber und wurde körperlich zudringlich. Es gelang der Frau zunächst, sich loszureißen. Sie lief zurück zum Bahnhof, dort stellten sie die drei noch einmal, hielten sie fest und bedrängten sie erneut. Wieder konnte sich das Opfer durch massive Gegenwehr befreien und in Richtung Fußgängerzone entkommen, wo sie Passanten um Hilfe bat. Die riefen die Streife, und das Trio wurde wenig später festgenommen."

„Hm", kommentierte Schneidlinger, doch bevor er sich detaillierter äußern konnte, fügte Gruber noch eine weitere Begebenheit hinzu.

„Ich hab dann noch eine Sache recherchiert, die sich vor vier Wochen in der Altstadt zugetragen hat. Dort war eine junge Frau, Julia Maurer, auf dem Heimweg, fühlte sich verfolgt und konnte sich gerade noch in einen Hauseingang retten und dort laut schreien. Sie hatte ein Messer aufblitzen sehen und war daraufhin weggerannt. Als die Streife kam, war niemand mehr zu sehen, und die Beschreibung … na ja: schwarzes Kapuzensweatshirt und Jeans."

„Hast du mit der Zeugin schon gesprochen?", hakte Franziska sofort nach. Das erwähnte Messer hatte sie aufhorchen lassen.

„Nein, sie gehört wohl zu der aussterbenden Rasse, die kein Handy besitzt. Ihre Mutter meinte aber, sie habe Nachtschicht im Klinikum."

„Gut, noch etwas?", wollte Schneidlinger wissen und warf einen Blick auf seine Uhr, bevor er den Kollegen Gruber ansprach. „Was haben denn eigentlich die Hinweise aus der Bevölkerung nach dem erneuten Mord ergeben?"

„Tja, also insgesamt ist es kaum zu glauben, wie viele Männer sich angeblich zwischen Mitternacht und zwei Uhr früh in der Nähe des Nikolaklosters aufgehalten haben", stöhnte Gruber jetzt, wohl in Erinnerung an den

Telefonmarathon, den er hinter sich hatte und inzwischen an einen Kollegen abgeben durfte. Er blickte auf eine Mappe, in der mehrere beschriebene Papiere lagen.

„Hat ja auch sein Gutes. Alle, die behaupten, einen anderen gesehen zu haben, glauben an die Unschuld des Professors", vermutete Franziska und blickte Schneidlinger an, bis Gruber konterte.

„Na, die Hälfte der Beschreibungen könnte gut auf den Professor passen." Er zog einen Artikel hervor, der heute – mager wie alle Entlastungen – auf der Regionalseite abgedruckt worden war und stöhnte erneut. „Darauf haben sich natürlich auch etliche bezogen."

„Ach, dann ist er am Ende doch unser Täter?", fragte Franziska skeptisch in die Runde.

„Wenn die alle, die hier inzwischen angerufen haben, recht haben, dann hätte er die halbe Nacht das Kloster umkreisen, sich ständig umziehen und jede Menge Mittäter gehabt haben müssen", räumte Gruber ein.

„Dieses Fass bleibt zu", mahnte Schneidlinger und blickte streng. „Sie kümmern sich bitte gleich morgen in der Früh um die fehlenden Aussagen der Zeuginnen bzw. um die Männer, die bereits aktenkundig sind und vergleichen sie mit dem, was wir an Beweisen haben."

„Und Sie?", fragte Franziska vorlaut.

„Ich werde zusehen, dass ich Staatsanwältin Ehrenberger dazu bringe, richterliche Beschlüsse für alle Tatverdächtigen zu erwirken."

Franziska musterte ihren Chef kurz und wusste: Um nichts auf der Welt wollte sie im Moment mit ihm tauschen.

Von der Decke und aus den Wänden hingen Kabel heraus, die frisch eingezogenen Wände waren noch nicht verputzt und etliche Türen fehlten. Aber für die drei Ermittler der Operativen Fallanalyse waren die künftigen Räume der Bundespolizei, die hier oben in Kohlbruck, hoch über der Passauer Innenstadt einziehen sollte, sobald alles fertig war, perfekt. Insgesamt waren sie ohnehin schon an viel schlechteren Orten untergekommen. Sie nahmen Quartier, wo immer es sich anbot: in leerstehenden Schulen oder Kasernen, eben überall dort, wo man möglichst abgeschieden und damit ungestört Unterlagen sichten und Täterprofile ausarbeiten konnte.

Lag eine Tat schon länger zurück und wurden sie vielleicht erst nach Jahren erfolgloser Ermittlungen ins Boot geholt, konnten sie so in Ruhe ihre Thesen prüfen und gegenprüfen, bevor sie sich daran machten, die Mordermittler von der oftmals neuen und nicht selten völlig anderen Art der Herangehensweise zu überzeugen.

Am schwierigsten war ihre Argumentation immer dann, wenn es darum ging, einen anderen Weg als bisher einzuschlagen oder einen teuren Ermittlungsapparat anzuwerfen. In Fernsehserien wurden die Profiler ja gern als einsame Wölfe dargestellt, die am Tatort die Augen schlossen und dann die Nase in den Wind hoben, um den gesuchten Täter vor sich zu sehen. Die Realität indes war eine ganz andere. Bei der Operativen Fallanalyse München bauten sie auf Erfahrung, auf Teamwork und auf Qualitätsstandards. Wer nicht ausreichend qualifiziert war und keine zusätzliche dreijährige Ausbildung durchlief, hatte in ihrem Team aus Psychologen, Mordermittlern, Brandspezialisten und Spurensicherern nichts zu suchen.

Die OFA bot jährlich bei rund vierzig Fällen von Sexualmord, Serienmord und Serienvergewaltigung ihre Dienste an. Bayernweit wohlgemerkt. Damit hatten sie mehr

Erfahrung als jeder andere Ermittler, und das war ihr großes Plus und der Grund, warum sie immer häufiger und immer früher zu den Ermittlungen hinzugezogen wurden.

Eine Fallanalyse bedeutete letzten Endes nichts anderes, als davon auszugehen, dass die Verhaltensmuster, die ein Täter am Tatort an den Tag gelegt hatte, seine Persönlichkeit widerspiegelten. Quält ein Täter sein bereits wehrloses Opfer, so geht es ihm nicht mehr nur darum, seinen Trieb auszuleben, sondern auch darum, seine eigene Wut, seinen Hass und seinen Schmerz weiterzugeben.

Dazu mussten sie eine möglichst genaue Vermutung über das Tatgeschehen entwickeln. Denn nur wenn sie das Vorgehen des Täters durchdringen konnten, kamen sie seiner Persönlichkeit näher. Nur wenn sie wussten, wie er tickte, konnten sie dem Täter auf die Spur kommen.

Genau wie alle Kollegen bei der Kripo mussten auch sie ihre Herangehensweise in Berichten rechtfertigen. Allerdings verfassten sie keine endlosen Abhandlungen, sondern legten ihre Ergebnisse in knappen Worten schriftlich nieder. Schließlich schrieben sie ja keine Kriminalromane.

Doch zuvor hieß es geduldig Material zu sichten und die richtige Spur zu erkennen. Ganz anders stellte sich die Situation im Fall der getöteten Studentinnen dar: Hier war Eile geboten, denn der Täter konnte jederzeit wieder zuschlagen. Obwohl die Bevölkerung und die Presse noch immer an der Schuld des Professors festhielten und ihn nicht aus den Augen ließen, würde eine Massenhysterie, wie sie bei derartigen Fällen oft auftrat, nicht mehr lange auf sich warten lassen.

Und gerade deshalb hielten sie sich an ihre goldenen Regeln und schauten sich zunächst alle Fotos sehr genau an, die an den Tatorten gemacht worden waren. Im Anschluss daran lasen sie sämtliche Berichte und versuchten dann, die Tat in allen Einzelheiten, aber aus der Sicht des

Täters zu rekonstruieren. Bei Beziehungsmorden musste man immer auch überlegen, was das Opfer getan hatte, um den Täter zu provozieren. Wurde das Opfer dagegen zufällig gewählt und war somit jederzeit austauschbar, ging es vor allem darum, genau herauszufinden, wie der Täter sich am Tatort verhalten hatte.

In diesem Fall war der Täter extrem gewaltsam, ja sadistisch vorgegangen. Er hatte die Opfer auch dann noch gequält, als sie schon wehrlos in seiner Gewalt gewesen waren. Daraus ließ sich schließen, dass der Täter noch jünger oder wenn nicht jung, so doch eine unreife Persönlichkeit war und mit diesen Handlungen einerseits seinen Trieb auslebte. Andererseits hatte er die Frauen nach der Tat zwar nicht versteckt oder vergraben, aber immerhin weggeschlossen. Auf dieses Detail waren sie gestoßen. In beiden Fällen hatten die Räume, in denen sich die Opfer befanden, erst aufgeschlossen werden müssen. Über dieses Detail hatten sie heftig diskutiert, weil sie der Meinung waren, dass es zu wenig gewürdigt worden war.

Letztlich hatten die Kollegen im Nachhinein betrachtet zu viel Aufmerksamkeit auf die Aktion der Tanzgruppe und deren willentliche Verstrickung mit Tom Seibert gelegt. Sie waren von einer Beziehungstat ausgegangen und hatten nach Männern gesucht, die eine Beziehung zu Vanessa Auerbach gehabt hatten und die durch ihre persönlichen Vorlieben als Täter hätten infrage kommen können. Solange es sich nur um eine Tote gehandelt hatte, war das sicher folgerichtig gewesen. Doch jetzt gab es eine zweite Leiche, wieder eine Studentin, was sich allein daraus erklärte, dass sich beide Taten auf dem Gelände der Uni abgespielt hatten. Abgesehen davon, dass der Professor so gar nicht zu so einer Tat passen wollte, hatte er ein sicheres Alibi und fiel damit als Tatverdächtiger aus.

Die Situation, in die die Tanzgruppe Vanessa Auerbach

gebracht hatte, war vergleichbar mit dem einsamen Heimweg von Kristyna Svoboda. Beide Mädchen waren nur zufällig an dem Ort, an dem sich der Täter gerade nach einem passenden Opfer umsah und animierten ihn damit ungewollt zur Tat. Die Mär vom Täter, der nur Blondinen wählt, ist in der Regel Quatsch. Das war eines der ersten Vorurteile gewesen, das sie beim OFA abgelegt hatten. Stattdessen wussten sie: Täter, die nach einem potenziellen Opfer Ausschau hielten, nahmen sich, was verfügbar war. Auch alte Frauen und Kinder. Daher war bei ihrer Arbeit nicht das Opfer, sondern der Tatort von entscheidender Bedeutung. Der Täter wusste in beiden Fällen, dass er nicht gestört werden würde. Woher wusste er das? Weil er sich dort gut auskannte! Weil er sich dort zu Hause fühlte. Er wusste, was er sich leisten konnte und was nicht. Er wusste, dass er seine Opfer in aller Ruhe quälen konnte. Dass man die Schreie nicht hören konnte oder zumindest nicht darauf achten würde. Er war sich seiner Sache sicher. Darum hatte er sie niedergeschlagen, gefesselt und auch Vanessa Auerbach zwar immer wieder gewürgt, aber nicht gleich getötet. Er wollte, dass sie litten. Er brauchte das als Stimulus.

Dass laut Obduktionsbericht nur Vanessa Auerbach gelitten hatte, hatte er vielleicht gar nicht gleich gemerkt. Auch das war typisch für einen Serienmord. Der gleiche Täter, das gleiche Werkzeug, der gleiche Plan, aber erst die Tatortsituation, das Zusammenspiel zwischen Täter und Opfer entschied, wie sich die einzelne Tat letztlich darstellte. Bei beiden Opfern spielte sich das gleiche Szenario ab: Überwältigt durch einen festen Schlag auf den Kopf, gequält durch Messerschnitte, vergewaltigt und penetriert mit einem Gegenstand, der mit Hundeblut kontaminiert war. Nur der Kehlschnitt und das Würgen fehlten beim zweiten Opfer. Warum? Weil es zu dieser Zeit bereits bewusstlos gewesen war und somit keine Gegenwehr leisten konnte. Darum hatte er es ohne finalen Schnitt zurückgelassen.

Als Schneidlinger angerufen und vom Fund des toten Hundes in der Nähe eines weiteren Tatortes berichtet hatte, waren sie darüber längst nicht so überrascht gewesen wie die Passauer Kollegen. Letztlich passte dieser Übergriff gut zu dem, was sie über den Täter inzwischen wussten. Zusammen mit dem erfolglosen Versuch, die Radfahrerin in seine Gewalt zu bringen, zeigte das vor allem zwei Dinge: Der Täter war noch nicht lange im Geschäft und der Abstand zwischen den Taten nicht sehr groß. Sie würden die ganze Nacht durcharbeiten müssen, um möglichst schnell ein Ergebnis zu präsentieren. Denn es war nur eine Frage der Zeit, wann er wieder zuschlagen würde. Sie mussten stündlich damit rechnen.

Nach der Besprechung war Franziska nach Hause gefahren, aber so richtig zur Ruhe hatte sie auch hier nicht kommen können. Vielleicht wäre alles viel einfacher gewesen, wenn Walter sie mit einem guten Essen und einem Glas Rotwein empfangen hätte. Der steckte allerdings bis über beide Ohren in einer neuen Inszenierung.

Also blieb ihr nur eine heiße Dusche, um den Schmutz des Tages und die unschönen Gedanken fortzuspülen. Doch auch hier kamen ihr sofort wieder die Fotos der toten Studentinnen in den Sinn und die Tatsache, dass es vielleicht noch viel mehr Frauen gab, die das gleiche Martyrium durchlebt hatten und bisher nur noch nicht gefunden worden waren.

Schaudernd wickelte sie sich in ihr Handtuch und setzte sich auf die Badewanne. Bernd Oblinger hatte ihnen gesagt, sie sollten die Opfer außen vor lassen und ihr Augenmerk nur auf die Vorgehensweise des Täters richten. Das mochte für die Lösung des Falles richtig sein, aber die Frauen waren dennoch in Gefahr gewesen und wer weiß, wann die Nächste tot in irgendeinem Raum liegen würde ...

Aufgewühlt von dieser Vorstellung nahm sie ihr Handy und wählte die Nummer des Klinikums. Dort stellte sie sich vor und bat darum, mit Julia Maurer verbunden zu werden. Nach dem Telefonat ging sie ins Schlafzimmer und zog sich eine Jeans, ein T-Shirt und eine leichte Sommerjacke an. Kurz darauf verließ sie in Turnschuhen ihre Wohnung. Es war kurz nach zehn, und um sieben wollten sie sich am nächsten Morgen in der Inspektion treffen. Trotzdem musste sie jetzt wissen, was geschehen war und ob es vielleicht eine Zeugin gab, die mehr registriert hatte als nur einen üblen Geruch nach muffiger alter Werkstatt.

„Ich hab eine Viertelstunde Pause", gestand Julia Maurer der Kommissarin zu, woraufhin Franziska nickte und fragte: „Wollen wir draußen ein Stück auf und ab gehen?"

„Ja, aber bitte nur an der Straße entlang, ich habs nicht mehr so mit dunklen Winkeln."

Die Kommissarin nickte verständnisvoll. „Würden Sie mir bitte erzählen, was Ihnen vor vier Wochen passiert ist?", bat Franziska, sobald sie die Eingangshalle hinter sich gelassen hatten.

„Ich war bei Freunden in der Altstadt eingeladen, und weil ich am nächsten Tag Frühschicht hatte, machte ich mich schon lange vor den anderen auf den Heimweg. Das sind alles richtige Nachteulen, die bis in die Morgenstunden sitzen bleiben können." Die junge Frau versuchte sich in einem Lächeln. „Auf einmal hatte ich das Gefühl, verfolgt zu werden. Ich schaute mich um, weil ich dachte, Timo wäre mir vielleicht gefolgt. Timo war auch auf der Feier und er hatte noch zu mir gesagt: bleib doch, dann können wir zusammen gehen, aber ich wollte heim und ins Bett. Wäre ich nur geblieben!" Diese Erkenntnis schien sie innerlich umzutreiben.

„Aber es war nicht Timo?", fragte Franziska, der die Antwort längst klar war.

„Nein. Wobei ich zunächst ja ohnehin niemanden sah, wenn ich mich umdrehte. Um diese Zeit sind die Gassen menschenleer, da kann man schon mal seine eigenen Schritte für die eines anderen halten, wenn sie laut von den Gemäuern zurückhallen." Sie blieb stehen und lächelte verträumt. „Bis dahin hab ich mir oft Geschichten ausgedacht, wie das in früherer Zeit gewesen sein muss, als hier noch die Pferdekutschen fuhren und so."

„Und dann?" Franziska dachte an das Ende der Pause.

„Das Gefühl, nicht allein zu sein, blieb, egal wie oft ich mich umdrehte – und irgendwann sah ich ihn dann tatsächlich. Oder besser gesagt, ich sah das Messer in seinen Händen. Es blitzte nur kurz auf, aber es jagte mir einen riesigen Schrecken ein."

„Wo waren Sie zu dieser Zeit, Frau Maurer?"

„Ich war gerade in die Zengergasse zwischen Dom und Amtsgericht eingebogen, weil ich dachte, dass ich da schneller wieder unter Menschen bin. Aber das war ein Fehler. Ich saß praktisch in der Falle. Er hätte nur schneller gehen müssen und schon hätte er mich gehabt", gab sie mit kleinlauter Stimme zu bedenken.

„Haben Sie sein Gesicht gesehen?", warf die Oberkommissarin ein. Sie spürte, dass die junge Frau gerade ganz tief im Geschehen steckte.

„Nein, er trug ein schwarzes Shirt und hatte sich die Kapuze weit ins Gesicht gezogen. Und irgendwie hielt er sich auch immer im Schatten". Sie zuckte mit den Schultern, blickte Franziska aber nicht an. „Also begann ich zu laufen, ich wollte den Dom erreichen und hoffte, dass dort Menschen waren, die mir helfen würden, aber da war niemand. Darum rannte ich in den Durchgang zum Carlonegässchen, das hinter dem Theater vorbeiführt. Ich wollte runter in die Fußgängerzone und weiter zum Inn. Am Inn ist um die Zeit immer noch am meisten los. Als ich mich draußen wieder nach ihm umdrehte, stolperte ich und fiel auf dem Pflaster der Länge nach hin. Ich dachte, mein letztes Stündchen hätte geschlagen. Aber seltsamerweise blieb er im Durchgang stehen und wartete, bis ich wieder aufgestanden war. Ich sah erneut das Messer in seiner Hand aufblitzen und rannte die Stufen hinunter. Dabei hörte ich seine Schritte, die immer näher kamen. Ich fühlte schon seine Hand, die nach mir griff, als ich endlich die Grabengasse erreichte und eine offene Haustür entdeckte. Ich rannte hinein und schrie im Hausgang mit letzter Kraft: Feuer, Feuer! Ich hab mal wo gehört, dass da die Leute eher drauf reagieren, als auf Hilfe, Hilfe! Und als hätte jemand auf mich gewartet, öffnete sich die Wohnungstür im Erdgeschoss und ein älterer Herr kam heraus. Er schien die Situation gleich richtig zu deuten, zog mich in seine Wohnung und rief die Polizei."

Nach so vielen Tagen des Schweigens hatte er an diesem Abend endlich wieder ein paar Worte mit Christiane gewechselt. Er hatte das Bedürfnis gehabt, ihr das eine oder andere zu sagen, wenn ihm dann letztlich auch die richtigen Worte dazu gefehlt hatten. Denn tatsächlich war es für ihn schon immer am schwierigsten gewesen, sich vor Christiane zu rechtfertigen.

Dabei passte seine Ehe mit ihr absolut in seinen Lebensplan. Er brauchte ihren gesellschaftlichen Stand, ihre Kontakte und letztlich auch das Haus in der gutbürgerlichen Hochstraße über dem Klinikum. Aber er brauchte eben auch die anderen Frauen, ihre demütige und bedingungslose Liebe, ihre kritiklose Ergebenheit und das Gefühl, dass sie zu ihm aufblickten. Sie taten, was er forderte, wobei er stets nur das von ihnen verlangte, was sie ohnehin tun wollten.

Die Situation war für ihn verlockend: Er befahl und sie gehorchten. Ausnutzen durfte er diese Hingabe niemals, das wusste er, das war die goldene Regel, die diese Verbindungen im Gleichgewicht hielt.

Was wäre auch ein Leben ohne Regeln? Was wäre das menschliche Zusammenleben ohne Gesetze?

Gesetze wurden für alle gemacht, aber nur Eingeweihte konnten sie erklären, auslegen oder dehnen. Man musste ihre Eigendynamik verstehen und ihre Sprache durchschauen, um mit ihnen umgehen zu können. Es war ihm stets ein Anliegen, seine Studenten an den Punkt zu bringen, damit sie das verstanden. Und es schmerzte ihn, wenn er bei den ersten Semestern die verzweifelten Blicke voller Unverständnis registrierte.

Und warum? Weil sie die Sprache der Gesetze nicht verinnerlichten, weil sie nicht eins mit ihnen wurden, weil sie dachten, es reiche, alles auswendig zu lernen. Aber das menschliche Zusammenleben war nichts, was man herunterbeten konnte, man musste hinsehen, hinhören und teilhaben.

Der Professor warf einen Blick auf die Uhr. Es war weit nach Mitternacht, aber lange noch nicht Morgen. Er hatte noch ein bisschen Zeit, um sich vorzubereiten. Den Brief für die letzte Dame, deren Herr er war, hatte er bereits fertig.

„Ich war gern dein Herr, bitte entschuldige die Umstände, die ich dir gemacht habe", hatte er ihr geschrieben, weil es ihm so wichtig war, ihr zu erklären, warum er den Regeln der Geheimhaltung nicht treu geblieben war.

Jetzt schrieb er an Christiane, seine Frau, daher die trüben Gedanken. Aber auch sie hatte es verdient, dass er sich ihr endlich erklärte, auch wenn das besonders schwierig für ihn war.

Solange er zurückdenken konnte, war ihm sein Renommee wichtiger gewesen als alles andere. So war es zu dieser Hochzeit gekommen, zu diesem Haus und der Frau an seiner Seite, mit der ihn nur wenig wirklich verband. Das hatten nicht einmal ihre Kinder ändern können. Christiane war die wichtigste Frau in seinem Leben, und doch hatte er sich nie mit ihr zufrieden geben können. Ihr Vater hatte ihm mit seiner gesellschaftlichen Stellung und seinem Namen die Türen geöffnet und ihn angespornt, immer etwas mehr zu leisten, als er von sich aus bereit gewesen wäre. Immer hatte er Christiane beweisen wollen, dass es kein Fehler gewesen war, ihn zu heiraten. Gleichzeitig hatte er die anderen Frauen gebraucht, weil ihm Christiane auch wie keine andere stets vor Augen führte, dass er ohne sie ein Niemand geblieben wäre. Auch wenn sie ihm das nie vorhielt, fühlte er es doch. Bei den anderen Frauen dagegen war er der, der er schon immer gern hatte sein wollen. Sie blickten zu ihm auf, ohne zu ahnen, wie wichtig dieser Blick für ihn war und dass er für ihn nicht nur ein launiges Spiel darstellte.

Wieder schaute er auf die Uhr. So viel Zeit, wie er gedacht hatte, blieb ihm nun doch nicht mehr. Er wollte zum Briefkasten und dann noch eine Runde über den Campus gehen. Bei Tag hatte er ja keine Gelegenheit mehr dazu, seit die Aasgeier vor seiner Tür herumlungerten.

Er trat über die Terrassentür in den Garten und zündete

sich eine Zigarette an. Obwohl es schon so lange nicht mehr geregnet hatte, war das Gras feucht vom nächtlichen Tau. Um sich besser orientieren zu können, hatte er eine Taschenlampe dabei, doch als er die Tür zum Schuppen öffnete, musste er ohnehin nur die Hand ausstrecken. Auf dem Tisch lagen zwei Dinge, die er mitnehmen wollte und schon gestern Abend bereitgelegt hatte: das Seil und das Messer. Er hatte die Tür schon hinter sich ins Schloss gezogen, als ihm einfiel, dass er etwas Wichtiges vergessen hatte und dass er mit dieser Ausrüstung nicht weit kommen würde. Also ging er noch einmal hinein und suchte nach der Eisenstange. Für einen Moment wog er sie in der Hand, bis er den Kopf schüttelte und lächelte. Es war absurd, aber er freute sich tatsächlich über seinen Plan und auf den Moment, wenn die Polizisten ihn erkennen würden. Es war wirklich ein total verrücktes Vorhaben, aber das beste, das ihm in seiner Situation eingefallen war.

„Dann erläutern Sie uns doch bitte, wie Sie sich unseren Täter vorstellen", bat Franziska forsch, kaum dass sie am Donnerstagmorgen auf einem der an der Wand zusammengeschobenen Tische Platz genommen hatte.

Es hatte schon etwas Typisches für Passau, so im Notquartier der Mitarbeiter der Operativen Fallanalyse zusammenzusitzen. Außer den touristischen Besuchern, die in den Sommermonaten regelrecht in die Stadt einfielen, schienen sich momentan alle weiteren Gäste mit irgendwelchen Notunterkünften zufrieden geben zu müssen. In der Dreiländerhalle standen die Feldbetten der Flüchtlinge dicht an dicht, die X-Point-Halle wurde von einem Erstaufnahmelager zum nächsten. Mal vorrangig, mal nachrangig, aber unter dem Strich immer mit Menschen belegt, die auf der Suche nach einem besseren Leben in Passau gestrandet waren und nun hofften, in ihr eigenes kleines Paradies weiterreisen zu können. Erst in der vergangenen Nacht waren mehr als siebentausend Menschen in Passau eingetroffen, davon mehr als viertausend am Bahnhof. Weil das so viele mehr waren, als die Helfer erwartet hatten, hatten Rotes Kreuz und Malteser-Hilfsdienst eine Suppenküche aufgebaut. Schlafplätze gab es auf die Schnelle nicht.

Nach und nach verlor Franziska den Überblick. Sie hörte nur immer wieder von den Kollegen, die außertourlich mithalfen das Chaos zu bändigen, wie schlimm die Situation war. Allerdings schob sie jeden weiteren Gedanken daran beiseite. Sie hatten einen Serientäter, einen brutalen Sexualmörder dingfest zu machen. Und bisher waren sie nur auf immer weitere Hiobsbotschaften gestoßen, statt verwertbare Fakten für die Einkreisung des Täters zu finden.

Lauernd blickte Franziska Bernd Oblinger an. Sie wollte hören, was er zum möglichen Täterprofil zu sagen hatte und ihm erst dann von ihrer nächtlichen Aussprache mit Julia Maurer berichten.

„Da wäre zum jetzigen Zeitpunkt nur eine hochspekulative Aussage möglich", wich er ein wenig aus, was sie von seiner Ehrlichkeit überzeugte. „Wir versuchen es mal mit dem Alter, was auch schon eine große Herausforderung darstellt. Wir nehmen dabei das Verhaltensalter: Er ist vermutlich noch unter dreißig, denn sein Verhalten ist eher unreif. Ältere Täter nutzen Gewalt vornehmlich, um ihr Opfer unter Kontrolle zu bringen. Dieser Täter aber hat, auch nachdem er die beiden Frauen bereits überwältigt hatte, noch immer große Gewalt angewendet. Vanessa Auerbach wurde so lange gewürgt, bis ihr Zungenbein brach und zudem heftig geschlagen. Kristyna Svoboda hat laut

Obduktionsbericht das Bewusstsein nicht mehr zurück erlangt. Das war aber sicher nicht seine Absicht, denn auch sie wurde trotz allem nicht nur sexuell missbraucht, sondern auch misshandelt und verstümmelt. Im Gegensatz zu Vanessa Auerbach ließ er sie verblutend zurück. Unsere Vermutung lautet: dass er das Interesse verlor, weil sie ihm keinen Stimulus mehr bot", schlussfolgerte Oblinger.

„Es ist anzunehmen, dass der Täter nur wenig soziale Kontakte unterhält und ein Minderleister ist, der immer wieder mit Arbeitskollegen in Konflikt gerät", fuhr der Psychologe Christian Hartmann fort. „So wie er vorgegangen ist, hatte er sich das alles schon im Vorfeld überlegt und in Gedanken hunderte Male durchlebt. Vanessa Auerbach wurde mit Dutzenden Messerstichen malträtiert, und auch beim zweiten Opfer stach er immer wieder zu, obwohl es sich zu diesem Zeitpunkt gar nicht mehr wehren konnte. Dieses Zustechen spricht für großen Hass, gepaart mit sadistischen Tendenzen."

Die Oberkommissarin schaute ihre Kollegen an und nickte. Soweit klang alles sehr logisch, wenn auch spekulativ.

„Der Fall wurde ganz klar von der Tanzgruppe überstrahlt und natürlich von dieser angeblich besten Freundin Steffi, die die Presse mit ihren Beschuldigungen angeheizt und eine besonnene Ermittlungsarbeit bisher fast unmöglich gemacht hat", räumte Oblinger ein.

„Aber jetzt sind wir ja auf der richtigen Spur, oder?", fragte Franziska ein wenig unsicher. „Ich habe in der Nacht mit Julia Maurer, einer weiteren Frau, die in der Altstadt verfolgt wurde, gesprochen." Die Kriminalkommissarin gab die Schilderung der Krankenschwester wieder. „Passt dieser Vorfall zu Ihrem Täter?"

„Wann haben Sie das gemacht?", warf Schneidlinger verwundert ein und blickte seine Kommissarin voller Interesse an.

„Sie hatte Nachtdienst, und ich konnte nicht schlafen", fasste Franziska die Umstände kurz zusammen, schaute dann aber wieder zu Bernd Oblinger. Sie wollte wissen, ob sie auf der richtigen Schiene fuhr.

Oblinger nickte mehrmals, zog ein Blatt Papier aus seinen Unterlagen und nahm einen Stift. „Vier Wochen, sagten Sie, liegt diese Verfolgung zurück?" Franziska nickte, was Oblinger aber nicht sehen konnte, weil er dieses Ereignis in seine Aufzeichnungen eintrug.

„Das würde bedeuten, dass der Täter zunächst versucht hat, sich überhaupt einer Frau zu nähern. Er hielt Abstand, weil er gar nicht wusste, was er tun sollte, wenn er sie erreichte. Gleichzeitig genoss er es aber, ihre Angst zu spüren. Dabei erlebte er erstmals Macht, und das reichte ihm zu diesem Zeitpunkt. Denn wie Sie sagten, hätte er ja durchaus Gelegenheit gehabt, sie anzugreifen. Noch dazu, wo er das Messer bereits in der Hand hielt", folgerte Christian Hartmann, der neben Oblinger stand und ebenfalls auf dessen Aufzeichnungen blickte. Auch Franziska nickte zustimmend.

„Eine Woche später geht er schon weiter." Oblinger tauschte einen Blick mit seinem Kollegen Hartmann. „Da reißt er Kathrin Lukowski bereits vom Fahrrad und zerrt sie in das kleine Waldstück."

„Allerdings hatte er nicht mit ihrer Gegenwehr gerechnet. Sie schrie, woraufhin er von ihr abließ. Typisch übrigens für seine Unreife. Eine Gegenwehr hatte er zu diesem Zeitpunkt noch nicht eingeplant", erläuterte Hartmann.

„Und bei Vanessa Auerbach, zwei Wochen später, war er dann so weit?", fragte Franziska verwundert.

„Zwei Wochen später war er vorbereitet und nutzte die sich ihm bietende Gelegenheit", bestätigte Hartmann.

„Vielleicht hängt das ja alles mit diesem Hund zusammen", überlegte Hannes laut und meldete sich so zum ersten Mal zu Wort. Er blickte zu Franziska.

„Stimmt! Ich würde gern mal schnell mit Professor Wassly telefonieren. Er rief mich heute Morgen an und erklärte, dass er jemanden aufgetrieben hätte, der ihm helfen kann ..."

Sie ging mit ihrem Handy in den hinteren Teil des Raumes, und während sie den Worten und Erklärungen des Professors lauschte, erhellte sich tatsächlich ihre Miene. Sie hatten das Bindeglied zwischen den beiden Vorgehensweisen des Täters gefunden.

Als Franziska zurückkam, waren fünf Augenpaare voller Spannung auf sie gerichtet. „Ich glaube, Sie haben tatsächlich recht", gestand sie Christian Hartmann zu und setzte sich wieder auf den Tisch. Als sie sprach, schaute sie vor allem Max Keller an. Bisher hatte sich dieser im Hintergrund gehalten, doch Franziska wusste, dass er Spezialist für Spurensuche war, und das, was sie jetzt zu sagen hatte, passte am besten in sein Gebiet.

„Ich fand Fliegen ja schon immer so lästig wie kaum etwas anders, aber in diesem Falle müssen wir der dicken Schmeißfliege wohl dankbar sein." Die Oberkommissarin lächelte Keller kurz an. „Der Tod der Mädchen hat Professor Wassly ebenso wenig ruhen lassen wie uns", erläuterte sie. „Zufällig hatte er gestern einen Fachmann für Entomologie im Institut, und den hat er gebeten, sich unseren Hundekadaver anzusehen. Tja, und der konnte anhand der Maden der Schmeißfliege die Liegezeit des Hundes einschätzen. Der umgangssprachliche Name Schmeißfliege kommt übrigens aus dem Althochdeutschen und beschreibt die Vorliebe dieser Tiere, sich mit zerfallenden organischen Stoffen zu beschmeißen, also zu bestreichen und sie aufzunehmen. Eigentlich ernährt sich die Fliege von Pollen, Nektar oder Honigtau, und am liebsten fliegt sie nach Aas riechende Blüten und Pilze an. Oder eben tote Menschen und Tiere, wo sie ihre Eier in die Öffnungen legt. In diesem Fall diente der Hund den abgelegten Eiern der Fliege als Nahrungsquelle, was bewirkte, dass die besiedelten Weichteilgebiete stark zerstört wurden. Die Todesursache ist inzwischen also nur noch schwer auszumachen. Andererseits, so der Professor, zeigt die massive Zerstörung, dass das Gewebe an dieser Stelle schon kurz vor oder nach dem Tod entsprechend verletzt wurde." Die Kriminalkommissarin hielt kurz in ihren Ausführungen inne und ließ den anderen so Zeit, das Gesagte sacken zu lassen.

„Da die Wunden über den gesamten Hundekörper verteilt sind, geht er davon aus, dass es sich um Messerstiche oder ähnliches handelte. Und dass der Kopf, wo eine breitere Fraßfläche zu sehen war, mit einem Gegenstand eingeschlagen wurde, zumal er in dieser Wunde noch Partikel von Eisenspänen fand. Und", jetzt lächelte sie siegessicher, „zu neunzig Prozent stimmen die Hundeblutspuren, die in den verstümmelten Leichen gefunden wurden, mit dem Blut des Kadavers überein."

„Und wie lange lag der Hund im Sand?", wollte Hannes wissen.

„Rund drei Wochen, schätzt der Professor nach der Untersuchung. Allerdings lag der Hund ursprünglich nicht *im* Sand, sondern so wie wir am Tatort spekulierten *auf* dem Sand, sonst wäre der Befall ein anderer gewesen."

„Was bedeutet, dass er tatsächlich erst kurz vor dem Auffinden im Sand vergraben wurde", sagte Hannes.

„Ja, so sieht es aus. Und damit ist es auch durchaus möglich, dass der Täter sich am Tatort herumgetrieben hat, während wir mit Kathrin Lukowski dort waren."

Als sie an diesem Morgen endlich die Augen öffnen konnte, spürte sie, dass sich etwas verändert hatte. Ihr Kopf schmerzte, als ob man sie geschlagen hätte. Aber das kam nur von den Schlaftabletten, die sie gestern vielleicht ein wenig zu hoch dosiert hatte. Dabei hatte sie einfach nur mal wieder richtig gut durchschlafen wollen. Ohne die schwarzen Gedanken der Vorwürfe, der Schuld und Scham und der Hoffnungslosigkeit. Gedanken, die sie, sobald sie die Augen geöffnet hatte, nicht mehr loslassen wollten. Die sich in ihrem Kopf drehten und verwoben und dabei immer schneller wurden, bis ihr ganz schwindelig war vor lauter Durcheinander.

Mühsam setzte sich Christiane auf, stellte die Füße auf den Teppich vor ihrem Sofa, auf dem sie auch in dieser Nacht geschlafen hatte, und versuchte sich aufzurichten. Ihr Rücken schmerzte, ihr Nacken war verspannt und ihre Augen brannten. Auch die Beschaffenheit ihres Nachtquartiers war unhaltbar und trug sicher zu ihrer Verstimmung bei.

Nach einigen Streckübungen erhob sie sich, ging zum Fenster und öffnete es weit. Die klare Morgenluft tat ihr gut. Danach schlurfte sie wie eine alte Frau ins Bad, wo sie mit den Händen kaltes Wasser in ihr Gesicht schaufelte. Während sie sich die Haare kämmte, hielt sie auf einmal in ihrer Bewegung inne. Da war es wieder, das Gefühl, es habe sich über Nacht etwas verändert. Als sie das eheliche Schlafzimmer betrat, war das Bett kalt und leer und augenscheinlich die ganze Nacht nicht benutzt worden.

Sie lauschte in die Stille des Hauses, ging zum Fenster und öffnete es. Durch die Schlitze des Rollladens konnte sie auf der anderen Straßenseite bereits die ersten Reporter erkennen. Obwohl Klaus mit seinem Alibi die Kripo von seiner Unschuld hatte überzeugen können, ließen die Pressevertreter immer noch nicht von ihnen ab.

Ohne Licht zu machen und ohne das Rollo im Schlafzimmer zu öffnen, tapste sie die Treppe hinunter, um sich in der Küche ein Glas Wasser einzuschenken. Dann schaltete sie die Kaffeemaschine an. Während sie versuchte, den Tag so normal wie möglich zu beginnen, fielen ihr immer mehr Dinge auf, die so, wie sie sie vorfand, einfach nicht sein durften. Im Wohnzimmer schließlich entdeckte sie die nur ins Schloss gezogene Terrassentür. Doch Klaus war nicht draußen. Und als sie nachschaute, stellte sie fest, dass er auch nicht im Keller war. Sie ließ sich einen Kaffee aus der Maschine und überlegte, wo er sein könnte. Aber egal wie sie es drehte und wendete, Klaus war weg, und das ergab einfach keinen Sinn.

Nach der Besprechung mit den Münchner Kollegen von der Operativen Fallanalyse fuhren Franziska, Hannes und Kriminalhauptkommissar Schneidlinger mit dem Gefühl zurück in die Inspektion, endlich auf dem richtigen Weg zu sein. Während der Fahrt beschloss Franziska euphorisch im Namen aller, jetzt sofort noch einmal alle Aussagen durchzugehen und die Männer, die sich auch nur irgendwie verdächtig gemacht hatten, ganz genau unter die Lupe zu nehmen. „Wir sollten jeden von ihnen abholen lassen und uns ihre Wohnungen und Häuser ansehen. Vielleicht stoßen wir dabei ja auf die Tatwaffe", gab sie patent zu bedenken und stürmte die Treppe zur Inspektion hinauf.

„Langsam, Frau Steinbacher, noch haben wir keinen richterlichen Beschluss", rief Schneidlinger hinter ihr her, woraufhin sie herumwirbelte.

„Wie? Sie wollen mir damit doch nicht etwa sagen, dass

sich die Staatsanwältin noch immer quer stellt?" Franziska war fassungslos.

Doch der Chef zuckte hilflos mit den Schultern. „Am Montag ist Staatsanwalt Schwertfeger wieder da, bis dahin müssen wir..."

„Und wenn bis dahin ein weiterer grausamer Mord geschieht?" Die Oberkommissarin blickte ihren Chef herausfordernd an. „Wer soll das dann verantworten ... Sie vielleicht?"

Doch der Kriminalhauptkommissar schüttelte nur den Kopf. „Tut mir leid, aber mir sind die Hände gebunden."

Enttäuscht ließ die Oberkommissarin ihre Begleiter stehen und zog sich in ihr Büro zurück, wo sie über die ganze verzwickte Situation noch einmal in Ruhe nachdachte.

„Wenn der Täter tatsächlich unter dreißig und nicht besonders gepflegt ist, keiner geregelten Beschäftigung nachgeht und somit eventuell ein Student, aber keinesfalls ein Professor sein kann, und wenn er auf seinen Streifzügen Messer und Eisenstangen mit sich führt, dann müsste so jemand doch auffallen, oder?" fragte Franziska kurze Zeit später bei der anberaumten Besprechung, nachdem sie Obermüller und Gruber über die neusten Erkenntnisse informiert hatte. „Vor allem, wenn er sich derartig auffallend auf der stark frequentierten Spazierstrecke zwischen Campus und Ortsspitze bewegt, wo er ja die meisten seiner Opfer ausgespäht hat."

„Zumal er sich ja auch geruchsmäßig von der Bevölkerungsmehrheit abheben dürfte", wusste Obermüller und erinnerte damit daran, dass der Täter nach Werkstatt und sicher auch nach Schweiß roch.

„Genau, und bisher nur in der Dämmerung und bei Nacht aktiv geworden ist", warf Franziska ein. „Wo sucht man jemanden, der nur in der Dunkelheit aus seinem Loch kriecht?"

„Im Bett? Typen, die nicht arbeiten, dafür aber trinken, schlafen ja häufig bei Tag ihren Rausch aus", mischte sich Gruber in die Spekulationen ein.

„Ob er Alkohol trinkt, wissen wir nicht sicher. Zwar hat er der sterbenden Vanessa Alkohol eingeflößt, aber wir können nicht mit Bestimmtheit sagen, dass er den selbst auch getrunken hat", mahnte die Oberkommissarin.

„Wenn er nach Öl riecht, und ich gehe einfach mal davon aus, dass die Zeugin deshalb die Assoziation mit der Werkstatt hatte, dann gehört ihm ja vielleicht einfach ein altes Moped, an dem er tagsüber herumschraubt ...", meldete sich erneut Gruber zu Wort.

„Willst du jetzt jeden, der ein Moped oder sonst einen fahrbaren Untersatz besitzt, besuchen?", entsetzte sich Obermüller.

„Ich meine ja nur ... Wenn er so ein Einzelgänger ist, dann lebt er ganz sicher auch allein. Hinzu kommt, dass ich mich frage, ob man nach so einer Tat zur Partnerin oder Mutter zurückkehren kann, ohne dass die etwas bemerkt", spekulierte Gruber weiter, bevor Franziska das Wort an sich riss.

„Das sind alles Vermutungen, bleiben wir doch bei den Fakten."

Ihr Blick blieb an ihrem Chef hängen, doch der zuckte nur mit den Schultern, bis sich Hannes zu Wort meldete: „Also, die drei Typen, die Mareike Emmers überfallen haben, fallen auf jeden Fall raus. Unser Täter soll ja ein Einzelgänger sein." Der junge Kommissar hatte die jüngst bearbeiteten Anzeigen vor sich liegen und blätterte darin herum. „Der Taxifahrer, der Susi Reinhardt im Intimbereich geküsst hat, ist überprüft worden. Er ist einschlägig bekannt und auch aktenkundig. Seine DNA passt nicht. Damit fällt auch er raus."

„Ja, und Julia Maurer hat den Mann, der sie verfolgte,

leider nicht erkannt. Bleibt die Aussage von Kathrin Lukowski, wonach er groß und kräftig war und nach Werkstatt roch", fasste Franziska zusammen und fluchte leise in sich hinein, bevor sie zu bedenken gab: „Wir haben zwei Möglichkeiten, von denen meiner Meinung nach nur eine infrage kommt: Wir durchsuchen das gesamte Gebiet rund um seinen bisherigen Wirkungskreis in der Hoffnung, dass wir etwas Auffälliges entdecken. Denn wenn wir das nicht tun, bleibt uns nur die zweite Möglichkeit: Darauf warten, dass er erneut zuschlägt."

Kriminalhauptkommissar Schneidlinger holte hörbar Luft, doch bevor er sich äußern konnte, ging die Tür auf und ein uniformierter Kollege stürmte herein und sorgte mit seiner Information schlagartig für neue Hoffnung.

Auf der gemütlichen Terrasse des Innsteg-Cafés war an diesem Nachmittag jeder Platz besetzt. An Tagen wie diesem waren die Terrassen über dem Inn ein beliebter Ort für Studierende, Professoren, Stadtbummler und Touristen gleichermaßen. Heute kam vielleicht noch hinzu, dass sich das Café in unmittelbarer Nähe des Ortes befand, an dem erst kürzlich ein abscheulicher Mord passiert war. Daher saßen wohl auch weit weniger Studierende und Professoren als Touristen und Schaulustige auf der Terrasse. An einem der vorderen Tische hatten sich vier Damen niedergelassen, die der Unterhaltung nach zu einer amerikanischen Reisegruppe gehörten, die in der Früh mit dem Schiff in Passau angekommen waren. Während der Stadtbesichtigung hatten sie von der Reiseleiterin von den brutalen Mordfällen erfahren und sich im Anschluss aufgemacht, um so nahe wie möglich an den letzten Tatort zu gelangen. Auf dem Rückweg waren sie dann im Café gelandet, um sich dort bei Kaffee und einer üppigen bayerischen Süßspeise zu stärken. Satt und zufrieden wollten sie sich gerade zurücklehnen, als eine der vier auf einmal voller Entsetzen die Augen aufriss und sich dann an die Stirn fasste.

„Oh my God!", schrie sie hysterisch und deutete mit dem Finger in die Luft.

„What's going on, dear?", fragte die zweite.

„Look, over there!" Aufgeregt deutete sie den Inn hinauf.

Rabenkrähen schrien und umkreisten den Turm der in der Nähe des Cafés über den Fluss führenden Eisenbahnbrücke wie Möwen einen Fischkutter nach erfolgreichem Fang.

„No, no, no, it's not possible!"

Inzwischen waren einige Gäste aufgesprungen und ein Stück den Inn entlang gelaufen, um sich zu vergewissern, dass das, was sie sahen, auch wirklich und keine Sinnestäuschung war.

„Let's go, girls and take a closer look", rief die Amerikanerin ihren drei Freundinnen zu und folgte, um ja nichts von der gruseligen Darbietung zu verpassen, dem hektischen Treiben der anderen Gäste, die immer wieder stehen blieben und von der Sensation, die sich ihnen darbot, unzählige Handyfotos machten, bevor sie am Innufer entlang weiter liefen, bis sie die Eisenbahnbrücke erreicht hatten. Dort blieben sie am Ufer stehen und blickten hinüber zu dem auf einem Fundament der Eisenbahnbrücke stehenden Turm aus gelbem Sandstein.

Hier angelangt richteten alle ihre Aufmerksamkeit auf den obersten Absatz des Turmes und dessen Arkadengang mit den acht Fensterschlitzen, durch die Rabenkrähen ein- und ausflogen. Genau wie den Schaulustigen am Boden galt ihr Interesse nur einem Objekt: Dem Mann, der reglos dort oben hing und – wie von Gespensterhand bewegt – hin und her schaukelte.

Gaffend und sich gruselnd blieben auch die vier Amerikanerinnen stehen und starrten hinauf, bis endlich einer aus der Menge sein Handy zückte, die Polizei anrief und mit den Worten: „Da hängt einer im Eisenbahnturm!", die Sprachlosigkeit beendete und damit die Spekulationen über das „Wer" und „Warum" in Gang brachte.

„So eine verrückte Sache hab ich noch nie erlebt!" Mit dieser Aussage stürmte der diensthabende Kollege in den Besprechungsraum, um die Kriminalpolizei zu informieren. „Im Eisenbahnturm am Inn hat sich einer aufgehängt. Da kommen wir aber nur hin, wenn wir die ganze Eisenbahnbrücke sperren lassen. Das geht aber nicht, weil da jetzt gleich zwei Züge voller Flüchtlinge durchkommen und der Fahrdienstleiter sagt, dass er die nicht anhalten kann, weil die sonst Angst kriegen, dass sie wieder zurück müssen und dann vielleicht aussteigen und sich auf eigene Faust auf den Weg machen", schilderte er die komplizierte Situation. „Und wenn die Bahn die Türen verriegelt, dann schlagen sie die Scheiben ein, die sind ja wie eingesperrte Tiere, die armen Schweine, kein Wunder, bei dem was die mitgemacht haben. Aber aussteigen dürfen sie trotzdem nicht."

„Äh, warte, warte … Wer hängt im Turm?" Es hatte einen Moment gedauert, bis Franziska zum Kern der Botschaft zurückgefunden hatte.

„Das wissen wir nicht, aber es sieht nach einem Mann aus."

„Fremdverschulden?", fragte Franziska ganz automatisch,

doch der Uniformierte zuckte mit den Schultern. „Oder ein Schuldeingeständnis", schlussfolgerte die Oberkommissarin forsch, nachdem sie den Toten im Turm mit ihren vorangegangenen Überlegungen kombiniert hatte, und sah sich nach dem Chef um, der aber nur stumm nickte und nach dem Telefonhörer griff. „Der Eisenbahnturm liegt doch direkt am Campus, ich könnte wetten, dass man von da oben beide Tatorte einsehen kann", spekulierte Franziska ungerührt weiter. „Vielleicht hatten wir den Täter mit unseren Fragen und Nachforschungen ja bereits aufgeschreckt. ...Worauf warten Sie noch?" Franziska hielt in ihrer Ausführung inne und beobachtete Schneidlinger fassungslos, weil der scheinbar ungerührt eine Nummer aus dem Speicher auswählte und auf das Freizeichen lauschte.

„Ich muss mit der Staatsanwaltschaft reden", nuschelte der Kriminalhauptkommissar, nachdem er die Sprechmuschel mit der Hand abgedeckt hatte. „*Sie* hat mir gedroht, wenn ich noch einen Alleingang mache, wird das Konsequenzen haben." Ein wenig hilflos zuckte Schneidlinger mit den Schultern.

„Das ist doch nicht...", begann die Oberkommissarin, aber Schneidlinger gebot ihr, die Stimme zu senken. „Das ist doch nicht Ihr Ernst?", fragte sie flüsternd nach, woraufhin Schneidlinger erneut hilflos mit den Schultern zuckte.

Einen Moment musterte sie ihren Chef stumm, dann wandte sie sich um und verließ den Raum. Sollte er doch kriechen, sie würde jeden Alleingang machen, sobald auch nur die geringste Chance bestand, dadurch ein Leben zu retten. Und was hieß hier schon Alleingang. Sie würde einfach nur zum Inn gehen und zusehen, dass sie an den Toten herankam. Vielleicht war er ja wirklich ihr gesuchter Täter.

Als sie an Ramona vorbeikam, hielt die ebenfalls das Telefon ans Ohr gedrückt und bat Franziska, einen Moment zu warten. „Ich habs eilig", flüsterte die Oberkommissarin und blickte die Sekretärin fragend an.

„Das war eben eine gewisse Paulina Schweitzer. Sie wollte den Chef sprechen, aber der telefoniert", erklärte sie, nachdem sie das Telefonat beendet hatte. „Sie lässt ihm ausrichten, dass sie es schon mehrmals versucht und ihm auch schon geschrieben hat und sich jetzt selbst um das Problem kümmern wird. Ich soll ihn schön grüßen. Weißt du, wer das ist?"

„Nee, keine Ahnung, aber sags ihm halt, wenn er fertig ist. Ich muss zum Inn, dort hängt einer im Turm." Franziska hob die Hand zum Gruß und ging in Richtung Glastür.

„Ja, hab ich auch schon gehört. Du Franzi, warte doch mal ... ich hab noch was für dich. Mir ist da was eingefallen, was ich letztens am Bahnhof gesehen habe ..."

Nur konnte Franziska das nicht mehr hören, denn da war sie bereits zur Tür hinaus.

„Du bringst uns noch um, bevor wir am Tatort angekommen sind", rief Hannes. Zum ersten Mal an diesem Tag machte sich Panik in seiner Stimme breit.

Nachdem Franziska ohne auf Schneidlingers Erklärung zu achten aus der Inspektion gestürmt war, hatte es Hannes gerade noch geschafft, sie kurz vor der Abfahrt einzuholen. Gleich darauf raste sie mit Blaulicht und Martinshorn in Richtung Inn, fluchte bei jeder Gelegenheit und kam erst auf der Innwiese kurz vor der Eisenbahnbrücke zum Stehen.

„Wahnsinn!", kommentierte die Kriminalkommissarin den Volksauflauf, der von drei Uniformierten im Auge behalten wurde. Einen Moment blieb auch sie stehen, um hinüber zu dem im Inn stehenden Turm zu schauen, bevor sie auf den ersten Beamten zustrebte, um ihn freundlich, aber bestimmt um einen Bericht zu bitten.

„So wie es aussieht, ist es ein Mann, aber genau lässt sich das nicht sagen."

„Und warum geht dann keiner hoch und schaut nach?" Ihr Blick war streng.

„Wir warten auf die Feuerwehr mit der Drehleiter, aber die sind in Haibach im Einsatz, und der da oben ist ja ohnehin schon tot." So brachte es der Beamte auf den Punkt und deutete auf das Fernglas in seiner Hand.

„Kann man jemanden erkennen?", fragte Franziska trotz der negativen Bekundung und wollte schon nach dem Fernglas greifen.

„Nee, er schaut grad weg."

„Wie, er schaut grad weg? Sie sagten doch, er wäre tot?"

„Ja schon, aber je nachdem wie ihn die Raben anschubsen, dreht er sich hin und her. Und jetzt schaut er halt grad weg."

Kurz musterte Franziska den Mann, der diese makabren Details in einer solch stoischen Ruhe verkündete. „Wie wäre es damit, die Gleise sperren zu lassen?"

Aber der Beamte schüttelte nur den Kopf. „Das muss die Staatsanwaltschaft entscheiden. Der Turm steht ja schon auf der Seite der Österreicher."

„Dann gehört der Turm gar nicht zu Deutschland?", fragte sie irritiert und malte sich im Geiste aus, was das für ihre Ermittlungsarbeit bedeuten würde.

„Doch, der Turm schon, nur die Kaiserin-Elisabeth-Brücke gehört zu Österreich und damit zur Westbahn ..."

„Die Brücke ist mir egal", gab Franziska patzig zurück, schaute den verständnislos blickenden Beamten kurz an und richtete sich dann an Hannes. „Komm mit, ich weiß, wie wir es machen." Ohne eine weitere Erklärung lief sie über die Innwiese unterhalb der Eisenbahnbrücke in Richtung Philosophicum, bog dann links ab und kletterte dort die Böschung hinauf. Nur wenige Meter vor ihr lagen die Gleise.

„Franziska!", rief Hannes entsetzt, als er begriff, was sie vorhatte. „Du kannst da nicht lang, was ist, wenn ein Zug kommt?"

„Dafür bist ja du da", entgegnete die Oberkommissarin und versuchte sich in einem Lächeln. „Außerdem ist die Strecke ..." Der Rest des Satzes verhallte im Lärm des in diesem Moment durchfahrenden Zuges.

„Gut, dann los", kommandierte sie mit fester Stimme, als der Zug vorbeigerauscht war. „Du bleibst hier und schreist, solltest du einen Zug wahrnehmen." Ohne eine Antwort abzuwarten, kletterte Franziska über das Geländer und entschwand in Richtung Eisenbahnturm.

„Franziska, bist du wahnsinnig?", schrie Hannes, sprang dann ebenfalls über das Geländer, blieb zögernd daneben stehen und sah zu, wie Franziska mit zügigen Schritten über die Bahnschwellen davonlief.

Franziska hatte sich die Sache nur kurz, aber intensiv überlegt. Sie war einigermaßen gut in Form und würde die wenigen hundert Meter in kürzester Zeit zurücklegen können. Sie musste einfach nur auf ihre Füße achten und darauf, dass sie nicht stolperte. Alles kein Problem, versicherte sie sich selbst. Hannes würde sie warnen, wenn sich von hinten ein Zug näherte, was er sogar noch früher hören als sehen würde. Außerdem waren die Züge an dieser Stelle ohnehin noch nicht schnell, weil sie ja erst kurz zuvor den Passauer Bahnhof verlassen hatten. Von der österreichischen Seite her sah dies nicht anders aus, auch diese Züge mussten vor der Brücke abbremsen und ... würden das hoffentlich auch tun.

Franziskas Körper bekam einen Adrenalinstoß, der sie fast umhaute. Auf der österreichischen Seite schlängelte sich tatsächlich bereits ein weiterer Güterzug mit mindestens dreißig Waggons den Inn entlang und hielt auf die Brücke zu. Sie registrierte die Anspannung, doch da befand sie sich schon hoch über der Innwiese und wusste, dass es nur eine Möglichkeit gab, dem Zug auszuweichen: Sie musste den Turm und die sich dort befindende Eingangstür erreichen, die zwar schon in Sicht-, aber noch lange nicht in Reichweite war.

Mindestens einhundert Meter lagen noch vor ihr, so schätzte sie, als der Zug auf der anderen Seite auf die Brücke auffuhr. Am ganzen Körper spürte sie das Vibrieren. Noch fünfzig Meter. Automatisch lief sie schneller. Schon konnte sie in der Führerkabine den Fahrer erahnen. Die Lichter blendeten auf. Er hatte auch sie entdeckt. Franziskas Herz schlug wild, und genau in diesem Moment fiel ihr ein saublöder Spruch ein: Hoffentlich ist das Licht am Ende des Tunnels nicht der entgegenkommende Zug!

Der Turm mit der offenstehenden Tür kam in Reichweite. Ihr Herz klopfte zum Zerspringen. Sie spürte den Luftdruck, den der Zug vor sich herschob. Noch drei Meter, dann hatte sie es geschafft, der Zug hupte. Das Dröhnen tat ihr in den Ohren weh. Unten schrien die Zuschauer, die inzwischen nicht mehr die baumelnde Leiche, sondern ihren tollkühnen Versuch verfolgten, gegen die Zeit den sicheren Eingang des Turmes zu erreichen. Kurz schaute Franziska hinunter – und in dem Moment passierte es. Sie stolperte, fing sich, strauchelte erneut und sah sich schon am Boden liegen, als sie von hinten gepackt und mitgerissen wurde, hineingedrückt durch die offene Tür in den schützenden Turm, wo sie schnaufend und unendlich dankbar zu Boden ging.

Über ihr lag Hannes. Sein Gesicht war ganz bleich, was

sie selbst im Dämmerlicht des Turmes erkennen konnte. Auch er japste nach Luft.

„Wo kommst du denn her?", fragte Franziska, kaum dass sie wieder zu Atem gekommen war.

„Dich kann man doch nicht allein lassen!", kommentierte er lakonisch.

„Ich glaube, ich sollte wieder öfter zum Laufen gehen", versuchte Franziska die ganze Sache herunterzuspielen.

Hannes nickte, beließ es aber dabei. Stattdessen schaute er genau wie Franziska nach oben, wo eine tiefe Schwärze vorherrschte, weil das Licht, das durch die geöffnete Tür hereindrang, nicht so weit hinauf reichte. Erst nachdem sich ihre Augen an die schlechten Lichtverhältnisse gewöhnt hatten, erkannte Franziska eine gemauerte Treppe, die sich an den Außenwänden des runden Turmes hinauf bis zu einer Plattform wand, die wiederum den Blick auf den Erhängten versperrte.

„Bist du bereit?", fragte Hannes, woraufhin Franziska nickte, ihre Taschenlampe zückte und getrieben von ihrer unendlichen Neugierde den Aufstieg in Angriff nahm.

Wenige Stufen vor der Luke, durch die die Plattform betreten werden konnte, hielten sie noch einmal inne. Wer mochte sich da oben das Leben genommen haben, wann und vor allem warum? Konnte es vielleicht doch nur ein Zufall sein, dass der Mann im Eisenbahnturm mit Blick auf das Unigelände, mit Blick auf beide Tatorte hing? Hatte dieser Tod vielleicht überhaupt nichts mit den brutalen Mordfällen auf dem Campus zu tun? Und war demnach alles, was sie gerade riskiert hatte, umsonst gewesen? Hatte er sich selbst erhängt, oder war er am Ende dazu gezwungen worden?

Franziska blickte Hannes fragend an. Er zuckte mit den Schultern, schien Ähnliches zu überlegen. Konnte es tatsächlich das Schuldeingeständnis eines Mörders sein, der eingesehen hatte, dass die Kripo ihm auf den Fersen war?

Als sie endlich auf dem Absatz unter der Plattform standen, stellten beide Kommissare fest, dass sie die Luke aus dem Stand nicht erreichen würden. Enttäuscht leuchtete Franziska die Wand ab und erkannte die Umrisse einer Leiter, die hier wohl für gewöhnlich befestigt war. Doch jetzt gab es keine Spur davon. Auffordernd blickte Franziska Hannes an. „Räuberleiter?", schlug sie pragmatisch vor, was ihren Kollegen zunächst zögern ließ, bis er bemerkte, dass sie es ernst meinte. Seufzend lehnte er sich an die Wand unter der Luke und faltete seine Hände. Gleich darauf schob er Franziska in die Höhe, damit sie die Luke aufdrücken und sich hindurchschieben konnte, um so den Toten zu erreichen. „Verdammt, ist die schwer", jammerte sie zunächst, und als Hannes schon keuchend erklärte: „Komm runter, es geht nicht", gelang es ihr endlich. Gleich darauf konnte sie sich durch die Öffnung stemmen. Während jetzt Licht den unteren Teil des Turmes flutete, stoben oben Dutzende von Rabenkrähen durch die Fensterschlitze des Arkadenganges davon.

„Die Leiter ist hier oben", erklärte Franziska und zog ihr T-Shirt vor Mund und Nase, während sie mit der freien Hand die Fliegen abwehrte. Dann richtete sie den Blick auf den Leichnam und verfiel in ein betretenes Schweigen.

„Und?", schrie Hannes von unten, während ein weiterer Zug ratternd die Brücke passierte.

„So hat er sich das bestimmt auch nicht vorgestellt", kommentierte die Oberkommissarin den Anblick des von den Rabenkrähen und Mückenschwärmen arg zugerichteten Toten und dachte daran, wie viel Wert er zu Lebzeiten auf sein Äußeres gelegt hatte.

Inzwischen hatte Franziska sich den Toten genauer angeschaut, hatte seine Taschen inspiziert und so versucht, etwas über seine Beweggründe zu erfahren. Derweil stand Hannes noch immer auf der unteren Plattform und wartete darauf, dass sie ihm die Leiter hinunterreichen würde, als ihr Handy, mit dem sie gerade den gesamten Tatort fotografisch festhalten wollte, vibrierte.

„Ja Chef ... ja, doch, das musste sein ... Sie werden nicht glauben, wer hier oben hängt ..." Franziska schaute durch die Luke zu Hannes und schüttelte stumm den Kopf, während Schneidlinger sie eine Närrin schimpfte, weil, egal wer dort oben hinge, ihr Leben nun einmal vorging... „Das hätten Sie mal Ihrem Freund, dem Professor Markwart vorhalten sollen", erklärte sie schließlich mitten in seine Schimpftirade hinein. „Der hätte sich ja wirklich auch einen anderen Platz für seinen Abgang suchen können."

Die Stille am anderen Ende der Leitung zeigte die Wirkung ihrer Worte. „Klaus? Aber warum denn das?", fragte er wohl mehr an sich selbst gerichtet.

Franziska war dankbar, dass Schneidlinger ihre Grimasse in diesem Moment nicht sehen konnte. „Tja, die ganzen Pressemeldungen, die Enthüllungen ...und vielleicht ..." Die Oberkommissarin ließ den Schluss bewusst offen. Sollte er sich doch selbst ein Urteil bilden.

„Sie halten das für ein Schuldeingeständnis?", fragte Schneidlinger endlich.

„Ich habe in seiner Jackentasche einen Abschiedsbrief an seine Frau gefunden", brachte die Oberkommissarin ihren Chef auf den neuesten Stand.

„Er schreibt ihr:
Meine geliebte Christiane,
ich habe dir sehr wehgetan und kann meine Schuld nie mehr ungeschehen machen, aber glaube mir, mit den Morden an den Studentinnen habe ich nichts zu tun.

Andererseits habe ich mich seit Tagen gefragt, warum du überhaupt noch zu mir gehalten und mir so vehement ein falsches Alibi gegeben hast, wo du mich doch so sehr hassen musst. Inzwischen weiß ich es. Du hast selbst einen großen Fehler gemacht, für den du irgendwann geradestehen musst. Mir aber fehlt die Kraft, um all die Verlogenheit, die um mich herum existiert, noch länger auszuhalten. Du musst jetzt sehen, wie du mit deiner Schuld leben kannst, ich kann es nicht.
In unendlicher Liebe
Dein Klaus", las Franziska ihrem Chef vor.

„Was hat das zu bedeuten?", fragte Schneidlinger nach einer längeren Pause.

„Ich weiß es nicht, aber ich denke, wir sollten sie dringend danach fragen."

„Sie bleiben wo Sie sind, bis die Bahnstrecke gesperrt ist, haben wir uns verstanden!"

Franziska zuckte zusammen. „Ja Chef", versicherte sie zackig und sah zum ersten Mal, seit sie den Arkadengang erreicht hatte, hinunter auf die Menge, die sich auf der Innwiese neben dem alten Eisenbahnturm versammelt hatte.

Die ganze Situation war völlig skurril. Hinter ihr hing Klaus Markwart, Professor für Strafrecht an der Uni Passau, und unter ihr standen die Zuschauer, klein wie Spielzeugfiguren und starrten herauf, in der Hoffnung, sie könnten etwas von seinem zerhackten Gesicht erkennen, damit sie sich besser gruseln konnten. Ein Stück entfernt stand ein Übertragungswagen, und die Kriminalkommissarin war sich sicher, dass darin bereits die ersten Meldungen verfasst und verbreitet wurden. Ob die Journalisten ahnten, wer hier oben hing, oder ob sie einfach wieder einmal wild spekulierten, konnte sie nicht sagen. Stattdessen fragte sie sich etwas ganz anderes: Christiane Wernsteiner-Markwart hatte, so der Professor im Brief, Schuld auf sich geladen.

Eine Schuld, die sie ihnen offenbaren und die dann vielleicht geahndet werden musste. Aber konnte diese Schuld wirklich so groß sein wie die Schuld der Medien, die den Professor so sehr in die Enge getrieben hatten, dass er keinen Ausweg mehr gesehen hatte?

Während Paulina ihr Fahrrad die Innstraße entlang schob, wunderte sie sich zwar über den Menschenauflauf unterhalb der Eisenbahnbrücke, schenkte ihm aber weiter keine Beachtung. So wie die meisten Passauer war auch sie inzwischen daran gewöhnt, dass immer mal wieder irgendwo größere Menschengruppen auftraten. Ob Flüchtlinge oder Demonstranten machte da keinen großen Unterschied.

Paulina hatte großes Mitleid mit diesen Flüchtlingen. Doch im Moment wollte sie nur eines: Ihr Fahrrad in die Werkstatt bringen, damit es so schnell wie möglich repariert wurde.

Inzwischen hatte sie die Uni hinter sich gelassen, und ihre Hände schmerzten vom Schieben des Fahrrads. Da musste sie auf einmal an Josef denken und ein zufriedenes Lächeln huschte über ihr Gesicht. Josef war ein toller Mann. Interessant, gebildet, witzig und respektvoll. Er respektierte selbst ihre Vergangenheit, wenngleich sie ihm noch immer zusetzte. Andererseits hatte Paulina Respekt vor seiner Ehe und hielt sich zurück, auch wenn es ihr immer schwerer fiel. So wie neulich, als er zu betrunken gewesen war, um noch nach Hause zu fahren und daher in ihrem Bett übernachtet hatte.

Seither war Schneidlinger total verändert. Er wusste nicht was vorgefallen war und traute sich doch nicht, sie zu fragen, und sie wiederum würde den Teufel tun, ihn aufzuklären. Sollte der Kriminalhauptkommissar ruhig ein bisschen zappeln. Letztlich wusste er ja, dass seine Ehe, so wie sie jetzt war, nicht mehr funktionierte, aber sich das eingestehen und entsprechend handeln konnte nur er. Sie würde ihm bestimmt keinen Vorwand für ein Ehe-Aus geben.

Darum plante sie auch eher harmlose Sachen. So lag sie ihm seit Tagen in den Ohren, weil sie hoffte, er würde sich ihres platten Fahrradreifens erbarmen, damit sie am Wochenende eine gemeinsame Radtour unternehmen konnten. Doch nicht die kleinste Reaktion war auf ihre Bitten – mal mündlich, mal per SMS – gekommen. Vielleicht, so dachte sie in diesem Moment, war er einfach nicht der Mann fürs Praktische. Vielleicht konnte er einfach kein Fahrrad reparieren und drückte sich davor, dies ihr gegenüber zugeben zu müssen.

Paulina kicherte vor sich hin, was einen ihr entgegenkommenden Herrn dazu aufforderte, sie zu mustern und ihre Figur in der kurzen ausgebleichten Jeans und dem figurbetonten rosa T-Shirt mit einem anerkennenden Lächeln zu bedenken.

Sie hatte sich noch nie von einem Mann abhängig gemacht, schon gar nicht wegen eines Fahrrades. Schließlich gab es für jedes Problem eine Lösung, man musste halt vielleicht ein wenig mehr Geld locker machen, aber unter dem Strich brauchte keine Frau auf etwas zu verzichten, was sie haben wollte. Dieses Credo hatte sie von den Männern übernommen, die sie in München begleitet hatte und die ihr in dieser Hinsicht gute Lehrmeister gewesen waren. Paulina strich ihre offenen Haare hinter die Ohren und schob das Fahrrad tapfer weiter. Wie schön wäre es gewesen, wenn sie jetzt einfach hätte losfahren können.

Trotz der luftigen Kleidung war ihr nach dem Fußmarsch

über die Innstraße heiß, als sie kurz vor sechs die Tür zur Fahrradwerkstatt öffnete. Man hatte sie gewarnt, der Laden sei klein, alt und schmutzig. Aber du willst da ja nicht übernachten, und dafür ist der Service spitze und billig noch dazu. Paulina blickte sich um und schmunzelte. Die ganze Einrichtung wirkte wie aus einer anderen Welt. Dort drüben die moderne Uni und hier dieser altmodische Laden, in dem die Zeit einfach stehen geblieben war. Sie wollte gerade rufen, als ein Mann, sie schätzte ihn auf Ende zwanzig, Anfang dreißig, mit einem Gewinde in der einen und einem schmutzigen Lappen in der anderen Hand aus einem Nebenzimmer herein kam. Seine Haare hingen ihm fettig ins Gesicht, das T-Shirt sah so aus, als würde er darin auch schlafen. Insgesamt wirkte er ausgesprochen ungepflegt. Gut, dass sie bereits vorgewarnt worden war.

„Hallo! Können Sie mir bitte helfen, mein Fahrrad hat einen Platten?", fragte sie freundlich und lächelte, doch der Mann schien sie gar nicht zu beachten, wischte mit dem Lappen über das Metall, als gebe es sie überhaupt nicht. „Ist es in Ordnung, wenn ich es hier drüben hinstelle?", fragte Paulina etwas lauter.

„Kannst es hierlassen", antwortete er knapp, nickte und reichte ihr murmelnd einen Zettel und einen Stift. „Name und Telefonnummer."

Nachdem sie beides aufgeschrieben hatte, legte er das Gewinde auf den Tresen, packte das Fahrrad und schob es wortlos durch die Tür in die benachbarte Werkstatt. Als er nach zehn Minuten noch immer nicht zurückgekehrt war, folgte ihm Paulina in der Hoffnung, er habe es sich anders überlegt und sich bereits über den Schaden hergemacht.

„Wie lange wird es denn dauern?", fragte sie den Mann, der mit dem Rücken zu ihr reglos vor der Werkbank stand und dachte bei sich: Seltsamer Vogel, vielleicht sollte ich mein Rad doch lieber wieder mitnehmen, nur dann würde es mit der Radtour ganz sicher nichts werden.

„Wart es einfach ab", murmelte er unwirsch, noch immer das Gesicht zur Wand gedreht.

„Ich würde das schöne Wetter gern für eine Radtour nutzen und es wäre einfach super, wenn...", plauderte sie in der Hoffnung ihn, wie so manchen Mann vor ihm, mit ihrem Charme um den Finger wickeln zu können, als sie bemerkte, wie ein Ruck durch seinen Körper ging.

„Sei still", nuschelte er mit drohender Stimme.

„Was?" Paulina glaubte sich verhört zu haben.

„Halt einfach dein Maul!" Der Körper des Mannes spannte sich an, und während Paulina noch überlegte, ob sie nicht doch lieber gehen sollte, tastete seine rechte Hand nach einem Gegenstand auf der Werkbank. Im nächsten Moment wirbelte er, eine Eisenstange in die Höhe reißend, zu ihr herum.

Erschrocken fuhr Paulina zusammen. Unfähig sich zu bewegen stand sie vor ihm, sah sein Gesicht, das so gar keine menschliche Regung zeigte, sah, wie er die Eisenstange schwang, sah, wie sie in Zeitlupe auf ihren Kopf niedersauste und schaffte es gerade im allerletzten Augenblick noch, sich wegzudrehen und damit dem tödlichen Schlag zu entgehen. Doch die Spitze der Stange hatte ihre Wange erwischt, und sofort platzte die Haut auf und das Blut lief aus der Wunde. Entsetzt drückte sie mit der Hand dagegen und wollte weglaufen, doch da stand er auch schon wieder vor ihr und versperrte ihr den Weg. Panisch suchten ihre Augen nach einer anderen Möglichkeit, sich in Sicherheit zu bringen, als die Stange sie bei seinem zweiten Schlag doch noch auf den Kopf traf. Aufschreiend fiel sie direkt neben ihrem Fahrrad zu Boden.

Dann ging alles ganz schnell: Sie hörte das Klirren, als die Eisenstange neben ihr auf dem staubigen Boden aufschlug und spürte, wie er sich auf sie setzte, sie ins Gesicht schlug und schließlich ihre Hände mit einem groben Strick fesselte. Wehren konnte sie sich nicht mehr. Dazu war ihr Körper nicht mehr fähig. Egal, wie oft sie sich sagte: Du musst hier raus, du musst hier raus, du musst hier raus ... Er wollte ihr einfach nicht mehr gehorchen.

„Hilfe! Hilfe!", versuchte sie voller Panik zu schreien, doch ihre Stimme war nur mehr ein schwaches Wimmern. Als Konsequenz dafür stopfte er ihr auch noch einen nach Öl stinkenden Lappen in den Mund, der sie würgen und husten ließ. Sie versuchte, ihn auszuspucken, doch da band er ihr auch schon einen zweiten Lappen um den Kopf und fixierte den Knebel so mit einem festen Ruck.

Tränen der Wut und der Angst liefen ihr übers Gesicht und vermischten sich mit dem Blut aus der Wunde, bis sie das Messer in seiner Hand bemerkte. Sie stöhnte, zappelte und versuchte alles, um sich zu befreien, was ihr aber nur weitere Schläge einbrachte.

„Hallo, ist da jemand?", hörte sie auf einmal Rufe aus dem angrenzenden Laden. Zunächst befürchtete sie, dieses Rufen müsse ihrer Hoffnung auf Rettung entsprungen sein und wäre nur eingebildet. Erst als er innehielt, sie in eine Ecke der Werkstatt zerrte und dort einige alte staubige Jutesäcke über ihren Körper ausbreitete, schöpfte sie ein wenig Hoffnung.

„Ein Mucks, dann mach ich dich tot", raunte er, bevor er die Tür hinter sich ins Schloss zog.

Paulina glaubte ihm jedes Wort. Doch was, wenn sie diese Chance nicht nutzen würde? Hatte sie dann Aussicht darauf, gerettet zu werden? Voller Angst dachte sie an die beiden Studentinnen, die ebenfalls niedergeschlagen und brutal misshandelt worden waren, bevor jemand sie getötet hatte. Hatten sie eine Chance ungenutzt verstreichen lassen?

Sofort begann sie, so gut es ging mit den Füßen zu

zappeln, um so die Aufmerksamkeit der Kunden im benachbarten Laden auf sich zu lenken. Kein Laut drang aus ihrem geknebelten Mund, dafür würgte und hustete sie heftig und fürchtete im nächsten Moment zu ersticken. Doch plötzlich hörte sie aus dem Laden laute Stimmen. Wieder begann sie zu zappeln, um so vielleicht auf sich aufmerksam machen zu können. Vielleicht würde es ihr gelingen, etwas zum Umfallen zu bringen. Etwas, das dabei so viel Lärm machte, dass man nach ihr schauen würde.

Auf einmal hörte sie tatsächlich ein lautes Scheppern, als ob ein ganzes Regal zu Boden ginge. Sofort schöpfte sie Hoffnung, bis ihr klar wurde, dass der Lärm nicht von ihr, sondern aus dem Laden kam. Und dann hörte sie seine Stimme, die laute Drohungen ausstieß, und in diesem Moment wusste sie, dass sie verloren hatte.

„...und als ich hörte, dass ein völlig unfähiger Kriminalhauptkommissar sie ständig mit völlig überzogenen Anforderungen bombardierte, wusste ich, dass es an der Zeit ist, mir selbst ein Bild von der Lage zu machen", erklärte der Mann, der mit dem Rücken zu Franziska stand und sich gerade angeregt mit ihrem Chef unterhielt.

Die Staatsanwaltschaft habe die Gleise gesperrt, sie solle schauen, dass sie vom Turm käme, er habe eine Überraschung für sie, hatte ihr Schneidlinger kurz zuvor am Handy verkündet und auch, dass die KTU auf dem Weg zu ihr sei. Daraufhin war Franziska mit Hannes' Hilfe wieder hinunter geklettert und hatte es sich nicht verkneifen können, der eintreffenden Annemarie Hannes und seine Räuberleiter anzupreisen.

„Danke, aber wir haben eine Leiter dabei", hatte die Chefin der KTU mit einem ermunternden Lächeln für Hannes diesen frechen Vorschlag abgelehnt.

„Unfähiger Kriminalhauptkommissar, von wegen!", rief die Oberkommissarin mitten ins Gespräch hinein. „Es handelt sich ja wohl eher um eine unfähige Staatsanwältin..."

„Frau Steinbacher, wie schön!" Der Mann drehte sich zu ihr um, und Franziska erkannte in ihm Oberstaatsanwalt Dr. Dieter Schwertfeger, der ihr von hinten und ausnahmsweise nicht im Anzug so gar nicht bekannt vorgekommen war. „Ich habe bereits von Ihrem Alleingang gehört."

Die Oberkommissarin grinste Schwertfeger entwaffnend an, während sie ihrem Chef den Abschiedsbrief des Professors reichte.

„Meine geliebte Christiane ... sehr wehgetan ... meine Schuld nie mehr ungeschehen machen ... mit den Morden an den Studentinnen ... nichts zu tun ... zu mir gehalten hast ... falsches Alibi gegeben ... einen großen Fehler gemacht ... fehlt die Kraft, um all die Verlogenheit ... länger auszuhalten. Du musst ... mit deiner Schuld leben ... Klaus", überflog Schneidlinger den Brief mit halblauter Stimme und schaute dann in die Runde, zu der sich inzwischen auch Hannes gesellt hatte. „Kein Schuldeingeständnis, aber immerhin ein neuer Hinweis."

Schneidlinger blickte Schwertfeger an, der eifrig nickte und verkündete dann: „Ja dann werden wir ... Frau Wernsteiner-Markwart mal einen Besuch abstatten."

Bevor Kriminalhauptkommissar Schneidlinger die Inspektion im Laufschritt verlassen hatte, hatte ihm Ramona Meier noch hinterhergerufen, dass eine gewisse Paulina schon mehrmals versucht habe, ihn zu erreichen. Er solle auf sein Handy schauen. Das hatte er getan, auch wenn er die Nachrichten letztlich doch nur hatte überfliegen können und danach keine Zeit gefunden hatte, sie anzurufen. Und auch jetzt, mit den Kollegen im Auto, bot sich keine Gelegenheit, auch wenn er ihr zu gern gesagt hätte, wie leid es ihm tat, dass er ... nach allem ...

Eine gewisse Paulina, ging ihm erneut Ramonas Formulierung durch den Kopf, und Schneidlinger musste schmunzeln.

„Ist schon gut, dass unserer Oberstaatsanwalt seinen Urlaub vorzeitig abgebrochen hat", griff die Oberkommissarin seine freudige Laune auf, nicht ahnend, dass er sich gerade mit ganz anderen Gedanken beschäftigte.

Schneidlinger nickte ihr bestätigend zu, und als sie sich wieder auf die Straße konzentriert hatte, öffnete er noch einmal die erste von Paulinas Nachrichten. Vielleicht stand ja doch irgendwo zwischen den Zeilen, ob er oder ob er doch nicht ... Da riss ihn die Steinbacher aus seinen Gedanken.

„Die Meute ist weg", kommentierte sie gerade die freie Zufahrt zum Wernsteiner-Grundstück. „Na ja, die haben jetzt ja auch eine neue Sau, die sie durchs Dorf treiben können."

„Noch wissen sie ja nicht, dass sie so neu dann auch wieder nicht ist", warf der junge Hollermann gewitzt vom Rücksitz ein, was Schneidlinger verwunderte, weil der sich mit solchen Äußerungen sonst eher zurückhielt.

Die Oberkommissarin hatte den Motor noch nicht abgestellt, da öffnete sich auch schon die Haustür und heraus kam eine völlig aufgelöste Christiane Wernsteiner-Markwart.

„Josef, wie gut, dass du kommst, Klaus ist verschwunden!"

Der Hauptkommissar ging auf sie zu und nahm sie am Arm. „Komm, gehen wir erst einmal hinein. Wir müssen mit dir reden." Während er auf das Haus zuging, blickte er sich über die Schulter nach seinen Kollegen um und wusste instinktiv, dass er ihre Unterstützung bei diesem Gang dringender brauchen würde denn je.

Vor Wut pochte das Blut in seinen Adern. Wie konnte es jemand wagen, ihn zu stören? Ausgerechnet jetzt? Den ganzen Tag über hatte das Rattern des Zuges ihn verrückt gemacht, es war so laut geworden, dass er meinte, sein Kopf müsse platzen. Hinzu kam dieses Pfeifen, das ihn daran erinnern wollte, wie gut es ihm tat, seinen Schmerz weiterzugeben. Später, hatte er sich gesagt, später werde ich mich auf die Lauer legen, später ... Und dann stand sie auf einmal in der Werkstatt und fragte so dumm nach ihrem Fahrrad. Sie hatte es darauf angelegt, da war er sich sicher. Sie hatte es gewollt, denn sie hatte über ihn gelacht. Aber das war ihr inzwischen vergangen, dafür hatte er schon gesorgt.

Nachdem er sich versichert hatte, dass sein Opfer unter den Säcken außer Sichtweite war, riss er die Tür zum Laden auf und wollte schon zu einem wütenden Rausschmiss ansetzen, als er die hübsche Studentin mit kurzem Rock und mit knappem T-Shirt entdeckte. Während er überlegte, was er mit ihr machen könnte, schloss er die Tür zur Werkstatt gewissenhaft ab, bevor er den Schlüssel in seine Hosentasche schob. Seine Hände schwitzten. Der Zug in seinem Kopf begann zu pfeifen. Er musste einen Plan fassen. Zwei Frauen an einem Tag, vielleicht würde das den Zug anhalten.

Allein beim Gedanken daran fuhr er langsamer.

„Mögen Sie Tiere?", fragte die Studentin in diesem Moment mit lieblicher Stimme und lachte, was ihn noch mehr ermunterte. Mit einer Hand stützte er sich am Tresen ab und musterte sie schnell. Wagte sie es etwa über ihn zu lachen?

„Ich sammle Unterschriften gegen Tierquälerei", erklärte sie gerade und zückte ein Papier, das sie vor ihm auf den Tresen legte. Er würdigte es keines Blickes. Wo zum Teufel war seine Eisenstange? Seine Hände tasteten über das schartige Holz. Dann fiel es ihm ein, er hatte sie in der Werkstatt auf den Boden fallen lassen, neben der anderen, dort, wo er sie später bestimmt noch brauchen würde. Noch einmal musterte er die vor ihm stehende Frau. Sie war noch fast ein Kind, klein und zart. Da brauchte es nicht viel, um sie zu überwältigen. Es würde reichen, wenn er sie sich schnappte, ihr eine Hand um den Hals legte und sie ein bisschen würgte, bis sie aufgab. Dann würde er sie zu der anderen bringen. Sie fesseln und dann? Sollte er erst die eine und dann die andere nehmen? Bestimmt würden beide laut schreien, wenn sie sahen, was er mit ihnen vorhatte. Wenn die eine zusah, wie er sich die andere vornahm. Allein der Gedanke machte ihn ganz geil und er wusste, er musste es sofort tun.

Mit zwei Schritten lief er um den Tresen herum und packte sie mit einer Hand von hinten, während sich seine andere Hand wie ein Schraubstock um ihren Hals legte und ganz langsam zudrückte. Sie versuchte, sich zu wehren und das gefiel ihm so sehr, dass er sofort einen ordentlichen Ständer bekam, den er an ihrem Hintern rieb und sich gar nicht ausmalen musste, wie es sein würde, wenn er sich in sie hineinpressen würde, erst vorn und dann hinten. Er könnte sie sofort über den Tresen legen, ihr den Rock hochschieben, den Slip zerreißen und schon ...

Fast wäre es ihm schon allein bei dem Gedanken daran gekommen. Doch zunächst wollte er noch schnell seinen Laden absperren und nach einem Strick suchen, mit dem er sie fesseln konnte. Sicher ist sicher, dachte er und schob die überwältigte Frau gerade in Richtung Ladentür, als diese von außen aufgerissen wurde und eine Meute wildgewordener Weiber hereingestürmt kam. Wütend entrissen sie ihm zunächst das Mädchen und schlugen dann wie von Sinnen auf ihn ein, bis er unter ihren Prügeln zu Boden ging.

Obwohl sie alle Masken trugen, erkannte er sie sofort. Es handelte sich um diese Studentinnen, die sich immer in der Turnhalle trafen und dort tanzten und wer weiß was noch alles machten. Er hatte sie bei ihrem hemmungslosen Treiben oft beobachtet und sich dabei überlegt, ob er sich nicht einmal eine von ihnen schnappen sollte. Doch jetzt brauchte er an so etwas gar nicht zu denken. Nicht eine von ihnen, sondern er lag hilflos am Boden. Sie hatten ihn überwältigt, drückten ihn nieder und zerrten ihm Hose, Unterhose und T-Shirt vom Leib, bevor sie ihm einen nach Scheiße stinkenden Sack über den Kopf zogen. Ekel überkam ihn, und er glaubte kotzen zu müssen, als sie ihn ankeiften: „Du bist ein Tierquäler, und du wirst deine Strafe bekommen!"

Wütend zappelte und strampelte er herum und versuchte, den stinkenden Sack loszuwerden, aber diese Weiber waren nicht nur verrückt, sondern hatten auch Wahnsinnskräfte. Zitternd vor Wut blieb er schließlich liegen, während der Zug in seinem Kopf an Fahrt zulegte. Sein Kopf drohte zu platzen, denn was immer sie mit ihm vorhatten, er konnte nichts dagegen unternehmen, und das war ein ganz besonders schrecklicher Zustand.

Auf einmal aber spürte er, wie etwas über ihn gegossen wurde. Es fühlte sich kalt und eklig an. Panik machte sich in ihm breit. Sein erster Gedanke galt dem Benzin, das er in einem Kanister im Laden stehen hatte. Was, wenn die ihn anzünden wollten? Brennen lassen wie eine Fackel? Er glaubte, das Feuer schon zu spüren und schrie voller Entsetzen auf.

„Nein, nein, bitte nicht, nein tut mir nichts!", rief er mit der quiekenden Stimme eines Fünfjährigen und warf sich hin und her, was die Frauen aber eher zum Lachen brachte.

„Na, du kleiner Schisser, jetzt hast du Angst, was, aber denk mal an die armen Kreaturen, die hatten nämlich auch Angst, und du hast sie trotzdem geschlagen!"

„Aber ich ...", setzte er erneut an, doch dann bemerkte er, dass es gar nicht nach Benzin roch, sondern eher süßlich. Bevor er sich überlegen konnte, warum die verrückten Weiber ihn mit etwas Süßem übergießen sollten, hörte er erneut die Türglocke. Er wollte schon aufatmen und dachte, der Spuk wäre damit vorbei, doch der Griff um seine Handgelenke wurde nur noch fester und dann hörte er etwas, was ihm endgültig den Atem verschlug.

Manches mochte sie von ihrer Mutter geerbt haben, der Hang zu den großen Rollen des Dramas gehörte nicht dazu. Und so sackte Christiane Wernsteiner-Markwart, als die Polizisten ihr das ganze Ausmaß ihrer persönlichen Tragödie bewusst gemacht hatten, auch nur lautlos in sich zusammen. Kein Schreikrampf, kein Aufbäumen, nur ein paar leise Schluchzer verrieten, wie sehr sie der ganz und gar sinnlose Tod ihres Mannes traf.

Die Hände mit dem Brief, den sie kurz zuvor gelesen hatte – wieder und wieder – lagen nun ruhig in ihrem Schoß. Nur in Gedanken schrie sie laut auf: Wie hatte sie das alles nur zulassen können? Sie erwachte wie aus einer langen Trance und erkannte, dass es kein Zurück mehr gab. Sie würde nicht länger so tun können, als wäre alles nur ein Versehen gewesen, nur ein böser Traum, der irgendwann vorübergehen würde.

Nie wieder würde sie lieben können, nie wieder glücklich sein. Und bei all diesen schwarzen Gedanken wusste sie doch selbst, dass sie es genauso verdient hatte, weil sie zu feige gewesen war. Weil sie, statt ihr Leben in die Hand zu nehmen, nur zugesehen hatte.

„Was meinte Ihr Mann damit, dass Sie selbst Schuld auf sich geladen haben?", fragte die hübsche Kommissarin mit forscher Stimme und holte sie damit zurück ins Hier und Jetzt.

Müde zuckte Christiane mit den Schultern. Das sollte nicht heißen, dass sie es nicht wusste. Natürlich wusste sie, was er gemeint hatte, sie wusste nur nicht, ob es jetzt noch etwas ändern würde, wenn sie es ihnen gestand. War es dafür nicht schon viel zu spät? Und war es nicht ohnehin egal?

„Frau Wernsteiner-Markwart, Ihr Mann hat sich selbst das Leben genommen, aber sicher nicht nur, weil er von den Medien unter Druck gesetzt worden war. Womit kam Ihr Mann nicht mehr klar? Hatte er etwas mit den brutalen Morden an den Studentinnen zu tun?"

Christiane hob ihr Gesicht und blickte die junge Frau ungläubig an. „Reicht es denn noch nicht, dass er tot ist, wollen Sie immer noch weiter bohren?"

„Christiane, bitte!" Zum ersten Mal mischte sich Schneidlinger in das Gespräch ein. Als Zeichen seiner Verbundenheit hatte er ihr kurz die Hand gedrückt und sie dann ins

Haus geführt, alles Weitere hatte er bisher seinen Leuten überlassen, und im Grunde war sie dafür dankbar. Denn auch wenn sie die beiden bereits von früheren Gesprächen kannte, waren sie ihr doch fremd. Fremd genug, um ihnen irgendwann alles zu erzählen.

„Klaus hätte sich doch nie das Leben genommen, wenn da nicht noch etwas anderes gewesen wäre", insistierte Schneidlinger erneut und traf damit eine äußerst empfindliche Stelle in ihrem ohnehin schon angegriffenen Nervenkostüm.

Langsam begann sie zu nicken.

„Christiane, weißt du etwas?"

„Wenn Sie etwas über die Morde wissen, müssen Sie uns das sagen!", forderte jetzt auch noch die Kriminalkommissarin. „Hat Ihr Mann etwas damit zu tun? Wollen Sie ihn noch immer schützen?"

Doch diesmal schüttelte Christiane nur den Kopf. „Nein, mein Mann hat nichts mit den Morden zu tun. Mord war das einzige, das nicht für ihn infrage kam." Ihre Stimme war dünn, die Lippen so blass wie das ganze Gesicht.

„Willst du uns nicht sagen, was dich so quält, vielleicht können wir dir helfen." Schneidlinger blickte reihum, woraufhin die hübsche Kriminalkommissarin nickte. Sie hatten sich verständigt, worauf auch immer.

„Ich bin viel schuldiger als er ... Ich habe, ich meine, ich war ..."

Schneidlinger blickte die langjährige Bekannte nur fassungslos an, woraufhin die Kriminalkommissarin das Wort ergriff: „Sie wussten von den Frauen, mit denen sich Ihr Mann traf."

Christiane nickte.

„Sie kannten Vanessa Auerbach und sind ihr nachgegangen."

„Ja."

„Sie haben sie gesehen."

Christiane nickte. „Sie und die anderen Frauen", bestätigte sie mit dünner Stimme.

„Die Frauen mit den Masken."

Wieder nickte sie. „Ja."

Die Kriminalkommissarin blieb ganz ruhig, sprach zu ihr wie eine Freundin, wie jemand, dem man vertrauen konnte. „Sie trugen an jenem Montag eine schwarze Perücke, damit man Sie nicht erkennen konnte, und dann sind Sie auf die Rankhilfe geklettert und haben hineingeschaut."

Als sie ihm den stinkenden Sack vom Kopf zogen, war er zunächst erleichtert. Vielleicht waren sie ja schon fertig mit ihm. Vielleicht hatten sie ihm nur einen tüchtigen Schreck einjagen wollen und zogen jetzt davon. Doch dann öffnete er die Augen und schrie panisch auf. Über ihm stand breitbeinig ein ausgewachsener Ziegenbock, der ihn neugierig musterte. Im Grunde sah er freundlich aus, fast so, als würde er ihn anlachen. Doch dann senkte er den Kopf mit den beachtlichen Hörnern.

Voller Entsetzen blickte der Mann die kreischenden Weiber an, die den Bock an einem Halsband festhielten und ihm seinen nackten Körper schmackhaft machten. Ein lautes Meckern war die Antwort, und dann begann das Vieh tatsächlich, und wie es aussah mit viel Genuss, die klebrige Masse von seinem Körper abzulecken. Erst von seiner Brust, was er noch einigermaßen tapfer ertrug, dann von seinem Hals, wo es so sehr kitzelte, dass er sich kaum beherrschen konnte. Doch so sehr er sich auch hin und her warf, die

Weiber hielten ihn wie in einem Schraubstock am Boden fest, und immer wieder erhellten die Blitzlichter ihrer Handys das widerliche Szenario.

Nach einer gefühlten Ewigkeit hob der Bock den Kopf und meckerte laut, woraufhin sie ihn in Richtung Tür führten. Er schloss die Augen und lauschte in den Raum, der vom Rattern des Zuges erfüllt schien. Gleich, gleich würden sie die Tür öffnen und dieses widerliche Ungetüm mit sich nehmen. Doch stattdessen spürte er, wie seine Beine angehoben wurden und ... entsetzt riss er die Augen wieder auf ... Der Ziegenbock leckte seine Fußsohlen ab. Als er hysterisch zu kreischen begann, weil er nicht wusste, ob er lachen oder weinen sollte, legten sie ihm den stinkenden Sack über den Mund, um seine Schreie zu dämpfen. Vom Ekel gebeutelt würgte er, und ein Gefühl absoluter Ohnmacht breitete sich in ihm aus, bevor ihn der nächste Schreck traf: Als er den Kopf erneut anhob und an sich hinunter in Richtung Füße und Ziegenbock blickte, erkannte er nicht nur, dass er vollkommen nackt war, sondern auch, dass nicht nur seine Beine, sondern auch sein Schwanz mit diesem klebrigen süßen Zeug bedeckt waren.

Kurz hielt der Ziegenbock inne, pisste auf den Boden und somit auch auf ihn. Bockpisse, war das ekelhaft, dachte er noch und versuchte wieder, sich zu befreien, nur um erneut an der Kraft und dem Willen der Frauen zu scheitern. Er musste einsehen, dass sie nichts ausließen, um ihn zu demütigen.

Und es war nur noch eine Frage der Zeit, bis die raue Zunge des Tieres seine Eier erreichte „Nein, bitte, nicht. Lasst mich los, bitte, das könnt ihr doch nicht machen", jammerte er in den Sack hinein, als ihm bewusst wurde, wohin das alles führen würde. Aber die Weiber quittierten seine Versuche nur mit noch lauterem Kreischen, während der Ziegenbock sich meckernd und schmatzend seine Beine hinaufschleckte. Als dieser seinen Schwanz erreichte, breitete sich eine Pfütze um ihn aus, die dieses Mal von ihm stammte und die von den Weibern noch lauter belacht wurde. Das war der Moment, in dem er wusste, dass er verloren hatte.

„Habt ihr alles?", fragte schließlich diejenige, die den Bock am Halsband hielt und ihn jetzt liebevoll hinter den Ohren kraulte.

„Ja!", war das erlösende Kommando, das dem ganzen Spuk endlich ein Ende machte.

„Willst du Abbitte leisten?", fragte ihn dann allerdings doch noch eine, woraufhin er zu fluchen begann und seinen Kopf heftig hin und her warf.

„Niemals!", schrie er.

Seine Rache würde schrecklich werden, das wusste er schon jetzt.

Kaum hatten die Weiber den Laden verlassen, da rappelte er sich auf und suchte nach einem Gegenstand, mit dem er ihnen hinterherrennen konnte, um sich für diese Schmach zu rächen. Doch sein Kopf dröhnte so sehr, dass er sich erst einmal am Tresen festhalten musste. So verharrte er einen Moment und spürte dabei weder den Schmerz in seinem Körper noch seine klebrige Haut. Alles Denken in seinem Kopf drehte sich um Rache. Eine Rache, die größer war als die erlebte Demütigung, größer als alles, was er je hatte ertragen müssen.

Du musst jemanden töten! Du musst sofort jemanden töten. Du musst jetzt sofort jemanden so brutal wie möglich töten, schrie es in ihm auf. Und dabei fiel ihm endlich sein Opfer wieder ein. Die, die schon die ganze Zeit nebenan lag und unter den Säcken nur darauf wartete, von ihm zerstört zu werden. Ganz langsam, bis der Schmerz in seinem Inneren aufhörte. Wie gut, dass sie die nicht gefunden hatten, dachte er und spürte neue Kräfte in sich wachsen. Er drückte sich vom Tresen ab und ging langsam auf die Tür zur Werkstatt zu. Die Tür war verschlossen. Er bückte sich nach seiner Hose und schob die Hand suchend erst in die eine, dann in die andere Hosentasche, wo er schließlich fündig wurde. Er brauchte jetzt sein Messer und die Eisenstange. Er wollte Blut sehen, ihr Blut. Er wollte hören, wie sie schrie, vor Angst und vor Schmerz. Er hatte den absoluten Willen zu töten, und das einzige, was ihn noch ein wenig besänftigte war das Wissen, dass sie in der Werkstatt zusammengeschnürt zu seiner Verfügung stand. Bei diesem wunderbaren Gedanken ließ das Dröhnen augenblicklich nach und der Zug fuhr langsamer. Gleich würde er ihn anhalten, dachte er und lächelte, gleich war sie dran.

Voller Vorfreude steckte er den Schlüssel ins Schloss und drehte ihn hastig um.

„Er ist um die dreißig, riecht nach Öl, haust irgendwo zwischen Campus und Ortsspitze und kommt erst in der Dämmerung zum Vorschein", sprach Obermüller die Eckpunkte der Täteranalyse wie ein Mantra vor sich hin. Er und der Kollege Gruber waren in der Inspektion geblieben, hatten sich einen weiteren Becher Kaffee geholt und da weiter gemacht, wo das Team in seiner Besprechung so plötzlich von der Nachricht über den Toten im Eisenbahnturm unterbrochen worden war.

Franziska hatte sie auf dem Laufenden gehalten, weshalb auch sie inzwischen wussten, dass es sich um den Professor handelte und dass sie zu dessen Frau fahren wollten, weil die laut Abschiedsbrief etwas wissen müsste, was sie vielleicht weiterbringen könnte. Obermüller hatte angesichts dieser kryptischen Erklärung nur den Kopf geschüttelt und sich dann auf seine Arbeit besonnen.

Zunächst hatte er die Vorgehensweise des Teams der Operativen Fallanalyse natürlich für absoluten Blödsinn gehalten, so etwas hatten sie schließlich noch nie gebraucht. Aber nach und nach hatte er sich für diese Herangehensweise so richtig erwärmen können und dabei eingesehen, dass man einem Täter, der so gar nichts mit dem Opfer zu tun hatte außer zur selben Zeit mit ihm am selben Ort zu sein, nicht mit herkömmlichen Ermittlungen auf die Spur kam.

„Zwischen Campus und Ortsspitze, ein Loch, in dem man hausen kann und das nach Öl riecht ..." Der dicke Ermittler blickte auf und seinem Kollegen Gruber direkt in die Augen. „Wusstest du, dass die Innstraße früher Schlachthofstraße hieß und dass man sie nur deshalb umbenannt hat, weil das keine so gute Adresse für das neue Klinikum war?"

Gruber nickte. „Stimmt, da wurde so mancher Kalauer gerissen."

„Wie stellst du dir den Typen, nach dem wir suchen, eigentlich vor?", fragte Obermüller erneut, woraufhin Gruber mit den Schultern zuckte.

„Durchschnitt, nichts Besonderes. Ich meine, diese Merkmale passen doch auf viele und letztlich sogar auf Professoren und Studenten."

„Meine Meinung. Nur das Täterprofil von diesen Profilern aus München sagt, dass es sich nicht um diese Personengruppen handeln kann. Zumindest vermuten sie es. Aber letztlich haben wir keine Vorstellung von diesem Typen. Ich könnte ihm bereits begegnet sein, ohne es bemerkt zu haben."

„Worauf willst du hinaus?", hakte Gruber nach und warf seine Haare nach hinten.

Obermüller schob langsam seinen Stuhl zurück und drückte sich dann über den Schreibtisch gebeugt nach vorn, um Gruber mit festem Blick anzusehen, während er eindringlich ausführte: „Dass wir zwar nicht wissen, nach wem wir konkret suchen, aber trotz allem nur eine Chance haben, ihn zu finden, indem wir unseren Arsch jetzt da hinaus bewegen und uns auf die Suche nach jemandem machen, der aus irgendeinem Grund nicht ins Bild passt. Immerhin könnte er bereits jetzt auf dem Weg sein, um erneut zuzuschlagen ..."

Gruber sah seinen Kollegen lange an, bis er nickte und sich ebenfalls erhob. Es war abgemacht. Egal wie lange es dauern würde, sie würden zumindest etwas unternehmen.

„Dann hast du den Täter gesehen?" Fassungslos starrte Schneidlinger sie an, doch Christiane nickte nur müde. „Hast du am Ende auch zugesehen, wie sie getötet wurde?"

Natürlich hatte sie zugesehen, sie hatte ja zusehen müssen, auch wenn sie zunächst nur Augen für die Frau gehabt hatte, der sie, nachdem sie wusste, dass sich ihr Mann hinter ihrem Rücken mit ihr traf, schon mehrmals nachgegangen war. Wieder nickte Christiane. Sie hatte sogar sehr genau hingesehen, als diese, stellvertretend für die anderen Frauen, die ihr Mann bestiegen hatte, ihrer, wie sie geglaubt hatte, gerechten Strafe zugeführt wurde.

Ja, genau dieses Wort war ihr dabei durch den Kopf gegangen: Sie war bestraft worden. Bestraft für etwas, was man einfach nicht tat.

Anfangs sah es ja auch nur danach aus, als hätte sie sich an diesem Tag eben nicht ihrem Mann, sondern einfach einem anderen hingegeben. Einen, den sie, die Chefarzttochter, niemals auch nur in ihre Nähe gelassen hätte. Aber vielleicht war die, die da drinnen auf dem staubigen Boden gelegen hatte, mit aufreizenden Bändern und sonst nichts bekleidet, ja auch einfach nicht besonders wählerisch. Vielleicht ging es ihr nur darum, Männer zu erobern, zu besitzen und zu wissen, dass sie jeden haben konnte.

Bitter seufzte Christiane auf, doch sie war noch nicht in der Lage, das, was sie sagen wollte, in Worte zu fassen. Sie konnte ja schlecht sagen, dass sie Frauen wie diese Studentin einfach hasste, weil sie sich mit ihrer Jugend und Unbekümmertheit an die Männer anderer Frauen ranmachten und damit prahlten, dass das Leben und Lieben so einfach sei. Und letztlich war es ja auch ganz einfach: Ein luftiges Kleidchen, ein anbiedernder Blick, der Reiz des Neuen – und schon war ihr Mann nicht mehr zu halten. Gockelte drauflos und bildete sich ein, diese Frauen wären die Offenbarung. Kapierte nicht, wie viel Spiel und Kalkül dahinter steckte und dass diese Frauen ja schließlich nur auf sein Geld, seinen Namen oder seine Möglichkeiten aus waren, sie durch eine Prüfung zu schummeln. Und ihr Mann glaubte gar, wenn er nur zwischen den Beinen einer anderen Frau läge, würde sich sein Leben ändern. Höhnisch lachte sie auf.

„Würden Sie ihn wiedererkennen?", fragte in diesem Moment die hübsche Kommissarin, und Christiane fragte sich kurz, ob sie wohl auch so eine gewesen wäre. Doch dann erinnerte sie sich an das Gespräch, als sie sie so unverhofft gefragt hatte, ob es nicht schwer gewesen wäre, immer hinunter zu blicken und sich vorzustellen ...

Christiane schloss die Augen und nickte. „Das Gesicht werde ich nie mehr vergessen."

Unruhe machte sich unter ihren Besuchern breit. Christiane blickte auf und sah ihre entsetzten Mienen. Es war schlimm, was mit der Frau passiert war, und im Nachhinein tat sie ihr auch unendlich leid. So weit hätte es nicht kommen dürfen, sie hätte etwas unternehmen müssen, sie wusste nur nicht, wann sie etwas hätte unternehmen können. Vielleicht hatte sie einfach zu lange zu viel hingenommen. Vielleicht war sie einfach schon zu abgestumpft, vielleicht hätte ihr einfach mal jemand zeigen müssen, dass man so etwas nicht einfach akzeptierte ...

„Wir brauchen eine Zeichnung", entschied die hübsche Kommissarin und fixierte Josef Schneidlinger, der den Blick nicht von ihr nahm.

„Warum haben Sie nichts unternommen, nie etwas gesagt?", wollte zum ersten Mal der junge Kommissar von ihr wissen. Er schien mehr interessiert als vorwurfsvoll.

„Ich konnte nicht", brach es endlich aus Christiane heraus. „Zuerst war ich einfach nur davon fasziniert, dass sich dieses Luder mit so einem Mann trifft. Ich meine, er war ja kein Vergleich zu dem, was sie sich sonst so erwählte, also, er stellte ja nichts dar. Und darum ging es doch diesen Frauen. Ich wusste ja längst, was das für Frauen sind, mit denen sich mein Mann einlässt..." Sie schaute in die Runde, aber niemand wagte es, sie zu unterbrechen.

„Ja, Sie wussten die ganze Zeit über Bescheid." Die Kommissarin nickte ihr verständnisvoll zu.

„Ich war ihr nachgegangen, das tat ich schon länger. Ich wollte sehen, wo sie sich diesmal trafen. Dann kamen die Frauen mit ihren Masken und ich ging weiter, ich konnte ja schlecht stehen bleiben." Christiane lächelte bei der Erinnerung. „Als sie wieder gingen, nahmen sie die Masken ab und ich bemerkte, dass sie nicht dabei war. Also wartete ich und dachte mir noch, Klaus wird doch nicht so dreist sein und nach diesem ganzen Aufruhr noch kommen, als sich ein Schatten aus den Büschen löste und mit schnellen Schritten auf das Gittertor zuging, es öffnete und gleich darauf durch die innere Tür verschwand. Ich blickte mich um, aber niemand schien sich für all das zu interessieren. Allerdings spielte vorn auf der Innwiese ja auch diese laute Musik. Die zog alle an und übertönte gleichzeitig jedes Geräusch."

„Und dann sind Sie auf die Rankhilfe geklettert, um zu sehen, was drinnen passiert?", half ihr die Kommissarin weiter.

Christiane nickte. „Erst war ich so fasziniert, dann hab ich mich geschämt, weil es schon zu spät war. Und schließlich bekam ich ganz schreckliche Angst, weil er mich gesehen hat."

„Aber dann hätten Sie ihn doch erst recht anzeigen müssen", wunderte sich der junge Kommissar.

„Ich wollte ihm auf keinen Fall noch einmal gegenübertreten. Und", ihre Stimme war nur noch ein Flüstern, „ich schämte mich ja auch so sehr."

„Wollen Sie uns den Mann *jetzt* bitte beschreiben?", fragte Franziska noch immer freundlich.

„Wissen Sie wie das ist, wenn der eigene Mann immer nur von anderen Frauen spricht und nie mal nachfragt, wie es einem selbst dabei geht?" Sie blickte in die Runde und nickte traurig, weil sie wusste, dass das niemand verstehen konnte, der nicht in ihrer Situation war, niemand, der nicht so viele Jahre gedemütigt und belogen worden war.

Dann lächelte sie tapfer. „Ich werde Ihnen helfen, ihn zu finden. Ich habe ihn vor zwei Tagen wiedergesehen."

Je lauter der Krach draußen im Laden wurde, desto größer war die Angst in Paulina geworden. Sie hatte seine Schreie gehört und die höhnischen Rufe der Frauen. Sie hatte gehofft, sie würden ihretwegen kommen, hätten die Absicht, sie zu retten und müssten nur noch irgendwie an ihm vorbeikommen, daher der Lärm. Mit viel Mühe hatte sie es währenddessen geschafft, die Säcke teilweise von ihrem Körper zu schütteln, um besser Luft zu bekommen.

Dann hatte sie das Meckern gehört und sich gefragt, was das alles sollte und warum sie nicht endlich die Tür öffneten und sie befreiten. Doch niemand hatte die verdammte Tür aufgeschlossen.

In ihrer Panik hatte sie damit begonnen, an ihren Fesseln zu zerren, bis ihre Finger ganz taub und wund waren. Und tatsächlich hatte sie es fertiggebracht, einen der Knoten zu lösen. Sie zitterte am ganzen Leib, während sie weiter an dem Seil herumzerrte und konnte es dann kaum fassen, als sich endlich auch der zweite Knoten löste. Ihre Hände wollten ihr kaum noch gehorchen. Zitternd führte sie sie zu ihrem Nacken, knüpfte das übelriechende Tuch auf und riss endlich den Knebel heraus, der in ihrem trockenen Mund festzukleben schien. Dann sammelte sie die wenige noch verbliebene Spucke und öffnete gerade den Mund, um zu schreien, als sie sah, wie sich der Türgriff bewegte.

Ihr Atem ging stoßweise. Vor Freude wusste sie nicht, ob sie lachen oder weinen sollte, so groß war ihre Erleichterung. Ohne die Fußfesseln zu entfernen, kroch sie auf die Tür zu, versuchte aufzustehen, fiel wieder um, rappelte sich erneut auf alle viere auf – und schrie, die Augen starr vor Entsetzen! In der Tür stand niemand, der ihr zu Hilfe kommen wollte. Nur der Mann, nackt und dreckig und fürchterlich stinkend, mit einem Messer in der rechten Hand. Sein Gesicht war wutverzerrt, sein Blick wild. Doch noch bevor sie erfassen konnte, was das für sie zu bedeuten hatte, traf sie sein Fußtritt mit voller Wucht am Kinn und ließ sie in eine gnädige Ohnmacht fallen.

„Und da hast du ihn gesehen und bist dir sicher, dass es sich um den Mann handelt, den du mit Vanessa Auerbach beobachtet hast?", fragte Schneidlinger energisch nach.

„Ja, ganz sicher. Darum habe ich ja auch solche Angst, weil ich weiß, dass er mich gesehen hat, wie ich von außen reingeschaut habe ..."

„Am Tatort?", fragte Schneidlinger erneut.

„Ja, und darum habe ich Klaus dann doch alles gebeichtet."

„Du hast Klaus erzählt, dass du zugeschaut hast, während..."

„...während die Frau, die er bestiegen hat, zu Tode gefoltert wurde. Ja!" Christiane saß jetzt ganz aufrecht.

„Und was hat Klaus dazu gesagt?"

„Nicht viel. Er schien weder böse noch entsetzt zu sein. Vielleicht hatte er ja ohnehin schon länger geahnt, dass es einen Grund geben musste, warum ich so vehement sein falsches Alibi bestätigt habe." Hilflos zuckte sie mit den Schultern. „Ich hätte nie gedacht, dass er sich umbringt. Ich selbst wollte mir auch das Leben nehmen, ich hatte die Tabletten schon in der Hand, aber ich konnte es nicht." Auf einmal schien Christiane bestrebt zu sein, reinen Tisch zu machen. „Ich werde mich meiner Schuld stellen." Mit diesen Worten erhob sie sich und schaute Schneidlinger auffordernd an.

„Wo haben Sie ihn gesehen?", fragte die Kriminalkommissarin, und ihre Stimme überschlug sich beinahe.

„Bei den Studentenwohnungen vorn an der Innstraße,

gleich beim Gebäude für Wirtschaftswissenschaften. Ich bin total erschrocken, weil ich ja nicht mit ihm gerechnet hatte. Also, ich hatte natürlich befürchtet, ihn irgendwann wiederzusehen, aber doch nicht in diesem Moment ... Er stand bei der Tür, neben den Briefkästen, mit einer jungen Frau ... Und er trug einen Koffer bei sich oder nein, eigentlich mehr eine Tasche, so was wie eine Werkzeugtasche vielleicht."

Voller Entsetzen sprang Franziska auf. „Wann war das?"

„Vor zwei Tagen." Christiane blickte die Kommissarin unsicher an, dann schien sie zu begreifen. „Die beiden standen nicht lange beieinander, als ein junger Mann auf dem Rad angeflitzt kam. Er hatte sich wohl verspätet, die junge Frau funkelte ihn böse an, aber dann legte er den Arm um sie, und sie gingen gemeinsam mit ihm ins Haus."

„Und Sie sind sich sicher, dass es sich um den Täter handelte?", fragte Franziska eindringlich.

„Zu hundert Prozent. Diesen Mann werde ich nie vergessen", bekräftigte Christiane vehement.

„Wie sah er aus?", fragte Franziska, setzte sich wieder hin und holte ihr grünes Notizbuch aus der Tasche.

„Mittelgroß, dunkle fettige Haare, ungepflegt."

„Und was hatte er an?"

„Hemd, Hose ... glaube ich. Oder einen Kittel? So einen blauen, nein grauen Kittel, glaube ich." Die Zeugin schien verwirrt. „Da hab ich doch nicht drauf geachtet", schluchzte sie auf einmal auf.

„Christiane, denk nach, woran kannst du dich sonst erinnern? Es ist wichtig. Er könnte es wieder getan haben", mahnte jetzt Schneidlinger mit fester Stimme.

„Nein, nein, nein!", schrie sie auf. „Der Mann war ja bei ihr, und sie war ja auch nicht so eine wie diese ..."

„Christiane, bitte!", mahnte Schneidlinger erneut.

„Vielleicht war er der Hausmeister. Oder er hat die

Wohnung aufgemacht. Die jungen Leute vergessen doch ständig ihren Schlüssel und brauchen dann jemanden, der ihnen öffnet ...", überlegte Christiane Wernsteiner-Markwart laut weiter.

„Sie meinen, er betreibt einen Schlüsseldienst?", fragte Franziska und hielt inne, bevor sie ihr Handy zückte, um zu telefonieren. „Hallo Obermüller, grüß dich! ... Wo steckst du, bei dir ist es so laut? ... Du, ich hab eine Bitte an dich. Kannst du rausfinden, wer für die Wohnblöcke an der Innstraße zuständig ist ... Ja, genau da ... Du meldest dich ... Ja, danke!"

Drei neugierige Augenpaare schauten sie fragend an. „Obermüller ist mit Gruber auf dem Campus, er geht rüber und schaut, ob es im Hausgang einen Aushang gibt und ob da was vermerkt ist."

Franziska wollte ihr Handy gerade zurück in die Tasche schieben, als ein Anruf einging. „Das ging aber schnell!", meldete sie sich und lauschte. „Oh nee, Bendersohn, was kommst du mir jetzt mit der Tanzgruppe. Die sind doch harmlos und das wissen wir doch auch längst ... Ja gut, wen haben sie denn diesmal abgestraft? ... Gut schick mir die Fotos ... Ja, ich schau sie mir gleich an ... Ja, Tschüss!"

Die Kommissarin schnaufte, während gleich darauf mehrere Bilder eingingen. „Jetzt kommt der mir auch noch mit so einer blöden Geschichte", schimpfte sie, öffnete die Dateien aber doch. „Was ist das denn?", rief sie auf einmal und hielt ihr Handy Schneidlinger und Hannes zum Mitschauen hin.

„Das ist ein Ziegenbock", wusste Hannes.

„Das ist er!", rief Christiane Wernsteiner-Markwart, die aufgestanden war und über Schneidlingers Schulter auf das Handy blickte. „Da, das ist er." Sie tippte mit ihrem Finger direkt auf das Display. „Der am Boden, das ist der Mann." Und dann heulte sie kurz auf, bevor sie die rechte Hand vor den Mund hielt, als könne sie damit etwas zurückhalten.

„Sind Sie sich sicher?", fragte Franziska irritiert, weil diese Aussage so plötzlich kam.

„Jaaa!"

„Wo ist das, Bendersohn? Steht da was dabei?", fragte sie, kaum dass sich der Kollege auf ihren Rückruf gemeldet hatte.

„Doch interessiert?", gab der mit lasziver Stimme zurück, woraufhin Franziska den Lautsprecher anschaltete.

„Das könnte unser Täter sein!" *Du Idiot*, fügte sie in Gedanken hinzu. „Die Kollegen hören mit", informierte sie ihn dann aber noch knapp.

„Was? Ähm, Fahrradwerkstatt steht hier, und irgendetwas mit *cobi*. Ja und drunter steht: *Auch Tiere können quälen*, mehr kann ich leider nicht lesen."

„Gut, dann such weiter, wir müssen den Laden finden." Noch bevor Bendersohn antworten konnte, legte Franziska auf und wählte stattdessen die Nummer von Obermüller.

Dieses kleine Miststück hatte sich doch tatsächlich befreit, dachte er und trat noch einige Mal gegen ihren Körper, der sich aber nicht mehr rührte. Sollte sie etwa tot sein? Er ging an ihr Gesicht heran, beugte sich ganz nah über ihren Mund, bis er schwache Atemzüge spürte, und grinste. „So einfach kommst du mir nicht davon", flüsterte er und ließ seinen Blick in der Werkstatt umher wandern. Dann nahm er das Seil, von dem sie sich so mühevoll befreit hatte und band ihr mit einem Teil davon die Hände zusammen, während er das andere Ende an der Werkbank befestigte. Dabei zerrte er die Knoten fester zu als zuvor und schleifte sie grob durch den Raum, doch sie rührte sich nicht.

Als er mit seinem Werk zufrieden war, band er eine Schlinge, legte ihr diese um den Hals und zog sie ein wenig zu. Gerade so weit, dass sie es spüren würde, wenn sie zu sich kam. Doch sie rührte sich noch immer nicht.

Langsam wurde er wütend. Was erlaubte sie sich? In seinem Kopf tobten brüllende Stimmen: „Töte sie!", rief die eine. „Lass sie schreien!", eine andere. Also trat er mit dem Fuß in ihre Seite, und als das auch nichts half, ging er zum Waschbecken, ließ kaltes Wasser in einen Eimer laufen und schüttete es ihr in einem einzigen Schwall über den Kopf.

Hustend und prustend kam sie zu sich, wollte den Kopf heben, erkannte aber dann ihre Situation und begann panisch zu schreien.

„Das könnte der alte Laden vom Jacobi sein", spekulierte Obermüller, nachdem Franziska ihn über den neuesten Stand ins Bild gesetzt hatte. „Ja natürlich: Fahrradwerkstatt, Motoröl, alt und schmutzig!"

„Und warum fällt dir das erst jetzt ein?", schrie die Kriminalkommissarin mehr als sie fragte, woraufhin Schneidlinger ihr einen mahnenden Blick zuwarf. „Und der ist wo?", fragte sie mit sanfterer Stimme nach.

„Franzi", besänftigte sie Obermüller über den Lautsprecher. „Der Laden ist genau wie sein Besitzer ein Relikt aus früheren Zeiten, ich wusste gar nicht, dass der noch am Leben ist und außerdem ...", der Ermittler räusperte sich. „Die Werkstatt liegt hinter dem *Gasthof Apfelkoch*, also außerhalb des Campus ..."

„Gut, dann treffen wir uns in fünf Minuten beim *Apfelkoch*."

Kaum hatte die Oberkommissarin das Telefonat beendet und ihre Kollegen ins Bild gesetzt, riss Schneidlinger die Haustür auf und drängte zum Gehen. Auf einmal hatte er es sehr eilig, ungewohnt eilig, wie Franziska bemerkt hätte, wenn sie nicht selbst bereits im Jagdfieber gewesen wäre.

Ganz langsam zog er an dem Seil um ihren Hals, bis sie keinen Laut mehr herausbrachte, bis ihre Augen riesengroß und voller Angst waren. Noch atmete sie, wenn auch hektisch und flach. Er lauschte auf dieses Geräusch und kam dabei selbst zur Ruhe. Dann zog er noch ein wenig mehr am Seil, bis sich ihr Körper nicht mehr rührte, aus Angst, der nächste Atemzug könnte der letzte sein. Er beugte sich über sie und schaute sie sich ganz genau an, ihre flehenden Augen, den eingeschnürten Hals, ihren Leib, die langen Beine, ihre immer größer werdende Angst.

Er hätte sie mit wenigen Stichen töten können. Mit der rechten Hand griff er nach dem Messer und näherte sich ihrer Brust. Sie stöhnte ein kaum wahrnehmbares *Nein*. Er musste grinsen. So viel Lebenswillen hätte er ihr gar nicht zugetraut. Er legte zwar das Messer weg, doch natürlich würde er diesem Wunsch nicht entsprechen. Er hätte ihr auch den Schädel zertrümmern können. Mit vielen Schlägen, zehn, zwanzig oder noch mehr. Er hob die Eisenstange vom Boden auf und wog sie in der Hand. Ihre Angst wuchs, das spürte er mit allen Sinnen, und er genoss es. Ein diabolisches Lächeln überzog sein Gesicht. Er würde sie noch ein wenig leiden lassen und sich selbst damit noch ein bisschen mehr in Stimmung bringen. Jetzt bloß nichts überstürzen, bloß nichts vermasseln. Diesmal musste es perfekt werden und das brauchte Zeit. Daher ging er zu ihrem Fahrrad, drehte es um und gab dem Vorderrad einen Schubs, bis es leise schnurrte. „Ich mach dich tot", stieß er schließlich zwischen zusammengebissenen Zähnen hervor und weidete sich dabei an ihrem angstvollen Gesicht. Noch einmal schubste er das Vorderrad an, ließ dann davon ab und beugte sich über sie.

Mit dem Messer zerteilte er den Stoff ihres T-Shirts und zerrte ihre Shorts herunter. Dann setzte er sich auf ihre Beine, schob das Messer unter ihren BH und zerschnitt den Steg mit einer einzigen ruckartigen Bewegung. Sofort bekam er einen mächtigen Ständer, der ihn anstachelte, weiterzumachen. Er würde es noch nicht beenden. Er würde sich Zeit lassen, viel Zeit. Er wollte ihre Angst sehen, wieder und immer wieder. Er zog am Seil, ließ es los, weitete die Schlinge sogar ein wenig, damit sie wieder besser Luft bekam. Zog sie erneut zu. Weidete sich an diesem Spiel. Und dann begann er mit dem Messer ihre Haut aufzuritzen, bis kleine Blutbäche ihren Körper entlang zu Boden liefen. Es war ein herrliches Spiel.

Er beugte sich zur Seite, ergriff die Eisenstange und legte sie bereit. Dann packte er ihre Beine und drückte sie nach oben. Angstvoll stöhnte sie auf, und versuchte, den Kopf hin und her zu werfen, gab dies aber schnell wieder auf, weil die Schlinge um ihren Hals sie daran hinderte. Sie war jetzt völlig wehrlos. Triumphierend warf er den Kopf nach hinten und wusste, dass es für ihn kein Halten mehr gab. Er musste es einfach tun. Er musste den Zug zum Stillstand bringen.

Auf der Straße raunzte der Kriminalhauptkommissar Franziska zu, sie solle sich beeilen und holte dann, kaum dass sie im Auto saßen, sein Handy heraus, um Paulinas letzte Nachricht zu lesen: *Bringe mein Rad jetzt eben in die Werkstatt. Hab einen heißen Tipp von Kommilitonen erhalten.*

„Gibt es hier noch einen Laden, der Fahrräder repariert?", fragte Schneidlinger unvermittelt, woraufhin Franziska verständnislos den Kopf schüttelte.

„Warum fragen Sie, Chef? Obermüller war sich doch ganz sicher und Obermüller kennt sich hier ja wohl am besten aus …", verkündete Franziska und drückte aufs Gas, sodass Hannes auf dem Rücksitz kaum zum Anschnallen kam.

„Ich will ja nur ganz sicher sein …", erwiderte Schneidlinger und stierte weiter auf sein Handy, während Franziska die Sechzehnerstraße hinunter raste und nach dem Klinikum in die Innstraße einbog. Vor dem *Gasthof Apfelkoch* warteten sie keine zwei Minuten, da kamen auch schon Obermüller und Gruber angefahren. Ohne Blaulicht und Sirene fuhren sie weiter und hielten schließlich ein Stück vor dem Laden, bevor sie zu Fuß weitergingen.

„Gehen wir ohne Durchsuchungsbeschluss rein?", fragte Franziska, als sie vor der Ladentür standen. Im Inneren schien alles still zu sein.

„Ja, das nehme ich jetzt auf meine Kappe", antwortete Schneidlinger und fügte, so schnell, dass keine Kommentare über seine ungewohnt forsche Entscheidung möglich waren, hinzu: „Gibt es einen Hintereingang?" Obermüller nickte. „Dann gehen Sie hinten rum", entschied er an Obermüller und Gruber gewandt und zog seine Heckler & Koch, bevor er den anderen das Zeichen zum Aufbruch gab.

Nach kurzer Absprache öffnete Hannes die Eingangstür. Schneidlinger und Franziska schoben sich an ihm vorbei und schauten in alle Ecken. Der Laden war in einem schrecklichen Zustand und stank furchtbar, schien aber verlassen zu sein. Schneidlinger schien erleichtert, bis er durch die geschlossene Werkstatttür ein Stöhnen wie von einem sterbenden Tier hörte. Er blickte zu Franziska. Die nickte stumm, hob ihre Waffe und wollte die Tür öffnen, doch die war verschlossen. Während sie ihren Chef noch unsicher anblickte, hörten sie erneut dieses unmenschliche Stöhnen.

Der Kriminalhauptkommissar ging einige Schritte zurück, nahm Anlauf und warf sich gleich darauf mit seinem ganzen Gewicht gegen die Tür. Krachend schlug diese gegen die Wand und gab den Blick auf das Geschehen im Raum frei – und noch bevor Hannes oder Franziska eingreifen konnten, gab es ein kurzes, aber heftiges Handgemenge.

Das Fahrrad war Schneidlinger schon im Haus des Professors in den Sinn gekommen. Verdammt, sie wollte ihr Fahrrad richten lassen, weil er keine Zeit und na ja, auch keine Lust dazu gehabt hatte. Auf der Fahrt zur Werkstatt hatte er sich noch einreden können, dass es sicher viele Fahrradwerkstätten in Passau gab und dass es sich schon um einen ziemlich dummen Zufall handeln müsste ... Auch wenn er natürlich davon ausgehen musste, dass Paulina sicher eine Werkstatt in der Nähe der Uni von ihrem Kommilitonen empfohlen bekommen hatte. Dann stand er im Laden und hörte dieses Stöhnen, das so gar nichts Menschliches mehr hatte und doch nur von einem Menschen stammen konnte – von Paulina.

Die Tür war verschlossen, aber in diesem Moment konnte ihn kein Schloss der Welt aufhalten, um die Frau zu retten, die ihm gerade die wichtigste auf der Welt war.

Ohne einen Gedanken an die Kollegen warf er sein ganzes Gewicht, seine ganze Sorge und seine ganze Angst gegen diese Tür, die auch mit weniger Druck seinerseits nachgegeben hätte und gleich darauf krachend gegen die Wand schlug. Ein Stück davon entfernt lag Paulina. Mit einem Seil um den Hals, gefesselt und hilflos. Das schöne Gesicht mit einem hässlichen Riss verunstaltet, blutig und verdreckt. Nicht anders ihr perfekter Körper, der mit Messerschnitten überzogen war. Kleine Blutrinnsale malten ein groteskes Muster auf ihre Haut.

Über ihr thronte ein Mann. Auch er war nackt, sein Körper sehnig schlank, die Haut dreckig, und seine Muskeln zeigten, dass sie an Arbeit gewöhnt waren. In der einen Hand hielt er einen Gegenstand, den Schneidlinger nicht sofort identifizieren konnte, doch allein wie er ihn hielt, machte ihm klar, dass er damit Paulina, *seiner Paulina*, wehtun wollte. Sehr weh. Vielleicht genauso weh, wie den anderen Frauen. Frauen, die längst tot waren. Frauen, für die jede Rettung zu spät gekommen war. Doch auch Paulinas Augen waren geschlossen. War auch sie längst tot? Weil er zu spät gekommen war? Weil er zu lange nicht gehandelt hatte?

Wütend auf diesen Mann und wütend auf sich selbst packte er zu. Riss den Mann in die Höhe, riss ihn weg von der wehrlosen Frau, holte aus und schlug ihn mit einem einzigen Faustschlag nieder. Krachend flog der andere gegen das Fahrrad, dieses verdammte Fahrrad, warf es um und kam halb auf ihm, halb auf dem staubigen Boden zu liegen. Schneidlinger setzte nach, packte ihn erneut, legte ihm die Hände um den Hals, um diesen widerlichen klebrigen Hals, dachte daran, was der Kerl mit Paulina gemacht hatte und drückte zu.

„Chef, jetzt nehmen Sie sie doch endlich in den Arm", forderte Franziska ihren Vorgesetzten auf und lächelte erst ihn und dann die junge Frau verschwörerisch an.

Wie von Sinnen war Schneidlinger auf den Mann losgegangen und hatte ihn auch dann noch mit den Fäusten bearbeitet, als der längst überwältigt war. Nur mit Mühe war es Obermüller schließlich gelungen, den Kriminalhauptkommissar von einer eigenen Straftat abzuhalten.

Inzwischen war der Notarzt eingetroffen, hatte Paulina von den Fesseln befreit und im vor neugierigen Blicken sicheren Notarztwagen die Erstversorgung vorgenommen. Nur sie und der Chef standen bei ihr, um sie zum Tathergang zu befragen, während Hannes mit den Kollegen versuchte, die Schaulustigen fern zu halten. Der Täter, Markus Jacobi, saß mit Handschellen gefesselt und in eine Decke gehüllt noch immer im Laden.

Schneidlinger warf ihr einen unsicheren Blick zu, woraufhin Franziska versicherte: „Von mir erfährt niemand etwas!" Zum Zeichen ihrer Ernsthaftigkeit hob sie die Hand zum Schwur, woraufhin sich selbst Paulina in einem Lächeln versuchte. Da ergriff Schneidlinger endlich deren Hand, und als Franziska sich demonstrativ zur Seite drehte, beugte er sich über sie und küsste sie ganz zart auf ihre aufgesprungenen Lippen.

„Tut es sehr weh?", fragte er teilnahmsvoll, woraufhin Paulina seine Hand drückte. „Ich liebe dich!", hauchte Schneidlinger endlich so leise, dass es nur für Paulina vernehmbar sein sollte.

Doch natürlich hatte Franziska diesen Satz, von dem jede Frau hoffte, dass er nur für sie bestimmt war und dass er ehrlich und aus tiefstem Herzen kam, erwartet und gehört. Leise lächelnd öffnete sie die Tür des Notarztwagens und schlängelte sich durch einen schmalen Spalt hinaus. Dann bat sie Dr. Buchner, noch einen Moment zu warten, bevor er mit den beiden ins Klinikum fahren würde, damit die unzähligen Wunden der misshandelten Frau versorgt werden konnten.

„Herr Jacobi, zu welchem Zeitpunkt haben Sie beschlossen, die junge Frau zu überfallen?", fragte Bernd Oblinger zum wiederholten Male, ohne ein Anzeichen dafür, dass er im Begriff war, die Geduld zu verlieren. Franziska musterte den Kollegen vom OFA und dann den wegen versuchten Mordes verhafteten Markus Jacobi. Letzterer rutschte unruhig auf seinem Stuhl hin und her, den Blick starr auf den Fußboden gerichtet, ohne auf Oblingers Frage zu antworten. Seit fast zwei Stunden ging das jetzt schon so. Die Kriminalkommissarin schüttelte innerlich den Kopf.

Sie sollten so viel wie möglich über sein Motiv und die Gründe seines Handelns herausbekommen, hatte Kriminalhauptkommissar Schneidlinger ihnen mit in die Vernehmung gegeben, nachdem er den Kollegen Oblinger gebeten hatte, diese gemeinsam mit Franziska durchzuführen. Er käme dafür nicht infrage, hatte er gesagt, ohne weiter auf den kurzen, aber heftigen Zwischenfall während der Festnahme einzugehen.

„Herr Jacobi, Sie haben die Frau schwer misshandelt und waren im Begriff sie zu töten, sind Sie sich über die Tragweite Ihrer Tat im Klaren?"

Jacobi schwieg auch diesmal beharrlich, und Franziska stand auf, um ein Fenster zu öffnen.

Die Luft im Raum wurde zunehmend beißend. Es roch nach Ziegenbock, Angstschweiß und Mottenkugeln. Der letztere Geruch stammte wohl vom Trainingsanzug und war von allen noch der angenehmste. Für eine Dusche hatte die

Zeit noch nicht gereicht. Zuerst wollten sie von Jacobi wissen, warum er Paulina überfallen, gefesselt und schwer verletzt hatte. Oblinger wechselte mit der Oberkommissarin einen vielsagenden Blick und begann dann von vorn. Seine Geduld schien grenzenlos.

„Wir spielen keine Spiele mit ihm", hatte Oblinger der Kriminalkommissarin im Vorfeld erklärt. „Wir behandeln ihn so, wie jeder Mensch behandelt werden möchte." Franziska hatte nur genickt. Natürlich, wusste sie doch selbst, dass man mit dieser Methode meist am weitesten kam: Geduld und Einfühlungsvermögen. Nur bei Jacobi schien das nicht zu fruchten. Die Oberkommissarin warf einen Blick auf die Uhr. Seit fast zwei Stunden die gleichen Fragen und immer nur Schweigen als Antwort.

„Herr Jacobi, wann haben Sie beschlossen, die Frau zu überfallen?", fragte Oblinger gerade erneut, als leise die Tür aufging und Hannes hereinkam. Er beugte sich zu ihr hinunter und flüsterte: „Annemarie hat eine interessante Entdeckung gemacht und fragt, ob du sie dir ansehen willst, vielleicht bringt sie euch ja weiter." Franziska wechselte mit dem Fallanalytiker einen schnellen Blick, woraufhin dieser nickte.

„Gehen Sie nur!"

„Weißt du, wann der Vater gestorben ist?", fragte Franziska eine halbe Stunde später an Obermüller gewandt, der sie zusammen mit Annemarie vor der Fahrradwerkstatt erwartet hatte. Inzwischen hatten sie das Haus betreten, und Franziskas Blick schwirrte fassungslos umher. Es war unmöglich zu glauben, was sie hier sehen mussten.

Neben der Werkstatt gab es im Erdgeschoss eine Küche, wobei diese Bezeichnung ein wenig irreführend war angesichts dessen, was sich darin befand: ein Tisch, zwei Stühle, ein altes Sofa, ein Waschbecken, gefüllt mit dreckig verkrustetem Geschirr, zwei Unterschränke, ein alter Holzofen, auf dem ein Wasserkessel stand, ein Kühlschrank, der vor längerer Zeit den Geist aufgegeben haben musste und seither vor sich hin schimmelte, wie Franziska nach einem vorsichtigen Blick ins Innere feststellte.

Der Raum neben der Küche, ausgestattet mit einem verschlissenen Sofa, einem Tisch voller Brandlöcher und Flaschenabdrücken, einem Schränkchen mit Fernseher darauf und allerlei Krimskrams darin, war wohl so etwas wie das Wohnzimmer gewesen. Irgendwann einmal. Früher, als hier vielleicht eine Familie gelebt hatte. In diesem Raum schien sich lange niemand mehr aufgehalten zu haben, wie die Staubschicht auf Möbeln und Boden und die ausgebrannte Glühbirne verrieten. Achtlos hingeworfen lagen ein paar Kleidungsstücke herum, obenauf ein alter Gürtel, das Leder brüchig, oft getragen, wie es schien.

Auch im Flur fehlte eine Beleuchtungsmöglichkeit, weshalb Franziska ihre Taschenlampe zückte. Alles an diesem Haus wirkte so bedrückend, verwahrlost und kalt, dass Franziska, als Obermüller sich anbot voranzugehen, zu ihrer eigenen Überraschung sofort einwilligte.

Hintereinander stiegen die drei die knarzenden ausgetretenen Treppenstufen hinauf. Auch der dicke Ermittler hielt seine Taschenlampe in der Hand und fand so den Türgriff zum ersten Zimmer des Obergeschosses. Als er die Tür aufgestoßen hatte, schnaubte er entsetzt. Überall lagen Kleidung, Schuhe und Bettzeug verteilt, unter dem Bett stand ein verkrusteter Nachttopf – es sah aus wie nach einem Erdbeben, über dessen Verwüstung sich eine dicke Staubschicht ähnlich der im Wohnzimmer gelegt hatte.

„Das muss Jahre her sein", entgegnete Obermüller auf Franziskas Frage nach dem Tod des alten Jacobi. „Ich hab mir nie Gedanken darüber gemacht, was aus dem Haus geworden ist, und von einem Sohn wusste ich auch nichts. Hat mich ja auch nie interessiert", gestand er und zuckte mit den Schultern. „Zum Jacobi ging man, wenn man was fürs Fahrrad brauchte ...", rechtfertigte er sein Desinteresse.

Franziska nickte. „Wer weiß, ob er hier überhaupt gelebt hat, so wie das aussieht. Vielleicht hat er ja nur in der Werkstatt gearbeitet", spekulierte sie noch und öffnete die nächste Tür, die in ein verwahrlostes Badezimmer führte, dessen Zustand ihr recht zu geben schien, bis sie die dreckige Wäsche in der Badewanne entdeckte und inspizierte. Trotz der Handschuhe, die sie von Anfang an getragen hatte, fasste sie nur mit spitzen Fingern zu, um ein schwarzes Kapuzensweatshirt herauszufischen. „Hm, das könnte allerdings schon von ihm stammen", murmelte sie vor sich hin und dachte dabei sofort an Julia Maurer und den Mann, der ihr in den Altstadtgassen gefolgt war.

„Schau mal hierher!", rief Annemarie vom Flur aus mit bedeutungsschwerer Stimme, woraufhin Franziska mit dem Shirt in der Hand den Raum verließ.

Die Kriminaltechnikerin stand vor der dritten Tür auf diesem Stockwerk, die eine von außen angebrachte Vorrichtung aufwies, durch die eine Stange geführt werden konnte, was denjenigen, der sich im Zimmer befand, daran hindern würde, die Tür zu öffnen und den Raum zu verlassen. „Sieht aus wie ein Gefängnis", meinte Franziska entsetzt, nachdem sie die ganze Tragweite dieser Vorrichtung begriffen hatte. Ihr Herz begann zu rasen und sie richtete ihre Taschenlampe forschend auf den Boden, der erkennen ließ, dass der Weg zu dieser Tür im Gegensatz zu den anderen in letzter Zeit durchaus benutzt worden war.

Während sie noch überlegte, was das zu bedeuten hatte, öffnete Annemarie die Tür, ließ Franziska dann aber den Vortritt.

Auch dieser Raum war dämmrig und unordentlich, aber im Gegensatz zu den anderen Zimmern im Haus durchaus bewohnt, und selbst die einzelne Glühbirne, die an einem Kabel von der Decke hing, funktionierte. Wirklich erschreckend war, dass es vor den vor Dreck blinden Fenstern nicht nur schäbige Rollos, sondern auch von außen quer genagelte Bretter gab. Ein kalter Schauer durchdrang die Oberkommissarin. Wer mochte hier gelebt haben oder, besser gesagt, eingesperrt gewesen sein?

Auf dem Bett waren Kissen und Decke nur achtlos zur Seite geschoben worden, als hätte sich gerade erst jemand von einem Mittagsschläfchen erhoben. „Ein weiteres Opfer?", fragte Franziska und schaute Annemarie fragend an.

„Nein", wiegelte die Kriminaltechnikerin ab. „Alles deutet auf Jacobi selbst hin."

„Du meinst, Jacobi hat hier gelebt. In diesem Loch?" Franziska wandte sich zu ihren Kollegen um, die sich mit ähnlichen Gedanken zu tragen schienen. „Das ist die Behausung eines Tieres und keines Menschen", klagte sie und dachte an die Verriegelungsvorrichtung vor der Tür. Beide nickten ihr zu, bis Obermüller seine Lampe auf eine große dunkelbraune Hausspinne richtete, die Zuflucht unter dem Bett suchte. Nachdem sie verschwunden war, bückte sich Franziska und leuchtete unter das Bettgestell, wo sie zunächst eine häufig benutzte Plastiktüte und daneben einige zerfledderte Sexheftchen fand. „Gibt es so was heute überhaupt noch?", fragte die Oberkommissarin an Obermüller gewandt und blätterte die Seiten vorsichtig um.

„Was fragst du mich das?" Der dicke Ermittler zuckte mit den Schultern, während Annemarie die Plastiktüte inspizierte. „Könnte Blut sein", überlegte sie laut.

„Und das hier ist richtig übel", kommentierte Franziska ihre Entdeckung. „Sklavin in Ketten mit vor Angst verzerrtem Gesicht, der Mann mit dunkler Kapuze." Franziska schaute die Kollegen der Reihe nach an. Wenn Jacobi hier eingesperrt war, wer hat ihn dann bewacht? Und wenn er nicht bewacht wurde, weil außer ihm niemand hier wohnte, warum lebte er dann überhaupt in einem solchen Loch?"

„Habt ihr ihn das nicht gefragt?", wollte Obermüller wissen.

„Erstens wussten wir bisher ja gar nicht, dass er in solchen Verhältnissen lebte und zweitens fragen wir ihn die ganze Zeit über etwas, aber er sagt nichts."

„Und was jetzt?", wollte Obermüller wissen. „Soll ich mal …"

Die Oberkommissarin schüttelte mit dem Anflug eines Lächelns den Kopf. „Nein, lass mal, Obermüller. Der Kollege Oblinger hat da so seine Strategie. Er sagt, er macht die ganze Nacht über weiter, irgendwann wird der schon mürbe werden und mit der Sprache herausrücken. Und morgen werden wir die DNA-Probe erhalten, und dann wissen wir sicher, ob er für die beiden Morde verantwortlich ist."

„Heftig, aber so wie es aussieht, kennt der sich ja mit solchen Typen aus", sinnierte Obermüller weiter. „Was sagt denn der Oberstaatsanwalt dazu?"

„Dr. Schwertfeger denkt schon mal an ein gerichtliches Gutachten. Aber das wird sich zeigen."

Nachdem auch der letzte Altkleidersack im Kofferraum ihres Autos verstaut war, drückte Christiane auf den Knopf, der die Heckklappe automatisch verriegelte und lauschte zufrieden auf das leise Summen des Motors und auf das Soggeräusch, mit dem die Klappe sich endgültig schloss. Endgültig, wie der Deckel des Sarges, in dem sie Klaus zur ewigen Ruhe gebettet hatten. Zumindest seinen Körper. Jenen Teil von ihm, der ihm immer so wichtig gewesen war, dem er wie ein treuer Sklave gefolgt war, ohne auf irgendetwas um sich herum Rücksicht zu nehmen.

Während sie all seine irdischen Besitztümer erst inspiziert und anschließend aussortiert hatte, war sie, neben einer großen Anzahl von Schuhen, Anzügen, Hemden und Krawatten, in Dateien seines PCs auch auf zahlreiche Kontakte mit Frauen gestoßen, die er fein säuberlich archiviert hatte. Jedes Detail seiner Treffen mit diesen Frauen schien ihm wichtig genug gewesen zu sein, um es für die Nachwelt und damit für sie aufzubewahren.

Während sie sich auch diesem Nachlass penibel widmete, hatte sie von Praktiken erfahren müssen, von denen sie bis dahin weder gehört hatte noch gewusst, wie intensiv ihr Mann sie gebraucht hatte. Staunend hatte sie manche Passage seiner Aufzeichnungen so häufig gelesen, dass sie sie inzwischen auswendig aufsagen konnte.

Sie hatte sich die Fotos der Frauen angesehen, bis sie ihr im Schlaf begegneten. Sie waren nicht alle schön, aber anscheinend so interessant oder willig, dass er für sie sein Leben gegeben hatte. Sein Leben, seinen guten Ruf und den ihren gleich mit.

Sie hatte Briefe verfasst, die sie den Frauen schicken wollte und es sich dann doch anders überlegt. Was sollte das jetzt noch? Klaus war tot, und bestimmt hatten sie davon ohnehin in der Zeitung gelesen.

Von ihren sogenannten Freunden hatte sie bisher kaum

jemand angerufen. Menschen, die sie schon lange kannte, wechselten einfach die Straßenseite oder sahen zu Boden, wenn sie an ihr vorbeigingen.

Wenn das Telefon läutete, konnte sie fast immer davon ausgehen, dass es wieder nur so ein Pressevertreter war, der erst freundlich und dann immer vehementer um eine Stellungnahme bat. Allem Anschein nach wussten auch die Journalisten von Klaus' zweitem Leben.

Doch irgendwann hatte auch das aufgehört.

Ihre Kinder waren heimgekommen und so lange geblieben wie schon ewig nicht mehr, und gemeinsam hatten sie versucht, für das Unfassbare eine Bezeichnung zu finden, mit der sie weiterleben konnten.

Nachdem die Zwillinge wieder zurück nach Paris gefahren waren, um an der Sorbonne nicht zu viel zu versäumen, hatte auch Christiane mit dem Gedanken gespielt, einfach wegzugehen. Aber wohin? Dies war ihr Elternhaus, ihre Heimat – sie gehörte hierher. Also hatte sie diese Idee wieder verworfen und sich stattdessen angewöhnt, täglich bei ihrer Mutter vorbeizuschauen. Denn tatsächlich war es jetzt kein Problem mehr für sie, immer nur von früher zu sprechen. „Früher war alles gut", sagte ihre Mutter oft mit theatralischer Stimme und Christiane nickte. „Ja Mama, früher war alles besser und irgendwie einfacher."

Nur wenn ihr die Mutter vorschlug, sich einen Mann zu suchen, der nicht so verstaubt war wie ihr Vater, musste Christiane lachen, bis ihr die Tränen kamen: Hatte ihre Mutter ihr diesen Hinweis früher schon mit auf den Weg gegeben und war sie so an Klaus geraten?

Nachdem sie fast alles entsorgt hatte, was Klaus gehört hatte und sie nicht gebrauchen konnte, waren ihr nur die Dateien auf seinem PC geblieben. Auch diese hatte sie schon löschen wollen, aber zum Glück hatte sie es sich dann doch anders überlegt.

„Bitte legen Sie nicht auf, ich bin keine Journalistin, ich möchte Ihnen lediglich einen Vorschlag machen, der Ihr Leben radikal verändern wird", hatte ihr eine Frau, die sie zuvor nicht gekannt hatte, vor ein paar Tagen am Telefon erklärt. Vielleicht war es die sympathische Stimme der Frau oder aber ihre eigene Neugierde auf den versprochenen Vorschlag. Vorschläge machten ihr gerade nur wenige Menschen und interessante schon gar nicht. „Ich weiß alles über Ihren Mann", hatte die Anruferin frank und frei nachgeschoben.

„Was möchten Sie mir denn vorschlagen?", hatte Christiane argwöhnisch nachgefragt.

„Ich bin Agentin und arbeite für verschiedene Verlage, und da ich auch weiß, dass Sie früher selbst geschrieben haben ... Wie wäre es, wenn wir uns treffen und uns ganz unverbindlich unterhalten?"

„Worüber soll ich denn schreiben?", hatte Christiane ungläubig gefragt. Sie hatte schon so lange nichts mehr geschrieben, Klaus hatte ihre schriftstellerischen Ambitionen nicht leiden können.

„Na, über alles was Sie erlebt haben. Wenn nicht Sie, wer dann? Die Leute lieben authentische Geschichten."

„Aber das geht doch nicht", hatte sich Christiane ernsthaft gewehrt.

„Unter Pseudonym geht alles!", hatte die Frau gesagt und ihr herrliches Lachen durch den Hörer perlen lassen.

Am nächsten Tag hatten sie sich zu einem späten Frühstück im Café Diwan getroffen, von wo aus man einen tollen Blick auf Passau hat.

„Ich habe Ihren Mann kennengelernt", sagte die Frau gleich nach der Begrüßung und bot Christiane dadurch, dass sie das Gespräch eröffnete eine gute Möglichkeit, sie zu mustern. Anfang vierzig, kinnlange Haare, elegant gescheitelt, eine seidene Bluse, die ihre Figur umschmeichelte. Freundliche Augen, perfekte Zähne, die sie bei jedem Lachen gern zeigte. „Er war nicht mein Fall, offen gestanden, aber ich fand seine Bedürfnisse interessant und habe ihn daher immer wieder kontaktiert. Wissen Sie, ich habe ein Faible für spannende Figuren. So wie Ihr Mann. Juraprofessor mit Hang zu bizarren Sexspielen ... Ich hoffe, ich trete Ihnen damit nicht zu nahe." Christiane räusperte sich. „Für Sie ist das natürlich nicht so lustig. Aber vielleicht sehen Sie das anders, wenn wir unser gemeinsames Projekt abgeschlossen haben."

Christiane musste sich sammeln, nachdenken, alles abwägen, aber dann fragte sie doch: „Und warum schreiben Sie nicht über ihn, wenn Sie so gut informiert sind?"

„Es gibt zwei Gründe. Zum einen habe ich mir gedacht: Wie schrecklich muss das für Sie gewesen sein, mit einem solchen Mann verheiratet zu sein und erst im Nachhinein das ganze Ausmaß seiner Neigungen zu erfahren. Und zum anderen muss ich Ihnen sagen: Wenn ich alle Geschichten selbst schreiben würde, hätte ich als Agentin versagt. Außerdem kann ich mich nicht wirklich gut schriftlich ausdrücken."

Christiane blickte die Frau lange an, dann hob sie die Hand und bestellte bei der Bedienung zwei Gläser Prosecco. „Wir haben etwas zu feiern", sagte sie und wandte sich an ihre neue Bekannte. „Wann wollen wir loslegen?"

Frau Dr. Mathilda Sukova war vom zuständigen Strafgericht im Fall Jacobi als forensisch-psychiatrische Gutachterin bestellt worden. Nach ihrem Medizinstudium hatte sie sich für dieses Fachgebiet entschieden, das zwischen Psychologie,

Kriminologie und Strafrecht angesiedelt war. Ihre Aufgabe war es, dem Gericht in verständlichen Worten zu erklären, was den Menschen Markus Jacobi dazu gebracht hatte, seine Taten in dieser Art und Weise zu begehen. Sie suchte nach einem Motiv, das bei Verbrechen dieser Art nicht selten in der Vergangenheit des Täters zu finden war. Dabei ging es ihr weder darum, jemanden zu verurteilen noch eine Entschuldigung für dessen Tun zu finden.

In den vergangenen Tagen hatte sie mit Jacobi mehrere eingehende Gespräche geführt, um für ihr Fachgutachten festzustellen, ob der Täter Jacobi gesund und damit schuldfähig oder krank und schuldunfähig war, während er die Frauen vergewaltigt und getötet hatte. Würde sie eine Schuldunfähigkeit attestieren, würde dies vor allem bedeuten, dass Jacobi in eine forensische Psychiatrie überführt und ihm dort die Chance einer Therapie geboten werden würde.

Zu Beginn der Gespräche saß Jacobi schon einige Wochen in der JVA Passau in Untersuchungshaft. An den Tagesrhythmus hatte er sich schnell gewöhnt. Um sechs Uhr früh schlossen die Vollzugsbeamten die neun Quadratmeter großen Hafträume auf und brachten ein Frühstück. Um zwölf gab es Mittagessen und um fünf das Abendessen. Einmal am Tag durfte er für eine Stunde auf dem Hof seine Runden gehen. Dabei hielt er sich immer abseits von allen anderen, die Hände in den Taschen seiner blauen Häftlingshose versteckt, den Blick gesenkt. Den restlichen Tag verbrachte er allein in seiner Zelle und stierte vor sich hin. Dass vor seinem Fenster ein Gitter war, störte ihn nicht; wie er ihr auf Nachfrage versicherte, war er doch Schlimmeres gewöhnt.

Als sich Dr. Sukova zum ersten Mal mit ihm traf, hatte sie seine Ermittlungsakte, einen Notizblock, einen Stift und Papiertaschentücher bei sich. Sie rechnete damit, dass er vielleicht in Tränen ausbrechen würde – ihrer Erfahrung nach taten das viele, die in Untersuchungshaft saßen, weil sie sich zum ersten Mal die Zeit nahmen, ihr eigenes verkorkstes Leben zu reflektieren. Andere spielten ihr nur den reumütigen Täter vor, in der Hoffnung, so von ihr eine bessere Beurteilung zu bekommen.

Der Besucherraum, in dem sie sich mit Jacobi in der folgenden Zeit immer wieder traf, war kaum größer als sein Haftraum. Es gab einen Holztisch mit vier Holzstühlen drum herum, und beim Sprechen hallten ihre Stimmen von den kahlen Wänden zurück, was unangenehm, aber nicht zu ändern war. Die Neonröhre an der Decke flackerte hin und wieder, als würde sie Morsezeichen senden.

Was das Richtige oder Falsche war, wusste in diesem Raum niemand. Letztlich waren das Gutachten und die Konsequenzen, die daraus erwuchsen, der Versuch, die Bevölkerung vor weiteren Übergriffen zu schützen und gleichzeitig den Täter zu einem vollwertigen Mitglied der Gesellschaft zu machen.

Geweint hatte Jacobi bis zum letzten Satz nicht ein einziges Mal und auch Dr. Sukova hatte die Papiertücher nicht angerührt, obwohl ihr bei so manchem Satz ein kaltes Frösteln über den Rücken gekrochen war. Zunächst hatte Jacobi auch auf ihre Fragen nur mit Schweigen reagiert. Nach und nach schien er aber zu erkennen, dass hier erstmals in seinem Leben jemand wirklich bereit war, ihm zuzuhören und nach einer Lösung für seine Probleme zu suchen. So hatte er angefangen sich zu öffnen, bis schließlich alles aus ihm herausgesprudelt war. Nicht immer in ganzen Sätzen und nicht immer gleich verständlich, aber für Dr. Sukova ergab sich aus seinen Erinnerungen bald ein Gesamtbild, das sie für das Gericht zusammenfassen konnte.

Seine erste Erinnerung setzte zu dem Zeitpunkt ein, als er unter dem Tisch kauerte und miterleben musste, wie dieser über ihm bebte. Er blickte auf die Füße des Vaters, die in ausgetretenen Pantoffeln steckten, die Beine mit der bis zu den Knien heruntergelassenen Hose und ein seltsames Stück Fleisch, das sich dazwischen aufrichtete.

Unter dem Tisch saß er, weil er, sobald er die wütende Stimme des Vaters hörte, immer unter den Tisch flüchtete. Wenn der Vater rief, war es an der Zeit. Wofür es Zeit war, wusste er nicht, aber die Mutter wusste es, denn sie war dann immer sehr beschäftigt, räumte das Geschirr in die Spüle, ließ Wasser einlaufen oder trank hastig aus der kleinen Flasche, die sie hinter dem Brotkasten versteckte.

Ihm zischte sie dann schnell noch ein *Verschwinde* zu, mehr brauchte es nicht, und schon saß er unter dem Tisch, schlüpfte hinter das alte Sofa oder lief in sein Zimmer, wenn die Zeit dafür reichte und der Weg frei war. Doch diesmal stand der Vater bereits an der Treppe und am Spülbecken erstarrte die Mutter, während er unter den Tisch rutschte und die Augen schloss, ängstlich auf die näherkommenden Schritte lauschend. Dann hörte er den ersten erschrockenen Aufschrei der Mutter, als der Vater das Geschirr vom Tisch fegte, die Schläge, die in ihrem Gesicht landeten und gleich darauf ihr Flehen. *Nein, bitte nicht!* Doch wie unterwürfig sie auch bettelte, aus ihrem Flehen wurde ein Wimmern, bis sie erneut und diesmal vor Schmerz aufschrie. Er kannte den Unterschied genau. Spürte das Beben, fürchtete, der alte Tisch würde brechen, weshalb er kurz die Augen öffnete. Doch der Tisch hielt, egal wie bedrohlich er auch wackelte.

Er erinnerte sich an die nackten, zappelnden Beine der Mutter, das Stück Stoff, das an einem Knie hing und lauschte auf ihre Schreie, während der Vater sich auf sie stürzte. Wieder und immer wieder. Er hatte Angst, dass er sie kaputt machen würde. Sie schrie und schrie und der Vater stöhnte laut. Später sah er das Blut, das an ihren nackten Schenkeln herunterlief und die Beine des Vaters, die aus der Küche hinaus gingen und gleich darauf zurückkamen. „Da trink", sagte er barsch und reichte der Mutter ein Glas mit etwas, was er zunächst nicht gekannt hatte. Die ganze Küche stank danach.

Später würde er lernen, dass es Schnaps war. Später würde er noch vieles lernen, was er zunächst einfach nicht verstehen konnte. Wenn die Mutter genug geschrien und der Vater genug gestöhnt hatte, gab er ihr Schnaps zu trinken, bis sie aufhörte zu weinen. Auf allen vieren schleppte sie sich dann die Treppe hinauf und legte sich ins Bett, wo sie die nächsten Stunden oder Tage blieb, bis sie wieder laufen konnte.

Ob er der Mutter nicht beistehen wollte, hatte Dr. Sukova ihn ohne Vorwurf, sondern aus reinem Interesse gefragt, aber Jacobi hatte nur an seinem Anstaltshemd herumgezupft und sie dann fassungslos angesehen, bevor er unschlüssig mit den Schultern zuckte.

Einmal hatte er seinen ganzen Mut zusammengenommen und sich dem Alten, wie er ihn inzwischen nannte, in den Weg gestellt. Zuvor hatte dieser wieder sein *Weib, wo bist du?* gerufen, und die Mutter hatte schon beim ersten Ton seiner Stimme zu weinen begonnen, und ihr Körper hatte heftig gezuckt vor lauter Angst. Als der Alte dann in die Küche trat und sie so verängstigt sah, wurden dessen Augen groß vor lauter Gier. Da hatte er sich zwischen den Alten und seine Mutter geschoben und zu ihm gesagt: *Lass sie.* Der Alte hatte tatsächlich einen Moment gezögert, dann jedoch den Gürtel aus der Hose gezogen und ihn damit verdroschen, bis er sich vor Scham, Angst und Schmerz in die Hose gepisst hatte. Die Mutter hatte die ganze Zeit über gejammert und geweint, vielleicht weil sie wusste, dass er sie sich gleich schnappen würde und dass es für sie kein bisschen leichter würde, nachdem der Sohn so vorgeprescht war. Von diesem Tag an hatte sich der junge Jacobi immer öfter eingenässt, wenn er verdroschen wurde. Dem Alten gefiel das, er musste ihm nur lange genug den Gürtel zeigen und schon begann er, sich in die Hose zu machen.

Die Mutter hatte sich zu keiner Zeit gewehrt und auch ihm nicht geholfen. Sie war dem Alten einfach ausgeliefert gewesen, berichtete er umständlich, es war einfach so. *Man kann da nichts machen. Man hat dann einfach nur Angst vor dem gehabt.* Wenn alles vorbei war habe seine Mutter immer behauptet, er meine es ja nicht so, er brauche das halt.

Als er dann älter war, hatte ihn das grobe Tun seines Vaters immer öfter erregt. Es schien ja auch in Ordnung zu sein. Als er klein war, hatte er Angst um die Mutter, aber dann wusste er ja, der Vater brauchte das eben und da er auch ein Mann war, würde er das irgendwann auch brauchen. Er hat ihm dann genau zugesehen, weil er wissen wollte, wie es sich anfühlt, wenn die Schreie erklingen. Damals saß er schon nicht mehr unter dem Tisch, sondern stand in der Tür. Der Vater hat ihn nie bemerkt, weil er ja mit der Mutter beschäftigt war. Ihr zum Beispiel mit beiden Händen die Kehle zudrückte, was er besonders auszukosten schien. Geschlagen hatte er Mutter und Sohn gleichermaßen, bis sie grün und blau waren, wobei es bei der Mutter anders war. Beim Sohn grinste der Alte nur zufrieden, bei der Mutter regte sich sein ganzer Körper.

Als der Alte eines Tages doch entdeckte, dass er ihm zugesehen hatte und ihm das sogar gefiel, nahm er den Schürhaken vom Küchenherd und schlug damit auf ihn ein, bis er zu Boden ging. Das hatte er zuvor noch nie gemacht, aber den Gürtel bekam er so schnell nicht aus der Hose, weil ihm die ja in die Kniekehlen gerutscht war, der Schürhaken hing halt gleich neben seiner rechten Hand griffbereit am Herd.

Danach war er bewusstlos und erwachte erst im Krankenhaus wieder. Dort waren sie ganz nett zu ihm, wollten aber wissen, warum er so viele Flecken überall habe. Daraufhin verließ er das Krankenhaus und suchte sich eine Bleibe auf den Inn-Wiesen und im Wald in Richtung Neuburg. Er schlief unter Büschen und beklaute die Leute, die arglos ihre Taschen herumstehen ließen. Eines Abends hatte er nichts mehr zu essen und schrecklichen Hunger. Da traf er einen Mann, der meinte, natürlich bezahle er ihm eine Brotzeit. *Komm, bück dich mal runter Kleiner, dann hast du es gleich überstanden.* Er schrie laut, aber der Mann sagte: *Na, das gefällt dir, was?* Als er noch lauter schrie, drückte er ihm die Kehle zu, bis er still war und einen Ständer bekam. Das gefiel dem Mann. *Das erste Mal ist immer am schlimmsten. Aber du wirst dich dran gewöhnen, glaub mir*, sagte er.

Ins Haus der Eltern ging er erst zurück, nachdem die Mutter und kurz darauf auch der Vater gestorben waren. Er hatte keine Ahnung woran, vielleicht hatte der Alte sie im Suff erwürgt, genau wusste das niemand und es interessierte ihn auch nicht. Nachdem die Mutter tot war, soff der Alte sich zu Tode, so viel war sicher. Als das Haus leer stand, zog er wieder in sein vertrautes Zimmer und übernahm die Werkstatt. Mit Werkzeugen konnte er umgehen, und um Fahrräder zu reparieren, brauchte man ja keinen Schulabschluss. So verbrachte er seine Tage mit Basteln und sich Zurückziehen. Sie sollten ihn doch einfach alle in Ruhe lassen.

Das taten sie aber nicht. Immer öfter standen diese Frauen in seiner Werkstatt und zeigten ihm, was sie hatten. Das war nicht richtig, dass die das taten, wo er doch immer diese Stimme in seinem Kopf hatte und dieses Dröhnen, das immer lauter wurde und sich anhörte wie das Lachen von seinem Alten. *Jetzt bist du auch so weit, du musst den Schmerz bloß weiter geben, dafür sind die Weiber doch da*, glaubte er zu hören.

Irgendwann hatte er es dann einfach mal ausprobiert, wollte wissen, ob es wirklich helfen konnte, aber so richtig gelingen wollte es ihm nicht. Bis er im Sand die Eisenstange fand. Das war wie ein Zeichen, wie eine Aufforderung, es jetzt richtig zu machen. Und damit ging es dann ja auch besser. War schon gut, was er getan hatte. Geil, aber irgendwie auch nicht so, wie er es sich vorgestellt hatte. Das Dröhnen war bald schon wieder da, obwohl die so laut geschrien hatte. Also hatte er es wieder getan. Aber das half dann gar nicht. Denn die zweite hat ja nicht geschrien. Das machte dann ja gar keinen Sinn, irgendwie. Bei der in der Werkstatt wollte er es auf jeden Fall besser machen, darum hatte er sie dann ja auch genau beobachtet und aufgepasst, dass die nicht so schnell abkratzte.

Mitleid mit den Frauen hatte er nicht, warum auch, die haben das doch so gewollt. Und er wollte doch nur, dass das Dröhnen in seinem Kopf aufhört.

Wie sein Vater wollte er nie werden. Darum hatte er sich ja auch nur Frauen geschnappt, die er nicht kannte und die ihn provozierten.

Dr. Sukova lehnte sich zurück. Vor ihr lag die Chronik eines von Anfang an entgleisten Lebens. Täter in zweiter oder vielleicht schon dritter Generation. Gewalt als selbstverständliches und nie geahndetes Tun. Sie war seit fast dreißig Jahren in ihrem Beruf tätig und hatte in dieser Zeit viele ähnlich gelagerte Persönlichkeitsstörungen erlebt. Trotzdem war Markus Jacobi mit seiner völligen Empathielosigkeit ein besonderer Fall. Sie würde ihm eine dissoziale Persönlichkeitsstörung bescheinigen. Das war weder eine Entschuldigung noch ein Freispruch. Über das Strafmaß musste das Gericht entscheiden, und wie seine Chancen auf Resozialisierung aussahen, würde die Zeit zeigen. Im Moment war nur eines sicher: Markus Jacobi würde keine Frau mehr vergewaltigen und töten, nur um ein Dröhnen in seinem Kopf zu besänftigen, das irgendwann in seiner Kindheit entstanden war, genährt von Lieblosigkeit, Schlägen und Szenen, die kein Mensch, aber vor allem kein Kind beobachten sollte.

„... und dann packte der Chef seinen Mörderhammer aus und streckte den Täter mit einem einzigen Schlag nieder!", schwärmte Obermüller den beiden jungen Kollegen gerade zum hundertsten Mal vor und blickte sich nach allen Seiten zustimmungsheischend um.

„Mörderhammer", kommentierte Franziska grinsend die Wortwahl, musste aber gestehen, dass auch sie ihrem Chef so ein Vorgehen nicht zugetraut hätte.

„Ja, ist doch wahr. Wahnsinn, wenn ich gewusst hätte, dass unser Chef so zuschlagen kann." Respektvoll zog Obermüller seinen nicht vorhandenen Hut. „Wobei ich gern an seiner Stelle gewesen wäre ..."

„Obermüller, das waren Urinstinkte, er hat sein Weibchen gerächt", belehrte Franziska den älteren Kollegen und lehnte sich auf ihrem Bürostuhl zurück. Nachdem der Fall geklärt war und nur noch ein paar Berichte auf sie warteten, hatten sie sich zum Dienstschluss auf einen kleinen Plausch versammelt.

„Hä, wieso Weibchen?" Verständnislos blickte der Ermittler erst Hannes, der die Schultern zuckte, und dann Franziska an. „Franzi, du verheimlichst mir etwas!"

„Ja, hast du denn nicht den Flurfunk gehört?", neckte Franziska ihn weiter. „Ach Obermüller ... Eine gewisse Paulina Schweitzer hat angerufen, kurz bevor wir zum Eisenbahnturm gefahren sind, und dann hat er sich für eine gewisse Paulina Schweitzer ins Zeug gelegt ..."

„Du meinst, die beiden sind zusammen?", fragte Obermüller dennoch nach.

„Ob zusammen oder nicht, auf jeden Fall hat er tagelang an ihrem Bett im Klinikum gesessen."

Trotz Franziskas Versprechen, die Sache für sich zu behalten, hatte diese Information natürlich eine zügige Runde durch das Dezernat gemacht. Jeder wusste etwas hinzuzufügen, denn immerhin war Schneidlingers Einsatz weit über jede Notwendigkeit hinausgegangen. Vor Gericht würde keiner der Kollegen zugeben, den Fausthieb gesehen zu haben, darüber war man sich einig. Markus Jacobi hatte sich allerdings auch bei niemandem beschwert. Er blieb still und schien mit seiner neuen Unterkunft in der JVA Passau vollauf zufrieden zu sein.

„Wisst ihr schon, was aus Steffi Mittermaier und ihrer Freundin Sandra wird?", fragte Obermüller und schien ehrlich interessiert an der Zukunft der beiden Frauen. „Die beiden haben uns ja doch ganz schön an der Nase herumgeführt ..."

„Steffi wird sich wegen der Flugblattaktion für eine Ordnungswidrigkeit verantworten müssen", wusste Franziska. „Aber ich glaube, das nimmt sie gern auf sich, schließlich gibt es jetzt Zeugen dafür, was Tom Seibert Sandra Haider angetan hat, und ich könnte mir gut vorstellen, dass sie ihn erneut anzeigt und er so doch noch seiner gerechten Strafe zugeführt wird."

„Besser spät als nie", murmelte Obermüller.

„Ja stimmt. Vor ein paar Tagen habe ich übrigens Christiane Wernsteiner-Markwart getroffen", berichtete Franziska und fügte dann ungefragt hinzu: „Sie sieht wieder besser aus."

„In ihrer Haut möchte ich allerdings auch nicht stecken", nahm Hannes den Themenwechsel auf.

„Immerhin bereut sie, was sie getan hat. Und ich finde es

sehr mutig von ihr, wie sie mit allem umgeht. Im Vergleich zu ihrem Mann", merkte die Oberkommissarin an. „Ich hoffe nur, das Gericht wird das ähnlich sehen. Und immerhin hat sie ja auch noch die Kinder..."

In diesem Moment klopfte es an der Tür, und gleich darauf steckte Sabrina den Kopf zur Tür herein. Sofort sprang Hannes auf, lief auf sie zu und schob sie dann vor sich her in den Raum. Dann umschlang er sie mit seinen Armen, wobei seine Hände auf ihrem Bauch lagen. „Ich hab auch noch eine Neuigkeit: Wir sind schwanger!", verkündete er voller Stolz, woraufhin alle ausgelassen lachten.

„Wusste ich es doch", freute sich Franziska grinsend, stand auf und reichte Sabrina die Hand. „Glückwunsch", und an Hannes gerichtet fügte sie hinzu: „Macht was draus."

„Das wird schon, und wenn du mal einen guten Ratschlag von einem erfahrenen Vater brauchst, dann...", ergänzte Obermüller, als es erneut an der Tür klopfte, diesmal ein wenig lauter.

Als die Tür aufging und Walter hereinkam, war es an Franziska, glücklich zu strahlen, woraufhin sie Obermüller neckend in die Seite puffte. „Und was ist mit dir?"

„Obermüller, was denkst du, einer muss doch den Laden schmeißen." Dann grinste sie breit und verabschiedete sich von der Truppe mit einem Gruß in die Runde, bevor sie Walter mit sich zog. Während sie die Treppe hinunterliefen, fragte Walter: „Zu dir oder zu mir?"

Franziska überlegte kurz. „Zu mir, bei dir weiß ich nie, was mich erwartet."

„Das weißt du bei dir auch nicht und gib es zu, du liebst es."

„Hast du etwa schon wieder umgeräumt?", fragte Franziska misstrauisch und folgte Walter in den Hof.

„Lass dich überraschen." Walter lächelte sie schelmisch an.

„Ich bin müde", nörgelte Franziska auf dem Weg zum Auto.

„Glaub mir, das wird dir schnell vergehen, wenn du dich erst einmal ergeben hast."

„Ich weiß nicht, ich bin wirklich müde", argumentierte sie.

Statt einer Antwort zog Walter sie an sich und küsste sie, bis sie keine Einwände mehr vorbringen wollte, dann öffnete er die Beifahrertür und schob sie hinein. „Du musst gar nichts machen. Lass dich einfach gehen."

Zur Autorin:

Dagmar Isabell Schmidbauer arbeitet als Journalistin, Krimiautorin und Verlegerin. Nachdem ihre sechs Kinder erwachsen waren, zog sie in die Dreiflüssestadt Passau, um noch näher an den Handlungsorten ihrer Krimis zu leben. Als Kulisse für ihre vielschichtigen Mordfälle könnte sie sich keinen besseren Ort als die Stadt Passau vorstellen, mit ihren herrlichen und geschichtsträchtigen Gebäuden, den drei manchmal ganz unverschämt über die Ufer tretenden Flüssen, der Grenznähe zu Österreich und nicht zuletzt seinen tatkräftigen Bewohnern. Dagmar Isabell Schmidbauer ist eine der „Mörderischen Schwestern" und Mitglied im Deutschen Presseverband.

Näheres erfahren Sie über www.der-Passau-Krimi.de

Marionette des Teufels

Kriminalroman

Mord-Ermittlungen im Fürstbischöflichen Opernhaus: So hatte sich Hauptkommissar Berthold Brauser die letzten Wochen vor seiner Pensionierung nicht vorgestellt. Als die Leiche der Sopranistin Sophia Weberknecht in ihrer Wohnung gefunden wird, beginnt für ihn und sein Team eine nervenzerreißende Jagd nach ihrem Mörder. Jeder im Umkreis kommt infrage – besonders die Mitglieder des Passauer Opern-Ensembles wissen offensichtlich mehr, als sie bereit sind zuzugeben.

Und dann ist da ja noch der rätselhafte Tod von Klaus Wallenstein, der schlimm zugerichtet in seinem Auto auf einem Parkplatz gefunden wird. Dem Hauptkommissar wird bald klar, dass beide Fälle zusammenhängen. Aber das Wie und Warum soll zur größten Herausforderung in Brausers Berufsleben werden – in die er auch noch persönlich verwickelt wird.

ISBN 978-3-943395-00-6

Portofrei zu bestellen unter www.renumero.de

Der Tote vom Oberhaus

Kriminalroman

Mord-Ermittlungen in der Veste Oberhaus: Im Fürstenkeller der Veste Oberhaus bricht ein Mann zusammen und verblutet hinter einer verschlossenen Tür. Er wurde mit einer mittelalterlichen Partisane erstochen. Doch nicht nur vom Täter fehlt jede Spur, auch in der Wohnung des Toten weist nichts auf dessen wahre Identität hin. Das Ermittler-Duo Steinbacher/Hollermann tappt zunächst im Dunkeln, bis nacheinander drei Frauen auftauchen, die mit dem Toten eine Beziehung geführt haben wollen. Für die Passauer Mordkommission, die Licht in das düstere Konstrukt bringen muss, das der Tote um sich herum aufgebaut hat, verlangt dieser Fall höchsten Einsatz und viel Kriminalistischen Spürsinn. Was sie entdeckt, ist eine schmierige Inszenierung, die vor nichts und niemandem Halt gemacht hat und die über den Tod hinaus weitere Opfer fordert.

ISBN: 978-3-943395-01-3

Portofrei zu bestellen unter www.renumero.de

Und dann kam das Wasser

Kriminalroman

Mord-Ermittlungen während der Jahrhundertflut 2013: Passau ist im Ausnahmezustand. Die Dreiflüssestadt wird vom gewaltigsten Hochwasser der letzten 500 Jahre heimgesucht. Kurz bevor Donau und Inn die wie auf einer Insel gelegene Altstadt überfluten, finden Oberkommissarin Franziska Steinbacher und ihr Kollege Hannes Hollermann in einem verlassenen Häuschen an der Ortsspitze einen Toten, der zuvor ordentlich verpackt wurde. Bevor die Kripo diese Leiche bergen kann, kommt das Wasser – viel zu früh und viel zu schnell. Widerstrebend müssen sie den Toten in den Fluten der Flüsse zurücklassen. Während das Wasser weiter steigt und damit alle Beweise vernichtet werden, taucht eine weitere Leiche auf: Eine Frau fällt aus einem Fenster der neuen Mitte, aus Passaus höchstem Gebäude. Oder wurde sie vielleicht gestoßen? Die Ermittlungen führen die Kommissare tief hinein in eine Szene, in der es weder Mitleid noch Ehrgefühl gibt. Sie stolpern über jede Menge Unrat und stoßen in eine Parallelwelt vor, deren grausamer Alltag nicht nur hochbrisant, sondern auch topaktuell ist.

ISBN: 978-3-943395-02-0

Portofrei zu bestellen unter www.renumero.de

Weitere Bücher der Autorin:

Dann stirb doch selber
Kriminalroman

Magdalena und Harry genießen das Leben in vollen Zügen, ihre Welt ist die der Yuppies: Parties, schnelle Wagen, viel Geld, Erfolg um jeden Preis. Freizügiges, unbeschwertes Leben eben.
Dann plötzlich der Bruch, Harry verunglückt mit seinem Auto tödlich. Ein Schicksalsschlag, der Magdalenas Leben vollkommen verändert. Und dann die bohrenden Fragen der Kommissarin Klara, die nicht locker lässt: Woher die blonden Haare in Harrys Wagen kommen? Warum er seine Hände beim Aufprall nicht am Lenkrad hatte? Woher er kam und wohin er wollte? Als schließlich die Obduktion Barbiturate in Harrys Körper nachweist, bekommen die Zweifel erst Recht Oberhand.

„Durch einen perspektivischen Kunstgriff hat Dagmar Isabell Schmidbauer mit „Dann stirb doch selber" einen flotten Krimi geschaffen: Stakkatohafte Szenen statt längerer Kapitel beschleunigen die Handlung. Ständiger Perspektivenwechsel zwischen den beiden Hauptfiguren Magdalena und Klara lässt den Leser gleichzeitig von zwei Seiten rätseln und ermitteln. Ebenso atmosphärisch ist die Provinzialität des Passauer Umfeldes beschrieben, auch ohne Weißbier und Blaskapelle. Lebendig wird der Krimi jedoch erst durch die teilweise skurrilen und doch alltäglichen Figuren wie den dicken Sägewerksbesitzer, den undurchsichtigen Kommunalpolitiker und die liebenswerte pragmatische Edel-Prostituierte aus der Nachbarschaft. So wie sie den Fall schildert, könnte er überall spielen – vielleicht sogar in der Realität", schreibt Peter Lausmann in „Rheinische Post"

„Mit ihrem zweiten Roman hat sich Dagmar Isabell Schmidbauer in die S-Klasse der deutschen Krimiautoren eingetragen. Ihr temporeicher Parallellauf aus zwei Erzählperspektiven knistert von der ersten bis zur letzten Seite – vor Spannung und Erotik", schreibt Jakob Hübner im Szenemagazin „Diva"

Portofrei zu bestellen unter www.renumero.de

Tote Engel
Kriminalroman

Es ist eine frivole Welt, in der sich die beiden Freundinnen Amanda und Rebecca über Schönheitsoperationen, Männer und ihre prickelnsten Erlebnisse auslassen. Prosecco trinkend planen sie die Hochzeit von Amanda und denken gar nicht darüber nach, wie schnell sich alles verändern kann. Doch der Schnitt kommt schnell und er kommt brutal. Eben flirtete der elegante Gast noch mit der Hotelbesitzerin und gleich darauf liegt er erdrosselt am Boden seines Zimmers. Für die ermittelnden Kommissare gleicht das Szenarium einer Hinrichtung, doch nicht nur die Spuren im Zimmer werfen ständig neue Fragen auf. Was eben noch heil und beschaulich war, wird gleich darauf zu einer Bedrohung und sicher ist bald schon niemand mehr; weder vor dem Täter, noch vor den Verdächtigungen der Ermittler. Als dann auch noch die wichtigste Zeugin verschwindet und nur noch in kleinen Häppchen ihre Beweise abliefert, ist dennoch klar, der eigentlich zu ermittelnde Mord war nur das Geringste, in Wirklichkeit steht ein viel größeres Verbrechen im Raum: Kinderpornografie. Aus dem Opfer wird ein Täter und der hatte keine Skrupel, so scheint es. Doch was ist mit dem Mörder, wird er vor weiteren Opfern zurückschrecken? Für die Kommissare beginnt ein Wettlauf mit der Zeit, sie müssen Ergebnisse abliefern, bevor es weitere Unschuldige trifft, denn in diesem brutalen Spiel darf es keine Zeugen geben, und so sind bald viele in Gefahr.

„Die Autorin erzählt raffiniert, sinnlich und humorvoll. Sie begeistert mit ihrer lebendigen Sprache und einem absolut schlüssigen Plot. Diesen gnadenlos spannenden Krimi würzt sie geradezu genial mit einer leichten Prise Frivolität, einem starken Schuss Regensburger Lokalkolorit und einer großen Portion Menschlichkeit. Selten habe ich einen Krimi gelesen, der so akribisch und verspielt an der Nase herumführt." Wolfgang Gonsch für das Online-Magazine how2find.de

Portofrei zu bestellen unter www.renumero.de